本书由湖南省民宗委2018年少数民族专项资金项目"融媒时代民族传统文化的情感传播与认同实现研究"资助。

复现中的迷思

电视节庆仪式化传播
及其认同研究

陈文敏◎著

中国社会科学出版社

图书在版编目（CIP）数据

复现中的迷思：电视节庆仪式化传播及其认同研究/
陈文敏著.—北京：中国社会科学出版社，2018.6
ISBN 978 - 7 - 5203 - 0215 - 9

Ⅰ.①复… Ⅱ.①陈… Ⅲ.①电视—传播媒介—研究
Ⅳ.①G22

中国版本图书馆 CIP 数据核字（2017）第 086602 号

出 版 人	赵剑英
责任编辑	郭晓鸿
特约编辑	席建海
责任校对	石春梅
责任印制	戴 宽

出 版	中国社会科学出版社
社 址	北京鼓楼西大街甲 158 号
邮 编	100720
网 址	http://www.csspw.cn
发 行 部	010 - 84083685
门 市 部	010 - 84029450
经 销	新华书店及其他书店

印 刷	北京明恒达印务有限公司
装 订	廊坊市广阳区广增装订厂
版 次	2018 年 6 月第 1 版
印 次	2018 年 6 月第 1 次印刷

开 本	710×1000 1/16
印 张	26.5
插 页	2
字 数	323 千字
定 价	108.00 元

凡购买中国社会科学出版社图书，如有质量问题请与本社营销中心联系调换
电话：010 - 84083683

从仪式化传播切入文化研究

（代序）

陈文敏博士的书稿《复现中的迷思——电视节庆仪式化传播及其认同研究》即将由中国社会科学出版社付梓，要我写序，作为她的博士研究生导师，自然十分高兴，毫不犹豫就应承下来。本拟暑期完成，熟料今夏重庆持续高温，酷暑难当，加上新闻传播学科建设必须处理的公务，让我难以静下心来，自然无法落笔。直到国庆假期，才有相对完整的时间从容阅读书稿，撰写这篇拖延了不少时日的序言。

书稿标题看似繁复，实则路径清晰，实质性的关键词是三个：电视节庆、仪式化传播、文化认同。早在 20 世纪 80 年代中期，文化认同就是国内学界"文化热"中探讨的论题。从 90 年代中期开始，电视节庆或"节庆电视"成为电视业界与学界研讨的业务话题。至于仪式化传播，则是进入新世纪之后才引起国内学人关注的研究领域，无论在时间上还是在理论上，都具有鲜明的前沿性。

必须承认，国际学界对仪式化传播的研究领先一步。1975 年，美国学者詹姆斯·凯瑞（James W. Carey）在当年第 2 期《传播》杂志上发表《传播的文化研究取向》（A Cultural Approach to Communication）一文，明确提出"传播的仪式观"，开启仪式化传播研究的先河。

凯瑞认为，传播的定义可分为两大类：传播的传递观（a transmission view of communication）和传播的仪式观（a ritual view of communication）。在传播的"传递观"中，"传授"（imparting）、"发送"（sending）、"传送"（transmitting）或"把信息传给他人"（giving information to others）这些词常用来定义传播。结果是使人们形成这样一种对传播的基本理解："传播是一个讯息得以在空间传递和发布的过程，以达到对距离和人的控制。"从仪式的角度定义，传播一词则与"分享"（sharing）、"参与"（participation）、"联合"（association）、"团体"（fellowship）及"拥有共同信仰"（the possession of a common faith）这类词有关。换言之，传播的"仪式观"反映了"共性"（commonness）、"共有"（communion）、"共享"（community）与"传播"（communication）具有同一性和共同的词根。①

凯瑞提出"传播的仪式观"，旨在批评"传播的传递观"所主导的美国传播学研究创新不足，倡导从效果的实证主义研究中走出来，开展对传播的文化研究，开创传播研究的新路径与新局面。凯瑞认为，"传播是一种现实得以生产（produced）、维系（maintained）、修正（repaired）和转变（transformed）的符号过程"。正是传播，"通过符号形态的建构、理解与利用创造了现实，并使现实成为一种存在"。在此意义上，"传播的起源及最高境界，并不是指智力信息的传递，而是建构并维系一个有秩序、

---

① 参见［美］詹姆斯·凯瑞《传播的文化研究取向》，《作为文化的传播》，丁未译，华夏出版社 2005 年版，第 3—22 页。

有意义、能够用来支配和容纳人类行为的文化世界"。因此，"研究传播就是为了考察各种有意义的符号形态被创造、理解和使用这一实实在在的社会过程"。"根据仪式模式重新打造传播研究的目的，不只是为了进一步把握传播这一'奇妙'过程的本质，而是为重构一种关于传播的模式（a model of）并为传播再造一种模式（a model for）提供一条途径，为重塑我们共同的文化提供一些有价值的东西。"①

1977 年，凯瑞在《大众传播与文化研究》一文中又强调，"传播的仪式观把传播看作创造（created）、修改（modified）和转变（transformed）一个共享文化的过程，于是其典型的情形是：对从人类学角度看待传播的人来说，传播是仪式和神话；对那些从文学批评和历史角度涉及传播的人来说，传播就是艺术和文学。传播的仪式观不是指空间上讯息的拓展，而是指时间上对社会的维系（尽管有人发现这种维系以统治为特征，因而并不合理）；它不是一种传递信息或影响的行为，而是共同的创造、表征与庆典，即使有的信仰是虚幻的。如果说传播的传递观其核心在于讯息在地理上拓展（以控制为目的），那么传播的仪式观其核心则是将人们以团体或共同体的形式聚集在一起的神圣典礼"②。

为充分理解传播的"传递观"和"仪式观"的区别，可见表 1 所示。

---

① 参见［美］詹姆斯·凯瑞《传播的文化研究取向》，《作为文化的传播》，丁未译，华夏出版社 2005 年版，第 3—22 页。

② 同上书，第 23—48 页。

表1   传播的传递观与仪式观之比较①

	传递观	仪式观
隐喻	运输与传送	仪式与典礼
角色	传送者/接受者	参与者
意涵	发送 & 接受	生产 & 再生产
传播目的	空间上的控制:传授信息	时间上的维系:共享信仰
研究路径	实证主义量化研究	批判性、阐释性研究
学术传统	效果与功能研究	文化研究

"传播的仪式观"提出之际,文化研究(Culture Studies)在欧美学界已成蓬勃之势。一方面,随着理查德·霍加特《识字的用途》(1957)、雷蒙德·威廉斯《文化与社会》(1958)、《漫长的革命》(1961)、E. P. 汤普森《英国工人阶级的形成》(1963)的出版,伯明翰学派的文化研究形成气候,特别是 1964 年英国伯明翰大学"当代文化中心"(CCCS)成立而产生广泛影响;另一方面,麦克卢汉北美"媒介生态学"(Media Ecology,或称"媒介环境学")在英尼斯开创性研究著作《帝国与传播》(1950)和《传播的偏向》(1951)的基础上,发扬光大,凭借《古登堡群英》(1962)、《理解媒介》(1964)、《媒介即讯息》(1969)等著作名噪一时。此外,从 40 年代开始,法兰克福学派就着手对资本主义社会文化工业的批判,霍克海默、阿多诺的《启蒙的辩证法》(1947)、马尔库塞的《单向度的人》

---

① 参见郝雨、王家琛《传播学范式危机的学术转型与路径拓展——詹姆斯·凯瑞传播仪式观的理论溯源及文化取向新论》,《社会科学》2017 年第 6 期;樊水科《从"传播的仪式观"到"仪式传播":詹姆斯·凯瑞如何被误读》,《国际新闻界》2011 年第 11 期。

（1964）先后出版；政治经济学的文化帝国主义批判也在美国开花结果，赫伯特·席勒先后出版《大众传播与美国帝国》（1969）、《传播与文化支配》（1976）等著作。

在此背景下，凯瑞心仪的文化研究具有什么特点呢？应当说，凯瑞的学术立场与批判研究传统（包括法兰克福学派的文化工业批判、政治经济学的文化帝国主义批判等）迥然有别，而与伯明翰学派的文化研究、北美"媒介生态学"的文化研究比较接近。他认为："马歇尔·麦克卢汉说的不错：就像鱼并没有意识到水的存在，媒介构成了我们的环境，并维持着这种环境的存在。同样，传播通过语言和其他的符号形式，也构成了人类生存的周遭环境。"①他赞同斯图尔特·霍尔的看法，认为"他们所做的最明智的决定是把伯明翰中心与当代文化而不是与传播学或大众传播学联系在一起"②。不过，与伯明翰学派和北美"媒介生态学"的文化研究相比，凯瑞的视野更为开阔，旨趣更加宏远，是一种偏重于人类学、社会学的文化研究。按照他自己的说法，凯瑞的文化研究深受两方面思潮的影响。其一是杜威。杜威认为传播是一种创建符号的过程，通过符号生成意义从而建构社会。对此，凯瑞全盘接受。其二是涂尔干（迪尔凯姆）和格尔兹（吉尔茨）的文化人类学影响。这是凯瑞这一代美国文化研究学者的普遍兴趣倾向。他们对宗教感兴趣，因为宗教是诗性智慧最重要的部分。宗教关怀人生，重视生命体验，探究生存要旨，凝聚社会人心，发挥着重要的社会整合作用。

凯瑞认为，"文化研究的目标远比其他研究传统来得平实，它

---

① 参见［美］詹姆斯·凯瑞《传播的文化研究取向》，《作为文化的传播》，丁未译，华夏出版社 2005 年版，第 3—22 页。

② 同上书，第 23—48 页。

不是根据支配人类行为的法则以寻求关于人类行为的解释，也不是把人类行为消极解释为其所基于的结构中，而是寻求对人类行为的理解。文化研究不是试图预测人类行为，而是试图诊断人类的意义。在更积极的方面，它绕过了行为研究所看重的经验主义与正规理论空中楼阁式的玩意儿，并深深扎根于经验世界中。因此，至少从文化科学（cultural science）常常更忠实于人的本性和经验这点看，把传播学的目标设想为文化科学较为适合，且更具人性"。他还引述格尔兹的论述："对文化的分析不是寻找规律的实验科学，而是寻求意义的阐释性科学。"① 因此，"以文化为路径，凯瑞推崇的是北美传播学研究的另一种学统：以杜威为代表的早期芝加哥学派和以经济学家的眼光研究媒介的英尼斯；在方法论上，他信奉格尔兹的文本阐释。凯瑞借他对英尼斯的一番评价表达了他本人的学术志趣与理想：'一种历史的、经验的、阐释的和批判的学术型研究模式'"②。

在文化研究蓬勃兴起之后，凯瑞倡导传播的文化研究最为独到之处，还是从仪式的视角来审视传播研究。然而，究竟如何从仪式的视角来切入传播研究，"传播的仪式观"为何以及如何成为文化研究的一种学术路径，凯瑞却未做具体论述。这自然是一个很大的理论缺陷，却也给后人留下了学术想象的空间。

仪式是人类历史长河中最古老、最普遍的一种社会文化现象，是人类学的重要研究领域。"近50年来，人类学的仪式研究被置于更广阔的社会文化背景下重新诠释，随着研究的深入，人类学对仪式的分

---

① 参见 ［美］ 詹姆斯·凯瑞《传播的文化研究取向》，《作为文化的传播》，丁未译，华夏出版社 2005 年版，第 23—48 页。

② 丁未：《电报的故事——詹姆斯·凯瑞〈作为文化的传播〉札记》，《新闻记者》2006 年第 3 期。

类也越来越细化，从认知框架上，超越了传统的神圣/世俗、宗教/非宗教的界限，更为广泛地将仪式看作与人类信仰、习俗、政治和经济等方面联结的行为。简言之，仪式成了一种包容性很强的表征观念与实践。"① 因此，"它可以是一个普通的概念，一个学科领域的所指，一个涂染了艺术色彩的实践，一个特定的宗教程序，一个被规定的意识形态，一种人类心理诉求形式，一种生活经验的记事习惯，一种具有制度性功能的行为，一种政治场域内的谋略，一个族群的族性认同，一系列节日庆典，一种人生礼仪的表演，一场令人心旷神怡的游戏等等，不一而足"②。

正是在仪式研究从较为单一的宗教范畴扩大到世俗社会各领域并逐渐成为研究视野和分析工具的过程中，凯瑞提出了"传播的仪式观"。诚如人类学家格兰姆斯所说，"凯瑞仅仅是在类比层面上来使用仪式"③。郭建斌认为，凯瑞"仅仅是采用仪式的视角来讨论传播问题，进而形成的某种关于传播的认识（或观念），简而言之，人类传播活动具有仪式的意涵"④。

在凯瑞那里，"传播的仪式观"主要是一种学术理念。尽管1983 年他发表了《技术与意识形态：以电报为个案》一文，发现"电报不仅改变了传播与运输之间的关系，它同时改变了人们想到传播一词时的基本思维方式"⑤，并对电报与意识形态的关系、电报

---

① 彭文斌、郭建勋：《人类学视野下的仪式分类》，《民族学刊》2011 年第 1 期。

② 彭兆荣：《人类学仪式研究评述》，《民族研究》2002 年第 2 期。

③ R. L. Grimes, Rite out of Place: Ritual, Media, and the Arts, Oxford: Oxford University Press, 2006, p. 8.

④ 郭建斌：《如何理解"媒介事件"和"传播的仪式观"》，《国际新闻界》2014 年第 4 期。

⑤ 参见［美］詹姆斯·凯瑞《技术与意识形态：以电报为个案》，《作为文化的传播》，丁未译，华夏出版社 2005 年 b2，第 160—183 页。

对日常观念的影响做了具体分析，但这主要是一种历史性的分析，可以说是一种文化研究，却难以说是运用"传播的仪式观"去研究具体问题。"传播的仪式观"的学术实践，还有待学界努力。1992年，丹尼尔·戴扬（Daniel Dayan）和伊莱休·卡茨（Elihu Katz）出版《媒介事件：历史的电视直播》（以下简称《媒介事件》）一书。从书名上看，与"传播的仪式观"似乎毫不相干，但在研究的内在理路上，其实是从仪式视角来研究电视直播的标志性研究成果。

戴扬和卡茨所研究的电视直播，其实限于历史性事件的电视直播。对此，他们提出"媒介事件"（Media Events）概念来加以表述。《媒介事件》开篇申明："本书讲的是对电视的节日性收看，即是关于那些令国人乃至世人屏息驻足的电视直播的历史事件。"因此，"可以称这些事件为'电视仪式'或'节日电视'，甚至是文化表演"[1]。在《媒介事件》一书中，戴扬和卡茨一再强调，媒介事件是由电视呈现而不是由电视创造的事件。正是历史事件的电视呈现，使电视成为大众仪式演出中的主角。他们写道："公共事件的电视播出必须经受双重挑战，不仅表现事件，而且向观众提供节日体验的功能性替代。通过在按组织进行的表演之上叠加自己的表演，通过展示自己对观众反应的反应，通过提议补偿观众被剥夺的直接参与，电视成为大众仪式演出中的主要演员。"[2] 换言之，对历史事件的电视直播与电视观看的过程，具有仪式的性质与功能，发挥着社会整合的作用。因此，《媒介事件》主要是探讨"媒介事件的仪式性特征（ritual character）及

---

[1] ［美］丹尼尔·戴扬、伊莱休·卡茨：《媒介事件：历史的现场直播》，麻争旗译，北京广播学院出版社2000年版，第1页。

[2] 同上书，第98页。

其在社会整合中的作用"①，是传播研究走出劝服研究而走向文化研究的一种理论探索。

《媒介事件》明确写道："本书试图引入仪式人类学的理论来阐释大众传播过程。"② 然而，除了这样一个简单的交代，戴扬和卡茨并未对他们所引入的仪式人类学的理论做具体说明，也未对相关的研究做应有的理论阐述，也没有引述凯瑞"传播的仪式观"，而是直接提出"媒介事件"这个概念来展开理论阐述。这不能不说是一个学术缺陷。尽管如此，《媒介事件》一书的出版切实推进了传播研究的仪式分析视角，把凯瑞的"传播的仪式观"推进到学术实践的场域。

随着戴扬、卡茨的《媒介事件》和凯瑞的《作为文化的传播》两书中译本的先后出版，国内学界近年来对"传播的仪式观"和传播研究的仪式分析展开了研究。

纵观国内学人的有关研究，无论研究生的硕士博士学位论文，还是专家学者的期刊论文，大抵可分为两类：一是对凯瑞"传播的仪式观"与戴扬、卡茨的"媒介事件"进行学理探讨，二是试图运用"传播的仪式观"与"媒介事件"概念来分析我国传播实践中的现象与问题。应当说，这些研究拓展了我国新闻传播研究的学术视野与理论空间，体现了我国新闻传播学的不断进步。但是，一些基本的学理问题却没有得到科学而充分的阐释，理论运用也存在相当随意甚至胡

---

① Andreas Hepp& Nick Couldry, "Introduction: Media Events in Globalized Media Cultures", in Nick Couldry, Andreas Hepp& Friedrich Krotz, eds. , Media Events in a Global Age, London: Routledge, 2010, pp. 1 – 20.

② ［美］丹尼尔·戴扬、伊莱休·卡茨：《媒介事件：历史的现场直播》，麻争旗译，北京广播学院出版社 2000 年版，第 2 页。

乱套用的弊端。对此，已有学者做过专门的分析①，这里不具体展开，只讨论与此处论题有关的问题。

闫伊默认为，基于凯瑞"传播的仪式观"，可引申出一个相对较为独立的传播学研究领域，即"仪式传播"。根据仪式在人类生活中存在的形态，仪式传播的论域总体上可分为"仪式的传播"（ritual communication）和"仪式化传播"（ritualized communication）。就"仪式的传播"而言，宗教仪式、民间祭祀、神话仪式等是其关注的重要领域。"仪式化传播"是就仪式的隐喻而言，这类传播不是原初意义上的仪式传播，而是指该类传播在主题、内容、类型、方式、时间及场景等方面都与仪式展演类似。② 在这里，"仪式传播"一方面是包含"仪式的传播"与"仪式化传播"在内的总体性概念，一方面又是"原初意义上的仪式传播"。这样，原初意义上的"仪式传播"与作为总体性概念的"仪式传播"究竟是什么关系呢？从学理上看，显然难以自圆其说。

樊水科认为，"仪式传播是通过仪式表达象征意义和传递信息的传播活动。它有两层含义：一是仪式本身的表达和传播特性。……二是仪式展演过程的交流和互动特性。在此过程中，仪式的阈限人（笔者注：即阈限人）、参与者和观看者通过仪式进行沟通、交流和互动，是信息交流和传播的社会互动过程"。并且认为，"本土的'仪式传播'关注仪式本身的传播现象，基本可以归结为凯瑞所说

---

① 郭建斌：《如何理解"媒介事件"和"传播的仪式观"》，《国际新闻界》2014 年第 4 期；樊水科：《从"传播的仪式观"到"仪式传播"：詹姆斯·凯瑞如何被误读》，《国际新闻界》2011 年第 11 期；郭静：《仪式观还是传递观——〈媒介事件〉与〈作为文化的传播〉再辨析》，《编辑之友》2016 年第 12 期。

② 闫伊默、刘玉：《仪式传播：传播研究的文化视角》，《湖北经济学院学报》2009 年第 2 期。

的'传递观'意义上的传播"①。细审樊水科所谓本土的"仪式传播"和闫伊默所谓"仪式的传播"，其实是在说"仪式"这样一种特殊的传播类型，只是由于传播研究者对"仪式"传播特性及其社会功能的研究，就将"仪式"说成了"仪式传播"。如果这样理解没有歪曲作者的原意，那么闫伊默笔下的"仪式传播"的概念问题仍然无法解决。

暂且把有关"仪式传播"的概念纠缠与论域认定放在一边，我认为闫伊默所说的"仪式化传播"概念颇有价值。在作者那里，"仪式化传播"是从凯瑞"传播的仪式观"演化而来的概念，"是指该类传播在主题、内容、类型、方式、时间及场景等方面都与仪式展演类似，比如'关于那些令国人乃至世人屏息驻足的电视直播的历史事件'——卡茨称为之为'媒介事件'，就是典型的仪式化传播"②。尽管"传播的仪式观"是一种审视传播和社会秩序的新视角，强调文化研究的核心价值，凯瑞也并未划分出哪类传播体现了他的"仪式观"。不过，从理论上说，在所有的传播形态或传播种类中，总是有某些形态或某些种类能够更典型更充分地体现"传播的仪式观"之思想内涵。唯其如此，戴扬和卡茨的《媒介事件》所研究的媒介事件，正是从日常性电视节目分离出来的某些本身具有"神圣"仪式特性的历史性事件，用来阐释历史性事件带有仪式色彩的传播过程，分析其获得成功的动力与压力，提示其产生的各种社会作用。

因此，我们可以从理论上说得更明确一些：所谓"仪式化传播"，是指那些本身具有仪式特性的节目内容通过电视等传播媒介进行的带

---

① 樊水科：《从"传播的仪式观"到"仪式传播"：詹姆斯·凯瑞如何被误读》，《国际新闻界》2011 年第 11 期。

② 闫伊默、刘玉：《仪式传播：传播研究的文化视角》，《湖北经济学院学报》2009 年第 2 期。

有仪式色彩的传播。仪式化传播不再是单纯的信息传递，传播过程本身具有了某种仪式性的意味与内涵，对人们产生超出节目收看行为本身之外的社会影响。就拿电视来说，一方面是节目内容本身具有仪式特性，一方面是节目传播的收看过程带有仪式色彩。譬如，《艺术人生》特别节目《清明》类似全民公祭的影像祭奠就是仪式化传播，具有节日文化仪式的一些特征，节目本身带有较强的仪式感。还有一种情况，节目内容本来与仪式无关，由于是在特定的仪式性时间播出，形成戴扬和卡茨所说的"对电视的节日性收看"，久而久之，就成为一种仪式化传播。央视春节联欢晚会就是典型的案例，它营造出一场盛大的国家意识形态仪式，实现了本尼迪克特·安德森提出的所谓"想象的共同体"[①]。在人类学的仪式研究中，这样的"仪式化传播"可纳入"近似仪式的行为"（ritual like activities）之概念谱系，它们是较为灵活的策略方式，带有"仪式化"（ritualization）的倾向[②]。

陈文敏博士《复现中的迷思——电视节庆仪式化传播及其认同研究》一书所探讨的对象，正是这样的"仪式化传播"。作者明确写道："本书中的'电视节庆仪式化传播'是指以重大时间节律为拦截与始发，以节庆仪式为生产内容，以电视直播为主要传播手段，同时辐射到其他新闻、访谈、晚会等特别编播的电视类型，其目的在于以仪式时空的远距重建而指向文化认同、集体记忆与社会整合。缘于电视媒介的运动性、时空性、形象性、同步性、再现性，尤其是对于宏大场面'现在进行时态'的卓越展示，电视节庆体现了电视仪式的最典型特征，与会议座谈仪式、行业入会仪式等大有区别。"具体来说，涉及三种主要类别：其一，传统节庆，表现形态以电视晚会为主；其

---

① 吕新雨：《仪式、电视、国家意识形态》，《读书》2006 年第 8 期。
② 彭文斌、郭建勋：《人类学视野下的仪式分类》，《民族学刊》2011 年第 1 期。

二，政策节庆，以电视仪典为主；其三，主题节庆，以电视嘉典（庆典）为主。在陈文敏博士看来，电视节庆是经过了长期的传播市场检测的、符合国人审美的类型节目之一，"电视节庆的仪式化传播是内容与形式上的双重仪式化，这一高度仪式化的电视制度安排是社会转型期深具中国特色的电视景观"。而在媒介视听场域发生重大变革的情势下，如何使得中国特色社会主义文化的重要功能进一步凸显，是增强社会主义现代化建设和民族复兴软实力的重要一维。

为什么要选择这样的研究对象？作者坦言，是因为国内学界缺乏电视节庆仪式传播的系统研究。"自 20 世纪 80 年代以来，国内电视研究形成了基础理论、应用理论、决策理论、史学研究的格局；90 年代以来电视文化研究进入快速发展期，电视晚会、电视综艺、电视美学等艺术传播研究成果不少，但模糊描述多，准确定位少；既定理论运用多，基本理论创新少，多为'论题大、内涵少'的泛泛视角。缺乏在中国社会转型这一特定语境下电视节庆仪式的系统性研究，对中国本土经验重视不够，缺乏历史纵深感与文化现实感，问题意识不突出，电视节庆仪式的话语反思不够深入。"显然，这样的选题是很有现实针对性的。

至于研究目的，作者说得很明白："着眼于电视仪式、话语建构与节庆传播的重大内生关联，在学理上论证电视节庆的仪式化传播是何、为何、如何以及何为，揭示电视节庆的社会机制、文化机制与媒介逻辑，探讨文化、仪式与社会秩序之间的关联性，有助于拓展电视仪式、电视话语批评与电视类型理论的纵深研究。"概言之，这一研究是基于"冲击—回应"的思维模式，直面传统文化传播面临的重大现实问题，通过对三种主要类型的电视节庆的仪式化传播研究，并在操作层面落实到主流媒体的策略性使用上去，以阐明改革开放以来的文化认同，也在电视文化研究与中华传播研究上，更好地实现理论增殖。

文化认同是文化研究的重要主题之一。作为一种文化批评实践，文化研究是跨学科、去学科甚至反学科的，因而是一种以问题为中心的高度语境化的文化反思与文化批评。同凯瑞具有师生关系的美国文化研究学者劳伦斯·格罗斯伯格（Lawrence Grossberg）认为，对于文化研究而言，语境就是一切，一切都是语境（context is everything and everything is context），他因此将文化研究视作"一种语境化的关于语境的理论"（a context theory of context）。陈文敏博士的这部论著，就是遵循文化研究语境化、批评性的内在学理路径，通过重点关注新时期以来电视节庆的仪式文本，对其仪式表征、意义生产、权力实践及制约影响认同的诸多因素进行分析，聚焦于示现性媒介、再现性媒介的意义生产，考察电视节庆的类型传播、文化共性，以及电视组织与传统文化、政治权力关系的动态特征。

缘于早年的电视工作经历，陈文敏博士对我国电视文化做出了自己的独特研究，本书的选题属于"华夏传播"的有机组成。华夏传播研究肇始于 20 世纪 70 年代末，90 年代兴盛一时，此后发展平平，新世纪以来随着传播学中国化、本土化的提倡而渐有勃兴之势。一段时期以来，随着传统文化纽带的断裂，新一代学者对中国文化与固有传统缺乏深刻认识，在为数不多的华夏传播研究中，还存在理论性弱、缺乏历史感、缺乏脉络等局限。如何把学术研究扎根于中华文化的土壤，在理性接受与批判西方传播学思想与研究方法的基础上，对华夏文明以及华人社会传播行为、沟通方式进行理性观照，这对于地方性知识的生产与"文化自信"的建立尤其重要。在此意义上，陈文敏博士的选题其研究重心从"向外"转为"向内"，既"回到过去"又

"着眼当下"，问道于独立、自主的学术领域，在当前传播实践的基础上努力探寻契合中华文化的传播理论，其学术勇气可嘉可勉。

当然，从电视节庆的仪式化传播切入文化研究、探讨文化认同，是一个相当前沿的课题。为了把自己的前沿性研究成果做个系统呈现，作者旁征博引，大量引述相关学科、相关学人的相关论述，一方面体现了学有所宗、学有所本的扎实功夫，一方面也难免给人以驳杂之感，不够精炼。对于本论题所涉及的各种理论命题，作者阐述了不少独到的个人见解，这是难能可贵的。尤其在对于电视节庆这一"美学共同体"的"文化折扣"上的审思，体现出年轻学者的问题意识与学术焦虑。至于如何把自己的见解表述得深入而浅出、透彻而明晰，仍需作者在今后的学术研究中千锤百炼。好在作者还年轻，我相信陈文敏博士能够奉献更加成熟而优美的著作。

董天策

2017 年 10 月 8 日

于重庆大学新闻学院

目　录

第一章 导论

    20世纪上半叶，声画一体的现实影像复制技术走过一系列的实验性阶段，在1936年正式迎来了一个里程碑式的媒介发明：公共电视台。电视是20世纪最具渗透力的媒介，是社会体制的重要构成与文化体系的延伸，发挥着支撑、维持及再造强势意识形态的功能，对国民的精神生活有重要作用。"复现"，指媒体对真实时空的复制与重现，在所有媒体中，电视的复现本体最为突出。正如美国传播学者约翰·费斯克（John Fiske）将传播代码的功能分为三类：展示性媒介（the presentational media）、再现性媒介（the representational media）、机械性媒介（the mechanical media）。① 这三种层级彼此渗透，电视这一示现、再现的媒介系统，是意义的浓缩形式（condensed form），而意义（meaning），是20世纪各批评学派共同关心的理论命题，亦是当代思想的核心问题。

    随着全球化思潮的推进，中国电视缠缚于转型期政治、经济、文化、技术的深刻变局之中，走过了广播电视事业的最高峰。随着新媒体的崛起，接收终端的多元化、多屏化使学界业界对电视的出路多有

---

    ① 参见［美］约翰·费斯克《传播研究导论：过程与符号》，许静译，北京大学出版社2008年版，第15页。

悲观论断。笔者以为，当我们讨论电视是否会终结、何时终结时，最好分清讨论的是电视机还是电视屏，是电视台还是电视节目，否则就意义不大。不可否认，多屏合一对电视这一中心化传播模式带来巨大震荡，但电视的内容生产依然是新媒体的重要内容之一。北美媒介环境学派保罗·莱文森（Paul Levinson）曾提出媒介演化的三阶段论说——玩具、镜子和艺术，显然，电视已走过了作为游戏的"玩具期"、历经"镜像期"，但仍未来可期，"与其说新技术将其先驱埋葬了，不如说是将先驱技术推上了一个更高的层次，把它们推向了令人钦佩的地位，虽然不再使用它们"①。地位衰落的同时也说明了电视作为新媒体时代"艺术品"的珍贵性。

今天人们对电视媒体的实际需求大为弱化，但人类天性中有一种要聚集起来、要中心化的冲动，但凡我们承认日常生活有一些特殊时刻需要休整，各式节日聚会就依然是注意力管理的重头戏——节日（包括节俗）是人类社会一种普遍性的文化现象，是具有群体性、周期性以及相对稳定性和程序性的特殊时日。节日不仅重温、解释和继承着人类的过去，也塑造、演绎和维系着人类的现在，并昭示、鼓舞和开创着人类的未来。节庆传播的电视实践是家庭关系聚合的有效平台，节日传播的广场效应尤为电视所擅长。而哪些节庆作为复现、如何复现、向谁复现，既是完善公共文化服务体系、提升媒介软实力的重要诉求，也是电视适应新媒体生态的重要举措。在全球本土化语境下，电视节庆的研发与研究，已成为文化管理、社会整合的重要路径。

---

① ［美］保罗·莱文森：《数字麦克卢汉——信息化纪元指南》，何道宽译，社会科学文献出版社 2001 年版，第 209 页。

电视中历来有各种类型化文本，"类型"是多个文本相互之间的关系，内含"模式""类属"之意，电视节庆是电视综艺的子类型，相较其余，电视节庆是更具仪式化传播特征的节目类型，是转型期深具中国特色的电视景观。美国学者伊莱休·卡茨所说的大众媒介带来的满足感，在电视节庆中全部可以找到："认识的需要；感情的需要；人格的综合需要；社会性的综合需要；紧张—放松的需要。"① 融媒时代的电视优势减弱，但电视节庆依然是讲好中国故事的主要平台，是一种重大的社会需要、国家需要、媒介需要，能带来最大范围的仪式性收视。美国学者简·福伊尔（Jane Feuer）认为影视类型研究可有三种取向：美学方法、仪式方法、意识形态方法。② 在福伊尔看来，美学取向强调艺术表现的成规体系，用以评估作品是否达到或超越了它的类型要求；仪式取向看重媒体产业与受众之间的交流，为某种文化提供自我展示的机会；意识形态取向将类型视为一种实施管理的控制工具，以便能够更好复制占优势地位的意识形态。电视节庆作为典型的电视综艺（特别）节目，比电视新闻、电视剧、电视真人秀等更符合"美学取向、仪式取向和意识形态取向"，这三种研究维度是本书的框架要旨。

20 世纪 90 年代初，随着中国政治经济工作重心的转场，学者李泽厚、刘再复提出"告别革命"，不论知识界对此如何争论，"现代化叙事"替代"革命叙事"确实已在文艺生产的各领域发生，电视节庆这一"现代化叙事"在时代变革中不断思索影像的

① 北京广播学院电视系学术委员会、《中国应用电视学》编辑委员会：《中国应用电视学》，北京师范大学出版社 1993 年版，第 125 页。
② ［美］简·福伊尔：《类型研究与电视》，桑重译，《世界电影》1990 年第 4 期。

书写方式。中国一直是世界上国族主义情绪高涨的国家，而"国族"这一"想象的政治共同体"是否能有效涵盖各民族并具有同一性，在意识形态的认知领域内越来越不是铁板一块。当"社会存在于传播之中"（杜威）成为广泛共识，如何形塑一个边界清晰、认同明确、传统一贯的"民族国家"，就成为电视节庆这一宏大叙事的根本诉求，也是意识形态传播的迷思所在。法国著名符号学家罗兰·巴特（Roland Barthes）认为"迷思"（myth）是一种"神话"，"迷思是一套套源于文化并通过工具传播的、先在的、偏向于赞同特定价值的思想观念。例如，关于国民性或国家的伟大，或关于科学或自然，都可能存在着迷思"①。神话的功能就是将历史转换为自然的常识性，将复杂的社会问题聚合成概念系统，以符号的含蓄意指来实现"神话性"的植入。节日的保护传承以及电视节庆的研发生产如何服膺于国家、社会、文化的发展目标，从而在传统性与现代性之间建立一种超越性的协调关系，并创造性地建构"节日电视"的传播场域，是电视文化传播、也是中华新闻传播学的重要维度。

20世纪90年代，法国媒介理论学家雷吉斯·德布雷基于技术与文化的互动关系，提出了"媒介域"（media speres）的三种类型：文字（逻各斯域）、印刷（书写域）和视听（图像域）。② 媒介域概念从宏观层面说明了传递技术及其制度配置如何被牵连进社会信仰、社会秩序的确立和改变之中。无疑，以电子媒体为主要载体的"图像域"情境早已成为传播的主场，媒介技术、记忆手段都偏向于此，"图像

---

① 彭怀思：《大众传播理论讲义》，风云论坛有限公司2004年版，第239页。

② ［法］雷吉斯·德布雷：《普通媒介学教程》，陈卫星、王杨译，清华大学出版社2014年版，第456—457页。

域"成为当代决定人类思想活动的主要线索及人们理解时代的主导性象征系统。传统节日的文化传播历来存在多重"传播场"和"媒介域",图像域是其最重要的传播场域。但在后电视时代,节日传播的效力正随着社会、文化、媒体场域的嬗变而出现文化折扣现象;互联网视频的崛起使得图像域内部发生裂变,当多屏进入融媒、智媒时代,仪式发布者是否能有效控制仪式效果?在社交媒体"集市式"传播的对冲之下,电视节庆这一"教堂式"传播是否持续奏效?怎样的节庆复现才能实现意识的入心、入脑?"在某些情况下,可能会坚持一些'过时的'艺术形式。'现代'作品是来源于它们自己时代的作品,而'过去的'作品使旧有形式永存。"① 电视节庆之于传统的守土有责、守土负责、守土尽责,关乎国家记忆工程的推进、公众审美旨趣的培养及电视话语表述的经验。"重复"(Repetition)原本是各种传播中常用的说服技巧,能提醒受众记住某种高可信度来源、记住传播内容本身、增加情感联结。在华夏传播的视域之下,本著述基于电视作为再现性媒介这一基本属性,以"电视节庆"对于"现实节庆"这一"周而复始""差别重复"的艺术传播为起始,聚焦新时期以来电视节庆的意义生产,对其仪式表征、权力实践、情感认同及制约影响认同的诸多因素进行分析,考察电视节庆的类型传播与政治权力关系的动态特征。尤其在"图像域"内部明显裂变的多屏时代,审思电视节庆的认同折扣及其价值重建,当是电视文艺传播与文化情感认同的真问题。

---

① [法]西尔维娅·阿加辛斯基:《时间的摆渡者:现代与怀旧》,吴云凤译,中信出版社2003年版,第107—108页。

第一节　研究缘起与问题场域

一　选题缘由

首先，为何要研究新时期电视节庆的意义生产？

20 世纪 90 年代以来，以伯明翰学派为重镇的文化研究（cultural studies）西学东渐，成为内地显学，电视文化成为文化研究的一种具体路向——文化与媒介的相互征用，隐藏着文化研究的一种新质发生，也延拓了媒介批评的跨学科领域。90 年代以来的社会大发展、媒介大变迁催生了文化的媒介化以及媒介化的文化，媒介文化成为社会文化的主导形式以及"表征的系统"。许多文化形式根本就是大众媒介制造与特有的，媒介将传播和文化凝聚成一个动力学过程，使二者同质同构，即使是在自媒体崛起的信息时代，由于文化惯性作用，电视仍然顽强地影响着社会的思想观念与生活方式。

法国社会学家皮埃尔·布迪厄（Pierre Bourdieu）在 20 世纪六七十年代从文化再生产（cultural reproduction）角度揭示了当代社会的一大基本特征，"当代社会是一个以文化实践及其不断再生产作为整个社会的基本运作动力"[①]。这肯定了文化再生产在整个社会实践中的决定性地位。约翰·菲斯克认为："文化是感觉、意义与意识的社会化生产与再生产，将生产领域（经济）与社会关系领域

[①]　高宣扬：《布迪厄的社会理论》，同济大学出版 2004 年版，第 14 页。

（政治）联系起来的意义领域。"① 英国学者约翰·B. 汤普森（John B. Thompson）则说："文化是体现于象征形式（包括行动、语言和各种有意义的物品）中的意义形式，人们依靠它相互交流并共同具有一些经验、概念和信仰。"② 这些界定都强调文化与意义生产的关联性、以及文化的共享性，而媒体传播是文化价值和意义的主要载体。总体而言，西马学派注重文化再生产，而人类学看重仪式行为，媒介的意义生产与面向媒介的意义研究几乎同步。

中国媒体是国家权力的重要附属物，在对外的跨文化传播中展示国家形象，表现为文化的影响力和软实力；在对内的常规宣传中负责主流意识形态引导，表现为文化的内聚力和控制力。文化学者陶东风判定，"新中国党的宣传部门的一个迫切文化任务，是如何通过重构民众的文化认同，来维护新政治秩序的合法性。正是在这里，凸显出建构一个既能符合民族国家的认同需要，又能够巩固执政党领导地位，并且得到国民广泛认同的政治文化符号的极端重要性"③。广播电视也"一直是传播社会主义核心价值观、弘扬中国梦、满足人民群众信息文化娱乐需求的主渠道，开展舆论斗争、维护文化安全的主阵地"④。国家领导人习近平强调，对文艺工作的认识要放在我国和世界发展大势中来审视，"今天，我们比历史上任何时期都更接近中华民族伟大复兴的目标，比历史上任何时期都更有信心、有能力实现这个目标。而实现这个目标，必须高度重视和充分发挥文艺和文艺工作者

---

① ［美］约翰·菲斯克等编撰：《关键概念：传播与文化研究辞典》，李彬译注，新华出版社 2004 年版，第 62 页。
② ［英］约翰·B. 汤普森：《意识形态与现代文化》，高铦等译，译林出版社 2005 年版，第 146 页。
③ 陶东风：《文学理论与公共言说》，中国社会科学出版社 2012 年版，第 325 页。
④ 袁同楠主编：《中国视听新媒体发展报告（2015）》，社会科学文献出版社 2015 年版，第 3 页。

的重要作用……阐释中华民族禀赋、中华民族特点、中华民族精神，以德服人、以文化人是其中很重要的一个方面"①。电视节庆的核心竞争力在于以传统的象征体验，在国家政治文化认同中扮演引导角色。

电视综艺、电视剧、电视新闻，一向被视为中国电视收视市场的这三驾马车当前正在走向式微，电视节庆只是电视综艺类型的一个分支，研究价值又何在？我们不妨回想一个常识：随着全球化、市场化、世俗化、技术化的推进，在电视传播碎片化、分众化的当下，还有哪些人群、在哪些时段、以何种终端方式，忠诚地守候着电视新闻仪式？如果说独播剧、首播剧、电视选秀品牌栏目、编播季等还能勉力挽留一些观众的话，那么以时间为节点的"有节有日"的重大节庆、事关"加冕、竞赛、征服"的媒介事件或重大的过渡仪式之时，电视才真正成为万众瞩目的中心，实现了碎片化、流动性时代离散群体的有效聚合。我们清晰地看到，电视节庆是被中国市场检验了的、符合国人审美惯习的文化产品，是电视重返注意力中心的重要节目类型。影视研究学者尹鸿早在90年代就指出电视研究中的偏差，"由于我们没有对电视的媒介特点、媒介系统及其与现实的复杂关系进行广泛深入的研究，也没有对电视媒介与观众、与社会经济发展的关系做出细致的观察和分析，因而我们很难正确处理电视媒介中商业性、社会性、政治性、教育性、艺术性等方面既相互矛盾又相互依赖的关系"②。时至今日，这一研究态势改观并不明显。因此，以主流电视媒介为观照对象，分析中国转型期电视在社会整合过程中的文化角色、文化再生产的运作逻辑，深入剖析电视与社会团结、文化认同等要素

---

① 习近平：《在文艺工作座谈会上的讲话》，2014年10月15日，新华网（http://news.xinhuanet.com/politics/2015-10/14/c_1116825558.htm）。
② 尹鸿：《世纪转折时期的中国影视文化》，北京出版社1998年版，第186页。

的内生关联，是电视文化研究本土化、中国化的重要维度。

其次，为何要从仪式化传播的角度研究电视节庆？

在全球经济一体化时代，媒介秩序受制于全球化秩序，如美国新闻集团（NWSA）、迪士尼（DIS）、时代华纳（TWX）、维亚康姆（VIA）、康卡斯特（Comcast）、贝塔斯曼（Bertelsmann）等大集团分配着电子传媒市场。中国电视在国际上从未占过主导位置，在"影响世界"与"本土坚守"的文化建设使命中，处于"既不在这里，又不在那里"的尴尬身份。加之社交媒体对日常生活的殖民，新的媒介环境代替了"实在环境"，"非地域"社会群体、"非民族"认同结构致使了特定民族的文化断裂，国家或民族不再容易被共享的收视体验所统一了，作为公共象征符号的电视媒体不停地被唱衰，电视媒介在这一冲击之下发生了媒介身份（自我认同）与价值认同（社会认同）的双重性危机。

正如科伯纳·麦尔塞所说，"只有面临危机，身份才成为问题。那时一向认为固定不变、连贯稳定的东西被怀疑和不确定的经历取代"①。在"我是谁""我往哪里去"的身份追问中，中国节庆、电视机构在各自的焦虑生存中都在寻求突围路径，怎样的视像素材与表意模式更能建构起社会群体感、归属感，这是国家软实力与媒体文化重建的双重使命。电视节庆的现代性生长蕴含着丰富的文化意义：节庆的仪式化传播是电视的优质资源，通过借用节庆仪式并对之进行媒介仪式化操作，电视召唤并促成大众的影像消费。一些重大的电视节庆为官方与精英所掌控，进而形成文化传播制度，使得电视制作方、观众和文化管理者之间的关系更为紧密。

---

① ［英］乔治·拉伦：《意识形态与文化身份：现代性和第三世界的在场》，戴从容译，上海世纪出版集团 2005 年版，第 195 页。

当前学术界关于电视节庆仪式化传播的系统性研究较少，电视艺术传播的既有成果中，"节"的研究被置换为电视晚会、电视综艺研究，多集中在节目创意、艺术传播、审美接受层面；也有关于电视仪式传播的研究，但更接近于媒介事件的仪式传播研究，如奥运会开幕式研究或"感动中国"等，这部分研究重在"庆"。本书将研究对象框定为"节的庆"，以及"节与庆"，鉴于电视节庆的高度仪式化景观这一现实，重点考察如下内容：电视节庆的生产研发在时代发展中的样貌、作用、价值考察，电视节庆仪式感来源的视听因素、主体内外因素考察，电视节庆仪式的功能机制、效能考察，电视节庆的话语建构、话语指向考察，电视节庆在接收端的认同效力考察，当前电视节庆的文化困境考察等。联合国教科文组织于1992年发起世界记忆工程，全球范围内掀起文化遗产数字保存热潮，多个国家开展了国家记忆项目，中国非物质文化遗产的影像表达该如何收纳进入电视屏幕？学界有理由关注节庆文化的电视仪式化呈现。

二 选题意义

当代中国处在一个长期的社会文化转型时期，电视节庆是关乎个人记忆、集体记忆、文化记忆的意义系统，从理论与实践层面而言均有显在的研究意义。

首先，拓展建构主义、类型理论与电视仪式研究的新场域。

本选题的一个逻辑起点是，主流媒体的本质属性是社会控制的结构之一，电视实践是国家文化工程的有机组成，在"意义的社会化生产与再生产"中发挥着社会认知、价值信仰的功用，电视节庆是国家意识形态重要的美学符号，是社会思潮、传统文化、国族想象以及核心价值观传播的重要载体，也是全球本土化语境之中社会学、政治学意义上的治理方式，有必要重视"认同的电视建构"和"电视的认同建构"之互动勾连。电视节庆传播研究关涉到建构主义、类型理论与仪式传播，对于这三类研究领域，国内学界还停留在对欧美研究成果的话语搬用上，依附性较强，尤其是电视仪式的本土化研究刚刚起步。本书着眼于电视仪式、话语建构与节庆传播的重大内生关联，在学理上论证电视节庆的仪式化传播是何、为何、如何以及何为，揭示电视节庆仪式的社会机制、文化规则与媒介逻辑，探讨文化、仪式与社会秩序之间的关系与功能，有助于完善媒介电视仪式研究的基本理论，并从纵深视角拓展电视话语批评与电视类型理论研究。

其次，本选题是全球本土化语境下认同危机的对抗性命题。

改革开放30多年以来，全球化、现代性进程使得民族国家的传统认同参照体系正在逐步瓦解与模糊，礼俗社会的消失、共同体的瓦解，传统文化的整体溃退成为现实图景。"一切坚固的东西都烟消云散，一切神圣的东西都世俗化了。"① 文化地图的有效性并非恒定不变，传统性/无根性、本地/异域、自然/现代、永恒/变化等因素成为"流动的现代性"（齐格蒙特·鲍曼）中的对抗性力量；民族国家的地缘观念、文化观念淡化，宗教、语言、文化等传统的象征符号日益丧失其民族界定能力，致使民族国家文化身份发生认同危机，这一命题本身带有对抗性，现代性/传统、全球/地方、西化/儒化、礼/力、仪式信仰/工具理性、共同体建构/瓦解之间均存在着对抗关系，电视节庆也难以回避这些张力关系。

当前西方国家与后社会主义国家都存在着大量的节日化，国家的文化政策对节日、假日、纪念庆典的文化传播有直接影响。在价值重

---

① ［德］马克思、恩格斯：《共产党宣言》，中共中央马克思恩格斯列宁斯大林著作编译局《马克思恩格斯选集》第1卷，人民出版社1972年版，第254页。

建、信仰重拾的文化复兴运动中，中国政府对于节庆的重视度大于从前，媒体也加大了对节日的呈现力度。仪式传播对于传统文化的现代性重塑、非遗文化保护，以及媒介竞合中的电视生存等问题，都有重大意义，对特定时期的电视现象进行传播路径、模式、话语分析，对内关联到文化凝聚力与政治融合，对外关联到文化影响力与政治区分。因此，本课题源自社会治理、文化建设、艺术传播层面的时代吁请，关注当下国族认同、国家记忆工程的核心问题，以使华夏传播的理论与实践有小小推进。

第二节　研究现状及文献述评

当下，仪式传播研究、电视节庆仪式研究处于起始阶段，关涉西方仪式研究、社会人类学、文艺传播等交叉学科领域，国内外现有学术成果体现总体如下。

一　研究现状

（一）从"传播的仪式观"到"仪式传播"的理论旅行

"仪式"是社会人类学的重要概念，传播的仪式观、仪式传播、媒介仪式、电视仪式是一系列相互区别又关联的复杂概念，它们在何时、以及怎样在传播学上变得重要起来？在理论上要追索到欧美学术界，尤其是美国学者詹姆斯·凯瑞、艾瑞克·W. 罗兰布勒、丹尼尔·戴扬、伊莱休·卡茨等人。美国伊利诺斯大学的詹姆斯·凯瑞

（James W. Carey）教授及其同事是美国传播学领域"仪式"派研究的开拓者，凯瑞的最大贡献在于倡导、推动了美国传播学研究路径的文化转向。其思想资源来自芝加哥学派杜威的实用主义思想，方法论取道于美国人类学家格尔茨阐释意义的深描说，而理论框架受到媒介环境学派英尼斯的媒介偏向理论和麦克卢汉的媒介技术论的影响。凯瑞1975 年发表《传播的文化研究取向》（*A Cultural Approach to Communication*）一文，建议区分传播的仪式功能和传输功能，数年后将其发展为一个著名观点——在 1989 年出版的《作为文化的传播：媒介与社会论文集》一书中，他明确提出"传递观"之外的"传播的仪式观"（a ritual view of communication），认为传播仪式观与"分享"（sharing）、"参与"（participation）、"联合"（association）及"拥有共同信仰"（the possession of a common faith）等意涵密切相关。[①] 詹姆斯·凯瑞认为传播的本质是一种"仪式的秩序"，这打破了沿袭已久的拉斯韦尔研究模式，把文化研究导向传播媒介对文化的容纳与变迁的过程，这一视角对美国媒介文化研究影响深远。澳大利亚悉尼大学孙皖宁教授认为，传播的传递观采用的是"科学路径"，方法上是实证性、机械性的；仪式观采用的是"文化路径"，方法上是批判性、阐释性的。前者重现象，后者重历史。[②] 美国爱荷华大学的传播学者艾瑞克·W. 罗兰布勒（Eric W. Rothenbuhler，1998）在凯瑞的基础上全面阐释了仪式与传播的关系，提出"仪式即传播"和"传播即仪式"，二者合而为一，不存在没有仪式的传播，也不存在没有传播的仪式："仪式和传播是同一家族，它们有逻辑联系并且具有同一家族

---

① James W. Carey, *Communication As Culture：Essays on Media and Society.* Unwin Hyman Inc. 1989.

② ［澳］孙皖宁：《传播学研究中的仪式派——暨叙事文文体分析法介绍》，《新闻与传播研究》1994 年第 12 期。

的特征。"① 美国传播学者佐哈尔·卡蒙·塞拉（Zohar Kadmon Sella，2007）建议将仪式传播作为通向媒介的形式、审美和经验的仪式尺度的一种具体方法，认为"仪式传播"是与"传播观"并行不悖的，在当前媒介经验中同为独立、动态、现实的观点。②

国内研究集中在西方成果的译介、引荐与扩展上：潘忠党（1996）最早提及詹姆斯·凯瑞的传播仪式观，他将传播媒介与文化之间的理论模式分为三类：媒介是表述现实的工具、是传递信息的工具、是社会交往仪式和文化的生存与再现的场所。③ 石义彬和单波（2000）认为传播仪式观有"媒介中心论"的情结。④ 彭怀恩（2004）将大众传播的主要类型分为传送模式、仪式模式、宣导模式和接收模式，其中仪式模式可以被称为"表达的"传播模式，它强调传播者（或接收者）的内在满足，依赖于共同的认识和情感，更多用作庆祝、享用（本身就是一个目的）和装饰目的，而非功利目的。⑤ 丁未（2005）的译本《作为文化的传播》使国内对凯瑞的"传播的仪式观"有了全面了解，2006 年传播学界对此展开了大讨论。郭建斌（2006）认为，就社会思想基础而言，凯瑞仪式观的思想出发点是符号互动；从文化研究模式来看，仪式观属于"生产"与"文本"之外的"活生生的文化"研究范畴，其主要目的在于对潜藏着的仪式意

---

① Rothenbuhler, E. W., *Ritual communication: from everyday conversation to mediated ceremony.* Sage Publications. 1998. p. 26.

② Zohar Kadmon Sella, "The Journey of Ritual Communication", *Studies in Communication Sciences.* Vol. 7. No. 1. June 2007.

③ 参阅潘忠党《传播媒介与文化：社会科学与人文科学研究的三个模式》（上），《现代传播》1996 年第 4 期。

④ 石义彬、单波：《20 世纪西方新闻与大众传播理论概观》，《新闻与传播复印报刊资料》2000 年第 5 期。

⑤ 参阅彭怀恩《大众传播理论讲义》，风云论坛有限公司 2004 年版，第 50—57 页。

涵的象征性、表演性行为的阐释。① 陈力丹（2008）就仪式观与传递观的关系进行了多维分析，涉及仪式观的理论创新、场景理论、人类学、宗教学等。② 米莉（2007）较早总结凯瑞仪式观的思想渊源、理论内涵、理论贡献的文章。③ 张建中（2007）认为目前美国主流传播研究仍是施拉姆等人开创的传播学研究，传播的仪式观并没有成为主流。④ 王晶（2010）认为仪式观和传递观研究并非不可调和，而是同一事物的两面，凯瑞的阐释新方法并不是研究的唯一参照，传播仪式观必须结合中国的语境进行探讨和改进。⑤ 周鸿雁的专著《隐藏的维度——詹姆斯·W. 凯瑞仪式传播思想研究》（2012）对凯瑞仪式传播思想的概念体系、理论渊源、主要贡献以及理论缺陷进行了全面研究，他认为最早提出仪式传播思想的不是詹姆斯·凯瑞，而是美国人类学家爱德华·霍尔（Edward T. Hall），在其 1959 年出版的《无声的语言》中有所指涉。

　　"传播仪式观"从美国到中国的理论旅行之中，概念发生了一些变化与置换，如"传播的仪式观""仪式的传播观""仪式传播"的运用较为随意，存在混用情形。凯瑞的"传播的仪式观"与艾瑞克所说的"仪式传播"在内涵上有所不同，与中国的"仪式传播"的内涵又不相同。本土的"仪式传播"多指人类学、民俗学层面的以"仪式"为内容的传播，如果用"仪式传播"来统称"仪式的传播"与

---

① 参见郭建斌《理解与表达：对凯瑞传播仪式观的解读》，《中国传播学论坛论文集（Ⅰ）》2006 年，第 8—17 页。

② 参见陈力丹《传播是信息的传递，还是一种仪式？——关于传播"传递观"与"仪式观"的讨论》，《国际新闻界》2008 年第 8 期。

③ 参阅米莉《詹姆斯·凯瑞传播仪式思想探析》，硕士学位论文，兰州大学，2007 年。

④ 参见张建中《詹姆斯·凯瑞与美国传播学研究》，《国际新闻界》2007 年第 4 期。

⑤ 参见王晶《传播仪式观研究的支点与路径——基于我国传播仪式观研究现状的探讨》，《当代传播》2010 年第 3 期。

"传播的仪式观"，需要做出特定的说明。目前国内在提到凯瑞的"传播的仪式观"时，往往用"仪式传播"来表述，樊水科（2011）注意到这一点并梳理了国内概念置换的路径①：首先，米莉（2007）在丁未《作为文化的传播》这一译本的基础上，将"传播的仪式观"直接置换为"传播仪式"；尔后，朱杰（2007）将"传播的仪式观"和"仪式传播观"视为同义，为进一步置换为"仪式传播"打下基础；② 张孝翠（2009）沿用了朱杰"仪式传播观"的说法，凯瑞的"传播的仪式观"和"传播的传递观"分别被用作"仪式传播观"和"传递传播观"，逻辑上"仪式传播观"等同于"仪式传播"③；闫伊默、刘玉（2009）在《仪式传播：传播研究的文化视角》一文中，将"传播的仪式观"等同于"仪式传播"。不过，闫伊默认为"仪式传播"包括两层宽泛的意义：仪式本身作为传播（"传递观"意义上）和仪式化传播（"仪式观"意义上）。前者是指仪式的展演，即仪式如何实现其仪式功能的过程，后者是就传播的仪式性而言，即"作为仪式的传播"，是凯瑞"仪式观"意义上的传播。因此，他认为仪式传播的论域总体上可分为"仪式的传播"（ritual communication）和"仪式化传播"（ritualized communication）④。闫伊默用"仪式传播"整合"传播的仪式观"，完成了概念的置换路径。而樊水科认为，"仪式传播"作为一个本土概念，与"传播的仪式观"中的仪式含义不同，"传播的仪式观"的提出主要是为了区别美国行为主义或功能主义等实证研究传统，和仪式本身并无很关键的联系，因此，

---

① 樊水科：《从"传播的仪式观"到"仪式传播"詹姆斯·凯瑞如何被误读》，《国际新闻界》2011 年第 11 期。

② 朱杰：《仪式传播观浅议》，《当代传播》2007 年第 2 期。

③ 张孝翠：《论仪式传播与参与主体性》，《国际新闻界》2009 年第 4 期。

④ 闫伊默、刘玉：《仪式传播：传播研究的文化视角》，《湖北经济学院学报》2009 年第 2 期。

"仪式传播"难以涵盖"传播的仪式观"。笔者同意樊水科关于"传播的仪式观"在中国内地被置换的质疑,但并不完全认同他将"仪式传播"视为一个绝对意义上的本土概念,在西方社会人类学仪式研究中早有关于仪式的传播。此外,虽然"仪式的传播"在内涵上小于"仪式传播",但闫伊默在阐明了理论视角与研究路径的情况下,从较广的论域将"仪式传播"归为"仪式本身作为传播"以及"作为仪式的传播"的二分法还是颇具代表性的。本书使用"仪式化传播"而非"仪式传播",是要强调电视节庆的仪式化传播特征,而非人类学、民俗学层面关于仪式内容的传播,这一用意将贯穿全书。

(二)源自西方仪式理论研究的媒介(电视)仪式研究

西方仪式理论在社会学、人类学领域已经形成了相对完整的知识谱系,是媒介仪式研究的来路之一。"仪式"在 19 世纪出现伊始就带有欧洲中心主义的色彩,体现了社会进化论的基本特点,如仪式 VS 巫术,我群 VS 他群(us/them)等。在 20 世纪早期,国外学者对仪式过程及意义的讨论集中在社会人类学领域,可分三大脉络:社会整合理论(以法国年鉴学派为主)、联合理论(以罗伯逊·史密斯、葛兰言、列维·施特劳斯等人为主)、文化理论(以克利福德·格尔兹、玛丽·道格拉斯等人为主)。从早期的仪式—神话学派(英国剑桥学派)到后来的功能主义、结构主义、解释主义,有一个明显的从"宗教"到"社会"的内在变化印记:早期的进化论人类学(穆勒、泰勒、斯宾塞、弗雷泽、兰、奥托等人)将仪式看作特定的宗教行为与社会实践,晚近的文化人类学派(史密斯、涂尔干、霍尔、莫斯等人)更注重仪式在社会结构中的作用及地位。加拿大仪式学家罗纳尔德·格兰姆斯(Ronald L. Grimes, 1982)在《仪式研究的起点》一书中依从发生学角度将仪式分为六类：仪式化（ritualization）、礼仪（decorum）、典礼（ceremony）、巫术（magic）、礼拜（liturgy）、庆典（celebration）。① 法国社会学家爱弥尔·涂尔干（Emile Durkheim，1915）关于仪式的"神圣—世俗"的二分法是仪式架构的理论原点。② 法国人类学家阿诺尔德·范热内普（Arnold van Gennep）用"过渡礼仪"来解释节日的边缘特征，认为节日通过取消群体内部的等级区分，建立了无差别的文化共同体，社会通过过渡仪式进行自我复制。③ 英国人类学家维克多·特纳（Victor Turner）发展出"阈限性"（liminality）概念，成为对范热内普最有意义的发扬：仪式过程是一种处于稳定结构交界处的"反结构"（anti-structure）现象，是对"阈限期"前后两个稳定状态的转换过程。特纳还认为仪式象征具有"感官级"（情绪效力）与"理念级"（意识形态）。④ 英国功能学派著名学者布罗尼斯拉夫·马凌诺夫斯基（Bronislaw Malinowski，1953）认为，当人们面对其知识经验中不可逾越的沟壑时，仪式有减轻焦虑和激发信心的作用。⑤ 英国人类学家拉德克利夫-布朗（A. R. Radciliffe-Brown，1965）认为仪式的社会功能可以归结为建立和维持社会结构的正常秩序上。⑥ 西方仪式研究普遍认为仪式兼有理论和实践两翼，美国人类学家克利福德·格尔茨（Clifford Geertz，

---

① Ronald L. Grimes, *Beginnings in Ritual Studies*. University Press of America. 1982.

② Durkheim, E., *The elementary forms of the religious life*. Free Press . London ： Collier. 1915.

③ Arnold van Gennep, *The rites of passage*. University of Chicago Press. 1961.

④ 参见 Victor Witter Turner, *The ritual process*：*Structure and anti-structure* . Cornell University Press，1977。

⑤ 参见 Malinowski, Bronislaw, *Argonauts of the western Pacific*：*An account of native Enterprise and adventure in the Archipelagoes of Melanesian New Guinea*. New York；Dutton，1953。

⑥ 参见 A. R. Radcliffe-Brown, Structure and function in primitive society：Essays and addresses. The Free Press，1965。

1973）提出仪式是认识和创造世界的文化原动力窗口（window of ritual），仪式的传播过程是权威塑造信仰的过程。[①] 美国社会学家兰德尔·柯林斯（Randall Collins, 2005）提出了"互动仪式链"并指出其核心机制：高度的相互关注，即高度的互为主体性，跟高度的情感连带。[②] 20 世纪 70 年代以后，国际学术界仪式研究的重心转移到"过程"之上，从单一的"神话宗教"扩大到"世俗社会"领域，着重于仪式象征符号、意义和思维分析，仪式的描述和分析是思想与民族志范本的重要形式之一。

传播学认为仪式是受一定规则支配而生产出来的，对个人或特定团体产生一系列影响的符号表意。对于电视仪式的狭义研究始于 20 世纪七八十年代。英国学者 Gregor T. Goethals（1981）提出了电视仪式（The TV ritual）概念，认为电视仪式是视频祭坛，将我们周遭日常的事物都赋予了超验神圣的内涵，电视所表现的许多东西都得到了仪式化的处理。[③] 媒介仪式研究的重要代表人物是美国学者丹尼尔·戴扬（D. Dayan）和伊莱休·卡茨（E. Katz），他们正式将仪式人类学引入大众传播。戴扬和卡茨自 20 世纪 70 年代初开始研究，并于 1992 年提出竞赛、征服、加冕三种典型性媒介事件，其著作《媒介事件》被认为是从仪式视角来研究电视的典范之作，强调了节日电视的"仪式性表演"与新涂尔干社会学相结合所赋予现代政治的新功能。[④] 但英国传播学者尼克·柯尔迪（Nick Couldry, 2003）认为，戴扬与卡茨对媒介事件的界定有武断之嫌，致使该概念的理论价值有所

---

① 参见 Geertz, C., *The Interpretation of culture*. New York：Basic Books，1973。

② 参见 Randall Collins, *Interaction Ritual Chains*, Princeton University Press，2005。

③ Goethals, G. T., *The TV Ritual：Worship at the Video Altar*. Boston：Beacon Press，1981.

④ Dayan, D. & Katz, E., *Media Events. The Live Broadcasting of History*, Harvard University Press，1992.

降低，柯尔迪认为新涂尔干主义的两大弱点影响了媒介事件的理论效力：其一是把限制性情况下的问题普遍化；其二是没有回答社会是否、在何种程度上，通过什么方式整合的问题。柯尔迪将仪式与权力、监视联系起来，认为媒介仪式指涉一个已经形成但又缺乏深入研究的学术范围，他归纳了仪式的三大主要特征：惯性行为、形式化行为、超越性价值观（即绝对权威的价值观）的行为。[1] 柯尔迪认为媒介仪式是"围绕与媒体相关的关键类别和边界组织起来的、规范化的行为，这些行为的实施能建构，或意味着其与更宽泛的、与媒介相关的价值之间的联系"[2]。这里的"关键类别"（或称核心类属）及其边界，体现在媒介内部地位高低的区隔，即电视仪式划定了仪式参与者与仪式旁观者的类属差异，参与者地位更高，柯尔迪的批判立场也不失为分析仪式视野的一种路径。

很多欧美电视研究者认为，电视从内容到收视都具备仪式性。英国学者罗杰·西尔弗斯通（Roger Silverstone）认为媒体依照"日历时间"编制全民共同的节庆、典礼、仪式活动，仪式激发出原始宗教的神圣力量，创造出共同体的国家社群，他判定电视有着某种原始的神圣本质，电视用屏幕和技术区分了和世俗环境不同的空间，在世俗和神圣之间有组织分界。[3] 学术界普遍认为，工业社会里仪式的意义与重要性已较过去逊色，英国文化学者戴维·钱尼（David Chaney，1986）对此持相反观点，他提出由于工业化社会的规模及本质的缘故（公民无法相互结识，因此必须制造一种持久性的集体认同感），仪式成为一种把共同体变得更加戏剧化（建构）

---

[1] Nick Couldry, *Media rituals: A Critical Approach*, New York: Routledge, 2003, p. 3.

[2] Ibid., p. 29.

[3] Silverstone, R., "Television myth and culture", In J. W. Carey (Ed.), *Media, myths, and Narratiues: Televison and the press*, Beverly Hill: Sage. 1988, p. 29.

的模式。钱尼断言，大量的集体仪式并没有消失，而跻身制度性认同与再生产的日程表上。通过电视，公众可以一起经验一种国家或集体团结的感觉，"想象社群"变成了具体实在，大众传播所具有的"奇观"因为戏剧化表演反而变得更容易接近。① 瑞典斯德哥尔摩大学教授卡琳·贝克尔（Karin Becker, 1995）聚焦于公共事件的仪式分析，强调媒介如何开展仪式化过程与文化展演，以此有助于特定公共事件的重塑。②

　　在西方的学术基础上，国内媒介（电视）仪式研究起于 20 世纪 90 年代，代表性学者有胡志毅、吕新雨、曾庆香、邵培仁、陈力丹、闫伊默、周鸿雁、张兵娟、刘燕、翟杉等人。胡志毅较早用神话学和仪式学方法来追溯作为艺术的电视，于 1998 年首次提出"传播艺术的仪式"③。国内普遍认为，电视仪式是媒介仪式的主阵地，电视直播是电视仪式的主要手段（主要来自于戴扬、卡茨对"节日电视"的理解）。张兵娟认为"媒介仪式"特指广大电视观众通过电视媒介符号的传播，参与某些重要显著的共同性活动或者某一盛大事件，最终导致的一种象征性的文化实践过程和行为。④ 石义彬、熊慧（2008）认为媒介制造了一系列的界限与结构，媒介仪式不仅强化了媒介作为"社会中心"的神话，也改写了当代人对于媒介、自我、群体与社会的认知与感受。⑤ 王清清（2009）基于电视人类学研究的视角，将电

---

① Chaney, D. The symbolic form of ritual in mass communication, in P. Golding et al. (eds) *Communicating Politics*, Leicester: Leicester University Press, 1986, p. 132.

② Becker, K. Media and the ritual process, *Media, Culture & Society* 17, 1995.

③ 参阅胡志毅《现代传播艺术——一种日常生活的仪式》，浙江大学出版社 1998 年版。

④ 张兵娟：《仪式·传播·文化》，《中国广播电视学刊》2007 年第 3 期。

⑤ 石义彬、熊慧：《媒介仪式，空间与文化认同：符号权力的批判性观照与诠释》，《湖北社会科学》2008 年第 2 期。

视仪式界定为"以电视为媒介中心组织起来的结构性行为",其三大特征为媒介技术特质、社会结构特性、现代性价值。① 翟杉的《仪式的传播力：电视媒介仪式研究》（2014）一书，就电视仪式的审美特性、现代神话特质、电视仪式的主角与参与者进行了分析。总之，电视仪式为我们理解社会秩序与整合提供了典型样本。

（三）电视节庆仪式化传播与文化认同的关联性研究

"认同"（identity），即身份、同一，是人类寻求身份、追逐意义、以获得"类的确定性"的行为与过程。认同有三个理论来源或维度：美国心理学传统的认同研究（弗洛伊德、埃里克森等人），符号互动论（威廉·詹姆斯、乔治·米德、斯图亚特·霍尔、理查德·简金斯等人），以及欧陆社会心理学为基础的社会认同理论（亨利·塔弗尔、塞缪尔·亨廷顿、肯尼斯·伯克等人）。20世纪60年代后，因为多元文化身份开始受到关注，"认同"从早期的哲学与人类学逐渐移置到对社会、性别、政治、国家、族裔、文化属性的探讨，各个学科都试图对它发出自己的声音，并在90年代以来成为跨学科研究的重要概念与重要问题。法国文艺理论家保罗·利科（Paul Ricoeur）将认同分为"固定认同"与"叙述认同"两大类，其中"叙述认同"必须经常以主体的叙述再现自我，并在不断流动的建构与斡旋过程中形成，与媒体关系密切。② 英国人类学家迈克·克朗（Mike Crang）认为，仪式是承载国族认同的容器，文化与国族认同的观点，通过想象的共同体

---

① 王清清：《电视仪式：电视研究的新路向》，《浙江传媒学院学报》2009年第6期。
② 参阅廖炳惠《关键词200：文学与批评研究的通用词汇编》，江苏教育出版社2006年版，第129页。

（imagined community）、传统的发明（invented traditon）和文化分化（cultural differentiation）三方面来检视。① "想象的共同体" 由美国学者本尼迪克特·安德森（Benedict Anderson，1983）提出，他认为民族国家通过仪式事件、媒体形象和宏伟典章（monument）的型塑，来建构共同生活和行为规范，形成国家与公民的观念，因而产生强烈的归属感与同胞之爱，以达成巩固民族国家既有体制的目的。② 英国学者霍布斯鲍姆（E. Hobsbawn）和兰格（Ranger T.，1983）认为仪式与民族身份认同有关，他们基于 19 世纪末欧洲大规模生产传统的现实，把仪式视为理解和反思传统的关键，认为仪式的技术化特性适宜于现代社会在发展过程中的再生产程序与模式，仪式在传统的 "被发明" 中起到关键作用，成为征集服从或忠诚心的新方法。③

20 世纪二三十年代，文化地理学、文化圈学派着重于中欧地区假日、节宴、仪式和风俗的空间分布研究。法国思想家乔治·巴塔耶（Georges Bataille，1992）认为节日作为 "人类生活的融合"，试图调解人类的 "永恒问题"，即回到人的内在性，但并不意味着回到动物世界，而是与神圣的结构性和解。④ 德国学者约瑟夫·皮柏（Josef Pieper）论述了节庆与崇拜仪式的紧密关系，认为传统的断裂、丧失与节庆的没落大有关系。⑤ 涂尔干的追随者们认为象征和

① Mike Crang：《文化地理学》，王志弘等译，巨流图书有限公司 2003 年版，第 213 页。

② Benedict Anderson, *Imagined Communities*：*Reflections on the Origin and Spread of Nationalism*, New York；Verso, 1983.

③ 参见 E. J. Hobsbawn, Hugh Trevor－Roper, Prys Morgan, David Cannadine, Bernard S. Cohn, Tcrence Ranger, *The Invention of Tradition*, Cambridge University Press, 1983。

④ 参见 Bataille, G., *Theory of Religion*. New York：Zone Books, 1992。

⑤ 参阅 [德] 约瑟夫·皮柏《节庆、休闲与文化》，黄藿译，生活·读书·新知三联书店 1991 年版。

仪式对于维持与强化归属感十分重要，其中最具代表性的是法国学者莫里斯·哈布瓦赫（Maurice Halbwachs）关于"集体记忆"的重要概念,[①] 以及美国学者保罗·康纳顿（Paul Connerton, 1989）关于"社会如何记忆""仪式重演特征"的研究成果。[②] 德国学者扬·阿斯曼（Jan Assmann）在20世纪90年代首次提出文化认同性问题，他认为承载文化记忆的两大媒体一是"文本"，二是"仪式"，其中节日和仪式是文化记忆最重要的传承和演示方式。[③] 英国学者戴维·钱尼（Chaney, 1983）通过对BBC报道三大节日——1946年英国举办的二战胜利游行、1951年的"不列颠节"和1953年英女王加冕礼的分析，认为机构的决定能够改变民间仪式，使之成为大众可参与的仪式，从而强化国家的观念。[④] 在拉丁美洲和一些亚洲国家，与节庆、典礼、纪念仪式相关的电视仪式扮演着建立本土及国族文化的重要角色。如剑桥大学的Christel Lane（1979）分析了20世纪60年代以来苏联社会主义仪式和典礼系统的发明与复兴，他认为苏联社会主义国家的仪式和典礼跨度很广，从政治仪式一直延展到日常生活之中，体现了马克思列宁主义的规范性和价值观。[⑤] 德国学者克劳斯·罗斯（2007）分析了第二次世界大战后

---

① 参见［法］莫里斯·哈布瓦赫《论集体记忆》，毕然、郭金华译，上海人民出版社2002年版。

② 参见 Connerton, P., *How Societies Remember*. New York, NY: Cambridge University Press。

③ 参阅［德］阿莱达·阿斯曼《昨日重现：媒介与社会记忆》，［德］阿斯特莉特·埃尔《文化记忆理论读本》，北京大学出版社2012年版，第20—42页。

④ 参见 Chaney, D., "A Symbolic Mirror of Ourselves: Civic Ritual in Mass Society", *Media, Culture & Society* (5), 1983。

⑤ 参见 Lane, Christel, "Ritual and ceremony in contemporary soviet society", *The Sociological Review*, 27 (2), 1979。

苏联和欧洲社会主义国家的"社会主义假日和仪式体系",① 并认为这是社会主义生活方式的重要组成部分,而人们如何回应这项由社会主义国家操作的浩大文化工程,在西方国家的大量节日化中,是不是东欧和西欧存在趋同性?情形较为复杂。

国内的节日、节庆研究多立足于中国田野,费孝通、钟敬文、叶舒宪、高丙中等学者长期致力于人类学、民俗学的节庆仪式研究;王霄冰、王铭铭、纳日碧力戈、彭兆荣、黄剑波、郭于华、薛艺兵等人引荐了西方仪式理论,并进行了节庆仪式实践的本土化研究。节日与传播的研究涉及乡土社会的知识传播、交流在节日传播中的作用,传播主体的演变,传统节日仪式体系的建构,传统节日的电视文化探索等维度。张兵娟(《全球化时代:传播、现代性与认同》,2010)、刘燕(《媒介认同论:传播科技与社会影响互动研究》,2010)、刘国强(《媒介身份重建——全球传播与国家认同建构研究》,2009)、王玉玮(《民族主义话语与中国电视文化》,2011)、闫伊默(《仪式传播与认同研究》,2014)等人的专著从不同类型的电视节目入手,深入分析了现代性语境之下媒体建构、媒介仪式与国家认同的关联性。耿文婷(2003)的专著《中国的狂欢节:春节联欢晚会审美文化透视》深入研究了春晚的审美文化,认为春晚作为本土文化深层意识的神圣时间,其仪式化体现了传统的集体无意识。吕新雨教授多次撰文聚焦春晚,为仪式传播的在地化研究提供了一个很好的分析模本。② 关于春晚研究有代表性的还有王

---

① 参阅 [德] 克劳斯·罗斯《从传统到文化工程再到全球"节日化":东欧的节日、假日、节宴和仪式》,中国民俗学会、北京民俗博物馆编《传统节日与文化空间:"东岳论坛"国际学术研讨会》,学苑出版社 2007 年版,第 202—211 页。

② 参见吕新雨《仪式、电视与意识形态》,《读书》2006 年第 8 期。

列军（2003）①、张华（2008）②、邵静（2009）③、邵培仁（2009）④等人，认为春晚这一"表现性公共仪式""媒介民族仪式"通过神圣形象与象征的塑造，生产了国家空间的一致性，以文化表演的方式实现了国家与社会控制。卞冬磊（2009）认为媒介通过"替代"与"建构"两种方式完成对节日意义的再生产。⑤ 周文（2010）认为传统节日不能仅仅停留在战略性的制度与政策层面，还必须构建国家传播的实体，而这个实体之一，就是传统节日国家性质的仪式体系：一是仪式内涵；二是由仪式符号、仪式情景、仪式意象、仪式方式等构成的仪式具体呈现。⑥

二　文献述评

综上所述，西方仪式理论的知识谱系为新兴的仪式（化）传播提供了丰富的理论资源与学术路径。综合国内外主要研究成果，大致有如下特点。

首先，理论性融汇——媒介仪式呈现出跨学科研究态势。

媒介仪式、电视仪式研究是以跨学科理论为学术视阈的，它以仪式研究、传播学为基础理论，确定其研究对象并划定自身的学术范畴。当前，西方学者大多沿用仪式研究的话语框架，重在

---

① 参阅王列军《关系视角下的权力实践：21 年春节联欢晚会的社会学分析》，硕士学位论文，北京大学，2003 年。

② 参见张华《作为电视仪式的春节联欢晚会》，《宁波广播电视大学学报》2008 年第 3 期。

③ 参见邵静《以不变应万变——试析我国春节联欢晚会的仪式化特征》，《中国传媒大学第三届全国新闻学与传播学博士生学术研讨会论文集》，2009 年。

④ 参阅邵培仁《媒介理论前沿》，浙江大学出版社 2009 年版，第 72—83 页。

⑤ 参见卞冬磊《从仪式到消费：大众传媒与节日意义之生产》，《国际新闻界》2009 年第 7 期。

⑥ 参见周文《传统节日国家传播的仪式体系构建》，《现代传播》2012 年第 7 期。

广义的电视仪式研究；而对"仪式化"如何作为一种实践被卷入，这些活动又是如何实现其仪式目标的，媒体内部的运作层面怎样展开，受众的仪式认知从何而来等方面，研究成果不多见，狭义的电视仪式研究有待深入。国内研究停留在对西方媒介仪式研究成果的推介、沿用上，在电视仪式的物质化、技术化、内部化、符号化、制度化研究上，明显滞后于国外，对现有理论直接搬用较多，有学术殖民的色彩，而缺乏"再语境化"的本土运用，因此研究成果在广度与深度上较为粗疏，媒介仪式研究还停留在基础学理层面。

其次，关注点零散——缺乏电视节庆仪式传播的系统研究。

自20世纪80年代以来，国内电视研究形成了基础理论、应用理论、决策理论、史学研究的格局。90年代以来，电视文化研究进入快速发展期，电视晚会、电视综艺、电视美学等艺术传播研究成果不少，但模糊描述多，准确定位少；既定理论运用多，基本理论创新少，多为"论题大、内涵少"的泛泛视角。缺乏在中国社会转型这一特定语境下电视节庆仪式的系统性研究，对中国本土经验重视不够，缺乏历史纵深感与文化现实感，问题意识不突出，电视节庆仪式的话语反思不够深入，这也是本选题的着力点所在。本书将传播仪式观、建构主义、类型研究作为方法论，重点剖析新时期以来电视节庆的分类边界、仪式内涵、仪式机制、仪式致效、仪式情感、话语建构、认同接受、影响认同的因素等，以深化电视仪式的学理研究。

第三节　研究思路与学术路径

立足于西方仪式研究与"传播的仪式观"来研究电视节庆，是文化传播领域内的重要课题。通过考察中国电视节庆文化传播的历史动因、功能与结构、途径与模式、传统文化的现代性创造，以探索电视节庆传播的现象、机制与规律，当是华夏传播学求"本"、求"实"的有机内容之一。关于"社会主义节日体系"的现代化、本土化研究，也属于党的十九大所表述的"中国特色社会主义文化"的内容之一。

一　研究思路

本选题以西方仪式理论与传播的仪式观为学术起点，对传统仪式的演进、电视仪式的承继，以及二者的共生关系进行论证，对电视节庆仪式传播与文化认同的关系进行学理探讨，全篇遵循"概念界定→历史梳理→理论探究→个案研究→问题分析→对策建言"的整体思路：首先，确定社会转型期电视节庆这一研究对象，并对相关概念进行界定；其次，以"特定时代语境"的"特定研究对象"的"特定问题"为研究原点，对电视节庆的典型文本进行分类、整理编目，以作为重点分析的材料支撑；再次，从微观的仪式理论、仪式情感学、电视类型理论、话语理论等维度入手，剖析电视节庆仪式的组织化、功能化、情境化、神话化与符号化表意，并对其社会影响力与认同效果进行探析；最后，基于媒介管理学、传播政治经济学的视角，建言电视节庆的仪式体系建构，为电视公共话语的文化形构做出一段小小的探索。

二　学术路径

正如詹姆斯·凯瑞所言：学术上的事往往是起点决定终点，对传播的基本立足点在很大程度上决定了随之而来的分析路径。① 有别于相对静态的、技术的实证研究，受选题与知识结构所限，本书更偏好于一种历史的、质化的和偏向文艺批评的研究模式。

（一）基于在地化接合的意义阐释

文化研究专注于社会与意义之间的关系：意义是如何赋予的，以及文化领域的权力与形式。英国伯明翰学派的第二任领军人物斯图亚特·霍尔（Stuart Hall）在"葛兰西转向"的思想承继中形成自己的"接合理论"（theory of articulation），即一种强调实践的特定性以及分析对象"语境化"（contextualizing）的方法。美国文化研究学者劳伦斯·格罗斯伯格（Lawrence Grossberg）也说，"对于文化研究而言，语境就是一切，一切都是语境（context is everything and everything is context），我们最好把文化研究视作'一种语境化的关于语境的理论'（a context theory of context）"②。可见，文化研究的话语与实践必须被持续地历史化与地方化。正是在这样的体认下，本选题锁定中国特定时期的传播现实，重在历史纵深感与文化现实感，努力实现对于重大

---

① 转引自胡翼青《再度发言：论社会学芝加哥学派传播思想》，中国大百科全书出版社 2007 年版，第 309 页。

② 转引自陶东风《文化研究：西方与中国》，北京师范大学出版社 2002 年版，第 14 页。

媒介现象的再语境化研究，虽然论述不一定深入，但至少避免了因对象不准、症候分析混乱而误开药方的情形，本书重心放在如下两个维度。

首先，电视节庆的仪式机制、功能与价值研究。本书侧重于电视文化生产及框架规则、电视节庆的仪式表征与文化认同、电视节庆的视觉消费，对 1958 年尤其是对 1983 年以来电视节庆仪式的发展路向、风格脉络及意义生产进行分析，深入论证电视节庆在仪式表征上的共同性，这些仪式化的电视实践放大了什么、赋魅了什么、建构了什么、遮蔽了什么、回避了什么、它的权力关系是怎样的；其仪式作用机制、仪式情感情境、仪式传播体验如何，以及国家如何利用电视节庆来重构认同传统、阐释现代国家政体的合法性等问题。

其次，聚焦"象征形式"的电视文化批评。节庆仪式是人类学领域的象征形式，电视仪式是传播学领域的象征形式，本书直面其认同建构与接受之间存在的断层，并试图分析造成这一差异性认同的内外因素与深层因素，从而指向电视节庆仪式与认同中的诸多难题：权力政治、象征资本、地方性文化资源、资本扩张、媒介话语之间的逻辑关系。通过论证电视节庆中文化认同的复杂性，以及本质症结所在，最终探寻电视节庆仪式从"实然"（事实）到"应然"（规范）的突围路向。

（二）以问题为导向的文本解读

文化分析应该用当地的历史来支撑，以防止文化研究的过于理想化与玄想，而将质化研究与深描（thick description）研究结合起来，是对电视文化研究的范式转换。因此，本书以问题为统帅，试图追问：成长中的中国电视经验为媒介文化研究提供了怎样的范本？电视节庆的长存与哪些因素相关？这些因素相互之间如何制衡，又如何影响文化认同？本书并非附和于现有的话语模式，而是以"在解构中求建构"的学术勇气，对既有的学术成果保持一种尊敬、亲和但又有所区别的理论创新。笔者力图从中国电视所处的具体社会语境、面临的文化现实去理解电视节庆文本，将之还原成主创者的言说，从而把握其传播主旨，领会其经验局限。书中涉及的电视节庆文本有：1983—2016 年以来的历届央视春晚，1992 年以来的央视中秋晚会、元旦晚会、元宵节晚会，2010 年以来的省级卫视跨年演唱会，1997 年 7 月 1 日香港回归直播影像，1984 年新中国成立 35 周年、1999 年新中国成立 50 周年、2009 年新中国成立 60 周年国庆阅兵仪式影像，2009—2013 年的湖南卫视电视"成人礼"盛典，2010—2016 年七夕节晚会庆典，1992—2016 年的"3·15"晚会，2001—2016 年的中华大祭祖清明公祭轩辕黄帝典礼，2004—2016 年"9·28"山东省曲阜孔庙祭孔大典、浙江衢州南宗祭孔大典影像、2008 年以来省级卫视的清明节、端午节特别节目等。著述还涉及出现在省级卫视中的"影视节庆""体育节庆"等主题性节庆。本书以上述个案为传播的现实依据与材料支持，书中涉及的解说词均为笔者观摩、听音记录，图片来自视频截图，书中不做另外说明。

第二章　电视节庆及其仪式化传播概说

德国著名哲学家恩斯特·卡西尔（Ernst Cassirer）提出了符号学的"人"论，"他是如此地使自己被包围在语言的形式、艺术的想象、神话的符号以及宗教的仪式之中，以致除非凭借这些人为媒介物的中介，他就不可能看见或认识任何东西"①。在卡西尔的哲思中，"人—符号—文化"是三位一体的。社会学三大奠基人之一的哲学家马克斯·韦伯（Max Weber）曾有一个著名论断，"人是悬在由他自己所编织的意义之网上的动物"，"文化如同意义"的观点被学界广泛认可。

节庆是人类社会生活独特的文化行为，其普遍性可谓无国不节、无族不节、无年不节。本章包含以下内容：其一，廓清研究边界、概念内涵，论证节庆仪式与电视仪式、与时代文化的关联性；其二，分析节庆电视在导向文化认同中的结构性作用，电视节庆的仪式化要素，即电视节庆仪式感的来路与认知；其三，结合地方性知识，探寻中国转型期电视节庆仪式传播的动力学因素、历史形貌以及传播样态。

---

① ［德］恩斯特·卡西尔：《人论》，甘阳译，上海译文出版社1985年版，第33页。

第一节 节庆仪式与电视仪式之关联

节日庆典是以特定时间、地域为时空布局,以特定主题为活动内容的一种社会文化现象,也是观察民族、地域文化的重要窗口。节庆(festivals)是关于节日的庆典,是世界各国的重要文化事象,西方学者常把不同类型的节庆活动统称为 festival and event(节事)。英国哲学家路德维希·维特根斯坦(Ludwig Wittgenstein)将人定义为"庆典仪式的动物",代表着节庆与宗教的渊源关系。美国印第安纳大学理查德·M. 道森教授探讨了包括中国在内的各国节庆文化,他总结说:"'庆典'这一术语可以包括节日、仪式、集会、游行、宴会、假日、狂欢以及由这类成分构成的种种综合体。"① 节日研究在欧洲学术界更为深入,德国哲学家约瑟夫·皮柏(Josef Pieper)不认同仅从劳动的对比层面来界定节庆假日的做法,他说:"庆祝节庆的意义是指,从事某种根本与其他目标无关的事情,它本身并不是'为了什么'或'因此可以怎么样'。真正的节庆是基于它本身就是充满意义的活动,除此之外,我们不能找出其他任何理由。"② 皮柏不仅肯定了节日庆典、游戏与人性意义的关联,还确证了节庆的正当性、合法性与必要性。

---

① [美]维克多·特纳:《庆典》,方永德等译,上海文艺出版社 1993 年版,第 20 页。

② [德]约瑟夫·皮柏:《节庆、休闲与文化》,黄藿译,生活·读书·新知三联书店 1991 年版,第 8—9 页。

在英语中,圣日(holyday)和假日(holiday)是同源概念,本义为神圣的日子。在汉语中,"节"与"庆"的词源学意义与生活哲学密切相关,《说文解字》注解为:"[竹部],节:竹约也。从竹即声。子结切。"① 即"节"本义指竹约,联结上下竹竿的突起,每节有大体匀称的间隔,"节"在视觉上有缠绕、约束、成段、分节之状,后引申为时节、节气和节日,也泛指事物的一端。"庆",繁体为"慶",为会意字。《说文解字》曰:"[心部]庆,行贺人也。从心从夊。吉礼以鹿皮为贽,故从鹿省。丘竟切。"② 即以鹿皮为礼,怀喜爱之心,去向对方表示祝贺。也有人认为在甲骨文中,"庆"字从鹿从吝,与"麟"相关;麒麟是古人崇拜的仁兽与神话图腾,象征吉祥喜庆,故引申为庆贺之义。

"仪式"英文为 ritual,意为程序、仪轨、礼节,尤指宗教仪式,而仪典(ceremony)、庆典(celebration)、仪式(rite)与 ritual 有相似之处:ceremony 与 celebration 一般指世俗仪式,rite 指神圣仪式,强调具体实践,ritual 为"仪轨",强调规范秩序,多集中于宗教性活动与社会性活动中。"仪式"最早出于《诗经·周颂·我将》的"仪式刑文王之典",《国语·周语》中有"度之于轨仪"的表述,《淮南子·修务》中说"设仪立度,可以为法则",因此古语中的"仪"有"威仪、法度、适宜"之义,而"式"在"法度"之外有典范、使用、尊敬之义,强调仪式的目的、操持与承继。节庆仪式既具有节庆的特征,也具有一般仪式的特征,苏联文艺美学家曾这样概述节日:

---

① (汉)许慎:《说文解字》第5卷,中华书局1963年版,第95页。
② (汉)许慎:《说文解字》第10卷,中华书局1963年版,第218页。

1. 集体的，出现在人们之间已经存在有精神联系的地方，这些联系因这种生命活动而更加巩固；2. 有组织的，通过仪式、礼节、游戏、竞赛或某种更复杂的礼仪的形式表现出来；3. 在空闲时间展开；4. 要求有特殊的、有价值意义的和用色彩装饰一新的地点；5. 与人们的思想意图、与人们的社会夙愿、与人们对美好幸福生活的希望联系在一起；6. 与一整套生活中的文化实际事物和审美实际事物相结合。[①]

现代社会节日繁多，过多的节日反而会取消节日本身，有一些被称为"节"的，本质为"日"。如世界湿地日、龙头节、植树节、世界地球日、国际护士节、国际博物馆日、母亲节、世界环境日、父亲节、中元节、感恩节、世界学生日、寒衣节、世界艾滋病日、下元节、圣诞节等，其中绝大部分不被纳入电视传播之中。本书中的节庆，以"节"为主，兼而论及重大的"日"（纪念日），着意探讨某种标志性意义的时间节点，以及超出日常生活之上的大日子。

一　文化传播：双向互渗的仪式实践

美国著名美学家苏珊·朗格（Susame K. Langer）在她"符号论美学"的命题中将符号系统分成两大类：一类是推理性符号，其代表形式是语言；另一类是表现性符号，其代表形式为艺术。节庆仪式与电视仪式都为表现性符号，二者双向互渗的仪式实践，使得电视节庆仪式成就自身。

---

① ［俄］别利亚耶夫、诺维科夫、托尔斯特赫：《美学辞典》，汤侠生等译，东方出版社 1993 年版，第 170 页。

（一）走入电视的节庆仪式

仪式通常被界定为"象征性的、表演性的、由文化传统所规定的一整套行为方式。它可以是神圣的也可以是凡俗的活动，这类活动经常被功能性地解释为在特定群体或文化中沟通（人与神之间，人与人之间的）、过度（社会类别的、地域的、生命周期的）强化秩序及整合社会的方式"①。西方神话—仪式学派、社会结构—功能学派、宗教现象学派、象征文化学派、实践—表演学派等对仪式的看法有一个类似的往复过程：在原始社会或传统社会中，初民少有能力去质疑仪式的起源与正当性，仪式与宗教密切关联而被"赋魅"；随着 19 世纪抽象性的社会进化观（赫伯特·斯宾塞）和理性化（马克斯·韦伯）概念的出现，仪式被当作外在的、人为的神秘化体验，被认为与朴实、诚挚格格不入，仪式逐渐被"祛魅"，成为一种社会遗留物。而在当代，仪式又重新被尊为"意义的问题"（the problem of meaning），社会借此整治现代性弊端与焦虑，如提倡成年礼和与大自然的交流仪式等，仪式被视为观察情绪、感情与意义灌注的适当工具，其价值回归越来越浪漫化。美国人类学家马尔库斯和费彻尔认为，"比起日常生活中的'秘而不宣''未充分言明'以及缄默的意义而言，仪式是较为集体和公开地予以'陈述'的事件，因而较具有经验的直观性"②。因此，节庆仪式既受制于社会变迁的影响，也是观察社会变迁的重要视角，节庆仪式的实践总处于不断地对新场景的适应过程中。

中国的传统文化源远流长，历史延续、文化积淀、精神需求、

---

① 郭于华：《仪式与社会变迁》，社会科学文献出版社 2000 年版，第 1 页（导言）。
② ［美］乔治·E. 马尔库斯、米开尔·M. J. 费彻尔：《作为文化批评的人类学》，王铭铭等译，生活·读书·新知三联书店 1998 年版，第 92 页。

生活积累所造就的诸多节日，在历史长河中代代传承，并蕴含着深厚的文化内涵，传统节日是民族文化精神的重要传承载体与标志性文化。作为一个多民族国家，五十六个民族各有自己的传统节日，并在此基础上形成了内容迥异的世风民俗，如我国穆斯林的古尔邦节、开斋节、圣纪节，云南傣族的泼水节、白族彝族的耍海节、壮族瑶族的鱼花节等。而民族之间的融合和交往也形成了一些共同的节日，并逐渐向汉民族靠拢，如春节。我国汉族地区素有四时（春夏秋冬）、八节（立春、立夏、立秋、立冬、春分、秋分、夏至、冬至）之说，更有二十四节气之细分，是一年当中时序推移的大标志。以年节为例，年节素与农业祭祀有关，告慰祖先，庆贺丰年是其原始含义。《谷梁传》说："五谷大熟为大有年"，甲骨文中的"年"字是果实丰收之形，金文中的"年"也是谷穗成熟的样子。过年的习俗始于先秦，但到汉代才基本定型。秦和西汉初年施行颛顼历，以建亥孟冬之月（今农历十月）为岁首，这一历法与实际农事不完全相符，因而过年的习俗难以在民间广泛开展；汉武帝时作太初历，仍以夏历正月为岁首，夏历即今之阴历，也叫农历。这一历法改动使年节近于立春时节，农历年终岁首正值农闲时节，便于举行各种庆贺活动，因而年节的日期也就得到了固定。[①] 中国的传统节日及其释义大致如下。

元日：正月初一，一年伊始。

人日：正月初七，主小孩。（又称人胜节、人庆节、人日——过春耕生产）

---

① 参阅郑师渠、许殿才主编《中国文化通史·秦汉卷》，北京师范大学出版社 2009 年版，第 494 页。

上元：正月十五，张灯为戏，又称灯节。

社日：春分前后，祭祀祈祷农事。

寒食：清明前两日，禁火三日。

清明：四月初，扫墓、祭祀。

端午：五月初五，吃粽子，划龙舟。

七夕：七月初七，妇女乞巧。

中元：七月十五，祭祀鬼神，又称鬼节。

中秋：八月十五，赏月，思乡。

重阳：九月初九，登高，插茱萸免灾。现称"中国老人节"。

冬至：又称至日，节庆的起点。

腊日：又称腊八节。祭祀祖先神灵。

除夕：腊月最后一日，除旧迎新。

以端午节为例，端午节在所有传统节日中称呼最多，古时有端阳节、重五节、重午节、天中节、夏节、五月节、蒲节、龙舟节、浴兰节、解粽节、粽子节等叫法，节俗起源说法多样。北宋高承《事物纪原》中记载了端午源于春秋时期："兢渡：楚传云起于越王勾践。《荆楚岁时记》曰：五月十五日，为屈原投汨罗，人伤其死，并将舟楫拯之，因以为俗。《岁华纪丽》曰：因勾践以为成风，拯屈原而为俗也。"① 端午的来源有纪念越王勾践说（操练水军划龙舟）、纪念屈子说（屈原投汨罗江身亡）、纪念伍员说（伍子胥被投钱塘江）、纪念孝女曹娥说（救父投江）和恶日禁忌、辟邪说（人们除瘟、驱邪、求吉祥）等，主旨多事关祭祀，在民间有避五毒、悬艾叶、菖蒲与蒜

---

① ［宋］高承：《事物纪原》，［明］李果撰，金圆、许沛藻点校，中华书局 1989 年版，第 435 页。

头、系五彩丝、佩香囊、饮蒲酒、雄黄酒、吃粽子、划龙舟、挂艾虎、画额、采药、沐兰汤、采茶、制凉茶等诸多活动，这些习俗在社会变迁中丢失、简化大半。促使节日仪式变化的现代因素之中，电子媒介也是其一。为了进一步扩大传统节日的影响力，在由"宗教化"转而"世俗化"的过程中，节日节庆找到了电视媒体这一最好宿主，电视的"远距离的看"在技术上远超其他传统连接方式，其仪式化聚焦拓展了节庆的中介化生存策略，实现了文化地理学意义的扩展，对于电视的大事件传播能力也不无影响。

（二）征用节庆的电视仪式

仪式实践进入电视领域，成为文化建设的重要依托。大众媒体介入到日常生活，赋予了仪式以新义、新貌。德国社会学家斐南迪·滕尼斯（Ferdinand Tonnies）认为当代以农村为代表的礼俗社会已经消失，取而代之的是以城市为代表的法理社会；但麦克卢汉认为礼俗社会并没有消失，只是发生了变化，"电视和传播技术所造成的影响，将抹去时间—空间的差异，并且开创了一个新的全球性'礼俗社会'（gemeinschaft）的视听时代"①。电视媒体对节庆生活的深度介入，使得人与人之间、人与各层次共同体之间的联结机制都发生了变化，推进了节庆仪式的电视化进程。美国奥运史学家约翰·麦卡卢恩（John MacAloon）的观点代表了一些人的困惑，"节日意味着在场，有了距离就不是节日……由媒介来搞节日的想法是靠不住的"②。他据此认为电视演出是降格的演出，电视观众是二等观赏者；而美国学者戴扬和卡

①　［英］戴维·莫利：《电视、受众与文化研究》，史安斌译，新华出版社2005年版，第329页。
②　［美］丹尼尔·戴扬、伊莱休·卡茨：《媒介事件——历史的现场直播》，麻争旗译，北京广播学院出版社2000年版，第163页。

茨却认为"节日电视"是可能的,"媒介事件的观赏者也可能跨越阈限的分界而进入节日、仪式和比赛。的确,他只能到达叠加在原发事件之上的电视的再现;但他也可以创造自己家里的节日和仪式"①。电视把节日庆典纳入传播框架内,提炼节庆的重要习俗、仪式元素、象征符号,久之,这些电视化了的公共仪式得到周年性的复现,成为重要的电视类型节目。

中央电视台在展现电视节庆议题方面积累了丰富经验,可谓斫轮老手,对国际性节日、重大传统节日或重大纪念日进行隆重庆播,是其一贯传统。在民间,从腊月小年到正月十五元宵节,都属新年范围。央视春晚仪式和元宵节晚会都十分盛大,荧屏的喧腾和民间的喜庆保持了一致情绪,形成仪式化的传播与收视,这是节日电视化的一个生动注解。节庆仪式与电视仪式实现了内容与形式上的双向越位,借对方之名,在分享互动之中传承集体记忆,而电视机构在节庆传播上研发出最出彩的优质视觉资源,在注意力大战中守住了必要的市场份额。

二 意义产制:同为象征文化的播散

运用象征是人类生活的一个基本特征,象征(symbol)指非语言的符号(signs)表达活动,仪式是其中之一。象征的意义在于成为个人经验与社会事实的中介,人们以此进行自我调适,使自我和世界、主观和客观达成一致,"象征是意义的'浓缩形式'(condensed

---

① [美]丹尼尔·戴扬、伊莱休·卡茨:《媒介事件——历史的现场直播》,麻争旗译,北京广播学院出版社2000年版,第163页。

form)，或多种意义的联想"①。总体而言，作为象征的仪式，其典型特征有遍在性、表演性、象征性，还有超验性、规则性、周期性、重复性和程序性，② 这些都与电视仪式特征有相似性。

（一）节庆象征体系的媒介延展

在当代社会，象征形式的交换突破了面对面互动，多借助现代传媒的再现与传布。北美媒介环境学派的英尼斯、麦克卢汉、沃尔特·翁、保罗·莱文森等人主张媒介决定论，认为占支配地位的传播技术是社会文化和社会结构的中心，约书亚·梅洛维茨认为电子媒体改变了社会生活的情境地理学。英国传媒研究家约翰·B. 汤普森（John B. Thompson）提出了"象征形式"的重要概念，他认为象征形式是"由主体所产生的并由主体和别人所承认是有意义的建构物的一大批行动、言词、形象与文本"③。在传统节日的编码规则中，"日期符号是'标志'，仪式符号系统是'核心'，其他类型各异的符号系统都'固着'在特定的日期符号上，同时又'顺应'于仪式符号系统"④。当传统节庆搬上电视庆典上时，这些标志、核心、固着与顺应依然存在，但发生了一些介质变化。显然，电视节庆是一种包含着多重艺术元素、在特定时空展开的象征形式，也是"象征工程"里的"象征表示"（象征化），是象征符号、象征意义和象征方式三者的有机组织，电视节庆的复现具有指述和传达功能，包含着一套固定而规范的仪式程序。以一种化约的思路而言，电视节庆是艺术，是媒介、也是象征形式。

---

① 王铭铭：《想象的异邦——社会与文化人类学散论》，上海人民出版社 1998 年版，第 56 页。
② 参阅闫伊默《仪式传播与认同研究》，知识产权出版社 2014 年版，第 25—32 页。
③ ［英］约翰·B. 汤普森：《意识形态与现代文化》，高铦等译，译林出版社 2005 年版，第 65 页。
④ 居阅时、瞿明安：《中国象征文化》，上海人民出版社 2001 年版，第 676 页。

（二）电视符号系统的象征取径

在斯图亚特·霍尔的表述中，"表征"存在着两个"再现"系统：一是人们头脑中的概念图"象征"各种事物；二是各种语言文化符号"象征"人们头脑中的概念图。电视符号通过表意实践而通往象征意义，比如，作为一个象征性仪式，央视春晚"既是通过大众传媒话语改写传统习俗和民间话语以使后者能纳入到现代化民族—国家叙事结构中的一次重要的文化实践，又是概括今日中国现实、建构整体形象、表现社会进步的象征文本，这一文本是人们理解社会、想象中国、形成安全感的关键"①。电视节庆的"屏幕展演"本身是一个巨大的象征符号丛，但不同的电视节庆仪式有不同的象征符号。譬如，春节晚会仪式中的生肖轮回，秋晚仪式中的月亮意象，电视清明公祭仪式中的黄帝陵、手植柏，祭孔大典中的孔府、孔庙、孔林，电视成人礼中的升旗仪式等，都体现了媒体在温习传统与建构意识中的一种象征取径。

第二节　电视节庆与电视仪式传播

"节日电视"，即对电视的节日性收看，是戴扬、卡茨在《媒介事件》一书中提出。"节日电视"与"节日里的电视"并不一样，后者通常包含节日访谈、节日新闻等诸多节目类型，但电视直播才是节日

---

① 张建珍、吴海清：《谁比谁真实：电视》，云南人民出版社 2004 年版，第 113—114 页。

电视的核心部分，更容易锚定对电视的仪式性收看。节庆仪式与电视节庆仪式之间有着强相关关系，有明显的"家族相似性"。20世纪50年代，哲学家维特根斯坦在其语言哲学研究之中，将一种错综复杂的互相重叠、交叉相似关系的网络用"家族相似性"（family resemblances）来表述："我想不出比'家族相似性'更好的表达式来刻画这种相似关系，因为一个家族的成员之间的各种各样的相似之处：体形、相貌、眼睛的颜色、步姿、性情等等，也以同样方式互相重叠和交叉。——所以我要说：'游戏'形成一个家族。"① "家族相似性"正如爱德华·萨伊德所提出来的"邻接物"（adjacency），有系谱之意。笔者以为，这一概念对于理解中国的文化语境与文化现实深具启发：中国的现代性特质与西方国家存在着家族相似性；中国的当代文化与西方的文化转向（视觉文化转向）有着家族相似性；甚至在艺术大家庭的内部也存在家族相似性，如节庆仪式与电视节庆——无论何种类型主题均可统筹在游戏、庆典、宗教、传统等家族群落的共相之中，在系谱上有相关性。

一 节庆文化的电视化实践

节庆仪式与电视节庆分属于不同艺术门类，前者着眼于同一时空、同一地点、同一族群对同一仪式过程的关注，后者以电视再现进行注意力管理，调动分众的、碎片化的观瞻场景，从而完成仪式时空与族群扩容，扩大活动影响力。二者之所以能够很好地对接，在于它们都体现了集体欢腾的主导性特征，如娱乐性、奇观化与仪式化。电视节庆仪式的生成动力学因素中，文化现实、历史语境尤为重要。

---

① ［奥］维特根斯坦：《哲学研究》，李步楼译，商务印书馆1996年版，第48页。

（一）休闲时代与作为"娱憩"的电视节庆

公元前3世纪，古希腊哲学家亚里士多德阐述了一系列休闲问题，被后人奉为"休闲学之父"，但休闲学科体系的建立较为晚近。众多思想家认为，审美现代性与启蒙现代性之间存在张力关系，现代性的效能未能全部解决人的幸福问题，反而使人性异化成为一大后果，因此，寻求劳动中人性的自然复归，便成为缓解现代性焦虑的重要手段。卡尔·马克思（1867）用"工作时间"和"自由时间（闲暇时间）"来揭示资本主义生产的实质；德国诗人弗雷德里希·席勒（Friedrich Schiller，1793）接受了康德自由游戏的观念，提出了"游戏冲动说"；英国实证主义哲学家赫伯特·斯宾塞（Herbert Spencer）提出了"过剩精力发泄"说；荷兰文化史学家约翰·赫伊津哈（John Huizinga）发现了游戏作为文化的本质对于现代文明的重要价值，他于1955年阐释了"游戏的人"才是最本原的人，并说："只有当游戏是一项被确认的文化功能时——一项仪式、典礼——它才被置于责任和义务的领域。"① 1899年，一部叫作《有闲阶级论》的经济学著述被视为休闲学在美国的诞生标志，作者托斯丹·邦德·凡勃伦（Thorstein Bande Veblen）的观点影响深远。及至20世纪70年代，闲暇社会的观念在若干发达国家基本形成，国际娱乐协会（International Recreation Association）通过了著名的《休闲宪章》，休闲成为现代社会建制与人的生活方式。法国学者罗歇·苏（Roger Sue）在其著作《休闲》之中，将资本主义社会与社会主义社会（苏联）的休闲观进行了比照研究，认为休闲都是相对于劳动而确定的，但社会主义国家源于

---

① ［荷］约翰·赫伊津哈：《中世纪的衰落》，刘军等译，中国美术学院出版社1997年版，第9页。

生产力水平的相对落后与发展的紧迫性，使"劳动"而非"休闲"成为基本价值。美国芝加哥大学教授米哈伊·奇克森特米哈伊（Mihaly Csikszentmihalyi）提出了被称为"最佳体验理论"（沉浸理论）的"Flow"概念："畅爽类似于马斯洛所说的'高峰体验'（peak experience）或高峰表现（peak performance），是人在进入自我实现时感受到的一种极度兴奋的喜悦之情。"① 正如苏联文艺理论家巴赫金的狂欢节、狂欢式与狂欢化命题，中国节庆仪式中也存在沉浸体验和高峰体验，如"神、艺、货、祀"等民间社火、赛会和庙会活动。中国春节的源头可溯至上古时代的腊祭，《礼记·杂记》（下）中有记载，子贡观于蜡，孔子曰："赐也，乐乎?"对曰："一国之人皆若狂，赐也未知其乐"，描述了古代腊祭的节日场景。此外，一些少数民族节日如火把节、泼水节等，都具有东方式狂欢节的特征。可以说，世界上所有民族的年节都显示出歌、舞、游戏三位一体的结构，"一切真正的仪式，都是被唱着、被跳着与被玩着的"②。节日闲暇带领人们通向自由之门，脱离"工作神明"与生存焦虑，节庆是休闲时代人们最祈盼的娱憩方式。

闲暇文化的社会地位日渐突出，针对闲暇时间的文化开发便受到重视，这使得电视大有作为，电视是休闲、休憩的重要工具，早年间催生了大批的沙发土豆（couchpotato）。传播学家威尔伯·施拉姆（Wilbur Schramm）认为电视"使起坐间变成娱乐中心，并使我们不想到别的地方去寻求娱乐……创造了一系列我们可以称为'媒介假

---

① 李仲广、卢昌崇：《基础休闲学》，社会科学文献出版社 2004 年版，第 179—180 页。

② ［荷］约翰·胡伊青加（赫伊津哈）：《人：游戏者——对文化中游戏因素的研究》，成穷译，贵州人民出版社 1998 年版，第 204 页。

日'的事情"①。节庆与艺术媒介的关联性显而易见：节庆艺术如果不获得一定的外在形式，则无法实现对世界的礼赞；艺术媒介以对节庆的定制与传达，成为节庆体验的重要渠道，媒介与休闲的合谋关系既使得休闲文化深入人心，也坐实了大众传媒"休闲代理"的文化身份。

1978年十一届三中全会后的中国拉开了新时期改革开放的大幕，随着民主政治的推进与外来思潮的影响，"革命加拼命，拼命干革命"的工作观念悄然隐至历史后台。中国自1995年5月1日起实行双休日，1999年10月起实施春节、五一、十一长假，虽然从2003年起暂停五一长假，但又在2008年1月1日起增设了清明、端午、中秋三个传统节日。有人统计，算上周末，我国每年法定假日达114天，2015年国家鼓励2.5天休假方式。"节日的庆祝活动可以说正是闲暇的起源，也是闲暇最内在且是最核心的根源。"② 节日和假日合称为节假日，进而蜕变为休闲日，成为一种日常惯习，电视更肯定、培育了这一思维定式。无论麦克卢汉的媒介即按摩（the media is the massage）表述，抑或查尔斯·赖特（Charles Wright）对于媒介娱乐功能的正式提出，都确证了现代传播的基本精神。电视机构在意义产制上也顺应这一社会需求，主动与闲暇的价值导向相契合，有计划地研发、调配节目及样态，打造有影响力的节日电视品牌。即使在节假日之外，电视也在竭力创造媒介假日，因此更不会放过节日本身。电视的娱憩功能与休闲时代一拍即合，它对盛大节日的深度参与，加工再现，开启了当代娱乐业的大幕，以及新的休闲神话。

---

① ［美］威尔伯·施拉姆、威廉·波特：《传播学概论》，陈亮等译，新华出版社1984年版，第254页。
② ［德］约瑟夫·皮珀：《闲暇：文化的基础》，刘森尧译，新星出版社2005年版，第44页。

（二）视觉时代与擅长"奇观"的电视节庆

最近几十年来，随着视觉媒介的快速扩张，视觉文化成为全球性文化特征。从生物学上而言，"看"是人类最重要的认知感官，柏拉图著名的理念论、洞喻理论为"视觉至上"奠定了基础，"传统对视觉的重视是看重它遥远、精确和普遍的特点，是由于其决断能力和接近认识。从赫拉克里特和列奥那多·达·芬奇到梅洛－庞蒂，视觉都被看作我们最优秀、最高贵的感觉"①。视觉经验技术化的浪潮源于19世纪，并开启了一轮视觉狂热与影像增殖。影像传播大致可分为三代：里程碑意义的摄影技术，声画一体的电影传播，以及电视对电影的继承和革命性发展。德国哲学家海德格尔在1938年的预言已然成为现实："从本质上看来，世界图像并非意指一幅关于世界的图像，而是指整个世界被把握为图像了。"② 美国学者托马斯·米歇尔（Thomas Mitchell）概括了20世纪下半叶以来的这一特征，即西方文化经历"语言论转向"（The linguistic turn）之后的又一次重大转向——"视觉转向"（The visual turn）或"图像转向"（The pictorial turn）③。美国后现代理论家弗雷德里克·詹姆逊（Fredric Jameson）判定，"电视的普及使整个人类生活视像化，形象取代语言成为文化转型的典型标志"④。视像文化大行其道并带来了新的美学转向，美国社会学家丹尼尔·贝尔（Daniel Bell）声称："目前居'统治'地位的是视觉观念，声音和景象，尤其是后者，组织了美学，统率了观

① ［德］沃尔夫冈·韦尔施：《重构美学》，陆扬等译，上海译文出版社2002年版，第117页。
② ［德］海德格尔：《林中路》，孙周兴译，上海译文出版社1997年版，第86页。
③ 参阅陶东风《大众文化教程》，广西师范大学出版社2008年版，第264页。
④ ［美］弗雷德里克·詹姆逊：《文化转向》，胡亚敏等译，中国社会科学出版社2000年版，译者前言，第4—5页。

众。在一个大众社会里，这几乎是不可避免的。"①

在大众传媒导致了新的"奇观美学"之中，影视经验是一个主要构成，电视放送文化的中心点就是视觉性。笔者以为，"奇观美学"是"视觉奇观""奇观化"所带来的美学效果，以下学者对此有过典型论断：如法兰克福学派的理论家瓦尔特·本雅明（Walter Benjamin）于1936年在《机械复制时代的艺术作品》之中，论述了技术发展对艺术再现手段的改变，以及由此带来的艺术关系变革。"艺术品由一个迷人的视觉现象或震慑人的音乐作品变成了一枚射出的子弹；它击中了观赏者，获得了一种触觉特质，由此就推进了对电影的需求。"② 本雅明提出"灵韵"（aura）与"震惊"（shock）是现代美学上的二元范畴。在本雅明之后的三十多年，法国理论家、国际情境主义运动创始人居伊·德波（Guy Debord）于1967年提出"景观社会"（the society of spectacle），"景观不是影像的聚积，而是以影像为中介的人们之间的社会关系"③。景观社会与消费时代密切相关，当消费完全占据社会生活时，奇观就产生了，奇观是集合所有凝视与意识的社会领域，是由少数精英制造出来的，以此统治痴迷的大多数人，其美学诉求在于震惊体验。也是在居伊·德波之后的三十多年，美国学者道格拉斯·凯尔纳（Douglas Kellner）提出"媒体奇观"，认为当代媒体将"景观"变成了一个个令人瞠目的"奇观"，"媒体奇观是指那些能体现当代社会基本价值观、引导个人适应现代生活方式，并将当代社会中的冲突和解决方式戏剧化的媒体文化现象，它包括媒体制造

---

① ［美］丹尼尔·贝尔：《资本主义文化矛盾》，赵一凡等译，生活·读书·新知三联书店1989年版，第154页。
② ［德］瓦尔特·本雅明：《机械复制时代的艺术作品》，王才勇译，中国城市出版社2001年版，第123页。
③ ［法］居伊·德波：《景观社会》，王昭风译，南京大学出版社2006年版，第3页。

的各种豪华场面、体育比赛、政治事件"①。正因为电视人意识到电视
节庆擅于制造奇观场面，中国又是一个节庆大国，因此与节庆有关的
各种电视晚会、盛典、仪典层出不穷。譬如至今已有三十多年周期的
电视春晚，形成了独特的电视文化奇观。再如，端午节、七夕节、圣
诞节、元旦节、情人节等节庆也逐步演进成热闹、有趣、富有吸引力
的电视仪式奇观。

（三）渎神时代与再造"仪典"的电视节庆

世俗/神圣是仪式分类的基本架构，在传统社会或最不发达的文
化中，神灵意志贯穿先民的生命阶段。卡西尔认为，"关于巫术和宗
教仪式的最基本的特点就是：它只有在知识退步不前的地方才能登堂
入室"②。"与一般文化游戏相比，'节日和仪式的领域'是一个更为
神圣的领域"③。法国社会学大师爱弥尔·涂尔干著作中最有价值的
部分是对仪式和庆典的研究，英国社会学家安东尼·吉登斯（An-
thony Giddens）对此总结说："涂尔干赞同马克思的观点，即传统宗
教——也就是有神圣力量或神的宗教正处于消亡的边缘。他写道
'过去的神死了'。不过，他认为从另一种意义上说，宗教会以改变
了的形式继续存活下去。为了团结，即使是现代社会也依靠仪式，
它强化了社会的价值；于是，人们期待有新的仪式活动出现，以取
代旧的仪式。"④

---

① ［美］道格拉斯·凯尔纳：《媒体奇观：当代美国社会文化透视》，史安斌译，清华
大学出版社 2003 年版，第 2 页。
② ［德］恩斯特·卡西尔：《人论》，甘阳译，上海译文出版社 1985 年版，第 103 页。
③ ［荷］约翰·赫伊津哈：《中世纪的衰落》，刘军等译，中国美术学院出版社 1997
年版，第 12 页。
④ ［英］安东尼·吉登斯：《社会学》，赵旭东等译，北京大学出版社 2003 年版，第
685 页。

现代化就是理性化的过程，造神还是祛魅是传统与现代的分水岭。随着启蒙主义与科学精神对世界的唤醒，理性开启了对宗教、神话、威权解魅的现代性进程，与之密切关联的仪式也随之消隐。后现代众神按照"去中心"的绝对律令，将价值多元化、世俗化推置前台，人们进入"去圣渎神"的时代。对于中国而言，曾经有无"神"？今天何以是"渎神时代"？笔者以为回答是肯定的，虽然不同的历史时期"神"的主体各不相同，但"神"多存在于传统之中，如孔儒文化；也存在于政治认知当中，如帝王崇拜。现代中国因为内外交迫的原因，被纳入理性化社会的轨道中来，有人认为中国的现代性早在明朝郑和航海时代就已开始，而学术界一般将 1840 年鸦片战争作为一个起始，在这个历史节点上，中西文化两个几乎完全独立发展出来的传统的碰头，在这场竞争中败落下来的中国在屈辱中重新认识世界，开始了现代化的艰难旅程。因此，就其动因而言，中国基本属于"命定的现代化"或"被诅咒的去现代化"。① 1919 年的五四启蒙运动，近世的西学东渐是中国社会步入世界现代进程的巨大动力之一，而历史的辩证法便是，神的消失引人痛苦，也使人灵魂得救。"一旦神灭了，一时公开的、大规模的、对一切道德的嘲弄就必然铺天盖地而来，根本不会去仔细地区分，哪是无耻的谎言，哪是崇高的向往和纯真的追求。这是一场全社会的反叛。"② 新时期以来，传统文化的进一步崩散到文化转型的现实境况，都与现代性的问题纠结一处。

---

① 成伯清：《从同情到尊敬——中国政治文化与公共情感的变迁》，《探索与争鸣》2011 年第 9 期。

② 朱厚泽：《向太阳、向光明——朱厚泽文存（1949—2010）》，朱厚泽家人及朋友整理，世界图书出版公司北京公司 2013 年版，第 223 页。

　　中国主要传统节日在先秦时期初现端倪，到汉代已定型，及至唐代，节日"已经从原始崇拜、禁忌神秘的气氛中解放出来，转为娱乐礼仪型，成为真正的佳节良辰"①。节庆原本要和众神沟通往来，协调人与自然的关系，使自然和神满意是其根本目标。中国节日多源于"天人合一"，西方节日多源于"神人合一"，中国节日是时令性的，如春节和中秋节，西方节日是宗教性的，如圣诞节和复活节；古今中外的节庆文化有明显的从"圣化"到"俗化"、从"祭神"到"娱人"的痕迹，艺术传播亦从"圣域"跌入"凡间"。本雅明说："当艺术创作的原真性标准失灵之时，艺术的整个社会功能就得到了改变。它不再建立在礼仪的根基上，而是建立在另一种实践上，即建立在政治的根基上。"② 现代媒介艺术是消解了仪式神圣性的艺术，电视艺术是渎神的，那么，又何来再造仪典的功能？本雅明却也说道："'原真'的艺术作品所具有的独一无二的价值植根于神学，这个根基尽管辗转流传，但它作为世俗化了的礼仪在对美的崇拜的最普通的形式中，依然是清晰可辨的。"③ 也正如匈牙利女性电影理论家伊芙特·皮洛在谈到电影的神话性时说："神话是一个体系……过去，这种超验性是由神性和巫术的介入保证的。如今，确实有一种新的'神化'类型或仪式担负起必不可少的催化作用。"④ 法国符号学家罗兰·巴特将符号学视为现代神话，他认为传播符号有两个系统：一是语言学系统（直接意指）；二是神

---

　　① 刘金同、马良洪、高玉婷、段全林编著：《中国传统文化》，天津大学出版社 2009 年版，第 95 页。

　　② ［德］瓦尔特·本雅明：《机械复制时代的艺术作品》，王才勇译，中国城市出版社 2001 年版，第 17 页。

　　③ 同上书，第 16 页。

　　④ ［匈］伊芙特·皮洛：《世俗神话：电影的野性思维》，崔君衍译，中国电影出版社 2003 年版，第 109 页。

话系统（含蓄意指）。媒介神话通过温情脉脉的、神性的温暖，心灵的按摩，从而实现主流意识形态对社会的隐性控制。"像宗教假日一样，重大媒介事件意味着对惯常活动的中断，是连续几天的假日，是礼仪庆典的参与形态，是对某种中心价值的专注，是对现时环境下的大众性和平等性的体验，与文化中心合一的体验。仪式的崇敬语气，聚集在电视机前的人们的着装和举止，与收视大众的融洽感觉，所有这些都激发人们对'神圣日子'的沉缅。"① 电视片头、片尾字幕或者台标都是跨界仪式的形式，而在内容上通过再造仪典，电视节庆实现了渎神时代的世俗神话的在场。

二 电视节庆的仪式化要素

南非著名社会人类学家麦克斯·格鲁克曼（Max Gluckman）在20世纪中期提出"仪式化"（ritualization）的概念，认为社会的"仪式化"与仪式的"社会化"（socialization）越来越趋向于一种相互结合、相互适应、共同表述的关系。② 将这一概念引入文化传播的范畴有重要意义，霍布斯鲍姆把"仪式化"当作"传统的发明"，在他看来，仪式的技术化特性适合于现代社会的再生产程序和模式，这一观点在当代社会影响巨大。即使是同一节庆事件，各类媒体的再现表征也各不相同。本书中的"电视节庆仪式化传播"是指以重大时间节律为拦截与始发，以节庆仪式为生产内容，以电视直播为主要传播手段，同时辐射到其他新闻、访谈、晚会等特别编播的电视类型，其目的在于以仪式时空的远距重建而指向文化认同、集体记忆与社会整合。源于

---

① ［美］丹尼尔·戴扬、伊莱休·卡茨：《媒介事件——历史的现场直播》，麻争旗译，北京广播学院出版社2000年版，第17页。
② 参阅彭兆荣《人类学仪式的理论与实践》，民族出版社2007年版，第6页。

电视媒介的运动性、时空性、形象性、同步性、再现性，尤其是对于宏大场面"现在进行时态"的卓越展示，电视节庆体现了电视仪式的最典型特征，与会议座谈仪式、行业入会仪式等大有区别。下文从载体的仪式要素、主干仪式的要素、器物的仪式要素、效果的仪式要素四方面来分述之。

（一）载体的仪式要素

学界已经论述，电视仪式是一种近似仪式行为。美国肯特州立大学教授鲁宾（Alan M. Rubin）区分了仪式化电视（ritualized television）和工具化电视（instrumental television）[1] 电视节庆为人们制订出一种特定的收视计划，仪式场面、仪式活动、仪式话语、仪式器物等撑起电视节庆的仪式主旨，而时空场景、服装道具、音乐对白、灯光舞美、视觉风格等撑起电视节庆的仪式要素，其中最富有特色的是电视节庆司仪。电视节庆除了幕后组织者（仪式发起者）之外，其主持人是仪式前台的重要行为主体，节目主持人与仪式祭司有某种对应关系。古老仪式的主持、主事、主祭具有通神、通灵的"人神"身份，他们属于地方社会中的精英，起到仪式中介、控制仪式进程的作用，其角色和能力具有公共性质，是被集体赋予的特殊行为。[2] 虽然别的电视节目也有主持人，但其功能并不像节庆"执仪者"那样明显。电视节庆主持人做开场介绍并贯穿全程，保证重要仪轨的按时推进，并负责导出重要嘉宾，以情感表达做足仪式感，他们是媒介仪式的核心组成，配合着或华美或庄重或典雅的仪式场景，场景设置往往

① Rubin, A. M., "Ritualized and Instrumental Television Viewing", *Journal of Communication*, 34 (3), 1984, pp. 66 – 77.

② 参阅彭兆荣《人类学仪式的理论与实践》，民族出版社 2007 年版，第 89—90 页。

有主持区、表演区、访谈区（或颁奖区），由多机位进行切换，主持人一般是一男一女，或由几对男女组成主持群。为了营造仪式感，仪式现场还往往设有红毯通道供重要人物出场，红色又称瑞色，其渊源在于古人对太阳的膜拜，太阳有温暖、正义、光明之义，将幸福愿望集中在红色上，是由地理位置决定的。经由世代承启、沉淀，渐变为中国文化的底色——中国红，象征着喜庆、热忱、奋进、团结的民族品格。红毯是"加冕""权威"的权力通道，以此与别的路径、人群、身份区隔开来，是注意力聚焦的中心，也是电视节庆仪式的中心所在。

（二）主干仪式的要素

西方学者用圣诞树来表述仪式传播，圣诞树至少在一种文化里象征着普遍接受和理解的欢乐、喜庆与伙伴的意义和观念。"圣诞树上的装饰图既是媒体也是（符号化的）讯息，而其表演成分则由有关装饰、显示以及相关的仪式（如分送礼品）来实现。"[1] 维克多·特纳用"仪式树"的形状来进行表述："这些分支仪式都围绕着主干仪式中的符号核心——仪式的主旨便是通过这一核心价值体现出来的；而那一系列的分支仪式又都或远或近地围绕着同一个核心意义地表述，形成了一个在主干仪式主题表演和表达下的完整的符号结构。"[2] 主干仪式与分支仪式，有如恒星与其行星的关系。电视节庆仪式一旦确定，便标志着它们已成为日常生活之外的一套标记，不同的主题有不同的仪式标记。比如，"相逢2000年"迎接新千年庆典中的主

---

① ［英］丹尼斯·麦奎尔、［瑞典］斯文·温德尔：《大众传播模式论》，上海译文出版社2008年版，第50页。

② 彭兆荣：《仪式音乐叙事中的族群历史记忆》，曹本冶主编《中国民间仪式音乐研究（华南卷·下册）》，上海音乐学院出版社2007年版，第259页。

干仪式是"中华世纪坛的点火仪式",围绕它的分支仪式有"万里长城的开篇锣鼓""北京周口店的钻木取火仪式""太庙的'中华和钟'共鸣"等。政治庆典中的主干仪式是国家元首检阅、加冕或纪念;电视成人礼中的主干仪式是18岁的成人宣誓;电视祭孔大典中的主干仪式是"八佾舞"和恭读祭文;电视清明节的主干仪式是清明、寒食、上巳三个节日习俗的一统,等。节庆的主干仪式基本由节庆主旨框定,但其电视复现依然有很大的作为空间。又以中秋晚会而言,此前核心元素不是特别明确,直到2004年央视首次提出"秋晚"概念,以"中华情"为仪式主题,体现了电视媒介对传统节日新民俗的主动打造。

(三)器物的仪式要素

"核心器物"是电视节庆的典型特质,用来形成集体记忆。如"圆"这样一种实物或象征物,是传统节庆、也是电视节庆所要表达的文化重心所在。国际著名人类学家、法国结构功能主义之父克洛德·列维 – 斯特劳斯(Claude Levi-Strauss)曾提出"两元对比观"——很多民族经常借用外界(自然界)的具象来表达内在的抽象思考,如用左右、上下、高低、幽明、男女、冷热、圆方等对比组来表达其文化特征,社会组织,宇宙观乃至神话传说等。"天圆地方"便是一种中国逻辑关系,"圆满、圆通、团圆、和谐一直是我国重要的价值标准所在,而圆的形象就成为这些价值观的具体象征"①。圆、团圆、和,历来是中国节庆的母题之一,元宵、七夕、中秋、重阳、春节都有此含义。一年之中月亮最圆最明的时节当属

---

① 李亦园:《从中秋节论"天圆地方说"》,转引自李亦园、乔健主编《中国的民族、社会与文化》,食货出版社1981年版,第19页。

中秋，依形状而言是圆满，望月、赏月、唱月、颂月，皆为团圆的情感。电视秋晚还会选择各类"圆"的要素：圆月、月饼、柿子、柚子等。又如，在电视公祭中，"鼎"代表统领九州的权力，"龙"图腾意指龙的传人，"古柏"指代族群的同根同祖等。又如，国旗、国徽、华表等符号经常出现在电视政治仪式的特写之中，是国家价值的物化图腾；电视向公众展示神情坚毅、挂满勋章的将军，提示历史的光荣和军事机器的强大。这些事物之所以有劝服之效，基于同一文化中符号与象征之间的联想关系，借助一组或多组象征符号，现实世界与想象世界熔铸出同一个精神世界，电视节庆因此具有了唤醒正性情感的力量，当仪式化序列被多次复现，涵化了观众的文化认同。

（四）效果的仪式要素

美国学者隆·莱博认为电视"是进入人们头脑，以便确定人们在使用媒体的过程中形成的思维自觉性，并且进一步理解这种思维自觉性在电视使用文化中的仪式性意义（ritual significance）"①。早期的电视不但是家庭活动的中心，也是背景声音、保姆、伴侣或家庭成员。戴扬和卡茨认为，电视事件搬演了世俗宗教的角色，将共同的偶像送进所有庆典者的家中，是一种流散仪式（diasporic ceremony），仪式观众被置于一个全新再造的仪式空间里，他们只是"一种抽象的、统计学的意义存在"②。观众以此参与到民族共同体的符号消费之中，陌生人借此形成广播社群。

---

① ［美］隆·莱博：《思考电视》，葛忠明译，中华书局 2005 年版，第 1 页。
② ［美］丹尼尔·戴扬、伊莱休·卡茨：《媒介事件——历史的现场直播》，麻争旗译，北京广播学院出版社 2000 年版，第 165—166 页。

　　因此，如果没有观仪者，电视节庆就缺失了基本的原动力，"观众的反应是仪式的重要特性之一。离开了反应，仪式就是空的"①。电视节庆的两端都是仪式化的：不仅复现仪典场景，还打造仪式化的观感。"将广播仪式化形式与一般仪式区隔的是公众力量（publicity），这是构成展演与观众（spectatorship）的组成要素。"② 主办仪式的电视级别越高，观仪者认知越深，电视建构了全景（全息）式、快照式、特写式的观瞻方式。收看春晚、谈论春晚是国人在年末普遍的仪式行为之一，但它更像是民族国家的一件事务。由电视媒体主要发起，兼及其他媒介的互动、跟进、联动、述评，形成立体传播效应。邵培仁认为，春晚虽然表面上是一种"自愿观看"，但由于个人意愿必须满足于社会整体秩序的存续，因此也具有了"强制性"。③ 由于广播、电视、网络、手机的信息推送都关联着央视春晚，因此个体不能逃离关注春晚，也不能阻止他人谈论春晚。因此，电视节庆仪式以规模化的、长频段的、重头戏的方式实现对社会的整合、控制与调节。

第三节　电视节庆仪式的时代形貌

　　前中央宣传部部长朱厚泽曾这样描述当代中国面临的多重社会转型：中华民族发展至今，在三大潮流（即全球化、知识化、民主化）

---

① ［美］丹尼尔·戴扬、伊莱休·卡茨：《媒介事件——历史的现场直播》，麻争旗译，北京广播学院出版社 2000 年版，第 108 页。
② ［英］David Holmes：《媒介、科技与社会：传播理论的面向》，赵伟妏译，韦伯国际文化出版有限公司 2009 年版，第 307 页。
③ 参阅邵培仁《媒介理论前沿》，浙江大学出版社 2009 年版，第 82 页。

的冲击下，三种经济形态（传统的农业经济、近代的工业经济、正在到来的知识经济）并存，两大社会文明转型（农耕文明向工业文明转型，工业文明向智能文明转型），一系列制度性、结构性的转变，社会历史被压缩、叠加，形成了当今中国独特的经济、政治、文化景观，以及在新世纪社会发展中一系列深层次、高难度的问题。① 电视节庆在社会转型期也表现出"流动性之间的稳定性"："类型作为话语系列，任何时候的某种界定和意义都指示着一种连贯统一清晰的类型。但是这些类属物（cluster）是不确定的并且是短暂的，随着时间的变化而变化并且在不同的语境中呈现出新的意义和界定。"② 下文重返电视现象本身，回望 60 年的电视节庆发展史，剖析成长中的中国电视经验。

一 电视节庆的仪式样本

从电视类型上而言，节日电视大致有这样几类：一是电视特别节目，常规节目之外精心编排的知识推介型节目，如介绍节日的来源、历史、传说、典故，如《清明时节话源流》等；二是新闻专题类节目，集中报道各地节日活动、习俗荟萃等；三是栏目常设系列节目，比如中央电视台的《我们的节日》等；四是电视庆祝仪典（晚会）、大型综艺晚会，这是中国电视文艺的荧屏特征，是重大节日之必需。本书着重论述的是第四种类型，并将其分为三种主要类别：其一，传统节庆，表现形态以电视晚会为主；其二，政策节

---

① 参阅朱厚泽《向太阳、向光明——朱厚泽文存（1949—2010）》，朱厚泽家人及朋友整理，世界图书出版公司北京公司 2013 年版，第 396—397 页。
② ［美］贾森·米特尔：《电视类型理论的文化研究》，黄新萍译，《世界电影》2005年第 2 期。

庆，以电视仪典为主；其三，主题节庆，以电视嘉典（庆典）为主。需要说明的是，这三种类别的电视节庆并非单一呈现，而是处于混杂状态，只是在不同历史时期有所侧重。而且，节庆直播内部也存在诸多节目样态的互渗，如晚会仪式与新闻仪式的互渗，演艺艺术与电视文学的互渗（如电视散文、电视诗等），类型边界有模糊性。节庆仪式被电视机构纳入整体编排的战略思路，在节日到来之前电视媒体先入为主，策动收视；在节庆结束后又余音绕梁，引领回味，以形成集体记忆。

图 2-1　中央电视台《我们的节日》系列之一

（一）发轫期：传统节庆的历史性出场（1958—1983）

电视文艺是政经语境、文化思潮的历史折光与时代镜像。1958 年"五一节"北京电视台（中央电视台前身）开始试播，9 月 2 日正式开播，其旨在针对台湾当局于 1958 年"双十节"（1911 年 10 月 10 日为中华民国诞生日）开办电视的计划（但台湾 1962 年才开办），以便在政治宣传中抢占先机，这一时期国家办电视与冷战思维有关。创办初期，电视发射技术来自捷克斯洛伐克，节目模式师从苏联和东德。1959 年 10 月 1 日，新中国成立 10 周年庆典晚会是电视诞生以来的第一次实况文艺晚会。电视，这个被传播学家麦克卢汉称为"光脉冲的轰击"、被爱尔兰作家乔伊斯称为"轻装旅的冲锋"的接收终端，直到 70 年代才进入极少数普通家庭，成为乡邻围聚的一种集体观看仪式。我国的广播电视历经了从"喉舌"到"媒体"的变革，刘再复认为，20 世纪的中国文化是在民族危机阴影下笼罩的文化，因此有巨大的危机感、有明显的危机压顶的特点，紧张、浮躁、激进、片面。① 50 年代是政治文化占有压倒性优势的文化，体现在文艺上是"三突出""高大全""阶级意识"。"文艺编辑有两大任务：一，政策把关；二，编、播、录、放。"② 1956 年，中央新闻纪录电影制片厂的纪录电影《春节大联欢》是"电视春晚"的前身，从 1958 年至 1983 年的 20 多年间，电视形态较为单一，主要为新闻纪录片、影视剧。1960 年北京电视台在其 600 平方米演播室里举办了第一次春节文艺晚会，1962 年 1 月 20 日北京电视台举办的第二次《笑的晚会》被视为当年的春晚（如图 2 - 2 所示），1962 年国庆节前夕还举办了第三次《笑的晚会》，1964 年庆祝中华人民共和国成立 15 周年，推出了大型音乐舞蹈史诗《东方红》，这是中国文艺史上一座里程碑式的作品。宣传政治、传播知识、充实群众文化生活，是广播电视事业这一时期的三大任务，教育性、革命性的内容为当务之急。

---

① 参见李泽厚、刘再复《告别革命：回望二十世纪中国》，香港天地图书有限公司 2004 年第 5 版，第 234 页。
② 周华斌：《广播电视沉思录》，关玲、何晓兵主编《中国电视文艺 20 年：多维视点》，北京广播学院出版社 2000 年版，第 78 页。

图2-2　北京电视台1962年1月20日（腊月十五）《笑的晚会》

　　传统节庆在20世纪80年代才真正进入电视，"文革"结束拨乱反正后，电视文艺从单纯配合政治宣传开始转向重视文艺自身的价值功能，历史性转折是1979年8月召开的首次全国电视节目会议，中国电视呼吁要"走自己的路"；1980年10月，全国第十次广播工作会议提出广播电视要"自己走路"。1982年9月中共十二大明确提出"建设有中国特色的社会主义"，文艺娱乐开始了恢复性发展。1982年10月，春节联欢晚会开始筹备。1983年可以视为中国电视的改革元年，在1983年第十一次全国广播电视工作会议上，时任广电部部长的吴冷西指出："根据多年来实践的经验，搞好广播电视宣传必须坚持自己走路的方针，扬独家之优势，汇天下之精华……。"① 电视在80年代成为中国普通家庭的家用电器，其初衷

----

　　① 吴冷西：《立志改革，发挥优势，努力开创广播电视新局面》，广播电视部政策研究室、《当代中国的广播电视》编辑部《方向与实践——第十一次全国广播电视工作会议文件和典型材料选编》，中国广播电视出版社1984年版，第50页。

是达到传播共产主义价值观和政策目的，但电视打开了大陆的眼界，成了"思想的开启器"，从物质技术（彩色化、录像化）到观念领域（政治泛化）都得到了彻底解放，拨乱反正后全民族的欢欣鼓舞，社会主义市场经济的确立为中国电视注入了极大活力，"自己走路"的电视担负起社会主义文化创造的使命。电视人洋溢着创造的冲动，观众有接受新事物的强烈愿望，传、受方都逐渐认知到电视本体及其功用。在内外因素的催发之下，电视节庆依时而动，春节、"五一""七一"、中秋和国庆等重大节日或纪念日之际，电视台以晚会的形式加以庆祝，"晚会当纲"滥觞于此，成为举国同庆的有效载体；再后来，有着自觉意识的电视节庆的打造，突出了电视机构的自主权，并寻求文艺形式上的突破。

1983 年中央电视台首届春晚主持人及春晚现场的互动电话如图2 - 3、图2 - 4 所示。

图 2 - 3   1983 年中央电视台首届春晚主持人

图 2 − 4　1983 年央视春晚现场的四部互动电话

　　虽然央视于 1979 年和 1982 年都播出过春节文艺晚会，但人们习惯把 1983 年由黄一鹤、邓在军导演的春晚看作第一届，这台晚会奠定了春晚品牌的内容、形式、气氛与基调，此后春晚成为规模最大、演出时间最长、传播面最广的电视节庆仪式，成为与吃饺子、放鞭炮并置的新民俗仪式。央视一共有过四大春晚，分别是双拥晚会（1990 年首播）、公安部春晚（1987 年首播）、文化部春晚（1992 年首播）和央视春晚（2014 年前三家都停办，仅剩下央视春晚一支独大）。在这一仪式传播的带动下，其他传统节日逐渐开始了节日电视化的尝试，多以汉民族的重大节日为主。如元旦又称三元，即岁之元、月之元、时之元，是电视节庆的重要议题。在重大民俗节日中，又以元宵节、端午节和中秋节为重。1991 年，首届中秋文艺晚会《神州一片月》在钱塘江六和塔举行，由中央电视台文艺部与台湾台视、香港无线电视台联合举办。1997 年 9 月，由中央电视台、东方电视台、台湾电视公司、台湾《中国时报》联合制作《千里共婵娟——中秋月·两岸情》，在上海外滩和台北歌剧院广场同时举行，反响热烈；2004 年以后电视秋晚的仪式特色更为明确——确定为"中华情"的大主题。

（二）发展期：政策节庆的稳步性推进（1984—1999）

笔者将 1984—1999 年视作电视政策节庆的出场与稳步上升期，基于两方面的考量：其一，这一时期电视超越广播成为强势媒体。1983 年的春晚为电视节庆的产制树立了一个标杆，技术推进使电视成为大众媒介——1984 年 4 月 8 日，我国第一颗实验通信卫星"东方红二号"（DFH - 2）成功发射，我国广播电视事业步入空间时代，电视从"旧时王谢堂前燕，飞入寻常百姓家"，到 1999 年，各省都已建立了综合性的卫星频道，形成了全国覆盖的局面。其二，万象更新的历史时期，一系列政策性节庆得到国家重视。1982 年中共十二大提出"计划经济为主，市场经济为辅"，1987 年中共十三大提出计划经济和市场经济并行，以及"社会主义初级阶段"理论；1989 年"天安门事件"之后，中共收紧了政治控制，知识界主动转向保守；1992年中共十四大提出"社会主义市场经济"，重点在经济建设上，1997年中国十五大再提"社会主义初级阶段"理论，默认中国的社会主义不可避免地存在这样或那样的问题，在文艺上表现出政治与经济力量的平分秋色，及至 1999 年，政策性节庆达到历史峰值。

与传统节日不同，现代节日是以公历确立的节日，现代节日在每个月都有，虽不是节节都有电视庆祝，但其电视呈现总体为上升趋势。现代节日晚会首推具有政治意义的节日晚会，政策节日或与国家、政府设定的公共节假日，或与国际公例关联，多是近现代发展的历史产物，在意识形态上有至高的合法性。新中国成立以来，电视政策节庆大体可分为季节性和纪念性两类，既包括政治节庆，如三八妇女节、五一劳动节、五四青年节、六一儿童节、七一建党日、八一建军节、十一国庆节等，也包括因为政策调整、规定，或因为政治协商的结果而被国家与媒体当作节日来运作的一些重大历史时刻，如港澳回归等"历法仪式"，逢整数媒介呈现更隆重。以五一国际劳动节为例，源自 1889 年 7 月由恩格斯领导的第二国际在巴黎大会所通过的决议；中央人民政府于 1949 年将 5 月 1 日确定为劳动节。1989 年以后，五一劳动节成为国务院表彰全国劳动模范和先进工作者的节日，电视上集中呈现颁奖礼。3 月 8 日在国际上称为"联合国妇女权益和国际和平日"，在我国的电视上多为表彰先进妇女、体现"半边天"权益的仪式化传播。国际儿童节源自 1949 年 11 月国际民主妇女联合会在莫斯科的会议决议，节日本意为保障世界各国儿童的生存权、保健权、受教育权与抚养权。在这一天，主流电视多青少部、文艺部举办电视庆祝活动，少儿卡通类节目成为荧屏一景。另外还有一些相对次要的政策性、行业性节日，人们只把它当作某一种纪念或某一天的闲暇日，或者在这一天根本没有假期，自然也不大受到电视媒体的青睐与重视，或只表现为新闻仪式传播，如 5 月 12 日国际护士节，如 3 月 12 日中国植树节。又如 3 月 15 日的国际消费者权益日，1991 年，中央电视台经济部首次推出现场直播《消费者之友》专题晚会（如图 2-5 所示），此后，"3·15"晚会每年都不间断，这一节日的仪式表达成为维护公平公正的集体观瞻，是与调查类深度报道相关的媒介仪式，与节庆并无关联。1992 年以来，思想文化机构被国家列入第三产业，电视有了明显的商业压力。

人人都是消费者
1991年3·15晚会

图2-5　1991年央视消费者权益日晚会"消费者之友"

　　电视媒体将国家节日变成重大的电视活动，政策节庆的意旨在各级电视台都得以贯彻。省级卫视、国家级电视台因为播出平台的高端化，在政策节庆中更有作为，一些重大的政策节庆、纪念性节庆的直播权则专属于中央电视台。如1994年5月4日，共青团中央、全国青年联合会、共青团北京市委、中央电视台联合举办了首都青年纪念五四运动75周年文艺晚会——《跨世纪的青春》；1995年9月2日，为纪念抗日战争和世界反法西斯战争胜利50周年，国家中宣部、文化部、广电部、中国人民解放军总政治部和北京市人民政府联合主办了大型文艺晚会《光明赞》；国庆节是最重要的政治纪念节日，早在1982年国庆节，京、津、沪、穗4市联手举办大联欢《欢歌笑语处处春》，国庆节的电视制作开始打破地域疆界。1986年中央台邓在军、袁德旺编导的国庆文艺晚会——《时代的音符》获1987年首届电视文艺星光奖优秀节目奖。1994年新中国成立45周年时，中宣部、中央直属机关工委、中央国家机关工委、解放军总政治部、北京市委等联合主办了《祖国万岁——庆祝建国45周年大型文艺晚会》，展示改革开放的巨大成就、新时期人民群众的精神面貌及丰富活跃的精神文化生活。国庆节每五逢十的周年倍数，国家往往举行大规模的阅兵仪式。由于历史原因，从 1960 年至 1983 年 20 多年间有所中断，1984 年新中国成立 35 周年、1999 年新中国成立 50 周年时，中央电视台举行了大阅兵的同步直播和国庆晚会。1999 年国庆 50 周年，央视制作和播出了《祖国颂》《国庆焰火晚会》《江山如此多娇》三台大型文艺晚会。

有些政策节庆是政治外交或重大政策的结果，"安全播出"是这一类仪式传播（首播）最重要的政治任务，而在周年还会举行庆祝活动。如 1997 年的香港回归、1999 年的澳门回归，在中国电视史上具有划时代的意义，中央电视台、凤凰卫视直播这一政治仪式。电视提早数月宣传造势，使之成为一个最盛大的电视事件，其中蕴含着媒介事件的"征服"意味。文化部、广播电影电视部和中国人民解放军总政治部在人民大会堂现场主办了一台以"揽百年风云、颂千秋伟业"为主题的大型文艺晚会《回归颂》，东方电视台播出了《上海市庆祝香港回归祖国文艺晚会》，盛况空前。1997 年被圈内称为中国电视直播年，1999 年是政策节庆的重要一年，除了适逢建国 50 周年盛典，还有澳门的回归仪式、国庆阅兵和迎接新千年这样的重大事件直播。作为政策节庆的有机组成，电视台还多以伟人或名人的诞辰来举办纪念活动，历史事件的周年庆典极易成为新闻价值的造势题材。如 1999 年是千禧年的跨年节点，1999 年 12 月 31 日 17 点至 2000 年 1 月 1 日 17 点，中央电视台参与了 50 多个国家和地区的 78 家电视机构的世界联播，连续 24 小时的《相逢 2000 年》特别节目直播，电视使跨世纪成为一个世界狂欢的媒介仪式。

（三）发散期：主题节庆的多维性呈现（2000 至今）

21 世纪以来，电视节庆传播呈现两大趋势：一是传统节庆的复兴；二是主题节庆的奇崛。各种人为节庆、广场晚会、节庆游园增多，电视节庆成为传统节日、现代节日、国际节日、新兴社会节日为举办支点的仪式传播。法国著名哲学家加布里埃尔·塔尔德（Gabriel Tarde）不认同赫伯特·斯宾塞关于"礼节的管束（ceremonial government）在衰落"的判断，他说："一方面，有些礼节已经过时或正在走向衰亡；另一方面，生机勃勃的礼节又会以常规的名义涌现出来、成倍增加。"① 仅以山东省为例，有曲阜的孔子节，泰安的登山节，潍坊的风筝节，青岛的国际啤酒节等。西方学者对西方节庆趋势的判断值得我们思考，"……由人所订立的假日，其为一般接受的程度，已经相当提高，即使在没有政治压力的背景下，也是如此，最显著的一个例子便是'母亲节'。更危险的是，太容易就接受那些只能在真正节庆才获得的：欢天喜地、对不幸的遗忘、举世的和睦融洽气氛等轻易可得的仿冒代替品"②。中国的情形也有相似性，中国传统节日文化出现断裂已有一个世纪，1911 年辛亥革命之后，孙中山政府取消了农历纪年而改为国际通行的公历纪年；1921 年"打倒孔家店"的口号提出之后，1929 年农历被行政强力废掉，新文化运动反映出中国民众正经历一场世界观的大转变。近年来西方洋节汹涌而入，西方文化价值观更容易俘获年轻人，他们对于西方的情人节、愚人节、圣诞节、复活节、感恩节、

① ［法］加布里埃尔·塔尔德：《模仿律》，何道宽译，中国人民大学出版社 2008 年版，第 62 页。
② ［德］约瑟夫·皮柏：《节庆、休闲与文化》，黄藿译，生活·读书·新知三联书店 1991 年版，第 83—84 页。

父亲节、母亲节兴趣盎然，这与媒体对"他文化"的渲染不无关系。正如法国社会学家加布里埃尔·塔尔德所指出的，"在风俗呈上升趋势的时期，人们热恋自己的国家而不是自己的时代，因为它们讴歌的对象首先是过去。相反，在时尚主导的时代，人们为自己的时代感到骄傲，而不是为自己的祖国感到骄傲"①。在全球化语境下，20世纪90年代中期以来迎来了主题节庆的风生水起。

图2-6　2016年央视三八国际妇女节特别节目"一路芬芳"

如果说传统节庆、政策节庆是"有节有日"，那么，一些主题节庆原本是"有日无节"或"无日无节"，它们多半在社会组织与电视机构的合谋、规定下成为"节"。《人民日报》2001年以来多次发表评论，呼吁国人谨慎看待洋节，不要遗失了本民族的节日文化。传统文化在断裂、焦虑中急迫地寻找新出路，这是近年来民间文化的重大特征。与"莫忘传统"相呼应的，是实操层面对传统的重视，对于本土节庆的衰减，一些民俗学家积极呼吁并建言献策。

①　[法]加布里埃尔·塔尔德：《模仿律》，何道宽译，中国人民大学出版社2008年版，第178页。

感知到一种"文化沦亡"带给传统的伤害与风险，学界再次呼吁国学复兴，如 2004 年有"诵经风波"、《甲申文化宣言》与《原道》杂志创刊十周年纪念三大事件等，2004 年被称为"文化保守年"。在"两会"期间，全国人大代表纪宝成的提案"关于增加中国传统节日为法定节日的建议"引起热烈反响；2004 年 9 月 3—5 日，中华民族文化促进会在北京举办了主题性的高峰论坛，许嘉璐、季羡林、杨振宁、任继愈、王蒙五位知名学者发起了《甲申文化宣言》，这份由 72 位专家学者共同签署的宣言似乎要回答"拯救传统"与"完成启蒙"之间的悖论：这个国家现在更需要哪个，或者需要齐头并进？对此学界展开了大讨论。2005 年高有鹏宣称"保卫春节宣言"，① 认为保卫春节就是保卫中华民族的传统与文化安全。2005 年，中宣部、中央文明办、教育部、民政部、文化部五部委办发出《关于运用传统节日弘扬民族文化的优秀传统的意见》，《意见》指出，要按照构建社会主义和谐社会的要求，大力弘扬以爱国主义为核心的伟大民族精神，积极倡导文明、和谐、喜庆、节俭的节日理念，努力发展健康向上的节庆文化。在具体做法上，要突出传统节日的文化内涵，精心组织好重要节庆活动，特别要组织好春节、清明节、端午节、中秋节和重阳节等最具广泛性和代表性的节庆活动。要充分发挥新闻媒体对宣传民族传统节日的导向作用，切实加强对民族传统节日的舆论宣传，积极营造尊重民族传统节日、热爱民族传统节日、参与民族传统节日的浓厚氛围。从 2006 年起，国务院确定从每年 6 月的第二个星期六为"文化遗产日"，之后连续 5 年，央视科教频道每年届时播出《中国记忆·中国文化遗产日》大型电视直播节目。2006 年 5 月

---

① 参阅高有鹏《文化现象的情感兼容》，人民出版社 2007 年版，第 1—14 页。

20 日，七夕节被国务院列入第一批国家非物质文化遗产名录；1999
年 9 月国务院对《全国年节及纪念日放假办法》进行了第一次修订，
2007 年 12 月进行了第二次修订，清明、端午、中秋节在 2008 年被增
设为国家法定节假日，这是国家传播从国家文化战略高度对传统节日
做出的制度安排与保障。2010 年起，文化部民族民间文艺发展中心启
动了浩大的"中国节日志"文化工程，打造"中国节日文化数据
库"。国家政策对电视媒体深有影响，都参与到节庆文化的建设中来。
2005 年 9 月 28 日，全球各地孔庙首次联合祭孔，之后，祭禹、祭黄、
祭孔等国家级祭祀活动在争议中持续升温，电视公祭活动如火如荼，
被纳入传统文化的复兴工程之一；2016 年 9 月 28 日，山东曲阜再次
组织全球同祭孔活动（如图 2 - 7 所示）。2007 年 10 月，国家主席胡
锦涛在十七大报告中指出："要坚持为人民服务、为社会主义服务的
方向和百花齐放、百家争鸣的方针，贴近实际、贴近生活、贴近群
众，始终把社会效益放在首位，做到经济效益与社会效益相统一。创
作更多反映人民主体地位和现实生活、群众喜闻乐见的优秀精神文化

图 2 - 7　2016 年 9 月 28 日山东曲阜"全球同祭孔"

产品。"2008 年中宣部、中央文明办等部门启动了以四个传统节日为内容的"中华诵——经典诵读"和"中华赞——诗词歌赋创作活动"。2009 年以来，央视大型文化栏目《我们的节日——中华长歌行》，"找回我们的节日"成为文化复兴的路径之一，这类仪式化聚焦融趣味、知识、审美与思考于一体，旨在"振荡中老年观众的记忆与思考，引领青少年观众的新奇与向往"。与此同时，作为与"2·14"西方情人节的一种对抗，电视七夕节开始慢热，2010 年，湖南卫视、安徽卫视、湖北卫视三大卫视带动全国媒体，各自打造电视七夕节，人们对七夕的关注度陡然走高。

如果说传统节庆在新时期被赋予了时代意义，那么主题节庆更能凸显消费时代的文化特质。文化全球化时代，"本文化"与"异文化"、"我文化"与"他文化"互动频密，形成了电视现象中的复杂景观。传媒市场的双重属性凸显出来：一是发挥宣传功能、创造社会效益的政治属性；二是发挥产业功能、创造经济效益的经济属性。今天驱策媒体的除了意识形态，还有市场需求与文化产业，电视节庆在内容与形式上呈现出多元趋势，过去"拼盘式""串联式""茶座式""报幕式"等被日渐摒弃，"主题节庆"成为电视节庆的重要新枝，企业界、科技界、文化界、体育界的各类评奖、盛事层出不穷。由邓小平题写节名的"中国艺术节"创办于 1987 年，初衷是将全国性的舞台艺术调演活动制度化，转换成节庆形式，扩大了中国舞台艺术的社会影响。电视文艺"星光奖"从 1987 年开始进行首届评选，到1990 年正式被确定为国家级政府奖，与中国电视剧"飞天奖"、中国电影"华表奖"并列为国家广电总局三个政府大奖之一。"走红毯"的国际、国内各项影视颁奖礼因为电视被人们所了解，也成了电影人、电视人、音乐人、影评人、乐评人互相夸耀帮衬的平台，"年底盘点"的电视概念逐渐兴起，一些非"节"非"日"的节庆被电视媒体无中生有地研发出来，或改头换面地变成主题节庆。譬如，以辞旧迎新为要义的"元旦晚会"变成了"跨年晚会"，尤其以"跨年演唱会"引人瞩目——"跨年"在语词上比"元旦"更为时尚，"演唱会"比"晚会"更容易放置消费文化、流行文化的元素，跨年演唱会成为继春晚之外更偏低龄受众的狂欢盛宴，借此获取收视提升。上海东方卫视于 2004 年 12 月 31 日播出"新年倒计时"系列节目。2005年省级卫视首开跨年之先河，湖南卫视有《快乐中国 2005/2006 跨年演唱会》，之后成为湖南卫视的王牌综艺节目；浙江卫视有《浙港两地倒计时跨年明星演唱会》；深圳卫视于 2007 年、江苏卫视 2008 年开始播出跨年演唱会，之后多家省级卫视，包括央视都加入跨年演唱会的电视大战之中，一直延续至今，民众对流行文化的认同感持续加深。2015 年 12 月 31 日晚湖南卫视跨年演唱会首度移师北上，在北京中国国家体育馆举行，并连续十年蝉联收视冠军。

图 2-8　2016 年湖南卫视跨年演唱会"加速中，更青春"

图 2 - 9   2016 年东方卫视跨年盛典"乐极无限，梦圆东方"

二   电视节庆的组织模式

处于传播全球化、经营产业化、技术数字化、服务专业化的转型期，时代发展呼唤着电视改革走向深入。20 世纪 90 年代以来，各省级卫视纷纷设立"大型活动中心"，整合各类社会资源，电视活动的类型与形式不断拓展，纷现荧屏。衣俊卿认为，任何一种主要的文化模式都内含着自在文化和自觉自为的两个部分，"自在的文化"可以理解为历史积淀中的集体意向、经验常识、行为规则、道德戒律、自发经验、习俗礼仪、礼节习惯等，"自为（自觉）的文化"则不同，"它不是自在自发地，而是通过教育、理论启蒙、系统化的道德规范、有意识树立的社会典范等等而自觉地，有意识地，有目的地引导和左右着人们的行为"[1]。原生节庆是沉积在民族意识深处的"自在的文化"，而节庆仪式的电视仪式化、再生产过程中有着明显的艺术引导

---

[1]   衣俊卿：《回归生活世界的文化哲学》，黑龙江人民出版社 2000 年版，第 24 页。

意识，是"自为的文化"，呈现出媒介事件意义上的传播特征，如自主性、重脚本、中介化、由机构主导等，是框架理论下的媒介人造物。笔者认为，90年代中后期的电视节庆多是以电视直播形态为主轴的有关传统、政策、主题性的节庆事件，电视节庆的组织结构也可分为三大模式：其一，电视作为"工具客体"的节庆呈现；其二，电视作为"行为主体"的节庆生产；其三，电视作为二者交融情形，指向"被真实所再现"与"再现真实"、再呈现与再生产的功能。

（一）"工具客体"：节庆的电视呈现

社会政治结构与传播结构存在着共协关系，各国电视系统虽然有属性差别：私营型、国家经营或公共机构经营型，但都要遵从一定的媒介政策与原则，主导性文化在电视频道中持续作用，是国内外电视界的现状。1949年至1978年，新中国"全能国家"的性质与功能较为明显，报刊、通讯社、广播、影视被纳入到计划经济轨道，媒介权力与政治权力高度合一，媒介与意识形态的关系不言自明。电视诞生之后的长时间段里，重大节庆事件由国家机构为主，电视台少有自己的声音，只是纯粹的"复现"。正如美国社会学家霍华德·S. 贝克尔（Howard S. Becker）于20世纪80年代初在其著作《艺术界》中所描述的："艺术界的成员要协调那些活动，由此，通过涉及体现在共同实践以及通常被用作人造物中的惯例性理解来生产出作品。同样的人也以相同的方式常常（甚至是例行地）反复合作去生产相似的作品。"[①] 晏青认为，传统文化在电视的仪式化传播中有三种理解：其一是元仪式节目，即由传统文化本身的仪式决定的；其二是媒介仪式，

---

① Howard S. Becker, *Art World*. Berkeley：University Of California Press，p. 4. 转引自周宪《审美现代性批判》，商务印书馆2005年版，第82—83页。

即由媒体精心策划、安排生产出来的媒介事件，媒介事件具有仪式性，是指传播在主题、内容、类型、方式及场景方面与原初仪式展演类似；其三是仪式化节目，比如春晚的零点钟声、节日文化节目都包含着制作者的独创性。①

早期的电视节庆中，播音员的简要介绍是对机构既定仪式的说明，"我们现在开始转播××……"为简短开场，结束语一般为"……××实况转播就到这里，谢谢收看"。1959 年北京台首次直播了国庆 10 周年的天安门阅兵式和群众游行，1961 年 6 月 30 日直播了庆祝中国共产党成立 40 周年大会。建党节、国庆节等政治节庆有一个重要的共性，是由国家层面倡导、部委办规划与出资组织，节庆事务经过层层把关和严格挑选，带有明显的国家意志、革命印记与历史痕迹，电视机构主要承担着"工具客体"的中介化角色（交际性角色）。节庆由国家机构主导，由电视机构协办、合办或承办，是一种政府主导、社会参与、电视组织的运作模式。以国庆阅兵的仪式直播而言，1949 年的国庆阅兵是由社会主义国家及其主要媒体参与的，1984 年的国庆阅兵，各国国家主要媒体有参与；1999 年的 50 周年阅兵，国家媒体和地方媒体都参与其中，137 个国家及地区参与了转播；而在 2009 年的 60 周年阅兵到来时，公共媒体、网络媒体都参与其中。媒介在组织上有所扩容，但基本还是电视占据着强势地位，但这种强势，也不过是直播权的运用。当然，央视借此进一步巩固自身在节庆市场的媒介权力，这也是媒体与政府部门的借力与互动。但是，我们不能轻视作为电视节庆的"工具客体"，它并非对现场的全息实录，而是要在里面加入解说、放大、镜头转移，尤其是对一些关键性

---

① 参见晏青《神话：理解中国传统文化的媒介化生存》，中国社会科学出版社 2015 年版，第 94 页。

的场景，以此形成故事，如果主持人或画外音给图像加上注解，时间会变得冗长，且信息不明，不能赋予人们情感，正如法国学者阿加辛斯基所言：

> 没有经过创作的、最"原始"的报道图像，通常没有经过加工的故事里的图像那么感人。诚然，甚至就是一篇报道也是"加工好的"，调整过的，剪切、剪辑过的，"现场直播"永远都是一部写好的作品。但如果一篇报道不进行加工、组装以产生叙事效果，那"现实的效果"反而会变弱，激情最终也只能流于表面。①

（二）"行为主体"：电视的节庆生产

90 年代之后，各省级电视台纷纷上星，不再是"央视为主，一家独大"，电视不再是稀缺资源，资讯过剩时代已经到来。2001 年我国加入世贸组织之后，进一步开放的传媒市场强调经济属性，以市场化的机制为主导，产业化成为电视制度现代化的总特征。有人认为，广播电视公共服务机构在结构和模式上有三个变化：服务的主体正从以往的单一事业主体向多元主体转变；技术支撑从单一手段向复合手段转变；以行政机制为主向行政机制与市场机制相结合转变。② 作为"行为主体"的电视节庆生产是一种建构式的荧屏奇观，电视机构有计划、主动地选定节庆议题，制造出具有节庆意义的事件，调动社会资源与媒介关注，营造仪式化传播并加大推送力度。正如周宪所判定

---

① ［法］西尔维娅·阿加辛斯基：《时间的摆渡者：现代与怀旧》，吴云凤译，中信出版社 2003 年版，第 169 页。
② 参见黄勇《中国广播电视的公共服务建设》，胡正荣主编《媒介公共服务：理论与实践》，中国传媒大学出版社 2009 年版，第 3 页。

的，"传统艺术界的合法化依据他律性的要求，而现代艺术界则是一种自主性的合法化"①。"电视的节庆生产"是电视文化创意产业新的经济制高点，电视的角色定位是"产制者"，在向消费型社会转型的过程中形成了不俗的收视热潮。

媒介组织面对的是市场力量、技术支配、社会经济变化、各种政治政策目标等，不同势力和不同社会目标之间存在竞合与博弈，新闻标准、市场标准既是媒介事件选择的重要因素，也是电视节庆生产的重要依据。如果说，中国电视的总体形态从行政主导逐渐过渡到市场主导，我们更应该在"关系视角"下审视电视的文化开发。"开发文化"的时代在当前全面展开，观光业、旅游业、电视业之间的互动越来越普遍，电视有了明确的主动参与意识：将节庆文化进一步深加工，提升其文化附加值，调动、掌控、锁定最大额度的社会注意力资源，"本来应该由真正节庆来填满的地方，不能一直空在那里。而在真正节庆不再有人庆祝之时，不管是什么原因，却有助于人为节庆日的产生"②。能决定仪式成为媒介事件的，除了事件的要素外，还有电视台的意志，电视对国家的文化遗产进行怎样的节日化处理，需要一个智力群体作为后盾——大型活动成为电视台重要的收入来源，节庆活动是电视媒介从旁观参与到主体策划转变的结果。詹姆斯·凯瑞认为，"传播的仪式观把传播看作是创造（created）、修改（modified）和转变（transformed）一个共享文化的过程"③。加之我国节庆种类较多，值得开发的资源也多：从节庆性质上可有单一性和综合性节庆；

---

①　周宪：《审美现代性批判》，商务印书馆 2005 年版，第 85 页。

②　[德] 约瑟夫·皮柏：《节庆、休闲与文化》，黄藿译，生活·读书·新知三联书店 1991 年版，第 69 页。

③　[美] 詹姆斯·W. 凯瑞：《作为文化的传播》，丁未译，华夏出版社 2005 年版，第 28 页。

从内容上划分可有祭祀节庆、纪念节庆、庆贺节庆、公益节庆、社交游乐节庆等；从时代性划分可有传统节庆和现代节庆，其中不乏研发的优质资源，譬如，"一家春晚"的局面已成为历史，众多卫视的参与使得春晚进入泛春晚和后春晚时代。

以湖南卫视为例，近年来该频道在"快乐中国"的娱乐定位上，将节假日作为编播的重中之重，主推节假日主题概念，对市场进行调研、预判，并拟定覆盖全假日的特殊编播方案，在其中融入营销概念，广告、节目、拓展多部门进行联动，在市场变化、受众需求、频道定位、国家政策之间进行快速反应。一些前所未有的电视节庆被湖南卫视研发出来，如在 2009—2013 年，湖南卫视在古代冠礼、笄礼的基础上，打造五四青年节特别节目电视成人礼盛典，将政策节庆与传统节庆结合起来，使之成为一个影响较大的主题节庆。

（三）"主客兼备"：被呈现与再生产

2002 年，党的十六大报告提出进一步深化文化体制改革，2007 年，党的十七大提出文化的大发展和大繁荣的战略构想，2012 年，党的十八大提出扎实推进社会主义文化强国建设，电视业自此步入了一个更加自觉、主动的发展时期，寻找超越同质化竞争的道路，力图建立核心竞争力品牌。后市场体制有三种重要形式，"现代赞助、中介机制和政府"，① 这三者对媒体产生重要影响。媒介是民族国家的公告机构，它取决于媒介系统之外的种种因素，政治—经济关系的权重最大。譬如，企业通常以两种方法来宰制文化界：其一，借由与媒体合

_____

① 周宪：《审美现代性批判》，商务印书馆 2005 年版，第 92 页。

并、合作直接参与文化生产；其二，以隐形广告、转型广告、赞助商等方式间接影响文化活动的走向。电视通过对观众进行二次贩卖，赞助商的价值得到攀升。电视活动是电视媒体自觉策划的结果，其本质是一种媒介公关活动，如国庆节的阅兵仪式直播，是仪式组织者（国家）与技术熟练的电视台（央视）联合生产的一个事件。当然，对于一些不太重要的节庆，电视台也可以回绝，尽管每一团体都感到自己的纪念日庆典是具有历史意义的，并企图说服电视台相信全社会都希望加入这一庆典中，但这取决于电视台评估其报道价值，以及从中获利的大小而定。"主客兼备"的电视节庆表现出视觉上的技术娴熟，并在文化产业运作上凸显自觉意识，对电视节庆进行全盘统筹的再生产，充分彰显传播优势。总之，电视以构建者的方式体现出主体性、原创性与良好的二度创作能力，保证了电视节庆仪式元内容的一种新质发生。

"内容为王"被电视人说了多年，是相对于形式主义而言的，笔者以为，"内容为王"已经成为一个泛概念，不是所有的内容都能为王，差的内容争不过好的形式，最好的内容应该是原创的核心内容，即"元内容"。早期的电视曾用较低的成本跑马圈地，但是在市场份额被瓜分殆尽的今天，扩增市场份额意味着增加成本，而这些成本难以从扩增的市场份额中得到弥补。就电视界内部而言，几十年来绞尽脑汁的形式创新已经让"元形式"很难产生，且元形式并不直接导致元内容的产生，因此，着意于元内容的生产与研发成为彰显电视主体性的最重要举措，节目框架、议程设置、电视脚本都由电视内部自行开发与确定，其他参与机构处于从属地位，如节目协办、赞助商等角色。目前的经验是，电视真人秀、电视节日化成为元内容的首选。基于"回报观众、回报社会"的宗旨，浙江广电集团于 2006 年开始创办"中国·电视观众节"，突出"参与、热闹、娱乐、开放"的办节方针，吸引了大量观众热情参与，产生了广泛的传播效应，被誉为"观众与广电人共同的节日"。借观众之名，扬广电之实，是电视机构一种讨巧的做法，也是电视生产方式的一种变革。

电视泛娱乐之风愈刮愈烈，2011年国家广电总局出台《广电总局将加强电视上星综合节目管理》文件及2013年出台的《关于做好2014年电视上星综合频道节目编排和备案工作的通知》文件，俗称"限娱令"。突围战中的各大卫视经历了从慌忙应对到主动加强节目研发的跨越式发展，形成了"强者恒强"的卫视新生态。对春晚、秋晚、七夕晚会、跨年演唱会的争夺成为亮丽的荧屏风景。如继湖南卫视2009年举办电视成人礼以后，2012年北京电视台也在五四青年节举办了"十八而志：电视成人礼"电视典礼，但效果并不明显，因为湖南卫视的这一"元内容"已经抢占了先机，使之成为一种固定化、周期化、模式化的电视仪式传播，一定意义上反映出媒体正在成为一个积极的社会活动中心，同时也反映出社会部门的缺位。

2009年湖南卫视五四青年节"成人礼盛典"如图2-10所示。

图2-10　2009年湖南卫视五四青年节"成人礼盛典"

三　电视节庆的仪式形式

法国社会学家涂尔干在其专著《宗教生活的基本形式》中论及了苦行仪式、祭祀仪式、模仿仪式、表现仪式、纪念仪式、禳解仪式等多种仪式构成，这些在历史发展中并不均衡的传统仪式在仪式媒介化、视像化、简约化的过程中表现也并不一致。"神话和类型都是具有普适性的形式……它们所再现的是'特定的文化当中的一些神话原型及其对某种叙事形式的偏好'。"① 根据情感来划分，电视节庆大致可以归为两类：一是以欢乐为基调的、感性的"狂欢仪式"；二是以肃穆为氛围的"庄严仪式"，如哀悼仪式、祭拜仪式、政治仪式等。根据主题来划分，笔者将电视节庆的基本形式分为三大类型：表现仪式、纪念仪式与疗伤仪式，它们都属于过渡仪式的范畴。

（一）以喜庆主题为重的表现仪式

以喜庆主题为内容的表现仪式占据了电视节庆中的半壁江山，多数电视节庆都是喜庆的，如春节、元宵节、国庆等，举国共同欢庆突破了家庭这一小范围，并将国族意识附加在民众身上；传统的苦行仪式（如成人礼）在电视里演变为一种部分神圣、部分欢愉的表现仪式。可以说，多数主题性仪式都是轻松愉悦的，伴随着精彩的歌舞、仪式性的音乐声、叫喊声、文化展演，甚至一些暴烈活动，人们体验到超常的刺激与活力，"集体欢腾"是其重要特质，电视节庆的表现性、戏剧性、观念性皆指向道德与社会。

---

① 转引自［英］格雷姆·伯顿《媒体与社会：批判的视角》，史安斌主译，清华大学出版社 2007 年版，第 76 页。

(二) 以积极膜拜为要的纪念仪式

涂尔干在《宗教生活的基本形式》中提出，膜拜有消极与积极两面，他称之为"消极膜拜"与"积极膜拜"，消极膜拜呈现为一种禁忌体系，但对于培养个体的宗教性和道德性起着积极作用，如成人礼的苦行仪式；而积极膜拜是祭祀的要素，人们与宗教之间维持着一种积极的双向关系。[①] 膜拜的基本构成是定期反复的节日循环，涂尔干说："膜拜的作用确实是定期地再造一种精神存在，这种存在不仅依赖于我们，而且我们也赖以存在于它。而的确有这种存在：它就是社会。"[②]

各种电视公祭都是以"积极膜拜"出现的纪念仪式，公祭"是在对中国传统社会价值与文化中与政府价值取向相一致或相契合的精华部分进行认真选择，并通过大众传媒进行神化表达的仪式"[③]。各级政府联合电视媒体所举办的公祭活动，通过呈现、再现、重构等一系列方式来传递国家民族的主流价值观，以期在各阶层中达到教化、文化化人的官方目的，这其中，典雅端庄凝重的仪式感是必不可少的。如果说，传统纪念仪式膜拜的是社会与权力自身，那么，电视纪念仪式则重在对媒介技术的膜拜，本雅明认为艺术有"膜拜价值"与"展示价值"之别，他认为早期传统的艺术作品倾向于前者，而现代艺术侧重后者，"'展示价值开始整个地抑制了膜拜价值'，艺术作品不再具有神圣性和神秘性，而越来越接近日常生活，以满足大众展示和观看

---

① ［法］爱弥尔·涂尔干：《宗教生活的基本形式》，渠东等译，上海人民出版社2006年版，第285—311页。
② 同上书，第329页。
③ 翟杉：《仪式的传播力：电视媒介仪式研究》，中国传媒大学出版社2014年版，第112页。

自身形象的需要"①。实现展示价值是现代艺术的传播特性使然，选择不同的内容来膜拜，能获得不一样的认同指向：既可以是国家、民族一类的观念性的"想象的共同体"，也可以是"公民社会""个体幸福"的信仰共同体。在电视节庆仪式的现场，组织者和公众都被卷入文化展演中，即电视节庆现场没有纯粹的观仪者，表演者和嘉宾系同一身份，对仪式操演的参与和共享扩大了仪式队伍的规模，而电视技术本身又实现了对空间的突围，增加了"展示价值"的能量，进而以感官震惊而获得逐渐式微的"膜拜价值"。

（三）以公共哀悼为次的疗伤仪式

在任何民族或文化部落中，一些悲伤的仪典多与迎接、纪念或痛悼灾难有关，涂尔干称之为禳解（piaculum）仪式，最早也最重要的禳解仪式是哀悼仪式。② 通常，电视公共哀悼中的仪式对象，要么是重要的特权者，如王室葬礼；要么是正式事件中的英雄者。丧葬礼仪是民族文化中最具保守性的部分之一，但在电视再现中，这一保守性也会发生变化，向现代文明靠近。电视哀悼仪式在悲伤中给社会以秩序和支撑，是受伤灵魂顽强自救的疗伤仪式，如 2008 年"5·12"汶川特大地震后，国务院宣布 5 月 19 日至 21 日为全国哀悼日，这是结合我国民间丧殡习俗中的"头七"而定的、首次为遇难百姓举行的全国哀悼日，"国家至上"被"生命至上"替代，"官本位"向"人本位"转移。在这三天的电视媒体只有一个表情：所有频率、频道都调整了常规节目，取消广告和音乐节目，这是媒体记忆与集体记忆的展

---

① 王先霈、王又平主编：《文学批评术语词典》，上海文艺出版社 1999 年版，第 567—568 页。

② 参阅［法］爱弥尔·涂尔干《宗教生活的基本形式》，渠东等译，上海人民出版社 2006 年版，第 371—372 页。

现时刻，体现了国家"以人为本"的执政理念，以及人类社会最基本的伦理原则。十二届全国人大常委会第七次会议决定，从 2014 年起，将每年 9 月 3 日确定为中国人民抗日战争胜利纪念日，将 12 月 13 日确定为南京大屠杀死难者国家公祭日，节日意义是"牢记历史、勿忘国耻，凝聚力量、奋力拼搏"。如 2014 年 12 月 13 日，国家公祭中，国旗半悬，汽笛长鸣，人们悲悼、肃穆的镜头被反复播放，激起全民的血脉、根系、族群、手足等切肤之感，构筑捍卫正义的国家记忆，使爱国情绪抵达一个新高度，指向多难兴邦的民族凝聚、社会整合与共同体意识。因此，电视哀悼仪式是民族—国家共同体内部机制中的重要部分。可以说，设立哀悼日、公祭日是未来我国面对大型灾害活动的一种可参考性活动，其效能丝毫不亚于其他媒介仪式，甚至由于稀少而更管用，但由于其内容只符合周期仪式中的"节点"，而与"庆"截然相反，本书不再另行讨论。

本章小结

在社会转型的大背景下，随着仪式实践化、世俗化步伐的加快，以及电视技术对于视觉呈现的优化，仪式与电视互为手段，双向位移。大众传媒成为影响公共仪式呈现面貌的重要技术装置，节庆文化在寻求传布渠道、拓展文化影响的过程中，电视媒介成为节庆视觉、视观的最重要选择。传统节日与电视节庆的"去日常化"为人类提供了休憩、娱乐、安顿灵魂的时点，电视节庆将仪式的内涵和形式结合在了一起，有明确的仪式要素，以及新的仪式效果。

电视节庆作为电视文艺类型的分支，其产生、发展、高峰期均与中国社会的政治、文化、经济变迁有重大关联。电视节庆提供了一个理解、呈现、诠释中国社会的路径，其发展形貌大抵与整个社会转型一致。电视节庆有表现仪式、纪念仪式、疗伤仪式等基本形式，并以"节庆的电视呈现""电视的节庆生产""被呈现与再生产相结合"为操作策略，有工具客体、行为主体、主客兼备的组织形式，后两者在"复现"中有明显的建构与重构特点。有人认为，当前的媒介事件体现了由传统"事实——传媒—报道"模式向"传媒—事实—报道"模式的差别转变：在传统的新闻生产过程中，新闻的根基在于客观发生的事实，传媒是为新闻的生产与传播服务的，事实第一位，传媒第二位；而在媒介事件中，两者的地位则发生了置换，事实本身在这一过程中并不必然重要，关键在于传媒的主观意愿与行为。[①] 同样，一部分电视节庆体现出传媒因素"优位于"事实因素的特征，电视依托传统节庆，主动策划、研发大型电视节庆活动，体现出选择、过滤、聚焦、放大、加工制造的主体特征，电视媒体由第二位跃升为第一位，刻意介入的行为使得电视媒体在一些重要时刻重返注意力的中心。

---

① 参见陈奕《"媒介事件"研究：兼论传统新闻生产与传播模式的转变》，华中科技大学出版社 2013 年版，第 128 页。

第三章　电视节庆仪式传播的功能机制

　　结构功能主义认为，事物的本质不在于事物本身，而依据彼此间的关系来确证自身，关系构成的有机系统即为"结构"，并对社会整体发挥相应功能。人类学研究已经证明，所有的仪式都有其象征意义和社会价值，即形式层面（能指功能）与意义层面（所指功能）。结构功能主义、形式主义和象征主义也是电视节庆功能机制说的重要视角，电视节庆80年代以来呈现出由"综艺"向"仪式"转化，又从"仪式"向"展演"转化的渐变特征，电视节庆的节目体例日臻成熟，占据着电视仪式的主阵地。本章在公共仪式的普遍功用上，考察电视节庆仪式功能的公共性、制度性与独立性；剖析电视节庆仪式的内部结构，即电视节庆的仪式时空安排，以及如何在"反结构"中抵达"神圣世界"，从而促进团体价值观的整合连接。

第一节　电视节庆的仪式功能范畴

　　在人类学关于"仪式"的无数定义中，最早较为完整、明确地提出仪式功能的是涂尔干，他认为仪式是"集体效益"，仪式提供了一种带有戏剧化特征的形式，以此深化仪式与社会、与神话的历史关联。涂尔干认为，仪式具有惩戒功能、凝聚功能、欢娱功能。荷兰学者扬·斯诺克（Jan A. M. Snoek）提出了关于仪式的 21 条有效特征的清单[①]：

1. 由文化来建构的、由传统来维持；

2. 行为、实践、表演、身体动作和（或）言语行为；

3. 表演者同时也是观众；

4. 打破日常生活的节奏，隔离的、边缘（阈限）的、反结构的；

5. 在特定的时间和（或）地点举行；

6. 建构和组织社会或社会群体；

7. 有目的的（对参加者而言）；

8. 重复的；

9. 规范化的、排练过的；

10. 宗教的、神圣的、通灵的；

11. 严格的、范本式的、稳定的；

12. 周而复始的、周期性的；

13. 象征性的、有意义的（对参加者而言）；

14. 交往性的；

15. 非功利的；

16. 有一定之规的、文本化的；

17. 正式的、习俗化的；

18. 美化的；

---

① 参见［荷］扬·斯诺克《仪式的定义》，王霄冰编译，王霄冰《仪式与信仰：当代文化人类学新视野》，民族出版社 2008 年版，第 10—11 页。

19. 结构化的、模式化的、有秩序的、连续的、用规则来管理的；

20. 疏导感情；

21. 引导认知。

笔者以为，源于家族相似性，电视节庆仪式服膺于这21条中的多项，只是功能更为集中，如"由文化来建构、由传统来维持""打破日常生活的节奏，隔离的、边缘（阈限）的、反结构的""有目的的、重复的、规范化的、排练过的""象征的、有意义的""正式的、习俗化的、美化的""结构化的、模式化的、有秩序的、连续的、用规则来管理的""疏导感情、引导认知"等。功能学派创始人之一、英国人类学家马林诺夫斯基认为仪式对于社会结构和人际关系的一个基本原则就是交流，仪式的三种基本功能为展演功能（exhibitions）、行为功能（actions）、指示功能（instructions），分别对应"展示什么"（What is shown）、"做了什么"（What is done）、"说了什么"（What is said）的三种表述范畴。[①] 下文以此为据，分析电视节庆仪式的展演功能、行为功能与指示功能。

一　电视节庆仪式的展演功能

电视节庆是社会与文化的象征性表述，它们在计划性、公开性以及精心准备的程度上，均超乎其他电视仪式，"表演"与"文化展演"是其重要外观。表演（performance）的概念源自美国社会戏剧论者欧文·戈夫曼（Erving Golfman），在《日常生活中的自我呈现》著述中，戈夫曼将社会生活分为前台和后台，他将个体在特定场合（台

---

① 参阅彭兆荣《人类学仪式的理论与实践》，民族出版社2007年版，第204页。

前）给予的（gives）和流露出来的（gives off）表达称为"舞台表演"，前台是让观众看到并从中获得一定意义的舞台部分。明确提出文化展演（cultural performance）概念的是美国符号人类学家密尔顿·辛格（Milton Singer），在《当一个伟大传统现代化的时候》（1972）著述中，辛格认为，文化展演主要关注那些被限定的、强化的、公共的、在象征意义上具有共鸣性的事件，例如仪式、节日、集市、典礼及奇观等，这些展示事件处于文化的中心位置并反复发生。美国当代著名民俗学家理查德·鲍曼（Richard Bauman）受戈夫曼表演理论的影响，强调对表演主体、表演框架、表演设定的关注，"表演事件的结构是多种因素相互作用的结果。这些因素包括场景、行为顺序，以及表演的基本规则（ground rules）。这些基本规则由一系列文化主题（cultural themes）以及伦理的和社会互动性的组织原则所构成，它们支配着表演的实践"[1]。理查德·鲍曼认为文化表演具有反观性和内省性（highly reflexive），是"关于文化的文化形式"（cultural forms about culture）或者"关于社会的社会形式"（social forms about society），是集中的或者浓缩的（concentrated）事件，在其中人们象征了或者展演了那些对他们至关重要的东西。[2] 根据以上各家的表演观表述可知，但凡节庆都是典型性的前台展演，而在这些欢乐、辉煌、震惊或肃穆的仪式展演背后，电视节庆的复现有明确的展示性、替代性、补偿性与审美性。

---

① ［美］理查德·鲍曼：《作为表演的口头艺术》，杨利慧等译，广西师范大学出版社2008年版，第33页。
② 参见理查德·鲍曼《美国民俗学和人类学领域中的"表演"观》，杨利慧译，《民族文学研究》2005年第3期。

（一）展示性：电视节庆的仪式逻辑

美国学者保罗·康纳顿（Paul Connerton）认为，"纪念仪式和所有其他仪式存在两个共同特征：形式主义和操演作用（performativity）"①。以色列人类学家唐·汉德尔曼对仪式与展演的区隔进行了深入阐释："展演的内在逻辑是分类与展现，而仪式的内在逻辑则是分类与转化。"② 汉德尔曼进而认为"转化"是仪式的超逻辑，而"呈现"是展演的超逻辑。③ 如中华成人礼在现代社会是彰而不显的，但通过电视表演获得再生，在某种意义上而言，没有表演，就没有改变，表演在具体的族群中起到了调整其内部变化、适应外部环境的功用。

广播电视是唯一具备实况性的媒介环境，也是唯一具有表演性的大众媒介（互联网也是在此基础上拓展的），电视节庆仪式服务于媒体的视觉规则与国家权力，这些规则又因权力媒介而被强调与固化，成为资源稀缺的媒介权力，团体价值观在电视仪式的公共表演场景中得以强化。文化展演的视觉性是电视节庆传播的仪式逻辑与最大特色，其中包含着同步、现场、真实、过程与重复，对这些元素的认知与开发，是能否吸引观众的核心问题，这在各类电视节庆仪式中都相当重要。电视节庆的实况性、展示性是吸引受众的最前台要素，将其带入全球性的共享状态。

---

① ［美］保罗·康纳顿：《社会如何记忆》，纳日碧力戈译，上海人民出版社 2000 年版，第 70 页。
② ［美］麦克尔·赫兹菲尔德：《什么是人类常识——社会和文化领域中的人类学理论实践》，刘珩等译，华夏出版社 2005 年版，第 288 页。
③ 参见［美］麦克尔·赫兹菲尔德《什么是人类常识——社会和文化领域中的人类学理论实践》，刘珩等译，华夏出版社 2005 年版，第 290—297 页。

（二）替代性：电视节庆的文化价值

人类进入现代文明之后，先前确定、稳固的东西渐次崩散，物质的繁华与精神的贫弱形成对照，人们有一种什么都抓不住的危机感与动荡感，在对"现代性焦虑"的表述中，法国象征派诗人波德莱尔称之为稍纵即逝的城市经验；奥地利精神病理学家弗洛伊德称为自我的焦虑或焦虑的自我；英国学者阿兰·德波顿（de Botton. A.）命名为身份的焦虑；安东尼·吉登斯谓之时空断裂感和经验剥离感等；德国美学家席勒判定，必须寻找到一条解放与复归之路，将人从"此在的断片"境遇中拯救出来，唯有艺术体验之路、游戏之路、审美之路。现代社会中充斥着诸多人为的替代性活动（surrogate activity），其设立指向人的自我实现感。荷兰学者约翰·赫伊津哈在《游戏的人》一书中认为，仪式主要是一种显示、表现、游戏性表演或一种替代性的想象性实现。而在仪式的实践过程中，电视逐渐实现了对仪式的替代性功能，电视节庆的组织就是其中一种，在现代社会节日系统的研发中，电视的介入极大地提高了节日的公共性与公开性、戏剧性与娱乐性、控制性与引导性，从而起到功能替代的作用。詹姆斯·凯瑞断言，视觉的、声音的和运动知觉的各种符号形式，"每种符号形态都拥有两种不同的特征：替代性（displacement）和生产性（productivity）"①。传统社会里，节庆中的人们是肉身在场、物理在场，而在媒介化生存中，电视节庆的仪式传播实现了社会成员的共同在场。

借助现代神话与仪式更新，在历史变迁的宏大背景下，传统的民间仪式走过了一个"延续—中断—复兴"的变迁过程，以祭孔大典为

---

① ［美］詹姆斯·W. 凯瑞：《作为文化的传播》，丁未译，华夏出版社 2005 年版，第15 页。

例，作为中国古代一项重要的国家祭祀制度与剧场仪式，祭孔"释奠礼"始于春秋，止于民国，废于"文化大革命"，兴于当代，两千四百多年来，经历了建构、中断、重构的历史沉浮，在当前又以民间祭祀复兴，进而重返国家祭祀之位，电视祭孔大典是释奠礼的替代、再现与重构，成为地方性民族志知识的意义产制平台。又如，电视在渲染节日气氛上很有一套：从腊月到正月，电视早早造势，张灯结彩，有说有唱，热闹喜气，好戏连台，好像民间的年都跑进电视里了，电视里的年更像年。这样，足不出户就能围观古时腊祭的替代性活动。替代性活动既是高位主体的文化控制的需要，也是受众的实际情感需要，"电视的作用重在为那些需要大众'在室外'参与的游行之类的节日助兴，并且为那些因病或因其他原因无法参加的人提供替代性的途径"①。

（三）补偿性：节庆仪式的电视朝圣

法国社会学家 J. 杜马兹迪埃（Jeffre Dumazedier）曾经明确闲暇的三种基本功能：放松、消遣和发展功能。② 与闲暇一样，节庆对于工业社会之中个体的心理平衡有重要的补偿作用。法国哲学家列斐伏尔（Henry Lefebure）基于资本主义社会分层与制度化、节日成为例行公事而与日常生存相脱离、屈从于商品化的事实，提出"让日常生活节日化"的乌托邦命题，他认为，能让人类沉睡的潜能重见天日的、理想化的日常生活的典型是节日，节日是一种被现代性所遮蔽，但从来也没有完全被夺去光彩的场面，节日的复活标志着娱乐与日常

---

① ［美］丹尼尔·戴扬、伊莱休·卡茨：《媒介事件——历史的现场直播》，麻争旗译，北京广播学院出版社 2000 年版，第 169 页。

② 参阅［法］罗歇·苏《休闲》，姜依群译，商务印书馆 1996 年版，第 51 页。

生活冲突的和解，标志着人类异化的超越和民众庆典精神的复苏。①
电视节日的仪式传播将人类生活、社会历史生活和自然（宇宙）三者
进行联结，给人们带来充实、完整、和谐和美之感，并充当了"准宗
教"的角色。

因此，电视节庆能够成为圣事的替代品，通过对仪式时间的再现
与强调，成为人们可视化经验的一部分，实现超越性的补偿功能。
"如果原事件是仪式，那么电视的再现肯定不可避免地把它压成一场
演出。电视的艺术语言也就在于通过努力再注入丢失的仪式层面、通
过提供'在场'的替代物而发展一种补偿美学。"② 电视制作者选取
一小部分经验注入一个有意图的物件中，通过对神圣故事、神圣人
物的视觉刻画，使其成为被赋予了象征能力的产物，将人带入圣域
之中。如航天员登月的电视直播是举国上下凝神屏息的对象物，登
月归来时简直就是一场节庆，以精神朝圣的方式指向世俗神话，使
万里之隔的人们直面同一场节日展演，体会到国家传力与民族
自强。

（四）审美性：电视节庆的艺术救赎

社会学家马克斯·韦伯眼中的现代性是一系列的分化过程，他归
为认知—工具理性、道德—实践理性和审美—表现理性的分化，"审
美作为宗教衰落条件下分化出来的重要文化领域，对摆脱工具理性和
实践理性的重负具有某种'救赎'功能"③。但审美及其艺术功能在

---

① 参阅刘怀玉《现代性的平庸与神奇：列斐伏尔日常生活批判哲学的文本学解读》，
中央编译出版社 2006 年版，第 384 页。
② ［美］丹尼尔·戴扬、伊莱休·卡茨：《媒介事件——历史的现场直播》，麻争旗
译，北京广播学院出版社 2000 年版，第 93—94 页。
③ 周宪：《审美现代性批判》，商务印书馆 2005 年版，第 77 页。

现代社会已发生重要转型，成为对"花里胡哨"的展演与表现，难以担起救赎之责，恰恰是过分的审美化造成了对美的拆解。德国美学家沃尔夫冈·韦尔施（Wolfgang Welsch）明确判定"美学被重构"了："处处皆美，则无处有美，持续的兴奋导致的是麻木不仁……在今天，公共空间中的艺术的真正任务是：挺身而出反对美艳的审美化，而不是去应和它。"① 文化传播是实现"美育"的重要过程，但不是所有的文化形式都能做到这一点，在文化混杂时代，严肃媒体需要做出自己的文化选择。如果按文化来分类，电视节庆多属于主流文化与精英文化的范畴；如果按风格来分类，电视节庆多以正声雅乐为主，首先追求"有意义"，其次才是"有意思"；如果按美学性来分类，电视节庆是优美与崇高的重叠；在从技术到艺术的转化过程中，电视节庆看重同一、有序、和谐的优美感。即使以工具客体的身份出现，电视节庆直播也并非完全是忠实地记录，而有着蒙太奇剪辑的空间重塑，完成场景的选择与放大。如国庆阅兵仪式、清明公祭等的电视呈现，虽然在仪式形式、旨趣上相对枯燥一些，但崇高之物使得权威开始发生作用，审美主体被提升到一个新的精神层次。电视文艺是普及审美艺术、提高感受力的有效手段——雅正恢宏的阔大场面使观瞻者获得一种感官震惊与崇高的审美心理。翟杉认为，电视媒介仪式更多地表现出陌生化的美学体验，"这种陌生性，既表现在电视媒介仪式所播出的大型仪式本身有别于日常等方面，也表现在电视媒介在播出这些大型仪式时所采用的陌生化的表现方式上"②。

---

① ［德］沃尔夫冈·韦尔施：《重构美学》，陆扬等译，上海译文出版社 2002 年版，第 168 页。

② 翟杉：《仪式的传播力：电视媒介仪式研究》，中国传媒大学出版社 2014 年版，第 68 页。

二　电视节庆仪式的行为功能

传统仪式的表达范畴是指"仪式做了什么",而电视节庆仪式有两大行为功能:其一,具备"仪式/实效—戏剧/娱乐"的双重性;其二,指向"人、神、自然"三者关系的调适与超越。

(一)"仪式/实效—戏剧/娱乐"的双重性

人类学研究认为,仪式先于戏剧,仪式与剧场关系密切。加拿大仪式学家格兰姆斯认为,"当仪式不再是一种直接的体验,而是变成了模仿、虚构和扮演,或当仪式形式仅仅成为一种传统惯习时,戏剧便历史地出现"①。涂尔干认为戏剧是仪式表现的重要途径:"仪式不仅追忆了过去,而且还借助名副其实的戏剧表现方式将过去呈现出来,这就是仪式的全部内容。戏剧表现这个说法是非常精确的,因为在这个仪典中,祭司被人们当成了祖先的化身;作为演员,他扮演的是祖先的角色。"② 传播的传递观关注内容和资讯,而仪式观关注媒介与表演,笔者以为,当下电视节庆仪式有着从"传统仪式"到"社会剧场"的递嬗特征,但二者并非断裂关系,而是以后者为重的一种混融状态。

要考察电视节庆仪式的行为功能,首先要检视它与传统节庆之间的文化基因,仪式如何与艺术搭上关系,进而表现出社会剧场的特质,剑桥学派的女学者哈里森、曼彻斯特学派的重要旗手特纳、以及

---

① 转引自薛艺兵《神圣的娱乐:中国民间祭祀仪式及其音乐的人类学研究》,宗教文化出版社 2003 年版,第 27 页。

② [法]爱弥尔·涂尔干:《宗教生活的基本形式》,渠东等译,上海人民出版社 2006 年版,第 355—356 页。

纽约大学学派谢克纳的研究较有代表性。简·艾伦·哈里森（Jane Ellen Harrison）在《古代艺术与仪式》一书中深入论证了仪式和艺术之间的宗亲关系，认为二者最初是同根连理、一脉相承的。仪式之所以发展为艺术，关键性的一步是模仿；从 dromenon（行事）发展到 drama（戏剧），关键是"周期性"；而从仪式场地变成艺术剧场，"观众"是一个重要因素，"因为有了观众，舞蹈从人们共同参与的活动，变成了供人从远处欣赏观看的对象，变成了某种壮丽的景观。过去，所有的人都是参与者和祭拜者，现在，其中的大部分人变成了旁观者，他们看、听、想，但不再做。正是这种全新的旁观者的态度，在仪式和艺术之间划了一条界线"①。正是模仿、周期性，以及从"参与者"到"观众"的分离等重要因素，传统仪式跨出了转向舞台艺术的第一步。传统艺术与现代艺术的一个重要区别，即在于后者的现代社会性制度安排，维克多·特纳将这一转变喻为"从仪式到剧场"②。从仪式性转向制度性，艺术不只是特纳所说的社会"黏合剂"，其功能开始多样化，从共享的艺术转向分层的艺术。特纳有两个重要的独创性概念，即"社会戏剧"（socialdramas）和"公共域"（communitas）。③符号是仪式的组成物，而仪式的背景往往是社会矛盾的舞台，社会戏剧这一概念表现出特纳对仪式知识谱系的整合态度，戏剧、场景和隐喻密不可分，成为人类社会的象征性行为。美国人类表演学的重要学者理查德·谢克纳（Richard Schechner）在 1995 年出版的《仪式的未来：文化与表演的描写》一书中判定，仪式表演要求"实

---

① ［英］简·艾伦·哈里森：《古代艺术与仪式》，刘宗迪译，生活·读书·新知三联书店 2008 年版，第 82 页。

② 周宪：《审美现代性批判》，商务印书馆 2005 年版，第 234 页。

③ 参阅王建民《维克多·特纳与象征符号和仪式过程研究》，王霄冰主编《仪式与信仰：当代文化人类学新视野》，民族出版社 2008 年版，第 179 页。

效"（efficacy），而戏剧表演表现为"娱乐"（entertainment），"实效"与"娱乐"组成了一个二元结构，又连续不断的统一整体。①

笔者以为，电视节庆具备"仪式/实效—戏剧/娱乐"的双重特征：在支配技术上是图像的、戏剧性的、在全社会中生产的；在功用上既是认真的又是娱乐的；在信仰系统上，既是寻找意义的，又是打发时间的；在表演上既是为了内行，更是为了外行；在社会结构的排列关系上，是印象主义者的、多重解释的、后现代的；在传播目的上既是为了现场观众，更是为了缺席观众；在象征上既是"此时此地"的，又是"彼时彼地"的……总之，不同主题的电视节庆都是在一个简单认知和情感的领域内对多重所指意义进行压缩，这些符号丛又是相互关联的。电视节庆的表演性是以剧场为其终端形式的，如作为公共性表现仪式的春晚，有着明显的社会戏剧因素，其中的相声、小品多是中国社会发展的现实写照，充满现实隐喻。再如，2013年湖南卫视的电视成人礼、电视七夕节都有明显的剧场因素，在舞台上设置了"人生 AB 剧"式的悖论、冲突，但最终能达到和谐与平衡，"仪式/实效—戏剧/娱乐"意味着艺术传播从闭环走向开放。

（二）"人、神、自然"关系的调适与超越

詹姆斯·凯瑞认为，"传播的仪式观有着明确的宗教起源，而且它也从未完全脱离这一基本的宗教隐喻"②。人类学、社会学也证实了

---

① ［美］谢克纳：《从仪式到戏剧及其反面：实效—娱乐二元关系的结构/过程》，王岚译，孙惠柱主编《人类表演学系列·谢克纳专辑》，文化艺术出版社 2010 年版，第 167—168 页。

② ［美］詹姆斯·W. 凯瑞：《作为文化的传播》，丁未译，华夏出版社 2005 年版，第 7 页。

仪式与神话相伴生的关系，神话—仪式学派尤其关注二者的关系，该理论的极端观点认为，所有的神话都伴有仪式，所有的仪式也都伴有神话；温和一些的观点认为，神话和仪式是后来逐渐分开的。涂尔干在《宗教生活的基本形式》中将超自然力量称之为"曼纳"（mana），仪式对超自然有天然的敬重，正是源于曼纳的引导，宗教和仪式内含了促进社会团结的机制。

国内外人类学研究普遍认为，节日是人类发明的一个固定日期，节日仪式中的三个因素分别为人、自然与神（超自然），传统宗教仪式的功能在于调节人、自然与神之间的关系，仪式中被制定的神话指向最原初以及最远方。法国哲学家昂利·列斐伏尔（Lefebvre）认为，节日是人性与神性、人与自然、人与社会关系的一种颠倒与异化。节日与日常生活相似，只是比平日更热烈紧张一些。这是生活中激动人心的一个瞬间，活动的共同体。[①] 在中国，天与人之间有感应关系，甚至因果关系（报应关系），这在节庆中也有体现。台湾人类学者李亦园说，"中国人的全部生活方式，最高的理想是要维持人与自然、人与人、人与超自然的和谐有序，所以'礼'，不仅是讲人与人间的关系（人伦），同时也讲人与自然的关系（饮食器具宫室）以及人与超自然的关系（丧葬、祭祀）"[②]。因此，传统节日不论东西方，都大致包含着祭祀、禁忌与休闲娱乐的三个核心要素，有神性、仪式性与狂欢性，具备调节人与自然、人与神、人与社会，以及人与人之间对立关系的功能。廖冬梅认为，节日作为调节对立关系的"和解日"，在行为上有两大功能：一是调节上述四对对立关系，实现和谐的功

---

① 转引自刘怀玉《现代性的平庸与神奇：列斐伏尔日常生活批判哲学的文本学解读》，中央编译出版社 2006 年版，第 181 页。

② 李亦园、乔健：《中国的民族、社会与文化》，食货出版社 1988 年版，代序第 11 页。

能；二是教育社会成员学习如何调节这四对对立关系的功能。① 在节庆当中，人们不仅庆祝和纪念在历史上人与神、与自然关系的和解，享受着和解之后的快乐，还表达了自己期盼这种和解在将来能持续下去，希望天天都过节的愿望，使自然和神满意是传统仪式的根本和最高目标，人是谦卑和次要的。

由此可见，"节"源起于宗教祭祀，而"日"多为纪念或强调，随着人类文明的发展，祭祀所依托的对自然的神秘之感逐渐淡化，在传统节庆（宗教仪式）向电视节庆（世俗仪式）的转化中，神与自然退隐后台，而人成为节庆仪式的中心，"人、神、自然"三者间的关系得以调适并且超越，促使人们在文明现实中反观内心，调整各种社会关系。法国著名思想家让·波德里亚（Jean Baudrillard）认为"镜像嘉年华"体现在电视、电脑和意识屏幕中，他的追问有助于我们理解"神"的当下境遇：

> 当神从神像中显示自己时，当神在影像中被增殖时，是什么构成了神性呢？它还保留着最高的权威性，只是在可见的神学形象中现身吗？或者它挥发为影像，这种影像独自展开它们的宏大仪式和迷惑力——可见的神像替代了纯粹的、精神的上帝理念？……这些影像很轻松地将上帝从人民的意识中擦掉了，并提出了压倒一切的、解构性的真理：从来就不存在上帝，只有影像存在着。②

电视节庆仪式表现出的超越人神之间关系的世俗仪式特征，其诉

---

① 参阅廖冬梅《节日沉浮问：节日的定义、结构与功能》，广西师范大学出版社2007年版，第54—60页。

② ［法］让·鲍德里亚：《生产之境》，仰海峰译，中央编译出版社2005年版，附录第189—190页。

求是"娱人"而非"娱神",或借"娱神"以"娱人",电视屏幕隐蔽的神圣/世俗二分,将社会成员从庸常中解救出来,使其在特定的仪式情境下进入圣化状态,最终达到表达情感、体验生命和认知世界的效能——在重大的电视节庆中,令人激动的生活达到了最高潮:现场人声鼎沸,司仪话语高亢,零点钟声悠扬,乐队演奏振奋,夜空焰火明灭,广场舞台狂欢,人们展示他们最漂亮的衣服、最时尚的妆容、最灿烂的笑脸。电视节庆场面成为区分城市和农村生活的最显著的要素,把我们从边塞腹地带到国际都市之中,而忘却我们的肉身正住在一个差劲的城市里,每个人都乐在其中,畅享太平盛世的和谐,但神与自然并没有完全消失,"现代艺术由于摆脱了与传统的宗教、伦理和社会价值的束缚,因此而获得了更加深刻和有力地表现人与自然的力量"①。电视节庆的文化神话是隐藏在文本内部的,人们由此获得一种自然化的解读,对问题成堆的现实世界进行了搁置与化约处理。

三　电视节庆仪式的指示功能

功能主义者宣称:仪式服务于个人或社会的目的;仪式是权力游戏,对解决社会的危机并维持权力关系能起到一定的作用。② 现代功能学派在马林诺夫斯基和布朗的基础上将功能分为三大类:生存功能、适应功能、整合功能。电视节庆仪式可能着重于一种,也可能三种功能全包含,被用来融合情感、弥合裂缝,确立社会秩序与价值规范。斯图亚特·霍尔认为,"声响、词语、音符、音阶、姿势、表情、

---

① 周宪:《审美现代性批判》,商务印书馆 2005 年版,第 223 页。
② 参见〔德〕阿克瑟尔·米歇尔斯《仪式的无意义性及其意义》,阿曼古丽等摘译,王霄冰主编《仪式与信仰:当代文化人类学新视野》,民族出版社 2008 年版,第 36 页。

衣服，都是我们的自然和物质世界的组成部分，但它们对语言的重要性不在于它们是什么，而在于它们做什么，在于它们的功能。它们构成并传递意义，它们意指"①。电视节庆以强化的仪式感、优质影像的存在方式不断发挥着确认秩序、文化认同、凝聚社会、构筑和谐的重要功能。

（一）信仰凝聚功能

在西方，随着宗教在公共与社会政治空间中的日益萎缩，对世俗世界的控制减弱，信仰成为私人事务，英国社会学家格雷斯·戴维（Grace Davie）认为，晚期现代社会越来越"信仰而不属于"（believe without belonging）。②中国传统社会尽管有强大的道德语境与儒教传统，但并未构建起独立的宗教信仰系统。20 世纪初中国知识分子对"中国无宗教"的断言仍是今天的社会现实，社会学家李向平称之为"信佛不进庙""信神不入教""信仰而不认同"（believing without identifying）的信仰模式。③有学者总结到，"'五四'以来的中国思想者曾经提出多种宗教替代论，包括伦理代宗教（梁漱溟）、美育代宗教（蔡元培）、科学代宗教（陈独秀）、哲学代宗教（冯友兰），最后是主义代宗教（政治革命），最终建构了一种以革命主义为信仰核心的民族国家建设运动"④。当前，虽然民间的信仰自由已不再是问题，但问题是，信仰什么以及如何信仰？实践证明，"主义代宗教"未能拯救信仰缺失的现实，"马列"被一些人当作教条来戏谑，有"娱

① ［英］斯图亚特·霍尔：《表征——文化表象与意指实践》，徐亮等译，商务出版社 2003 年版，导言第 5 页。
② 转引自戴立勇《现代性与中国宗教》，中国社会科学出版社 2008 年版，第 97 页。
③ 参见杨凤岗《游荡的信仰，空灵的社会》，李向平《信仰但不认同：当代中国信仰的社会学阐释》，社会科学文献出版社 2010 年版，序 2 第 5 页。
④ 同上书，序 2 第 3 页。

神”与“渎神”之嫌。文明古国的“仓廪实而知礼仪”似乎开始失效，就社会现实而言，“经济巨人”与“价值侏儒”之间出现悖反，信仰不明、价值迷惘、伦理效力开始衰败，道德堕落、社会越轨（deviance）行为、社会失序（anomie）现象凸显。人与自然、人与人、人与自身的三种疏离化倾向成为市场经济运作中的“过程代价”，各种社会价值观之间冲突激烈。由此值得追问，当代中国社会信仰的重建中，电视节庆有无作为？如何作为才能凝聚信仰？

电视节庆之所以成为有中国特色的电视类目，并长期得到观众喜爱，与国人的审美以及文化心理密切相关，民族主义、家国同构、集体价值观等元素成为共同体情感中的核心要素，确保公民获得一种集民族、祖国、人民三位一体的集体价值观。在一些重大的电视节庆中，神圣性、地域性、象征物（或圣物）同时在起作用，既有对传统信仰的崇拜，也有对国家权力的信从，这其中包含着等级秩序的和谐与社会团结安定的期盼，人们感到自己是在与强大的力量在对话，其“文化迫力”影响到个体。

英国人类学家马林诺夫斯基（又译为马凌诺斯基）在《文化论》中提出“文化的手段迫力”，他认为，传统风俗是文化得以绵续性的工作，是重要的“文化手段迫力”，巫术、宗教、知识及艺术是思想及道德完整的综合迫力。① 电视仪式也是一种被自然化了的文化迫力，以仪式对等物、替代物的面貌出现，帮助人们理解信仰体系和价值观。在中国，某一派宗教仪式不会直接搬上电视，但礼、义、仁、智、信等儒家核心价值蕴藏在电视成人礼、电视公祭节庆中，从而建构一套凸显义务、同情、辞让、正义、公德的社会理念，这种道德迫

---

① 参阅［英］马林诺夫斯基《文化论》，费孝通译，华夏出版社 2002 年版，第 27—51 页。

力不仅能强化既有的社会秩序，使群体的团结感得到肯定和强化，给国人以意义深远的信仰要求，从而进入信仰凝聚的更高层面。

（二）文化认同功能

一个广为认同的观点是，现代化正带来新的全球一致性，趋于抹杀各民族国家的文化传统。斯图亚特·霍尔说："现代性理念最核心的就是坚信每样事物都注定会被加速、被溶解、被取代、被转化、被转型，正是这种社会生活新观念的改变——既是物质的，也是文化的——才是真正的现代性转变。"[①] 但在文化融合的过程中，差异性并不可能完全消失，关于文化身份的追问在 20 世纪 90 年代成为全球性热点，"几乎在每一个地方，人们都在问'我是谁'，'我们属于哪儿'，以及'谁跟我们不是一伙'"[②]。这一问题在当下的中国格外突出，表现在文化自知、文化自我上的迷失；传统文化的生命力、华夏文明的复兴途径，中体西用还是西体中用等问题，是 20 世纪以来人文学者长期争论的话题。

"认同"被视为现代性的一种防御机制，是一种借助内聚力来维护本体身份的连续过程，认同具有归属感、身份感之内涵。作为一种辨识过程，认同感的建构须以认知为基础，以话语为中介，并不断使之符号化，电视节庆的仪式化传播是大众认同的重要象征形式。"文化认同（cultural identity）意指个体对于所属文化以及文化群体内化并产生归属感，从而获得、保持与创新自身文化的社会心理过程。"[③]

---

① ［英］斯图亚特·霍尔：《现代性的多重建构》，［德］于尔根·哈贝马斯编著《文化现代性精粹读本》，周宪译，中国人民大学出版社 2006 年版，第 52 页。

② ［美］塞缪尔·亨廷顿：《文明的冲突与世界秩序的建构》，周琪等译，新华出版社 1998 年版，第 129 页。

③ 陈世联：《文化认同、文化和谐与社会和谐》，《西南民族大学学报》（人文社科版）2006 年第 3 期。

芝加哥学派的实证哲学家杜威早已论述了传播对于共识达成的重要作用：

> 在共同（commom）、社区（community）和传播（communi-cation）这三个词之间，有一种比字面更重要的联系。人们由于拥有共同的事物生活在一个社区里；传播即是他们借此拥有共同事物的方法。他们必须共有的事物包括……目标、信仰、渴望、知识——一种共同的理解——就像社会学家说的想法一致（like mindedness）……共识需要传播。①

在全球化语境下，在流动的现代性中，传统节日是辨识"是否是一伙"的一种认同路径——节日包含的共同体验和集体记忆，凭借国家认同及民族独特性的文化内涵而具有了超越时空的现实价值，节庆使人们与自己过去的文化相遇，并回复到自我所属的文化传统之中。鉴于传统节庆仪式在认同建构方面的重要效用，庆典与纪念仪式往往成为国家象征。翟杉认为，集体记忆的作用主要体现为三方面：族群凝聚、认同变迁以及民族体认同。② 电视媒介对社会生活极具渗透性与扩张性，也是形塑认同的具体化、象征化的文化表述机构。电视节庆事件将民族认同感和社团感带到更边远的地区，适用于文化记忆的储存和交流，对内为文化认同与社会整合，对外为文化中介与民族同化。譬如，内地在清明节举行的电视公祭、在 9 月 28 日（孔子诞辰，也是台湾教师节）举行的祭孔大典，电视节庆在传统文化的散播上表现出导向的努力。

---

① ［美］詹姆斯·W. 凯瑞：《作为文化的传播》，丁未译，华夏出版社 2005 年版，第 11 页。

② 参阅翟杉《仪式的传播力：电视媒介仪式研究》，中国传媒大学出版社 2014 年版，第 85—86 页。

（三）社会整合功能

社会学原则性的目标之一即为寻求有关"社会和谐"的科学基础。"社会整合"（social integration）是涂尔干社会学理论的核心概念，社会关系的密集度越大，人群间产生的情感就越强、越有意义。涂尔干继承了罗伯逊·史密斯关于仪式作为社会集体行为，构成最初社会和谐的基础，提出了"集体意识"（collective effervescence）概念，他认为庆典和仪式是集合群体的关键因素，是社会和谐及其道德的强制力。除了涂尔干之外，德国社会学家费迪南德·滕尼斯（Ferdinand Tonnies）、美国社会学家爱德华·希尔斯（Edward Shils）等人也对"整合难题"有过深入思考；英国结构功能主义创始人拉德克利夫－布朗在涂尔干学派的基础上，强调仪式对于社会秩序性的维持，将其归为社会团结的强化剂。虽然涂尔干与布朗后来遭到了以格鲁克曼、特纳为代表的曼彻斯特学派的攻击，曼彻斯特学派更看重社会制度中诸因素的平衡、冲突与结构对峙，但由此更说明仪式在社会团结与巩固中大有可为。

恩斯特·卡西尔认为，符号行为给了人类一切经验材料以一定的秩序：科学在思想上给人以秩序，道德在行为上给人以秩序，艺术则在感觉现象和理解方面给人以秩序。[①] 詹姆斯·凯瑞的传播仪式观也并非要批判现实，相反是要维护社会秩序，使失序回归到有序，失衡恢复到和谐。"将传播看作植根于文化的仪式过程，其目的是通过'仪式'带给人们心灵和精神上的满足和慰藉，将人们团结起来，以维护一个有序的'共同体'的存在和运行。"[②] 社会整合的重要方式

---

① ［美］苏珊·朗格：《情感与形式》，刘大基等译，中国社会科学出版社 1986 年版，译者前言第 3 页。
② 米莉：《传播仪式观：一种独特的传播研究方法》，《湖北广播电视大学学报》2011 年第 3 期。

之一是有目的的符号展示，仪式是一种社会约束、一套共同语、一条精神纽带，仪式的集体无意识使其成为被接纳的、固定的文化遗产，其中存在着社会的一体化和规范化要求，人们不可随意解释它；仪式的组织、认同、保存功能将人们相互黏合在一起，当仪式成为可观可感的仪式化影像传播时，文化控制更有力。

　　媒介事件与电视仪式在主要功能上存在一致性，都是以大型的（电视）集结方式来整合社会，唤起人们对社会与合法权威的忠诚。在这一过程中，电视仪式表演的奇观性起到了整合作用，个体极易被宏大场景所散发出的魅力所折服，正如居伊·德波认为，奇观"将所有奇观者（spectator）紧密结合在一起。而这是一种不可逆的关系，在内部维系着他们的孤立。奇观重新结合了个体，将他们当作分隔般的重新结合"[1]。在仪式传播中，象征符号是有目的性的再现，当现代"超级权力"在电视节庆仪式中渐渐形成，权力展演就成为媒介整合的重要武器，如国庆阅兵典礼、政权交接的地位上升仪式，自动忽略社会内部矛盾与冲突，提倡恢复秩序的社会融合，团体价值观得到强化，给人以统合之感。当然，这其中也包括一些极端主义的行为展演，德国纳粹党党魁阿道夫·希特勒曾这样形容纳粹党集会："如果一个人来参加这样的集会时还有疑惑或犹豫的话，他在离开时会在心里感受到他已经成为共同体的成员。"[2] 电视节庆仪式由文化秩序塑造而成，反之又塑造文化秩序，其公共表演承担着传播知识、信仰、规范和价值观的功能。

----

① 转引自［英］David Holmes《媒介、科技与社会：传播理论的面向》，赵伟妏译，韦伯国际文化出版有限公司2009年版，第48页。

② 转引自彭文斌、郭建勋《人类学视野下的仪式分类》，《民族学刊》2011年第1期。

第二节　电视节庆仪式的时空结构

　　既然电视节庆仪式能从其一般性功能出发加以考察（它的作用），那么，一定存在使这些功能发挥作用的结构性特征（它的构成）。文化圈层可有时间与空间层面的考量，节庆仪式也存在着时空要素。德国逻辑学家、哲学家莱布尼茨（Gottfried Wihelm Leibniz）最早陈述了时空的关系，他将空间定义为"共存秩序"的理想条件，把时间定义为"连续秩序"的理想条件。① 当代深有影响的美国人文地理学者大卫·哈维（David Harvey）认为，理解空间与时间有两个向度，其一，时间与空间的三种独特方式：绝对、相对和关系性。其二，空间是在物质上感觉得到的、概念化的，以及生活的（lived）。② 结构是功能的基础与前提，而时空是仪式结构中的重要因素，仪式的"神圣世界"内含着神圣的宗教观念、宗教仪式、宗教活动、宗教语言、宗教物品、宗教数字等诸多因素，与世俗世界判然有别。电视节庆在时空上由"常"入"非常"，创造了时间、空间以及同欣赏者的特殊关系。

一　电视节庆中的仪式时间

　　时间一直被认为是线性发展的，从过去延续到无限未来。人类学家们对时间各有认知，英国人类学家莫里斯·布洛奇（Maurice

---

　　① 参见［德］恩斯特·卡西尔《神话思维》，黄龙保等译，中国社会科学出版社1992 年版，第 91 页。
　　② 参见［美］大卫·哈维《寰宇主义与自由地理》，王志弘等译，台北群学出版有限公司 2014 年版，第 180 页。

Bloch）认为文化有两套时间：一是仪式时间（ritual time），强调"活在过去"；二是实际时间（practical time），强调"活在现在"。① 法国人类学家列维－斯特劳斯提出历时性与同时性的问题，认为时间在结构之中。世界著名宗教史学家罗马尼亚学者米尔恰·伊利亚德（Mircea Eliade）认为，非同寻常的空间和时间是仪式最本质的核心，节日总是发生在"元始"时间，"一个实在物的元始时间——该实在的第一次出现而开创的时间——有着一个范式的价值和功能：这也正是人类通过与之相应的节日对其追求定期再现的原因"②。神圣时间是转瞬即逝的时间序列，世俗时间是永恒的时间序列（永恒的庸常状态），节庆的时间制度通常表现为一种对物理时间的抗拒，而以神圣时间的结构为宗旨，参与者在某个时间节点上遭遇到在上一个节日周期中经历过的神圣时间。如中国的传统节日，贯穿着中国人的时间意识（节气、时令），体现着自然和生命的节律，代表着天人合一的生活理想，因此大部分电视节庆是一种历法仪式（calendrical rites），以时间周期赋予永恒有序的社会意义。电视节庆仪式对某一特定时间进行拦截、放大，使其成为一种主观性的时间。由此，电视"在神圣时间——仪式时间的电视直播中，秉承了有关庆典仪式的集体无意识，具有神圣性与某种民间类宗教的性质，从而造成与日常世俗生活相分隔的神圣感"③。

（一）媒介时间与新编仪式

英国社会学家安东尼·吉登斯将时间分成三个互相交叉的时间平

---

① 彭兆荣：《人类学仪式的理论与实践》，民族出版社 2007 年版，第 317 页。

② ［罗］米尔恰·伊利亚德：《神圣与世俗》，王建光译，华夏出版社 2002 年版，第 43 页。

③ 翟杉：《仪式的传播力：电视媒介仪式研究》，中国传媒大学出版社 2014 年版，第 58 页。

面：时钟时间、生活时间和日历时间，并认为"统一时间是控制空间的基础"①。电子媒介通过技术与内容的双重作用，光的速度一统天下，在根本上重构了时间和空间的参数。大卫·哈维在《后现代状况》一书中将空间—时间面向性势不可当的变化称为"时空压缩"（timespace compression），时空压缩是现代远程通信引入后所带来的时空变化，卡尔·马克思所持有的"时间消灭空间"的观念在此成为现实情境，人们的时空体验也随之改变。相较于传统媒体，电子媒介的时空压缩最为明显，英国传播学者派迪·斯坎内尔（Paddy Scannell）认为，广电媒体以日历时间为标准，综合了时钟、生活、日历三种时间观，有影响力的媒介事件将私人领域和公共领域进行缝合，分离的事件彼此关联起来，被编制成共同生活的惯例，以建构时间而实现整合功用："广播通过扮演这样一个'旧历'的角色，也就年复一年地提供了井然有序的节庆、仪式以及典礼等活动，并使之有规则地进行下去……所有这些都标志着所谓'广电年'的出现。"②电子媒介改变了时空的基础坐标，带来了新的媒介时间。法国著名修辞学家热拉尔·热奈特在其《叙事话语/新叙事话语》之中，将叙述时间与故事时间之间的关系精练为：非等时、概要、停顿、省略等几种类型，而在电视节庆的仪式直播中，事件时间、叙述时间和接收时间是同步等长的，即为"时间的复原"。

跨文化传播奠基人、美国学者爱德华·霍尔（Edward T. Hall）将"时间"视为不同文化间的第一种"无声的语言"，"时间会说话，而且说得比言词更加明白。由于它不大受人有意的操控，所以它不像有

----

① ［英］安东尼·吉登斯：《现代性的后果》，田禾译，译林出版社2011年版，第16页。
② ［英］戴维·莫利：《电视、受众与文化研究》，史安斌主译，新华出版社2005年版，第307页。

声语言那样受到扭曲。在言词撒谎的地方，它能高声宣示真相"①。但笔者以为，事实上，时间也可以受到媒体控制而被刻意安排，如整点新闻、晚间剧场、周末娱乐，媒介的时间记忆因此而来。节日时间和为节日艺术的时间结构之间是有差别的，德国哲学家汉斯－格奥尔格·伽达默尔（Hans－Georg Gadamer）认为，节庆是对时间结构的复现，这种"重返"表现出一种历史的时间性，但它既不是另外一种庆典活动，也不是对原初庆典的单纯回顾。② 同一个庆典活动在不同时期被纪念，这一时间被不停重返，但其意义不尽相同。电视通过对特定时间进行仪式化的人为编排，对人们的日常时间产生结构性影响。电视节庆（或纪念）通常开发出一系列的新编仪式，让抽象的时间具体化、神圣化，与某个突出事件"咬合"在一起以彰显某一时间节点。譬如，2009 年 5 月 12 日纪念汶川地震一周年晚会《崛起5·12》，5 月 12 日原本是国际护士节，刚好遇上特大地震灾害，因此在次年的 5 月 12 日举行纪念晚会，两个事件的时间重合使主题节庆显得合情、合理又合法：既是对灾难事件的历史纪念，又是对国际护士节的献礼。又如，1919 年的五四运动使 5 月 4 日成为现当代中国一个显著的时间符号，而电视机构 2009 年以来，将 5 月 4 日研发成电视成人礼；又如，元旦又被称作元日、岁旦、岁首、岁朝、岁祚、三元，原指夏历正月初一，表示一年的起始时间，这是仪式上的静化意义。辛亥革命后开始使用公历，农历正月初一改称为春节，而公历 1 月 1 日称为新年元旦。1949 年 9 月 27 日，中国人民政治协商会议第一届全体会议通过公元纪年法，公历 1 月 1 日从此定为元旦。电视机

---

① ［美］爱德华·霍尔：《无声的语言》，何道宽译，北京大学出版社 2010 年版，第 6 页。

② 参见［德］汉斯－格奥尔格·伽达默尔《真理与方法（上卷）》，洪汉鼎译，上海译文出版社 1999 年版，第 159 页。

构将旧历年打造为电视春晚，将公历新年打造成电视跨年演唱会。当21世纪倒计时牌出现时，人们困惑于21世纪究竟始于2000年还是2001年。虽然后来发现从1999年开始迎接新世纪是个误会，但聪明的现代人把迎接新世纪变成了迎接新千年，从1999年到2000年，跨越千年的数字逻辑成为人们的期待、想象的节点，而2000年恰逢龙年，国人将其想象成整个中华民族的"本命年"，更觉千载难逢，因此对千年的好感胜过世纪概念。此外，更多的节与日被命名、被附会，电视机构建仪式时间以帮助人们愉悦地度过"生态时间"，电视时间成为节庆"结构时间"的内在部分，对于观众的时间体验而言，受制于电视机构放送与否的他律性因素。从1996年开始，上海市民在元旦清晨举办东方明珠塔元旦迎新登高比赛，新年步步高的寓意吸引了众多爱好者参与。这项传统的登高比赛能否纳入电视节庆的复现？颇费思量。1998年1月1日上午，由上海东方电视台与中央电视台联合举办的《新春步步高——北京八达岭长城·上海东方明珠塔卫星双向传送新年登高比赛》，把传统的登高活动推向了高潮。电视节庆把特定的过渡时间变成一种直观文化，汇成一条有关心灵、精神、爱和意愿的经验之流。

（二）过渡仪式与阈限管理

节庆本身是社会生活的阈限（liminality）与过渡，在原初社会里，时间往往依据着空间，人们经常用"前后远近"的表述来确立时间；在当代社会，休息日和节日常被划在工作时间之外。"阈限"概念来自拉丁文"极限"（limen），英文为threshold，意指所有间隔性的模棱两可的状态，这与法国人类学家阿诺尔德·范热内普的概念原创，以及维克多·特纳的理论拓展是分不开的。范热内普1909年提出"过渡礼仪"（rites de passage）并将其分为三个阶段：分离—过渡—整合，将先前世界分隔之礼仪称为"阈限前礼仪"，将在边缘阶段中举行礼仪称为"阈限礼仪"，将融入新世界之礼仪称为"阈限后礼仪"。① 脱离、过渡、聚合通常在一个仪式内共同存在，只是在内涵上各有侧重。过渡礼仪亦称"生命转变礼仪"，主要指个人或社会从一种状况到另一种状况的转换过程：出生、成年、结婚、死亡等重要生命关口，须经一定仪式才能安然度过，更多体现为一种社会文化秩序。如春节的日历时间是正月初一，其阈限即为冬春交汇，起源于原始社会的"腊祭"，"腊，岁终祭众神之名"，与祝贺丰收相关，"五谷皆熟，为有年也"。汉武帝时创制了"太初历"，明确规定以农历正月初一为岁首，"四始"（岁之始、时之始、日之始、月之始）和"三朝"（岁之朝、月之朝、日之朝），今天的"辞旧迎新""辞岁""过年"等语词还保留着过渡这一时间的原始意义，而电视节庆侧重再现现实节庆的某一时间点，重在"媒介时间"。如央视春晚的两个重要时间节点是开场时刻与零点时刻，"开场"营造"春"的仪式，"零点"营造"节"的仪式，合之为"春节"，全国人民每年都在主持人的零点报时中迎接新年到来，而早年是通过敲钟来体现的，1983 年的春晚零点插入了姜昆等人撞钟的画面，这一镜头是在距离北京市三十多公里外的潭柘寺里提前录制的。朱军从春晚主持人的角度感怀："零点时刻，是赞美快乐、感恩岁月的高潮时刻。这是一个极富仪式感的神圣时刻，但它和华美的场面、恢宏的乐曲无关，它上演于每一颗鲜活的心灵里：回顾过

---

① 参阅［法］阿诺尔德·范热内普《过渡礼仪》，张举文译，商务印书馆出版社 2010 年版，第 10—17 页。

往，珍惜当下，畅想未来。"① 每一年的春晚都会精心安排零点时刻，如1997年春晚，主持人站在舞台上大型的钟表前，用配乐诗朗诵《北京时间》来迎接跨年的过渡时间：

> 倪萍：今夜，让我们趁除夕夜色，向零点集结。踩着本世纪的残雪倒计时冲刺，向着繁荣。此刻，南中国海的涛声，是如此的清静又是如此的多情。
>
> 赵忠祥：1997，香港归航的汽笛将正点鸣响，中国，将用北京时间的6月去跨越100年的时空。
>
> 倪萍：你听，你听，北京时间的嘀嗒声里，寒雪下面，青草伸展着小手，溪流欢跳着歌唱。
>
> 赵忠祥：你看，你看，陡峭的春风里飞来了一只红蜻蜓。
>
> 倪萍：啊，让我们以最隆重的礼仪迎接这北京时间新春的零点。
>
> 倪萍：让我们以北京时间的速度和名义向世界宣布：中国将提前向未来时间发出邀请。
>
> 赵、倪：发出邀请！

1997年新春与其他年份并无本质区别，只因在1997年会有一个特定仪式在前面等候——香港回归政权交接仪式，1997年便具有了政治的神圣性。用焰火来标记新年是荧屏内外普遍认可的仪式化行为，电视跨年演唱会也与春节一样，区别只在于文化上的流行与传统、收视上的年轻与广谱人群。无论被称为电视跨年盛典、围炉演唱会还是春晚，都给人们带来了比传统更为真切的零点体验。如"相逢2000年"的电视仪式是在中华世纪坛点燃世纪圣火，在三亚设置具有东方

---

① 朱军：《我的零点时刻》，江苏人民出版社2011年版，代序第1页。

仿古意味的计时器——水漏，在泰山日观峰伴着钟声的东方破晓，电视还报道了大洋洲、非洲、美洲、欧洲、亚洲各地的欢庆场面，这种神圣时间的安然度过均拜电视所赐。又如 1997 年香港回归和建党节的时间相契合，中央电视台以"香港回归特别报道"为题，对回归盛况进行了连续 72 小时（1997 年 6 月 30 日早上 6 点—1997 年 7 月 3 日早上 6 点）的不间断报道，这 72 小时为电视媒介的结构时间。总之，电视节庆仪式是国家或者机构对"过渡仪式"进行"阈限管理"的重要手段，通过拦截一个特定的"生态时间"，使之成为"结构时间"，电视担任着进入神圣领域的中介使命。

二　电视节庆中的仪式空间

空间是仪式的重要维度，仪式空间与群体的参与行为有关，本质上是为拥有共同信仰的人们进行交流互动而特别安排的空间。列斐伏尔在 1991 年出版的《空间的生产》一书中论述了"空间辩证法"的展开过程：空间实践（a spatial practice）、空间的表征（a representation of space）、表征的空间（space of representation），并认为它们是三位一体的。"在目前的生产方式里，社会空间被列为生产力与生产资料、列为生产的社会关系，以及特别是其再生产的一部分。"① 法国哲学家米歇尔·福柯（Michel Foucault）则认为，"空间形式是一个空间化和社会化的过程，劳动分工与空间分野塑造人的主体性，因为这样的空间分野，形成他人的'凝视'以及视野的范

① ［法］亨利·列斐伏尔：《空间：社会产物与使用价值》，王志宏译，包亚明主编《现代性与空间的生产》，上海教育出版社 2002 年版，第 51 页。

畴"①。在传播学的主流范式中，空间研究长期处于边缘地位，在后现代空间理论和新文化地理学兴起之后，空间的隐喻以及与社会的关系开始引起注意。电视媒介的仪式空间更能让参与者们超越其有限经验与认知，是一种"电视地理"的存在，下文通过物质空间、意识空间、关系空间三个层面来分析。

（一）物质空间：从演播室到外场地

空间研究是哲学上的重要命题。法国哲学家加斯东·巴什拉（Gaston Bachelard）这样表述："每一种物质都有它的位置。每一个实体都有它的实存。每种物质都有它所征服的空间，都有它的扩张力量，超出几何学家想用于限定它的表面。"② 空间有自然空间与人为场所之分，在电视传播中，前者为基本依托，而电视里的人造环境，是地域与方向的精心挑选，普通空间转化为表演空间，如专门的舞台、场馆或其他专门搭建的环境等。演播室是原本生活中不必存在的、典型的电视场所，观众的"看"跟随着摄像镜头从一个地方移到另一个地方——舞台（看展演）、观众席（看自己）、天花板或挤满人的回廊（看背景），或电子屏幕（看场外），电视节庆围构了一个独立的超真实空间，电视观众比在场者更能体验到几何学意义上的空间感。

面积近 2000 平方米的中央电视台一号演播大厅可容纳观众 1000人，始建于 1997 年，1998 年正式投入使用，大型活动、大型主题晚会、春节联欢晚会等在此举行，是央视最大的演播厅，连续数年见证着中国大年夜里的狂欢，是亿万人的年节集体记忆。天、地、景合一

---

① 廖炳惠：《关键词200：文学与批评研究的通用词汇编》，江苏教育出版社2006年版，第236页。
② ［法］加斯东·巴什拉：《空间的诗学》，张逸婧译，上海译文出版社2013年版，第262页。

的演播室空间，舞美变化的多样性极具视觉冲击力，高清摄像机、飞猫系统等特种设备，让空间得以多景别、多视点、多角度拓展，使得春晚效果炫目而又震撼。一号演播大厅留给电视观众富丽堂皇、缤纷绚丽、美轮美奂的仪式感印象，很多文艺工作者都把能够到一号演播大厅的春晚演出视为毕生荣幸，文娱记者也为自己混进后台报道而绞尽脑汁，使得这一空间更具神秘感与仪式感。每年在经过层层选拔、多次审看与彩排之后，随着倒计时的临近，一号演播厅开始启封，以最华美的装扮静静等候一年之中最重要的过渡仪式，这座建筑成为海内外华人情感汇聚和文化认同的特定空间。而去掉虚饰的背后，一号演播大厅早已随着年月侵蚀日渐破旧。春晚除了演播大厅外，还有深具寓意的外景空间，如各国使领馆、边防哨所、广场、居民家中等。

电视节庆的外景地选择极具象征性，1995 年 8 月，上海东方电视台在万里长城最著名的景点——北京八达岭举行了一台《纪念世界反法西斯战争和中国抗日战争胜利 50 周年·"永恒的长城"大型演唱会》，并向亚洲地区进行了直播。长城，是中国古代最宏伟的建筑和最伟大的军事防御工程体系，是世界中古时代的七大奇迹之一。开场语从交代演唱会的基本要素，到长城的作用以及象征性说明，进而引入国歌歌词"把我们的血肉，筑成我们新的长城"，物理长城的能指与"精神长城"的所指水到渠成地联系在了一起：

　　甲：昔日长城的阵阵烽火狼烟，仿佛还在我们眼前飘拂。

　　乙：今天黄河的滚滚惊涛骇浪，似乎还在我们胸中奔腾。

　　丙：万里延伸的长城是一条凝固的黄河，挺直了中华的脊梁。

　　丁：奔流到海的黄河是一道流淌的长城，积蓄着民族的悲壮。

　　甲：长城，是一条奔腾呼啸的巨龙；长城，是炎黄子孙、龙的传人的伟大见证。

乙：长城，是一道永不弯曲的脊梁；长城，是百折不挠、奋勇抗争的民族象征。

丙：长城，是一部博大精深的历史长卷，千古浩然正气在这里长存。

丁：长城，是一段永垂青史的漫漫征程，万代中华雄风在这里飞奔。

又如1999年元旦到来时，中央电视台第一、第四套节目6：30—8：30并机播出《走入一九九九》元旦升旗仪式，直播了黑龙江乌苏镇、西沙永兴岛、上海外滩、深圳大剧院、湖北监利移民新村、北京天安门广场这6个地点的升国旗仪式，并以新疆红其拉甫山口、西藏布达拉宫广场、南极冰盖等三个地方作为升旗报道主线。又如，在"2005全球联合祭孔"的电视直播中，曲阜祭孔是活动的主会场，浙江衢州、云南建水、甘肃武威、福建泉州的孔庙为国内直播点，香港、台北孔庙等地为直播报道点，韩国首尔、日本足利、新加坡、美国旧金山、德国科隆等地为海外祭孔报道点。在对香港回归的报道中，除了直播香港会展中心的交接仪式之外，还有北京、上海、天津、重庆和南京五地的盛大庆典，以及美国、英国、法国、澳大利亚、日本等地华人的庆典活动，充分体现了电视跨国直播的魅力。在另一些电视节庆中，主要街道或广场成为混合着人群、舞蹈、音乐、食物的欢乐场地。如1991年央视和港台首次联合主办的中秋晚会《神州一片月》，将外景地选在颐和园，正如台湾歌星蔡琴和费玉清在颐和园的大戏台前感慨："来到这里，看到这里一草一木、一砖一石，都是先人们留下的，是一种文化最高层次的结晶。""唱遍了世界上许多的舞台，欧洲、美洲、东南亚，只有来到这里，在这庞大戏台前演唱，才觉得心里最踏实。""最踏实"便是回家的亲切感，颐和园作为民族文化的瑰宝之地，将大陆、港台同胞的心意连在一起。

央视的中秋晚会从 1991 年举办首届，因为俗称"月亮节"，所以基本历年都在开放、露天场所进行，为典型的实景景观晚会，还表现出强烈的亲水性：在湖边、水边、河边、海边等临水而秀美的城市举行，自 2004 年开始以"中华情"为主题，2006 年这一风格固定下来：2006 年福建厦门的海峡月、2007 年河北承德的山庄月、2008 年的山东荣成月、2009 年的江西宜春月、2010 年的安徽芜湖月、2011 年的广东江门月、2012 年的福建福州月、2013 年广东梅州月、2014 年苏州月、2015 年江油月、2016 年西安月等。月下的轻歌曼舞、吟诗朗诵将环境、造境、化境结合起来，发思古之幽情，以此赏月娱憩，电视仪式营造了传统的古典美学情境。

（二）意识空间：从世俗到神圣空间

空间并非填充物体的容器，而是人类意识的居所，人类的建筑学也是栖息的诗学。列斐伏尔在《空间的生产》中提出意识空间（mental space）概念，认为"意识空间中包含逻辑的一致性、实践的连贯性、自我调节性，以及在整体中的局部之间的联系性，并以此造成一系列相对于内容的、类似于空间的逻辑集合（the logic of container）"[①]。如果说"物质空间"是认知的存在，那么"意识空间"则对应着精神世界中的秩序、等级与结构，本质上是一种政治空间、象征空间与文化空间。节庆仪式必须发生在物理时空里，但仪式的时空观恰恰是物理时空观的反面，隐藏在无形的意识框架内，如果观者无法解码这些仪式符号，传播则是陌生、无意义的。

---

① 转引自齐琨《仪式空间中的音声表述——对两个丧礼与一场童关醮仪声音声的描述与分析》，文化艺术出版社 2011 年版，第 6 页。

"圣与俗"与空间方位关系紧密，仪式是社会公共空间的浓缩，"这个公共空间既指称一个确认的时间、地点、器具、规章、程序等，还指称由一个特定的人群所网络起来的人际关系：谁在那个场合做什么，谁在那个场合该做什么，谁在那个场合能做什么……都事先被那个社会所规范和框定。始作俑者便是'权力'"①。法国社会学家皮埃尔·诺拉（Pierre Nora）在分析集体记忆生成时，曾提出"记忆之所"的重要概念，意指具有特别的历史意义，并通过周期性的节日纪念活动而不断被神圣化的那些象征符号之地貌，国内译为"记忆之场"。在从传统社会向现代社会过渡的过程中，人们试图通过对各种历史遗留物的恢复和重构，寻找到一种方式，来弥补在过去和现在、经验（历史）和期望（记忆）之间所产生的巨大间距。② 如 2004 年以来虽然多地都在举行电视祭孔，孔（文）庙是孔氏家族乃至汉民族的文化记忆之所，但影响最大的还是山东曲阜（孔子故里）与浙江衢州（孔氏南宗家庙）两处。巨型建筑、宗教神殿历来是仪式的重要空间，从外观而言，庄严神圣、静谧肃穆、赋有神性。广场、宫殿、教堂、祭坛等在某些特定时间内是神圣空间，显示着"神权"和它在人间的代表——"王权"的神圣不可侵犯性，国家广场就是这一类型，法国哲学家 C. 莫斯科维奇曾如此描摹莫斯科红场的神性：

> 莫斯科红场是最令人印象强烈且又最具匠心深意的广场之一。它位居都城中心，毗邻克里姆林宫。它是往昔的宗教中心，沙皇们在此加冕，后来又成了苏维埃政权的行政中心，以红星为其象征。

---

① 彭兆荣：《仪式谱系：文化人类学的一个视野》，四川大学博士论文，2002 年，第 35 页。

② 参见王霄冰、邱国珍主编《传统的复兴与发明》，知识产权出版社 2011 年版，第 154 页。

大理石的列宁墓由士兵们守卫着，赋予它以革命永垂不朽的庄严意义。壁龛里安息着已故的名人，守护着广场，活着的人排成一行向他们走去，把外面的群众同里面的高层人物连接起来。在这个微缩的空间里，展示着全部历史，也一并弘扬着与这部历史相随相伴的人民团结一致的观念。①

将这段话里的一些名词替换掉，就是北京天安门广场的写照，天安门是世界最大的城市中心广场，位于北京城中轴线的中心，在古时"普天之下，莫非王土"的表述中，体现着帝国位于世界中央的想象。天安门城楼更像是"天的门"，在西方叩关之前是一个自足的封闭性系统，与印度、希腊一道，体现了自成一天下格局、轴心期的帝国文明体，也体现出"神圣界"之于"俗世界"中的优位性与整体性，"只要简单地一走进圣殿，与诸神世界的联系就成为可能"②。天安门广场是无数外省人神往的圣殿，是几代人关于革命中心的记忆，也是当代各种政治仪式的所在地。如 1949 年新中国的开国大典；60 年代毛泽东主席先后 8 次接见红卫兵代表（其中含国庆日）；2008 年京奥会开幕式也选择了这一空间：由焰火组成的巨大脚印沿着北京的中轴路，从永定门经天安门向鸟巢一路走来的震撼瞬间，留在公众的集体记忆之中。电视仪式在神圣空间的表现力上独占鳌头，因为电视更容易锁定仪式主体：在国庆纪念日的镜头里，仪仗大队从有蹲兽、云板、身刻蟠龙图案的华表后面走出来，部队分列式正步通过天安门城楼，国家领导人检阅三军，发表重要讲话，等。在天安门广场被人们

---

① ［俄］谢·卡拉－穆尔扎：《论意识操纵》，徐昌翰等译，社会科学文献出版社 2004 年版，第 640 页。

② ［罗］米尔恰·伊利亚德：《神圣与世俗》，王建光译，华夏出版社 2002 年版，第 16 页。

视为共和国的物化，升旗仪式与阅兵仪式连接了电视机前的意识空间，而"神"，就是强盛的国家与走向复兴的中华民族，如是，电视节庆仪式以此完成了对民族—国家的崇拜。

在电视节庆意识形态的空间化生产中，移情、借景、造境十分重要，如历届央视秋晚根据不同的城市来设计舞台，2004 年央视秋晚《浦江月·中华情》在黄浦江边设计了一组风帆，从一个角度拍摄，这组风帆中的最高桅杆便是东方明珠塔，是为借景；江西宜春市有每年一度的月亮文化节，享有"月亮之都"的美誉，2009 年的央视秋晚落户宜春，在晚会的空间打造上，借景和移景被同时用上了：宜春旧称袁州，晚会在宜春的袁山公园进行，以园内的五亭桥为借景，而将山顶的昌黎阁（韩愈曾在袁州任刺史）作为移景，同时将巨型的 LED 屏幕做成月亮、水雾、干冰的效果，很有广寒宫的意味，再造了人间仙境。

2009 年央视《宜春月·中华情》中秋晚会如图 3-1 所示。

图 3-1　2009 年央视《宜春月·中华情》中秋晚会

（三）关系空间："家"与公共空间

家，通常被理解为有相对稳定物理空间的"住宅"与"家庭"（难民、流亡者、游牧者除外），其隐喻与"原初社区"等义，在功能、审美以及道德上关联更大。文化人类学认为，"作为一个概念，'家'必须超越由个体和群体表达出来的文化规范和个体的想象；它必须具有各种各样的形式：记忆和期盼的形式；传统的和创造性的形式；思想上、情感上和身体上的形式；空间和时间上的形式；本土和全球的形式；正面评价和负面评价的形式"①。在中国传统文化中，家是缩小的国，国是放大的家，家既是生活的某一方面，同时又以特定的方式构成、反映、关联着整体生活。通过制造共同想象，电视将国家带入家庭，电视节庆在其影像表述中，将家和公共空间建立了某种关联，如北京奥运会电视直播中对于主馆鸟巢的表现。在文学作品中，鸟巢的形象大多是孩子气的关于"家"的原初形象，鸟巢是鸟的家宅，存在着一种心理上的幸福感、安宁感、庇护感，即"退隐到自己的角落里"，哲学家说，"在无生气的对象世界里，鸟巢早已获得了异乎寻常的价值。我们希望它是完美的，带有非常确定的本能印记。我们赞叹于这一本能，于是鸟巢就很自然地被当作动物生活的奇迹"②。对于人们而言，鸟巢的发现总是一种新的情感，"真正的鸟巢是在大自然中发现的鸟巢，它在一瞬间——这个词并不夸张——称为宇宙的中心，一个特定宇宙空间的赐予"③。梭罗在《树林里的哲学

---

① ［英］奈杰尔·拉波特、乔安娜·奥弗林：《社会文化人类学的关键概念》，鲍雯妍等译，华夏出版社2009年版，第144页。

② ［法］加斯东·巴什拉：《空间的诗学》，张逸婧译，上海译文出版社2013年版，第116页。

③ 同上书，第120页。

家》一书中给我们提供了扩展的鸟巢和家宅的意义，毫不夸张地说，奥运场馆的主馆造型作为一个"被体验的鸟巢"，被体验的空间变成了情感空间，对于在场嘉宾和电视观众而言，在心中不难建立起"鸟巢、家宅、祖国、宇宙"的联系，加之影像的广阔性，内心空间和世界空间相互混融，"在这种共存主义中，每个被注入了内心空间的对象都变成了整个空间的中心，对每个对象来说，遥远的就是在场的，边缘和中心具有同样的实存"[1]。

电视首先是一种家用媒体，家庭服务属性是其核心属性，其次才是社交属性以及其他，节庆仪式作为电视的一种类型产品与服务方式，比其他节目更能体现以家庭为中心的特质。于国人而言，最好的物质都留在春节，生活中的难题被搁置，人们置身家族团聚的喜庆氛围中。春节对于国人意味着假期、美食、新衣、与走亲访友，而有了春晚，这些因素都变成了次要的——美食与盛装是围坐观影、评头品足的佐料；过渡时间，甚至家庭"抢年"的炮仗都需要春晚倒计时的引领，并且人们深知这一情况此时在别的家庭里也在同样发生，看电视就体现了一种既被分享又不被分享的经历，电视节庆因此形塑了家庭仪式。"这些事件把家庭与中心联结起来，把过去与现在联结起来。"[2] 更为重要的是，电视节庆这一表现性公共仪式所要整合的并不是在场的区区千余人，更是缺席的社会成员——电视机前的亿万观众，电视节庆通过颂扬集体经验的一致性、情绪性和象征性，将在场和不在场的联结起来，将我群与他群联结起来，同时也在私人空间与公共空

---

① ［法］加斯东·巴什拉：《空间的诗学》，张逸婧译，上海译文出版社 2013 年版，第 262 页。

② ［美］丹尼尔·戴扬、伊莱休·卡茨：《媒介事件——历史的现场直播》，麻争旗译，北京广播学院出版社 2000 年版，第 150 页。

间之间搭建起家国同一的联系，物质空间、意识空间、关系空间也因此实现了循环互动。

三 电视节庆中的"反结构"

如果说，范热内普的研究实现了从"社会中的仪式"到"仪式中的社会"的跃迁，那么维克多·特纳则把社会视为交融与结构的辩证统一，是结构与反结构相互作用的结果，特纳关于阈限性（liminality）、反结构的重要概念受到范热内普的深刻影响。电视节庆仪式同传统仪式一样，在稳定的结构内也存在着"反结构"本质，而且电视节庆在表现这一点上格外卖力，受制于将权力结构进行自然化处理的一种框架策略。

（一）二元关系的暂时性停顿

维克多·特纳以社会冲突论为背景，通过从"结构"进入"反结构"，再回归"结构"的过程模式分析，展示了仪式象征性在平衡社会冲突中的作用。前文已论及，一切过渡礼仪均有"分离、边缘（或阈限）、聚合"三个阶段，学术界借用"交通信号灯"来说明结构与其对应的关系，交通信号灯的表意系统中包括红黄绿三个信号灯，红＝停，绿＝行，黄＝注意（准备停）。绿、黄、红是一种结构上的分割，一个是另一个的转换。"阈限期"处在一种注意、等待通过的状态，与黄灯的功能相似，而分离与融合，可以被视为红灯或绿灯。

仪式中的"反结构"是二元关系的暂时性停顿，这在电视成人礼、电视狂欢节一类过渡仪式中特别明显。电视成人礼节目中的仪式主体是18岁的受礼者，阈限期到来时，他们的文化身份处在一种既非少年亦非大人的临界状态，既不属于前一类也不属于后一类，或者说既带有先前类别的痕迹，又有随后类别的先兆。等到跨越阈限期，他们被社会所接纳，融合到成人社会群体之中。又如，狂欢的主要仪式是"加冕脱冕式"，其核心是交替和创生，狂欢节是对日常（官方）生活制度暂时的超越，乞丐与国王、人与人之间的差异被暂时忽略，卑微与神圣、同质与异质、平等与不平等种种二元关系被暂停，低位可以暂时僭越高位。维克多·特纳认为，"仪式是转变性的，典礼则是确认性的"①。通过电视的表现仪式，可以完成小到荣誉、大到文化（政治）身份的确认，过渡只是一种手段。

中国没有狂欢节，但很多地方性节日都带有狂欢式，表现在电视节庆中，日常生活中严格的长幼有序、尊卑有别、权力关系得到了一种暂时性的停顿，一定程度上反转了现实社会关系，让平民重估了"下"与"上"的社会关系，不平等的人际关系被拉平，尽管这种平等并不是真正意义上的地位逆转，但精神和心理的解放并不亚于现实地位的获取，这正是"反结构"策略的意义所在："仪式的主角利用他们（想象的）迁移的关键时刻来建立在平日里固定的面对周围世界的态度。"② 比如，通过了电视成人礼的年轻人虽然自己感觉角色转化成了大人，但他们依然是较少占有社会资源的弱势群体，他们最终重返的社会系统并没有多大改变，"反结构"只是一种乌托邦式的平等性。电视机构强调这一"平等"的瞬间意义，不仅是抓取收视率的要诀所在，还体现了电视的话语指向——电视总希望能够跨越年龄层、宗教、文化、政治身份、性别、阶层等差别，以来团结社会大众，从而营造一种文化平等之感。

---

① ［英］维克托·W. 特纳：《模棱两可：过关礼仪的阈限时期》，陈观胜译，史宗主编《20 世纪西方宗教人类学文选（下）》，上海三联书店 1995 年版，第 515 页。
② ［英］奈杰尔·拉波特、乔安娜·奥弗林：《社会文化人类学的关键概念》，鲍雯妍等译，华夏出版社 2009 年版，第 248 页。

（二）中介经验与共同体纽带

詹姆斯·凯瑞认为，"如果说传播的传递观其核心在于讯息在地理上的拓展（以控制为目的），那么传播的仪式观其核心则是将人们以团体或共同体的形式聚集在一起的神圣典礼"①。电视典礼的实质是一种文化政治控制，节日经验的共同性在于，它以高度仪式感对族群形成召唤，拒绝人与人之间的隔绝状态。年节是对所有人而言的，不参加节庆的人被视为不合群，攻击节日的人更会受到敌意对待。平淡、无聊的状态一扫而空，个体进入一种激越、充实的状态。而电视节庆仪式的共同性是人们（或族群）在一起时回看自己的状态，电视表演擅于此道，它指向人们内心深处的"一起体验""在一起"的状态。如湖南卫视电视成人礼盛典邀请过的证礼嘉宾——韩寒、杨澜、俞敏洪、罗援、袁隆平等人，他们出席别人的成人礼并讲述自己18岁的故事，除了代表社会杰出人物对这一新群体（新入会）的接纳之外，同时也是一种精神历程的自我回望。犹如在大地震过后的疗伤仪式中，人们站在空地上一起回望废墟上的住所，自我认同中的集体意识是一次次追加和追认的，电视仪式的周期性再现也是重复追认的，公共性、共同性因而被建构起来，陌生人之间的社会距离被拉近。电视成人礼的名人演讲的"共同性"带来"共同体"的想象，它暗示着：不用怕，忧郁青春也好，残酷青春也好，失败青春也罢，我们也曾年轻过，我们也是这样过来的，青春就是如此，更重要的是，我们是在一起的，你们是最棒的，你们将在鼓励中走下去。

---

① ［美］詹姆斯·W.凯瑞：《作为文化的传播》，丁未译，华夏出版社2005年版，第28页。

对于观礼者而言，集体性的庆典时刻很少是个人经验的瞬间，"你不是一个人在看电视"，电视让目光在同一时刻抵达同一现场，进入同一场景并为此心跳。在互联网不发达的年代，电视曾被看作促进一家团聚的文明利器，它是全体成员的媒介经验，在家庭成员中形成共识，并成为与他人闲聊的话题。电视节庆仪式确保集体意识的持续性，确认自己和他人共处于一个群体之中，时刻提醒集体高于个体，个人的权责被纳入集体规则之中，共同体的感知居于统治地位。安东尼·吉登斯在论及"共同在场"（co-presence）时说，"共同在场是以身体在感知和沟通方面的各种模态为基础的。一旦行动者'感到他们是如此地接近，以至于自己正在做的一切，包括对他人的体验，都足以被他人感知到，他人也足以感知到自己这种被感知的感觉'，就具备了戈夫曼所谓的'共同在场的充足条件'"①。传统社会里，节庆中的人们是肉身在场、物质在场，而在媒介化社会里，电视节庆的仪式传播实现了全体社会成员精神上的共同在场，并形成集体记忆，共同体的意识变得牢固。

第三节　电视节庆仪式的致效机制

笔者认为，电视节庆仪式的致效机制源自三个层面：电视机制、节庆机制、仪式机制。电视机制属于技术层面，节庆机制属于文化层面，而仪式机制不只是文化人类学的视角，更是传播学层面的"电视

---

① ［英］安东尼·吉登斯：《社会的构成：结构化理论大纲》，李康等译，生活·读书·新知三联书店 1998 年版，第 142 页。

仪式机制"，因循这一思路，下文从电视节庆的编码和解码两方面进行分析。

一　电视节庆仪式的传播机制

相对于自媒体的"所有人对所有人的传播"，电视的传播机制是"一对 N"或"点对面"，电视频道、信息源、话语权由体制内的精英所掌控。电视节庆的仪式定制是一种技术、艺术、文化的人工制造物，有其目的性、倾向性与价值指向，电视节庆仪式传播要能奏效，至少要具备以下条件："多维的感官经验、框架（framing）机制和一种体现价值观、型塑人们对世界的经验感受和认知秩序的能力。"①

（一）意义锚定：框架与主干仪式

框架理论（frame theory）是建构流派中的一支，源自美国认知心理学家格雷格里·贝特森（G. Bateson）的观点，戈夫曼在 1974 年的《框架分析》中将此概念引入文化社会学，后被借鉴到大众传播研究中，成为议程设置的扩展理论，即媒介选择、强调、解释与表述的过程。黄旦、臧国仁等学者对框架理论有过引介与论述，认为所有的传播都是被架构化了的，无架构即无传播，不存在架构之外的传播，架构具有隐蔽性。斯图亚特·霍尔认为电视节目中包含着主导意识形态：

媒介制作者所具有的专业的成规和实践活动包含着一些有关节目应如何制作（"生产关系"）的设想和观念。他们从更广泛

---

① 彭文斌、郭建勋：《人类学视野下的仪式分类》，《民族学刊》2011 年第 1 期。

的意识形态化的社会（"知识的框架"）中得出的议程和意义——"对情景的界定"。最后，电视自己的方式和成规被用于完成编码的过程中，其作用是使之自然化，或使节目的意义对观众而言清楚易懂。①

电视框架的约束来自于合法机构的意识形态管理、传播机构的组织文化、媒体介质特性及信息商品的买方市场等诸多层面，其中涉及的事例、话语、映像、器物、隐喻，无一不有深意。电视节庆仪式传播的框架体现在两个层面：电视媒体的框架、元仪式的框架。"仪式是一个'框架'（framing）建构过程。某些仪式或信息建立起一种阐释的框架，用来理解后来的或同时的行为（meta communication），是交流中介。"② 如电视成人礼为促发青少年的人格成熟所定制，其节目架构大致如下：在宏观层面，推出以"礼"为形式，以"国学、儒家、家国责任"为表意核心的节日电视，从而实现隐性德育的培植；在中观层面，在节目进程中圈定仪式"阈限"，选取"超验"性的象征符号，来完成电视仪式；在微观层面，通过场域情境中的文化表演、主持人及证礼嘉宾的话语修辞，直接锚定（anchorage）意义。

中华大祭祖、祭孔大典等活动是有电视机构参与的，对于先圣先贤的追思纪念活动。2005 年 9 月 28 日央视首次直播 "2005 全球联合祭孔"，整个祭孔过程在古礼的基础上有所简化，包括击鼓、鸣钟、瘗毛血、迎神、进馔，行初献、亚献、终献 3 礼，乐奏 "大成乐章"

---

① 转引自〔英〕大卫·麦克奎恩《理解电视——电视节目类型的概念与变迁》，苗棣等译，华夏出版社 2003 年版，第 229 页。
② 彭文斌、郭建勋：《人类学仪式研究的理论学派述论》，《民族学刊》2010 年第 2 期。

与"八佾舞"等，经过 37 个程序完成上香仪式。台北孔庙特别策划了"礼仁门路出类拔萃"的古礼活动，制作了浑身布满两千多支毛笔的"智慧牛"，自古牛毛有增添智慧及考试顺利一说，取意自儒家"礼、乐、射、御、书、数"六艺之"书"。最重要的主干仪式是主祭人的"三献礼"，这一类复现的主干仪式并不是由电视媒体界定的。又如国庆节典礼中的鸣礼炮、大阅兵场景，港澳回归政权交接中的升降旗仪式等，它们是仪式中的标志性现场或过渡时间，但电视的介入能使"意义瞬间"与"决定性瞬间"震撼到观众，从而保证了亿万观众对于记忆点的记取，这也是电视节庆仪式传播成功与否的关键时刻，因为目标一致，组织方与媒体方容易达成共识。

（二）仪式机制："超构—超验—返魅"

基于"超构"与"超验"是仪式的生产和消费路径，本书原创性地将电视节庆的仪式机制表述为"超构—超验—返魅"，它们之间的关系是：电视超构是返魅体验的手段，返魅体验是电视超构的旨归，电视超构是受众超验的必要前提条件，受众超验是电视超构抵达返魅的作用机制。因此，电视节庆传播的仪式机制中最重要的是如何"超构"，才能获得"超验"。

要想把深奥哲学思辨中的"超验"讲清楚，已非本人笔力所逮，但它又是艺术审美的重要特质。卡西尔判定"超验"是达到神话思维的接入点，"在宗教的最高形式显现中，所有的奇迹最终消融于宗教精神的单一奇迹中。连接神话内容和宗教意识的正是这种特有的超验（transcence）"①。德国著名哲学家康德在其皇皇巨著《纯粹理性批判》

---

① ［德］恩斯特·卡西尔：《神话思维》，黄龙保等译，中国社会科学出版社 1992 年版，第 85 页。

中，对于"纯粹理性的理念"有过两种不同的表述，即"先验的（transzendental）理念"和"超验的（transzendent）理念"。二者都是超越于经验之上的，"但不同的是，'先验的'之所以超越于经验'之上'，是由于它先于经验并且居高临下地运用于经验；而'超验的'之所以超越于经验'之上'，则是由于它完全超出经验之外并且不可能运用于经验"①。康德用"超验的"来说明知识的来源和范围，经验世界的知识有必要建立在超验的原则基础之上，这一思想影响到美国超验主义者爱默生、梭罗等人。在感官层面，节庆体验既是"先验"的又是"超验"的，因为节庆是具有周期性的，观摩过多次同一节庆的人们对节庆有"先验"之感，因此，这对于电视媒体的"超构"创新提出了更高要求。美国人类学家维克多·特纳说："然而，庆典结束了，而在大多数集团中，总有某些人试图以语言——无论多么不完善——来表达他们在这——由文化刺激而产生的行为中的'超体验'。我之所以用'超体验'这个术语，是因为庆典'滤去'了其他各种体验，从而提出了对每个集团成员都至关重要的那部分体验。"②

电视节庆如何才能超越于经验之上呢？需要有"超构"的形式与内容。从外貌上而言，超构的形式首先是电视仪式的形式主义，由于仪式极度重视形式感，电视仪式追求仪式"所示之物""所做之事""所说之话"的形式美，如朗朗上口的华丽辞藻，即语言上的风格化与典型化，仪式动作上的程序化、规范化，仪式外形上的精美化、庄重化，或肃穆，或圣洁，或狂欢，或超凡的仪式情境对视听形成强烈

---

① 邓晓芒：《康德哲学诸问题》，生活·读书·新知三联书店2006年版，第21—22页。

② ［美］维克多·特纳编撰：《庆典》，方永德等译，上海文艺出版社1993年版，第14页。

的召唤作用。曾庆香说："媒介化仪式的这一时刻成为重申效忠的时刻，成为重新肯定大家共同维护的迷思的时刻，成为共同体的认同感重新高涨甚至爆发的时刻，成为人们心底沉淀已久的原型得以释放的时刻。"① 从内容上而言，"超构"为人们提供了一种反世俗、非经验的、圣化的价值立足点，"超构"与"超验"，是仪式的生产和消费路径。在过去，超验性是由神性和巫术的介入来保证的，而在传统仪式被祛魅的今天，新的"神化"类型与仪式担负起必不可少的催化作用——电视节庆仪式经由"超常的建构"达到超验性的经验，最终抵达世俗仪式的"返魅"效果。

马克斯·韦伯曾用"祛魅"概念来揭示欧洲宗教改革肇始、启蒙运动以来的社会价值合理性转变过程，祛魅指祛除事务的神性与魔力，由超验神秘返归至自然世界、世俗生活本身，祛魅是现代性发展的必然结果。但诸神的逃遁、信仰的匮乏、现代技术对人的异化，也预示着虚无主义时代的来临。美国学者大卫·格里芬（D. R. Griffin）正是看到了祛魅带来现代性隐忧这一悖论，在后现代有机论的基础上提出了返魅（re-enchantment）概念，认为被祛魅否定的"主体性、经验和感觉"是广泛可能的，返魅的世界是一个主客体统一的完整世界，现代性的"祛魅"与后现代的"返魅"之间，绝非简单的对反关系。"所谓返魅，绝不是要返回到巫术、秘法和蒙昧状态，而是要返回到爱、灵性、慈悲、心灵的修正与力量、人与神的关系性共在。"② 宗教仪式可以理解为主体追求"意义"和"深度"的一种精神交往，如果一些艺术类型能够承担起对世俗的救赎功能，表现出对

① 曾庆香：《大众传播符号：幻象与巫术》，中国广播电视出版社2012年版，第238页。
② 戴立勇：《现代性与中国宗教》，中国社会科学出版社2008年版，第96页。

神圣物的尊敬，并建构出跟神圣物一样的对象，那它就是返魅的艺术，电视节庆仪式正是如此。前文已经论及，大众传媒是渎神的，要在其中实现神话的迷思（myth），唯有将媒体变成"世俗神话"与"现代图腾仪式"，追求电子诗性的返魅。"前现代的附魅技术是高情感、低效益的技术，现代性的祛魅技术是高效益、低情感的技术，而后现代的附魅技术应该走向高效益、高情感。"① 电视媒体通过对仪式的征用、以向传统致敬的方式获得对神性的重拾，以期人们在后工业社会的某些特定时刻获得"诗意的栖居"，从而达到情感情境的返魅，形成集体记忆，突破文化差异而达成文化认同——而要做到这一点，需要有"存在的瞬间"，社会人类学家认为"存在的瞬间"对人们的思想、感受、理解、情感、记忆影响深远：

> 影响存在的瞬间的重要性的是它们被感知的强度，还有就是作为经验的出乎预料。与那些将它们并置起来的瞬间，或那些概括它们的瞬间相比，这些因素在存在的瞬间中发生得更多。这就是，费尔南德斯（Fernandez, 1986）所说的，"突然出现的显著星座的瞬间"变成了"启示性的事件"。换句话说，有高峰就有低谷，这里还有些偶然性。只要事后回忆一下那些重要的存在瞬间，它们的被感知强度（情感的、理性的）的提升可以看成是已经从某一点开始并结束了。②

正如魔术大师身上常借助言语、动作、火焰，甚至爆炸的外部效果将观众注意力牵引到特别的场景上来，在"超验—超构—返魅"的

---

① 肖峰：《哲学视域中的技术》，人民出版社 2007 年版，第 285 页。
② 参见［英］奈杰尔·拉波特、乔安娜·奥弗林《社会文化人类学的关键概念》，鲍雯妍等译，华夏出版社 2009 年版，第 245—246 页。

电视节庆仪式机制中，电视技术对地理范围与浩大规模的掌控，能使个体看见远离当地日常生活的事情，并在观看的方向性上有重大突破，瞬间、奇观的"超构"引导观瞻者抛开理性和经验，只凭直觉做判断，在心神上进入"返魅"状态。电视节庆仪式一经结束，它并非永远成为过去，按照德国学者扬·阿斯曼（Jan Assmann）的观点，这些文化形象为"记忆形象"（figures of memory），它们形成了"时间的岛屿"，使得记忆并不因为时过境迁而消失。[1] 电视机构经常在新闻片、宣传片、纪录片中对过去的电视节庆文本采取"回放机制"，技术乐观主义者麦克卢汉认为，"你可以在没有经验的情况下借助瞬即回放的技术而求得理解。这是它令人吃惊的一面。你可以把握事件的意义和结构，却不必亲身去经历这一事件。它猝变为团体模式识别，而团体模式识别又很容易和传统联系起来"[2]。可见，节庆过后的慢镜头和瞬时回放过程中，时序无关紧要，重要的是能够复现意义。

二　电视节庆仪式的内化机制

电视收受的内化机制已经有较多研究成果，本书此处只强调与"电视节庆仪式"有关的内化机制。如果仪式机制不能内化为文化记忆，认同则无从谈起，内化与认知条件、认知能力、认知传播大有关联。按照乔治·格伯纳的电视教养理论观点，通过"主流化"的过程，电视成为名副其实的"熔炉"（meltingpot），"它体现了一种相对同质化（homogenization）的趋向，体现了对各种观点歧异性进行削弱

---

① 陶东风：《文学理论与公共言说》，中国社会科学出版社 2012 年版，第 11 页。
② ［加］马歇尔·麦克卢汉：《麦克卢汉如是说：理解我》，何道宽译，中国人民大学出版社 2006 年版，第 195 页。

的过程。它表明各种不同的观点在电视世界的统摄性（overarching）模式中最终会趋于一致"①。电视节庆的物理空间是有限的，但电视技术通过改变景别与蒙太奇的方式，使观众获得新奇震撼的观仪体验，以达成文化认同。

（一）套层观证：在场与远距的互动

英国社会学家吉登斯根据前现代社会和现代社会的差异，提出了"社会性整合"和"系统性整合"，前者指传统社会共同在场情境中的互动——面对面的身体交往获得"在场可得性"；后者是现代社会中一些新的制度关联方式，"造境"的特征较为明显。在信息社会，系统性整合取代了社会性整合，远距通信、数字化生存使得人们无须通过身体接近就可获得在场可得性，电视节庆仪式即是系统性整合的重要形式之一。依据客观时间的观点，电视事件等同于实际事件，电视所营造的在场感使得时空不再是观瞻的障碍，物理空间依然有限，但文化空间却大大延拓了。"在场意味着共时，它是对时间流的一次拦截，即将时间空间化，历史传统的纵深感被压扁成一个共时的平面——'当下'或'此时此刻'。这时的当下不是一个空白的瞬间，而是一个充满价值内涵的'共时'空间，历史、传统、文本以及个人在这里相互作用，形成一个复调性或杂语性的界面。"②卫星电视覆盖全国以及落地他方，即使不能进入仪式中心——演播室或广场，观看者同样确保了共同体验的发生。因为电视仪式有两类观众：一是仪式现场之内的观众，即"初级受众"；二是电视机前的观众，即"次级

---

① ［美］乔治·格伯纳 等：《与电视共同成长：涵化过程》，［美］简宁斯·布莱恩特主编《媒介效果：理论与研究前沿》，石义彬等译，华夏出版社2009年版，第41页。
② 王建刚：《后理论时代与文学批评转型：巴赫金对话批评理论研究》，北京大学出版社2012年版，第98页。

受众"。这两类受众对电视仪式的体验是不同的，也会构建出不同的意义——仪式现场的观众既是仪式的旁观者，也是仪式的参与者；他们既观看仪式，同时也被人观看，因此是一种"看与被看"的情形：他们既是仪式的见证人，也是电视仪式的表演者。笔者认为，电视仪式是一种分散仪式，确保了一种"套层观证"的可能性——看台（在场）对舞台（表演者）的观证、镜头对全景（台上台下）的观证、远距（随着镜头）对荧屏的观证。"亲身在场使人们更容易察觉他人的信号和身体表现；进入相同的节奏，捕捉他人的姿态和情感；能够发出信号，确认共同的关注焦点，从而达到主体间性状态。"① 节庆活动中，能够汇聚在此时此地的"初级受众"不过寥寥，但经由电视的代理，亿万"次级受众"能够在拟态环境里共同观瞻，社群因此重新部落化。

　　如 2009 年—2012 年 5 月 4 日，受邀至湖南卫视电视成人礼现场的青年分别是 2009 名、2010 名、2011 名、2012 名，这种仪式数字因被主持人大声播报出来而增添了仪式感（这是他们的一种宣称，观众并不会去较真识记），更多的青少年坐在电视机或网络前看直播，这种套层观证使得"演播现场"成为前台的"共同在场"，台上台下的互为观证成为提高"互为主体性"的一个条件，而远距离的观证说明受众既是缺席的，又是在场的，或者说他们以身体缺席的方式实现了精神在场。"这种远距离的仪式可以提供共享的情感、团结以及对象征性符号的尊重……这里电视近似于身体的反馈，通过挑选情感表达最强烈与仪式活动最投入的瞬间，结果使远方的观众感到看见的他人

_____

① ［美］兰德尔·柯林斯：《互动仪式链》，林聚任等译，商务印书馆 2009 年版，第 106 页。

就像自己一样。"① 电视观众在分散的空间里暂时地聚集到一起，观看同一个节庆、分享同一个直播，"同时观看同一节目的戏剧观众属于同一个公众，已经是在分享同一个世界，在隶属于同一个'团体'。总之，我们想知别人之所知，想看别人之所看，也正是在分享参照物——现实或虚构的参照物的基础之上，就像在集体的节奏之上一样，共同世界才建立起来"②。因此，镜中自我使场内外保证了共有的行动、意识与共有的情感，互动实践成为可能，只是程度不同而已。

（二）意义共振：注意与想象的联觉

当代传递经验中的一个重要特征，就是视觉技术、远距观瞻、意义涵化与心理共振之间的关联。"注意力，亦即集中在某一目标上的心理过程，会把所有这些过程——知觉、思维、情感、想象等等——集中并组织到某一客体上。"③ 直观是注意力的必要条件，是电视作为感受型媒介的最重要特质。电视节庆的内在机制是追求目标一致的正向建构过程，其仪式传播通过"萨满教化的"共振方式，制造出代入感、沉浸感的三维体验，激活观瞻者的潜意识，达成对节庆文化的集体记忆。俄罗斯政治学家谢·卡拉-穆尔扎在其重要著作《论意识操纵》之中，论述了"想象"是意识操纵的最重要对象。依据想象塑造形象、制定行为，是电视节庆的重要诉求。无论置身何处，热烈、庄重的电视节庆让人体味到一种与团结、团体有关的想象。英国社会学

① ［美］兰德尔·柯林斯：《互动仪式链》，林聚任等译，商务印书馆 2009 年版，第95 页。
② ［法］西尔维娅·阿加辛斯基：《时间的摆渡者：现代与怀旧》，吴云凤译，中信出版社 2003 年版，第 100 页。
③ ［俄］谢·卡拉-穆尔扎：《论意识操纵》，徐昌翰等译，社会科学文献出版社 2004 年版，第 238 页。

家齐格蒙特·鲍曼（Zygmunt Bauman）说，这是"一种绝对的、类似于'我们都是同样'的、'我们'群体和睦相处；一个因这一原因而无问题的、事实注定如此的、不需要保持任何警惕和做出任何努力的和睦相处；一种不是任务而是在付出任何使它如此的努力之前就已经给定了的、特定的和睦相处"①。电视仪式选取那些在文化中已有的符号，将人们先前在经验中了解，并存留在记忆中的事物进行组合，让人们的感知、经验、想象、情绪、记忆形成"联觉"，这在相当一部分人群的行为上起着巨大作用。

本章小结

电视节庆有其独特的外在机制与内在结构，将社会系统、行动系统与文化系统连接起来，并显著区别于其他类型的电视仪式，体现出一种世俗仪式的"类宗教性"，有明显的文本生产、文本创造与再生产的媒介意志。时空结构、时空生产对于电视节庆仪式极为重要，电视节庆所建构起来的空间是物理空间、虚拟空间、语义空间、色彩空间、伦理空间、时间空间、意义空间、文化空间、道德空间的抽象总和。通过时空的规定性，电视节庆很好地实现了过渡时间与阈限管理的结合，着意打造神圣空间，并使观仪者清晰地感受到电视节庆中的"反结构"，日常等级社会的二元关系得以暂时性缓解，共同体、共同性成为在场体验。电视机制、节庆机制、仪式机制的交互作用是电视

---

① ［英］齐格蒙特·鲍曼：《流动的现代性》，欧阳景根译，上海三联书店2002年版，第155—156页。

节庆的致效原理，电视节庆以"节日电视""电视仪式"和"文化表演"为宏观、中观、微观模式，以"超构—超验—返魅"为仪式机制，以"在场"与"远距"的互动实现意识整合，以"注意力与想象的联觉"为涵化机制，有选择性地放大某一特定节庆，排除同一时间点上其他事件的进入，从而使组织方的节庆直播具备了垄断性的影响力；由此，电视节庆的象征意义被执仪者、观仪者所内化，电视仪式以消解差异的方式达成了社会规则的认同，并维持着现有社会关系（权力）的基本秩序与良好运行。

第四章　电视节庆仪式传播的情感情境

美学家李泽厚曾提出艺术的"情感本体论",认为中国文化是"情本体"的文化,"情本体是乐感文化的核心",① 艺术作为不朽之盛事,塑造着人们的心灵和情感,其功能不逊于为一时一地服务的政治、伦理与宗教。《礼记·乐记》中早已明确礼乐文化的基础性共识:"乐者为同,礼者为异。同则相亲,异则相敬。乐胜则流,礼胜则离。合情饰貌者,礼乐之事也。"礼乐之功用,在于有序而和谐的人际情感。在西方情感理论中,情感(emotion)、情操(sentiment)、感受(feeling)、激情(passion)、感情(affection)、心灵(heart)等术语使用松散,情感经验之中包含生命体验、主观投射,论说难度大。从柏拉图将诗人赶出"理想国",到笛卡儿"理智—情感"的二分模式,受到贬抑的情感认知和交往功能到了现代才引起重视,"当激情作为社会秩序、社会组织和生产活动的对立面时,通常受到严格抑制,但到了节日或娱乐场合中,激情却往往为人们所容忍;而在诗性狂怒或神秘迷狂的场合中,它甚至受到激赏"② 情感既是生物学的、又是文化学的,社会学对情感的研

---

① 李泽厚:《实用理性与乐感文化》,生活·读书·新知三联书店 2005 年版,第 55 页。

② [意] 史华罗:《中国历史中的情感文化——对明清文献的跨学科文本研究》,林舒俐等译,商务印书馆 2009 年版,第 147 页。

究一直是隐性的，仪式情感理论以涂尔干为发端，但直到 20 世纪
70 年代以来，情感社会学才引起米德、詹姆士、库利等符号互动者
的重视，目前处于微观社会学之前沿。"我们的社会里高技术越多，
我们就越希望创造高情感的环境，用技术的软性一面来平衡硬性的
一面。"① 电视节庆与情感情境互为手段与目的，情感情境既可归于
情感动力机制之中，同时也指向认同建构。在官方的文化发展过程
中，感情与激情长期是被忽略的，而当下却成为文化动员的重要策
略，电视节庆是一种营造高情感的方式，其情感空间是一个意义网
络，包含着从过去到现在、从表层到深层的关系。本章从仪式情感
学入手，重点分析情感情境与电视节庆的关联性，如电视节庆的情
感策略、仪式情境的核心要素、电视主持人与情境生成，以及观看
情境中的意义再造等，以期在情感情境与电视节庆仪式的特殊性上
有所斩获。

第一节　电视节庆传播的仪式情感

"诉诸情感"与"诉诸理性"是大众传播的两大重要策略，诉诸
情感往往能产生更大的态度改变。仪式活动是一种营造高情感环境的
有效方式，仪式与情感关系密切："情感是枢纽，仪式受唤醒情感反
应的象征符号的指引。"② "情感随着仪式而得到满足；然后仪式被重

---

① ［美］约翰·奈斯比特：《大趋势：改变我们生活的十个新方向》，梅艳译，中国社
会科学出版社 1984 年版，第 47 页。
② ［美］乔纳森·特纳、简·斯戴兹：《情感社会学》，孙俊才等译，上海人民出版社
2007 年版，第 240 页。

复和精致化，以便满足那伴随它的情感……当整个社会都关注于相同的仪式与相同的情感时，仪式就更生动有力，情感也更积极主动。"①电视节庆有弥合社会分裂、实现系统整合的职责，而这一诉求是建基于特定的情感与情境上的。

一　电视节庆仪式的情感能量

一切情感都是关系性的现象，情感能量有强有弱，情感的转化是一个连续体，从情感的高端、中间再到末端，并无截然的分野。情感能量也有积极和消极之分，积极情感是人际关系的维持者、社会整合的黏合剂；消极情感的积累最终会分裂社会，因此需要引导。

（一）仪式与情绪唤醒

社会学家涂尔干在其《社会分工论》中，揭示了团结情感的社会框架，他认为"机械团结"诉诸外在相似性的集体感情，"有机团结"则追求内在功能性的集体感情。为了唤醒积极情感，所有的社会每隔一段时间都要支持那些给予它统一稳固的感情和观念，个体由此被集结起来，要求体验一些固化的、以道德来定义的仪式时刻，这就是电视节庆的社会价值所在，电视节庆是现代电子艺术，而艺术是生成情感，并导向情感的重要途径，或曰，情感的对象化形式是艺术最直观的本质特征。美国社会学家兰德尔·柯林斯（Randall Collins）的"互动仪式"（interaction rituals）吸纳了涂尔干对于仪式界定的诸多要

---

① ［英］A. N. 怀德海：《宗教的创生》，蔡坤鸿译，桂冠图书股份有限公司 1997 年版，第 5—6 页。

素：（1）人们共同在场；（2）互动者彼此相互觉察；（3）注意力的共同集中；（4）共同的情感状态；（5）谈话和非言语动作具有节奏性的协调和同步化特点；（6）人们的注意和心境被符号表征为客体、词汇和思想；（7）对这些符号所产生的道德正义感使群体成员参与到仪式中来。① 柯林斯的互动仪式链显示，情感是被基本的社会关系唤醒的，而这些社会关系是由社会成员通过固定仪式的相互作用链来进行控制的，在微观社会学层面，柯林斯强调了"情感连带"在互动仪式中的作用：

> 互动仪式理论的核心机制是，高度的相互关注，即高度的互为主体性，跟高度的情感连带——通过身体的协调一致、相互激起/唤起参加者的神经系统——结合在一起，从而导致形成了与认知符号相关联的成员身份感；同时也为每个参加者带来了情感能量，使他们感到有信心、热情和愿望去从事他们认为道德上容许的活动。这些高度的仪式性环节是体验的高潮。它们是集体体验的高潮，是历史的互动仪式链关键时刻，是重大事情发生的时刻。②

社会互动是一个精微过程，电视节庆帮助观众形成自己的期待视野，如轻松、欢娱、积极的情绪，这也是电视仪式产制者努力的方向，绝大部分时候可以奏效，但也可能存在协商解读，甚至导致消极情感，积极情感与消极情感有时是有意识的，有时是无意识的，情形较为复杂。

---

① ［美］乔纳森·特纳、简·斯戴兹：《情感社会学》，孙俊才等译，上海人民出版社2007年版，第61页。
② 参见［美］兰德尔·柯林斯《互动仪式链》，林聚任等译，商务印书馆2009年版，第79—80页。

（二）情感与电视节庆

电视节庆主要运用艺术的审美思维，通过鲜明的屏幕艺术展示，打造"拟态化历史"的节庆世界，最终达到以情感人的艺术审美目的。如果说早期的电视是一种传播模式，而当下的电视却是表达模式，电视节庆仪式则是一种表现模式，以一种"有意味的形式"表现出人与人、人与个体、人与社会之间的某种情感，并指向可塑性的社会核心价值观。国家和社会本身并不能说话，需要凭借节目情感被制造出来。美国哲学家尼尔森·古德曼（Nelson Goodman）将秩序的建构过程称之为"制造世界"，并区分了发明新世界的五种主要方式：（1）合成与分解；（2）加权；（3）重新排序；（4）删减与补充；（5）变形。① 古德曼的"制造世界"带有明显的修辞学意义，新的象征形式还在不断生产出来。电视节庆是多种传统艺术的电视化的结果，国家的节日变成重大的电视活动，不断研发的电视节庆激发着人们的真、善、美意识，在通往神圣世界的情感劝服中具有独特性、标识性与典型性。数字摄录技术提供了形式美感，多屏经验提供了贴身观感，当观者以一种安全距离去体验声、光、电、色的感官冲击时，会得到一种"观众陛下""主人"的确认性。今天电视人的传播理念已从"媒介本位"进化到"受众本位"时代，从"广告之后马上回来"到"谢天谢地你来啦！"的谦卑心态，讨好与取悦确有奏效。电视节庆仪式与受众的快乐取向是一致的，电视节庆文化追求的是高强度的正性情感体验，与观众互动的意愿较为明显，情感诉求与旨归大致表现在两方面：一是积极情绪的最大化；

---

① 参阅［英］奈杰尔·拉波特、乔安娜·奥弗林《社会文化人类学的关键概念》，鲍雯妍等译，华夏出版社2009年版，第360页。

二是媒介选择的习惯化。

横向比较而言，中西方的电视节庆存在着情感表达的差异。拿西方圣诞节与中国春节做比较，西方学者总结到："从一开始，圣诞节就是广播年中最重要的日子。它是最重要的家庭节日，是对狄更斯精神（spirit of Dickens）（笔者注：人道主义精神）的召唤，是有关'家庭、温暖和幸福'的庆典。"① 而从中国古代的腊祭到当下的春晚，更多强调合族之道，是家庭团圆、社会和谐的表征。欧洲著名汉学家史华罗（PaoloSantangelo）认为中西方存在着情感观上的根本性差异：

> 在中国，情感观的一个重要特征是情与"礼"维持着密切的关系，尤其是"真善的情操"被认为普遍存在于所有人心中，且与基本的生命内驱力息息相通。于是，由于对情感表达的不同理解，在"真实"和"自我"的概念上，我们与中国人之间产生了抵牾：在西方把自我表达作为真理的目标，而在中国，真理的目标是社会和谐与社会关系本身。②

情感观的差异体现在电视节庆中，圣诞节看重家庭与个体，电视春晚更强调集体性与一致性，"集体欢腾"的程度也并不一样。电视节庆对于积极情绪的追求十分迫切，这是节目的刚性需求，这一中心思想贯彻于任一主创团队中，也落实在仪式的起始、推进、阈限的各环节中。象征性符号的设置、典型瞬间、标志性现场是否"提气"，

---

① ［英］派迪·斯坎内尔、戴维·卡迪夫：《国家文化》，［英］奥利弗·博伊德－马雷特、克里斯·纽博尔德《媒介研究的进路：经典文献读本》，汪凯等译，新华出版社2004年版，第394—395页。

② ［意］史华罗：《中国历史中的情感文化——对明清文献的跨学科文本研究》，林舒俐等译，商务印书馆2009年版，第43页。

都是情感生成的关键所在，此外还要考虑到节庆结束之后人们对仪式的回顾和内省，因此，电视节庆仪式必须重视受众在解码与检索阶段的"记忆术"。如在国庆节大阅兵直播中，最有感染力的瞬间是部队分列式正步通过天安门城楼接受检阅，受阅方队持枪上肩的动作，领队甩头敬礼的动作，方队由平步走变正步走的动作，以及国家领导人检阅三军……这些是镜头仪式表现的着力点，在直播之前就要仔细研讨机位设置、场面调度，以使达到最佳观礼效果。

二 电视节庆仪式的情感效应

电视节庆尽可能调动最大成本（人力物力、社会资源、能量消耗），使之在特定时刻成为情感最大化的电视表达，满足社会情感的需求。因此，需要重视人的情感——特定状况下的或不断回返的情感。

（一）以"微观情绪"影响社会结构

笔者认为，电视节庆的情感俘获是从"微观情绪"开始的，微观层面的受众移情，以及宏观层面的"情感结构"密切相关。首先必须明确，情感作用是意识操纵的先决条件，电视节庆对和平盛世的礼赞，出售人们对未来的想象，从而能够忍受现实世界的缺损，以此缝合政治、族群、阶层之间的差别，"移情"在这一情感体验活动中有重要的催化作用。对于从传统不发达的社会中走出来、奔赴现代性征程的中国人而言，移情是十分重要的转换能力——每个人都裹挟在原生的本土化与发展的全球化之间的巨大撕扯中，传统在纵横之中呈现出的危机感、焦虑感以及对复兴的想象，是群体情绪的一种瞻前顾后，左冲右突。美国学者丹尼尔·勒纳（Daniel Lerner）在1958年出版的《传统社会的消逝：中东的现代化》一书中特别谈到"移情"与发展中国家人民之间的关联，他认为移情作用是发展中国家人民所必有的、根本的、基础的品质：

> 它（移情）能使近来迁徙频繁的人们在一个变化着的世界中高效率地行动。简单地说，移情是一种站在别人的地位上来看自己的能力。对摆脱传统环境的人们来说，这是必不可少的技巧……极大的移情能力仅仅是在具有工业化、都市化、文化普及以及民众参与诸特点的现代社会里，才算是一种占优势的人格，传统社会是非参与性的——它按血缘关系把人们分为彼此隔绝、互不往来的一个个社会……现代社会是民众参与的，因为它是在共论之上运行的——人们在对公共事务做出个人决定时，必须经常与其他不相识的人有充分的统一，以保证一个稳定的共同管理。①

电视媒体在情感体验的因势利导上大有可为，移情是设身处地、换位思考，这种潜意识的过程与"熟识"的联系至关重要，熟识的仪式主持人、熟识的文化习俗、熟识的情感表达，往往是观众赞同节目主题的先决条件——信息发出者被作为"自己人"而接纳。移情要发挥效能，还要有与之合拍的社会现实与整体生活方式，对于这一点，英国文化理论家雷蒙德·威廉斯（Raymond Williams）表述为"情感结构"，并在其力作《漫长的革命》（1961）一书中进行了拓展。威廉斯从英国现实出发，认为新时代所塑造出的对已经改变了的环境的反应，熔铸在一代人变化了

---

① 转引自［美］韦尔伯·施拉姆《大众传播媒介与社会发展》，金燕宁等译，华夏出版社1990年版，第135页。

的"情感结构"之中。威廉斯着重讨论了"情感结构"与意识形态尤其是与霸权的关系，他认为"情感结构"表明的是"客观结构"与"主观感受"之间的张力，突出了个人的情感和经验对思想意识的塑造作用，以及体现在社会形式之中的文本与实践的特殊形式。"情感结构"是一个时期的文化：它是一般组织中所有因素产生的特殊的现存结果。①威廉斯指出"情感结构"是处在不断发展、变化、塑造和再塑造的复杂场景中的，反映了一代人在日常生活中所体验的意义与价值。

在电视节庆的情感气氛中，宏观的"情感结构"与"微观情绪"同时在发生作用，"情感结构"在人们的活动最微妙和最不明确的部分中运作着，比如，人们不会时时意识到自己所处的时代文化大环境，媒体的情感只是映证这一"情感结构"，将复杂的社会实践与文化生活进行简单化处理，使观者毫不费力就能感受到与"情感结构"相合拍的情绪，如电视节庆中的小康社会、太平盛世、大国崛起等表述，媒体意志更容易被认可，社会感情则大大增强。电视节庆正是利用了节目的合众为群、微观情绪的蝴蝶效应，创造"正性情绪"。谨以电视节庆微观互动中的"鼓掌"细节而言，也能说明情绪的工作原理。大型电视节庆（晚会）往往有专门的"现场训导"或"领掌员"，他们站在电视观众看不见的地方，负责现场气氛调动（暖场），在节目开场前以调侃的方式提示大家，说明录制规则、注意事项，以及提前录制观众镜头，如掌声笑声等情绪镜头。在实际节目中，有观众自发的鼓掌，也有领掌员仪式性的"邀掌"，通常会以区域（或机位）设置领掌员，只要有人带头鼓掌，掌声就容易连成一片，有时候

---

① 参阅汪民安《文化研究关键词》，江苏人民出版社 2007 年版，第 243—244 页。

还会成为有节奏的持久的掌声。掌声表示认同、喜爱、拥护和爱戴的情绪，但并非所有的掌声都是自然、自发的，一部分来自观众间的相互影响、人群的压力、从众的安全需要，以及个体对自己审美能力的质疑所带来的不适感的掩饰。情感具有内在的传染性，从一个主体到另一个主体，可以用笑声、掌声、眼泪、喧闹来传递，伴随着节庆仪式推进而不停掀起情感高潮，如主持人的出场、重要人物发言、精彩场面、典型瞬间、节目兴奋点、过渡时间、谢幕等，这些微观水平上的重要节点潜隐着社会结构，比如，人们热议国家领导人某一公开发言被多次掌声打断，电视节庆的文化展演也同样存在这一情形，通过表达日常经验与人情，其中的社会规范和价值观以情感的方式被内化，在多次重复中，既有的社会结构更为稳定。

(二) 以仪式情感形塑"公共记忆"

仪式和记忆是一对孪生兄弟，法国社会心理学家莫里斯·哈布瓦赫、德国学者扬·阿斯曼夫妇、美国学者保罗·唐纳顿等分别对集体记忆、文化记忆、社会记忆有过重要论说。哈布瓦赫将"集体记忆"引入社会心理学领域中，他的著名观点是：不具有社会性的记忆是不存在的，集体记忆产生于集体又缔造了集体，集体记忆具有重构性等。在平淡无奇的时代秩序之中，是什么将人们整合在一起的？涂尔干给出的答案是"物质性的支柱"，如图腾与艺术，但这在很多情况下是缺失的，这正是涂尔干思想的困境所在。哈布瓦赫在涂尔干停下来的地方开始思考，他认为周期性的庆典仪式在活态历史的传承中发挥了焦点作用，"存在于欢腾时期和日常生活时期之间的明显空白，事实上是由集体记忆填充和维持着的，这种集体记忆以各种典礼性、仪式性的英雄壮举的形式出现，并且在诗人和史诗性的诗歌中得到纪念，它们使记忆在除此之外单调乏味的日常生活的常规实践中保持鲜活"①。哈布瓦赫认为集体并非简单地用新思想来代替旧思想，而是以重新阐释过去的方式来达到巩固自己主体同一性的目的，这种重构是依据不同阶段的不同社会框架来进行的，文化记忆因此获得现实意义，这便是电视节庆"复现"的意义所在。但是，如果没有独特的轮廓设计，一再重复的节庆难以保证集体记忆的奏效。何为独特设计？"留下印象"需要有冲撞感官的"记忆点"，这是情绪记忆的必要条件，因此电视节庆对独特性的追求至关重要。

德国研究者扬·阿斯曼（Jan Assmann）发展了哈布瓦赫的观点，提出了"文化记忆"概念。他认为每个文化体系中都存在能使其成员产生归属与认同的"凝聚性结构"，成员以此定义自己和集体，而节日和仪式是文化记忆最重要的传承和演示方式："作为文化意义循环的交际空间，首先涉及的是节日，庆典以及其他仪式性的、庆典性的行为因素"，在文字文化里"通过象征性的代表物（例如纪念碑）、公开演说、大规模的纪念仪式等形式得以体现"②。记忆需要由集体资源来不断供养，由社会和道德来支撑，但提供"不断供养"的资源与方式是随时代而变的，"它不再是某种关于过去的、久经时间考验的社会共识或传统，而越来越是由传媒所提供的那种关于过去的视听影像"③。政治节庆与传统节庆成为官方的重要部署，在纪念仪式中被记

---

① ［美］刘易斯·科瑟：《导论：莫里斯·哈布瓦赫》，［法］莫里斯·哈布瓦赫《论集体记忆》，毕然等译，上海人民出版社 2002 年版，第 44 页。

② ［德］阿莱达·阿斯曼、扬·阿斯曼：《昨日重现——媒介与社会记忆》，陈玲玲译，［德］阿斯特莉特·埃尔、冯亚琳《文化记忆理论读本》，余传玲等译，北京大学出版社 2012 年版，第 26 页。

③ 徐贲：《在傻子和英雄之间：群众社会的两张面孔》，花城出版社 2010 年版，第307—308 页。

忆的是什么？保罗·康纳顿认为，"答案部分在于，一个社群被提请注意其由支配性话语（master narrative）表现并在其中讲述的认同特征"①。作为意识形态的重要窗口，电视节庆的意义在于通过激活仪式情感来实现对主体的询唤，进而唤醒公共记忆。

心理学研究认为，回忆中有重新发现，这是记忆的重要部分。历史记忆可分见证记忆与抽象记忆。前者是对亲历者的当事人记忆，但亲历者也可能处于边缘地带；而那些历史缺席者或后来者只能通过学习、阅读来获得抽象记忆。电视节庆操演如何填补公共记忆？体现在对仪式的观摩以及事后回忆中。参与仪式是一种"打开"，以调整时空关系、社会共享的方式确证情感体验；而事后回忆是一种经验重复与反思，虽然此时的情感比共同在场时要弱，但依然有愉悦感或神圣感。因此电视节庆不止追求当下的生命体验，还包含回忆的开发功能。如央视中秋晚会为了打造华人共同的记忆，在歌曲上会选用一些老歌，或者原人原唱，或者新人翻唱，这一怀旧手法启动自己与自己经历的共鸣。在节庆结束很久之后，只要闪回那些具有历史意义的重要断片，就还保有某种记忆。

情感是一种抽象的主观感受，在特定的情境中被实践、体验、表达和感受，电视节庆便是这样一个由情感主体、合作者所围构的情感世界，其中包含着丰富的意识与经验流，连接着过往以及未来。鉴于其中的情感情境研究长期被忽略，下文正是以此入手，剖析电视节庆仪式情境中的核心因素。

---

① ［美］保罗·康纳顿：《社会如何记忆》，纳日碧力戈译，上海人民出版社 2000 年版，第 81 页。

第二节　电视节庆传播的仪式情境

"情境"为何以及何为，很难界定，因为一切经验都是情境的，而解释经验是一件困难的事。社会心理学对于情境有主客观的理解：早期符号互动理论家、美国学者威廉·伊萨克·托马斯（W. L. Thomas）认为情境是"我们赋予环境的解释或意义"，[①] 这种对主观依据的强调有一定缺陷。美国情感社会学家诺尔曼·丹森（Norman K. Denzin）认为，"情境既不是客观的现象，也不是主观的现象。它们产生并存在于与现实世界的交叉点上"[②]。情境既是外部刺激物作用的结果，也有主体的贡献。德国学者卡尔·曼海姆（Karl Mannheim）则看重"通过变更情境"对人类行为施与的影响："我所理解的情境，是指一种在某些人互动过程中形成的独特的构型。虽然诸参与情境者不必在心中具有明确的共同目的，但他们的活动必须与某种界定了其努力的性质的共同主题相关。"[③] 我们可以将在特定时空环境中综合展现出来的仪式情形称作"仪式情境"，电视节庆的仪式情境离不开互动仪式中的情境策略、视觉修辞、声音修辞和象征器物。

---

① ［美］迈克尔·休斯、卡罗琳·克雷勒：《社会学和我们》，周杨等译，上海社会科学院出版社 2008 年版，第 75 页。

② ［美］诺尔曼·丹森：《情感论》，魏中军等译，辽宁人民出版社 1989 年版，第 120 页。

③ ［德］卡尔·曼海姆：《重建时代的人与社会：现代社会结构的研究》，张旅平译，生活·读书·新知三联书店 2002 年版，第 276 页。

一 电视节庆的情境策略

仪式操演是构成电视节庆仪式情境的行为基础，虚拟是仪式情境的主要特征，"主要包括仪式表演手法的虚拟性、仪式场景布置的虚拟性以及仪式行为者心理时空的虚拟性"[1]。

（一）电视节庆的情境规定

电视节庆都有特定的"规定情境"，"规定情境"原本是编剧、导演、表演艺术上的专业术语，指演员塑造角色面临及身处的各种情况的总称，由苏联戏剧大师斯坦尼斯拉夫斯基在《演员的自我修养》中首先提出，"'规定情境'就是'假使'，'假使'就是'规定情境'。一个是假定（'假使'），另一个是假定的补充（'规定情境'）。'假使'总是先开始创作，'规定情境'就去发展创作"[2]。按照斯坦尼斯拉夫斯基的理论体系，规定情境有外部与内部之分，电视节庆仪式更偏重于外部情境。电视节庆仪式包含在节庆的大情境之中，欢娱的与返魅的、世俗的与神圣的、仪式情境与观看情境杂糅在一起，是电视仪式的典型类型。节日、节庆经过常年积淀，基调已经确定，主题蕴含其中。如春晚重"守"，元宵重"闹"，中秋重"圆"，清明重"祭"等。节日的本体文化特征是构成规定情境的主要因素，纪念是庄严肃穆的、传统是典雅怀旧的、年节是欢乐煽情的、疗伤是哀伤动人的，这些潜在因素规定了情感走向、节目基调、角色安排，导向节

---

① 张瑶瑶：《传播学视野中的仪式性电视晚会研究——以中央电视台国庆晚会为例》，硕士学位论文，云南师范大学 2013 年，第 36 页。

② ［苏］K. 斯坦尼斯拉夫斯基：《演员自我修养》，林陵等译，中国电影出版社 1956 年版，第 84 页。

目的表现形式与审美特征，也决定了表演者与观看者的情感基础。在这些规定情境的"不自由"里，电视编导要推陈出新，适应变化，长办长新，并不容易。

（二）节庆仪式的情感动员

情感控制、情感动员是艺术传播的重要目的，一切传播活动都是以回收"注意力"为始终的，源于观众"情感忠诚度"与"行为忠诚度"的密切关联，电视致力于培植节目的情感范式是很有必要的，如果这一范式足够有力，它将扎根于接受者的头脑并刻下印记，以后就可以长期利用它了。如"中华情"本是央视中文国际频道一档以音乐为主的综艺性节目，于2003年1月创办，在总导演郭霁红的带领下，该团队连续七年承担了央视中秋晚会，并将中秋晚会与"中华情"做了主题对接，栏目的美誉与秋晚的美誉相辅相成，起到了很好的仪式动员之效，为全球华人构筑着情感交融的平台。在接收终端多元化时代，电视机构必须努力设计和利用仪式动员，激发民众的收视热情与想象空间。各路媒体采取宣传推广、提前预热，如发布主持名单、演员阵容、节目单，以不完整的信息来制造悬念、噱头与卖点，形成文本召唤与期待视野，有时，消息一经放出又马上被节目组否认，如此反复二三，欲擒故纵，情感在节庆到来前持续发酵累积，对电视节庆的宣推常常逸出电视边界。为了拉升仪式的收视，社交媒体也被用来进行人际动员。如2013年8月13日七夕节，总导演张丹丹与栏目组在自8月2日起，发出多条微博进行互动，释放部分信息进行仪式动员，下面截取部分微博文字说明：

（8月2日）@2013湖南卫视七夕之夜：我们真的早就腻了，今年七夕，来点别的吧！《2013湖南卫视七夕之夜》宣传片"另

类出炉"。这到底是要玩哪出，你们猜一猜:)

（8月5日）@张丹丹：联排开始了！爱死这个舞台了，现场看更美！

（8月8日）@张丹丹：灯光下的美，多少人为你熬夜。

（8月8日）@张丹丹：七夕之夜，湖南卫视要来点别的，"芒果帮"全明星演话剧给你看。你想知道芒果名嘴将怎么搭档？总导演@张丹丹，话剧《撒娇女王》导演@何念、主演@杨乐乐8月9日10点20分做客微访谈，全面揭秘湖南卫视首创爱情话剧《撒娇女王》，提问还有机会获现场门票哦！

（8月9日）@张丹丹：#湖南卫视七夕之夜#：从第一秒看到最后一秒，你一定会知道答案的。

（8月9日）@Darling王凌提问：这个节目的最大意义是什么？@张丹丹：凡是被问上这事有什么意义，大部分都是摊上大事了！我们第一次把舞台剧和电视结合，而不是到剧场去拍个录像在电视上放，是大家都没有干过的，需要我们自己去摸索、探究，这个过程非常有意思。

（8月9日）@Hiz_范儿对@张丹丹@何念@杨乐乐提问：芒果台的七夕节目号称亚洲首例，对于整体的舞美灯光音响以及表演形式有没有详尽的把握，同时节目组想传递怎样的理念以及对收视率的期望如何？@张丹丹：我们邀请了来自韩国的灯光师，是《我是歌手》的灯光设计；之前我们也和日本的舞台剧导播有密切的联系，以及快乐男声的神剪辑团队噢！这是一个很棒的组合，相信在这个晚上会有惊喜！

（8月11日）@张丹丹：@何炅何老师为什么发这么大的脾气？湖南卫视七夕夜，8月13日晚十点告诉你。

（8月12日）@张丹丹：#湖南卫视七夕之夜#这个时候，让我为我的团队鼓掌。成长，每天成长，谢谢大家接受严苛。享受这个过程！

（8月13日）@张丹丹：今晚十点！

（8月14日）@张丹丹：一觉醒来，第一！//@芒果妈妈：全国网收视率1.28，份额8.77。收视第一。

不得不说，在重大节庆面前，湖南卫视的仪式动员可谓不遗余力。粉丝大量跟帖、转发，保证了观众情感的粘连性。此外，在仪式过程中设置动情点，也是营造情感氛围的重要策略。早在1987年春节晚会的编导组组长苏叔阳提出过一个"黄金分割法"理论，他把晚会分四个部分，每个部分的高潮都是"感情戏"，均设在这一部分的四分之三处。[1] 实践证明，很多节庆晚会都在这一位置安插故事，精编曲目，设置动情点，屡屡奏效。

（三）电视节庆的差别重复

当代意大利哲学家马里奥·佩尔尼奥拉（Mario Perniola）在《仪式思维》一书中，论及了三位思想家对"重复"的表述，他们分别是丹麦哲学家克尔凯郭尔、德国哲学家尼采、海德格尔，他们眼中的"重复"分别指向未来、过去与现在。西格蒙德·弗洛伊德从心理分析治疗法出发，认为"重复"是指通令时刻的转换、情感、感觉、行为模式、对象关系的模型。[2] 国内符号学家赵毅衡认为，重复是意义

---

[1] 参见杨晓民、陈亦文《难忘今宵——中央电视台理解春节联欢晚会大写真》，长江文艺出版社1998年版，第261页。

[2] 参阅［意］马里奥·佩尔尼奥拉《仪式思维》，吕捷译，商务印书馆2006年版，第39—40页。

世界的符号构成方式，"什么才是重复呢？只有在一个符号活动，与另一个符号活动，在同一个意识中发生，而且后一个符号活动，由于某种原因，在前一个符号活动的印迹上叠加，并且加强了这个印迹，也就是说，意识还记得前一个符号活动，而且使两个符号活动的效果叠加而加强，这种重复的符号活动才是意义世界的最基本单位"①。赵毅衡还引用了以色列女叙述学家雷蒙－基南的"重复三悖论"：（1）重复无处不在，重复无处在场；（2）成功的重复是不重复；（3）初次即重复，重复即初次（没有完全不需要人类经验来理解的"初次"，而一旦出现重复中的变异，重复也就是初次）。② 因此，重复可以有进展，靠"同中有异"推进意义，而且成功的重复不是重复，笔者将它称之为"差别重复"，并认为电视节庆传播的复现在本质上就是"差别重复"。

电视节庆是一种在周期性的重复中存在着一定差异的仪式模仿，也是发生在一个社会共同体中的"社会模仿"，是对过去电视表现的差别重复，也是对非电视经验的节庆重复，并成为下一次仪式的经验对象，通过"转移"，连接了节庆（情感）的过去、现在与未来。电视节庆的差别重复并不意味着完全忠实于仪式本身，而是对媒体权力的一种宣称、向影像传播一种致敬。如中央电视台的中秋晚会在主题、仪轨、话语、情感都表现出差别重复的特质：中秋晚会名称是在"中华情"的基础上再冠以本年度联合主办城市的名字，以"欢聚主题"为节庆基调的唯美之风，甚至在节目设置上也有雷同之处。中央电视台高级编辑郭霁红连续多年担任中秋晚会《中华情》的总导演、制片人，曾获得中国电视文艺最高奖"星光奖"一等奖，国家对外宣

---

① 赵毅衡：《形式之谜》，复旦大学出版社 2016 年版，第 71—72 页。
② 同上书，第 75 页。

传"彩虹奖"特等奖等荣誉，被媒体誉为"中国新生代电视导演的先锋派代表人物"，郭霁红导演的编导风格是雅美、浪漫、多情的中国古典风，她开创了秋晚的"全息山水景观晚会"导演手法，宣传片多为电脑制作的中国水墨画风格，节目中的诗词诵读、古曲填词，与古典审美相通，历年都是差别重复。就拿诗朗诵举例，她导演的秋晚多次（如2006年、2007年、2009年、2010年）邀请林栋甫做开篇或中场的诗朗诵，若将几年的内容并置在一起，更能理解电视节庆导演殚精竭虑的"差别重复"，是"重复"中的创新、创新中的"复现"。

2006年《海峡月·中华情》，林栋甫开篇朗诵：

> 到底是月亮跟着我走，还是我跟着月亮走。我在黄浦江边看月亮，浦江水在阳光下拨动出一首深情而时髦的歌。我在黄鹤楼下看月亮，这座琼楼玉宇在月光下洒落一片古远的身影。我在光与影之间，听到一首唱不老的情歌。今晚，我在厦门的海边看月亮，我面前是一条两岸栖息可以清晰相闻的海峡。这海峡的水，通往更浩瀚的大海，连接更广袤的大地。你看这一张张白帆都扬起来了，他们是要去把远方的亲人都接过来吗？月亮下，全球的华人没有了距离，月光已经把我们拢在了一起。

2007年《山庄月·中华情》，林栋甫开篇朗诵：

> 我曾经在不同的地方看月亮，月亮也会有不同的表情，当我发现月亮的这些不同的表情就是我不同的心境的时候，我的心被月亮感动得震颤。宇宙万物，有什么比月亮更深情？我也曾经有过一个人的中秋，我有些忧伤但是我不感伤，因为这是一份甜蜜的忧伤。中秋之夜没有人是孤单的，如果你认识月亮；中秋夜月亮也不会让你孤单，如果你会思念；思念在时光里，时光在水

里，我眼前的这弯湖水已经和月亮相映了三百多年，在水里我看见了自己的脸。时光带走了我的一头秀发，带给了我一些皱纹和胡子，但是不变的情怀依然在，在水中，从我的眼光里，我找到了它。

2010 年《芜湖月·中华情》，林栋甫串场：

这是我今生第几个中秋啊？我知道我是很幸运的，时光带给我的比它从我这带走的要多得多，即使时光带走了，月光也都替我留着，所以我没有错过我任何一段年华的爱。古老的爱情故事经过我的祖辈流过我的父辈，现在来到我这里。是我留住了它，还是它留住了我？对了，你，不同的语言从来没有使你我觉得陌生，既然人类的情感都是相通的，爱的传说从来没有限定在一种语言里，能表达爱的语言都能使爱传情。爱的经典也没有凝固在一方水土，你我的语言交汇在一起，能让爱更传神。

作为一位著名配音、话剧演员，林栋甫擅长抒情朗诵，他曾被香港媒体评为 2002 年度最有品位的电视节目主持人。这些出场类似、话语类似的片段如果放在一起连看，有创造力匮乏、重复之嫌；但由于是一年一度，观众会忘掉上一年的，每一次都是当下沉浸。就观众的认知而言，"实际上我们的意识，对重复做了更加精致的处理：意识把重复的经验做了合并，除去了每次变异的临时性成分，只保留真正值得重复的核心"①。秋晚主题的重复意义在于，窗前的月圆了，身边的人，圆了吗？不仅联系了过去、现在与未来，联系了你我他，更缓解了怀旧、怀乡这种现代性症候。荧屏里的月亮比自家窗前的月亮

---

① 赵毅衡：《形式之谜》，复旦大学出版社 2016 年版，第 72 页。

似乎更重要，荧屏里还有歌舞、吟诵、木舟、流水、河灯、人影、亲友团聚，它们使得人们手中的月饼超越了物质性，达到了"日常生活审美化"的艺术效果，这种差别重复与原物质同样重要，甚至更为重要。

二　视觉修辞与仪式情境

视觉修辞学（visual rhetoric）源起于 20 世纪 60 年代的图像修辞学（rhetoric of lmage），法国符号学家罗兰·巴特较早关注这一命题。视觉修辞在 20 世纪 80 年代以来成为修辞学的一个研究趋势，当下更是传播研究的重心所在。视觉图像具备修辞性的三个特征：象征意义、人的介入、向观者展示。[①] 以语言、图像以及音像综合符号为媒介，以视觉修辞具有较强的情感说服力。

（一）电视节庆的影像模拟

古希腊哲学三贤苏格拉底、柏拉图、亚里士多德都将艺术视为对现实的模仿，"模仿说"是艺术批判的重要术语。在当代，"模仿"被视为传统文化改造的必要手段，复制、重复、模拟、戏拟、倒置、并置都是模仿的重要技法，电视节庆作为艺术的子系统，不是单纯拟像，而是力图展现本质，正如伽达默尔所言，"在模仿中被模仿的东西，被创作者所塑造的东西，被表演者所表现的东西，被观赏者所认识的东西，显然就是被意指的东西——表现的意义就包含于这种被意指的东西中"[②]。法国思想家让·波德里亚于 20 世纪 80 年代提出一个

---

① 参阅任悦《视觉传播概论》，中国人民大学出版社 2008 年版，第 115—122 页。
② ［德］汉斯－格奥尔格·伽达默尔：《真理与方法（上卷）》，洪汉鼎译，上海译文出版社 1999 年版，第 151—152 页。

著名论断：西方社会正在步入一个被图像、景观和仿像所包围的"拟像时代"，影像与模拟成为一种符码统治，他把从象征秩序进入拟像秩序称之为"超真实"。媒介隶属于模拟体系，电视的传播架构和议程设置依据情境经验来组织，力求实现思想感情、隐性价值的自然化植入，以影像对现实进行模仿，使观众包围在仪式性的意蕴之中，产生情感凝聚与共鸣之感。

模仿是人性的一部分，通过模仿，自然的信念和愿望在社会层面得以实现。传统仪式中有相当比重的"模仿仪式"——如装扮成动物的舞蹈预祝狩猎成功，模仿植物的吟诵祈祷农业丰收等。电视节庆是对模仿仪式这一原生物的模仿，其架构过程为"双重模拟"，即"对模仿的模拟"。仪式的模仿特征在电视仪式中是同质的，电视节庆的成功"惯例"（如过渡仪式）是晚生代导演的蓝本，因循它们的好处是电视制作者无需太过费事，就能达到意义灌注与情感俘获，当这些惯例出现功能萎缩，它们便被摒弃或革新。因此，影像模拟不是对原生物的机械复制，而是对仪式的创造性把握，还包括改造、再造与生造。正如佩尔尼奥拉所描述的："这些媒体（笔者注：指电视）不但提供了一个更为复杂和人工化的真实影像，而且它们的产品还同时拥有了原型或者本原的特性。在这里，模拟又一次与引诱的概念联系起来，因为引诱者的魅力正是通过其技巧的展现运用而得到强化的。"①

不同媒介生成不同的情境，电视节庆的仪式传播将意义与情感情绪说服混杂起来，追求"这一个、这一刻""共同参与"的核心体验，情境的代入感将人们从日常环境中分化出来，形成某种物理边

---

① ［意］马里奥·佩尔尼奥拉：《仪式思维》，吕捷译，商务印书馆 2006 年版，第16—17 页。

界，诚如吉登斯所言的脱域化机制（disembedding mechanism），即时间脱离了地点的限制，事件呈现出即时效应，远方的世界所带来的亲切感，是情感共鸣的基础。形象性是最自然的符号关系，成为电视节庆最容易利用的因素。戴扬和卡茨认为，"电视把观众的注意焦点从清楚的陈述转移到视觉线索，实现了对事件的'自然化'；它使事件的内在信息具有真实感，把仪式的表演层面（来自权力人物的发话）转化为视觉趣事"①。人造符号与被指称的实体对象在电视视听上具有同一性，电视仪式集光、电、声、像、文等多种信符与技术集于一身，将作为优势感觉的视觉与其他感觉融合起来，达到预设程序中的情感共鸣。

（二）电视节庆的象征器物

在视觉叙事中，当某一物品、某一行为能够指代其他事物或深层抽象意义，它们即赋有象征意义，而器物凝结着象征意义。维克多·特纳论述道："象征物是'意义十分浓厚'的——爱德华·萨丕尔的用语是'浓缩象征'——即使其位置只揭示其丰富内涵中的一小部分（就如冰山之顶端），或者通过它与另一件物品或另一组物品之间（表面）的结构性联系等排列方式我们只能'看见'其意义的一部分。"②仪式中的象征物有"礼器"之用，极其简练地集合了形象与意义、感官与理念、规范与情绪、认知与情感等多组关系，以静态方式帮助营造仪式氛围，使冲突与分裂得以调停，原有的社会结构得以维持。礼仪浓缩（ritual condensation）与象征符号在电视节庆仪式中被大量使

---

① ［美］丹尼尔·戴扬、伊莱休·卡茨：《媒介事件——历史的现场直播》，麻争旗译，北京广播学院出版社2000年版，第103页。
② ［美］维克多·特纳等编：《庆典》，方永德等译，上海文艺出版社1993年版，第19页。

用，发挥着重要的意指功能，是一种"微缩的社会生活"，正如微缩景观、长城、金字塔、自由女神像一样，具有唤醒人们高强度情感的力量。根据涂尔干的观点，图腾的神圣性源自它是群体自身的象征，代表了群体或团体的核心价值，人们对图腾的崇敬即是对核心社会价值的尊重。传统的表现性符码被电视媒介借用并加以积极改造，当这一改造的结果——比如，象征器物多次出现在电视荧屏上，观者常常对电视人为的符号制作过程视而不见，仿佛它们是并没有被媒介过滤过的所指一样。

约翰·B. 汤普森认为意识形态的运行有五种模式，分别是：合法化、虚饰化、统一化、分散化和具体化。① 其中，统一化包含有标准化与象征化的做法，如在电视节庆的视听叙事中，统一的国语（普通话）是为了在民族国家（各方言之间）的疆界内之间产生一种合法的等级制；国旗、国歌、国徽是国家统一象征的展示。"国旗、国歌和国徽是一个独立国家用以宣布自己的认同和主权的三个象征，由此它们立刻赢得了尊敬和忠诚。它们自身也反映了一个国家的整个背景、思想和文化。"② 此外，虚饰化的操作法在电视节庆的视觉修辞中被大量用到。汤普森认为，虚饰化指统治关系可以通过掩饰、否认或含糊其辞，或者对现有关系与进程转移注意力以及加以掩盖的方式来建立和支撑，主要表现为转移策略、美化策略、转义的修辞手法。③ 图像媒介是"大众文化的修辞"，视觉修辞由能指和所指构成，其核心策略是对成员共享的、独一无二的文化意象进行激活、征用与打

---

① 参阅［英］约翰·B. 汤普森《意识形态与现代文化》，高铦等译，译林出版社2005年版，第67—71页。

② 转引自［英］E. 霍布斯鲍姆、T. 兰格《传统的发明》，顾杭等译，译林出版社2004年版，第13页。

③ 参阅［英］约翰·B. 汤普森《意识形态与现代文化》，高铦等译，译林出版社2005年版，第69—70页。

造，象征能够指示、替代、表现某物，会受到与其所象征的事物同样的尊敬，如电视节庆中的国旗、国徽、华表、军装就是尊敬物的一种替代。

（三）电视节庆的镜头仪式

电视是摄影模式的合乎逻辑的延伸，给人以"影像即是现实"的印象。法国电影理论家克里斯蒂安·麦茨（Christian Matz）在谈到"凝视"/银幕之间的关系时认为，存在着观众对观看的认同和对叙事的认同这两条线索。我们将"眼睛的观看"和"摄影机的观看"合为一体，因而倾向于接受摄影机所构建出的意义。① 但电视节庆的主要目的不是认知，而是重制、再现与表现。作为一门现代艺术，电视节庆仪式暗示着一种题材上的等级制——表现对象必须是重大、重要、深刻、权力的，值得调动最好的视觉资源——最炫目的舞美、最默契的主持、最专业的摄像团队、最先进的直播设备，并先验性地确定了一种观看情绪：崇高、庄重或喜庆。电视改变了只有少数人才能亲临的事实，配合着空间方位上的卓越表现，电视节庆比其他节目更注重镜头仪式的视听表现力与冲撞力。镜头仪式的功能在于通过摄像的自动化（automation）与框景（frame）截取现实的片段，使人们在特定的时空里被视框圈住一部分视锥；在可视的镜头里，遮蔽与放大是同时进行的，前者（遮蔽）使得杂语与嘈音被拦截，后者（放大）则因视觉聚焦而获得兴奋点——对某些场景的扩展与特写镜头是为了强调某些更深的价值。

在电视节庆的镜头仪式里，"仪式禁忌"也给观仪者带来敬畏

---

① 参见［英］格雷姆·伯顿《媒体与社会：批判的视角》，史安斌主译，清华大学出版社2007年版，第206页。

与尊崇感，在几乎所有的电视节庆中，台上台下的分界、列队内外、仪式表演、仪轨推进中都有诸多禁忌。所有的意外、肮脏、污秽、失序、频闪、不流畅、错误的人物入画等，都是重大节庆的禁忌，打破禁忌就是出了意外——万一出现突发状况，部分节庆会启用先前彩排录好的"备播带"，但有的节庆无法彩排，比如香港政权交接仪式。电视节庆的影像品格有严格限制，强调中正典雅、追求秩序，任何摇摇晃晃、跌跌撞撞、晦暗不明的纪录片式的镜头都是不被容忍的；一些政治节庆要绝对严谨，如三军米秒不差地通过天安门接受检阅，而对于电视直播团队，同样也要做到"米秒不差"。电视节庆的影像重视动作剪接、情绪剪接、节奏剪接、景别剪接，有别于电视新闻的快速剪接模式，而更多追求大范围运动的摇臂效果，讲究"推拉摇移跟"的一气呵成，重视舞台上下的情绪对应关系，讲究多机位的协同拍摄。电视镜头与情绪还有一定的对应关系，通常而言，电视长镜头更适合表现凝重与神圣的仪式感，远景对应着"冷静"、全景对应着"平静"、中景对应着"产生兴趣"、近景对应着"兴奋"、特写对应着"激动"。在电视节庆中，面对舞台的机位有大全景、小全景、中近景加特写等，负责拍摄整场环境气氛、舞台中央全景、嘉宾背向全景、关键人物的中近景和特写镜头，摇臂则兼顾嘉宾和舞台人物关系；背对舞台的机位由摇臂、全景、中近景及特写、游机等组成，用于人物状态的捕捉、台上台下的互动、现场随机发生的镜头；其他观众的镜头画面由导播随时调动空闲机位获取，此外还重视电子现场制作（EFP）的运用，总之，富有现场感、精细感、层次感的镜头画面能烘托生动、热烈的仪式氛围。

三　声音修辞与仪式情境

声音修辞是相对于视觉修辞而言的，电视的声道是讲话、音乐和声效的组合，电视节庆中的解说词、串语、音乐，语音的音质、音长、音强和音高等，都有其修辞价值。电视的声画关系是学术界长期论争的话题，"主画说"与"主声说"莫衷一是，二者的情感作用难分高下，都是仪式修辞的重要组构，其合力大于单一性。德国美学家沃尔夫冈·韦尔施说："如果说视觉是距离的感官，那么听觉就是结盟的感官。"[①] 北美媒介环境学派的沃尔特·翁（Walter J. Ong）则表述为："视觉起分离的作用，听觉起结合的作用。视觉使人处在观察对象之外，与对象保持一定的距离，声音却汹涌地进入听者的身体。"[②] 一些学者认为，电视的声道决定我们什么时候注视屏幕，"声音有极具价值的编辑作用，比起电视画面本身，声音能更好地辨别出画面中那些精彩的部分，足以让三心二意的观众重新回到电视前，关注电视"[③]。以上论断都是对声音的强调，我们可以这样实验：如果在电视庆典时关掉电视音频，那么仪典的影像情境就出来了；而当我们离开电视机走进厨房，仪典的情感语言就立刻凸显出来，环绕全屋。

（一）电视节庆的公共语言

节目主持人的语言属于有声语言范畴，这一口语表述通常是由表

---

① ［德］沃尔夫冈·韦尔施：《重构美学》，陆扬等译，上海译文出版社 2002 年版，第 222 页。
② ［美］沃尔特·翁：《口语文化与书面文化：语词的技术化》，何道宽译，北京大学出版社 2008 年版，第 54 页。
③ ［美］艾伦·赛特：《符号学、结构主义与电视》，罗伯特·艾伦《重组话语频道：电视与当代批评理论》，牟岭译，北京大学出版社 2008 年版，第 40 页。

达者、接受者和表达接受场域组成的，语言是将社会结构带入个体经验的重要手段之一，在电视节庆中占有重要分量。当代英国社会学家伯恩斯坦（Bernstein）在 20 世纪 60 年代就语言进行了一个著名分类："限制符码"（restricted codes，也称公共语言、严格代码）与"精致符码"（elaborated，也称形式语言、精细代码）。前者适应于权威清晰且保守的社会结构，后者适应于当下的个体差异与认同。伯恩斯坦这样论述"限制符码"的特征及功用：

> 句法是刚性的，语法较为简单，句式是预知的；如果句子所包含的内容没有细节的话，那么类似的还有内容的类型。含义是绝对的，具有相当的非个人性和仪式性，甚至是同义反复的。其结果是象征性地建立并强化社会群体的道德规范与关系。它所表述和交换的是社会性的象征符号，而不是个体性的象征符号。总之，严格代码体现具体的思考过程，具有高度的影响力，涉及群体成员共同突出的主体和共有的假设。①

一般而言，基于语言的旨趣与对社会联系的不同要求，高雅的文化艺术作品多使用限制符码，而大众文化的文本多使用精致符码。"电视语言处于这样一种处境：在一定的发展阶段，在一定的文化发展时期，在一定的社会情况下，这种手段要对一定的观众负起明确的职责。"② 电视节庆中的仪式语言为了实现理性主义神话的宏大叙事，多采取一种系统性编排的修辞语言，这种公共语言（限制符码）有形式化、标准化、套语化、排比性、总体性与普遍性的表征，以庆祝建

---

① ［英］奈杰尔·拉波特、乔安娜·奥弗林：《社会文化人类学的关键概念》，鲍雯妍等译，华夏出版社 2009 年版，第 46 页。
② ［意］安伯托·艾柯：《开放的作品》，刘儒庭译，新星出版社 2005 年版，第 167 页。

国 60 周年阅兵式为例，解说词注重语汇音韵的协调、讲究抑扬顿挫、顺畅通达、高亢宏伟，多使用陈述句，定语使用最高级，擅于用副词来修辞形容词，有一种不由分说的情感迫力：

李瑞英：中央电视台。

康辉：中央电视台。

李瑞英：各位观众，这里是中华人民共和国首都北京。

康辉：这里是全世界中华儿女倾心瞩目，衷心祝福的中国北京。

李瑞英：2009 年 10 月 1 日，我们迎来了新中国成立 60 华诞。

康辉：2009 年 10 月 1 日，奋进的中国邀你共享盛大节日庆典。

李瑞英：当历史的脚步穿越昔日的故宫金殿，这一时刻的欢乐足以激荡古老的中国 5000 年尘封的记忆。

康辉：当祝福的声响震彻十月的神州九天，这一时刻的欢腾足以激越中国 960 万平方公里丰饶的土地。

李瑞英：今天我们在天安门广场为您现场直播首都各界庆祝成立 60 周年的盛况。

康辉：今天我们将在气势恢宏的天安门广场与您一同见证，跨入 21 世纪的中国奏响豪情激越的盛世华章。

李瑞英：从 1949 年到 2009 年，一条 60 年的长路，一头连着满目疮痍，百废待新的中国，一头连着在改革开放的阳光下，活力迸射，向繁荣富强快步迈进的中国。

康辉：从 1949 年到 2009 年，新中国 60 年的风雨历程已丰盈收获，让我们有足够的理由在 10 月 1 日这一天，用自己最真诚的方式为祖国庆贺。

李瑞英：英雄的中国军队在这里集结，自豪的中国人民在这里欢聚!

　　康辉：敬候伟大时刻的到来，要用最嘹亮的声音唱出心中最美的赞歌!

　　这段神圣庄严的开场语激起崇高与自豪感。古希腊文艺理论家卡西乌斯·朗吉努斯（Cassius Longinus）认为，崇高的风格有五个源泉：第一是能够形成伟大概念的能力；第二是具备慷慨激昂的感情；第三是思想的修辞和言语的修辞；第四是高尚措辞的使用，包括意象的使用和风格的精巧；最后一个是以上的综合，即尊严和高雅产生的总体效果。① 在法国人类学家葛兰言的研究中，中国古代的节庆语言和生活语言是存在差距的："他们在日常生活的贫乏语言中找不到合适的表达办法：要想真实地表达这些庄严的情感，就必然需要一种庄严的语言，即诗歌的语言。"② 诗化的节庆语言是古今中外语言修辞的一大特质，十三亿中国人中能参加天安门现场阅兵的人只有极少数，但电视节庆帮助人们抵达这一时空，起居室变成了节日场所，庄严华丽、充满气势的电视解说不疾不徐地回旋在千家万户的客厅，同时抵达的还有国家领导人庄重威仪的话语。一些核心词语、短语有较强的隐喻性，激起人们的政治仪式感与情感形象。如："新中国六十华诞""共和国不会忘记"的修辞将祖国人格化了；"全世界中华儿女倾心瞩目，衷心祝福"是为大众代言的做法，胆敢有"不倾心""不衷心"的少数者会有孤立之感，成为沉默的螺旋；"同志们辛苦了!"与"为人民服务!"的一问一答表

---

　　① 参阅［古希腊］朗吉努斯、亚里士多德、［古罗马］贺拉斯：《美学三论：论崇高、论诗学、论诗艺》，马文婷等译，光明日报出版社 2009 年版，第 14 页。

　　② ［法］葛兰言：《中国古代的节庆与歌谣》，赵丙祥等译，广西师范大学出版社 2005 年版，第 184 页。

示出"我为祖国站岗"的精神追随；套语在群体的心理与情感中发挥着重要作用，能保持人们高昂的情感能量和团结意义；人称代词"我们"是一种典型化的复数使用，"我们"（us）自动区分了"那些人"（those）。美国学者保罗·康纳顿说过："复数形式表明有许多说话人，但他们就像只有一个说话人那样集体行动，这是一种集合人格……当带来凝聚力的代词被反复宣称的时候，共同体就此形成。"[1]

沃尔特·翁区分了原生口语文化（primary orality）和次生口语文化（secondary orality），他认为电话、广播、电视产生的文化是次生口语文化。次生口语文化不是真实的会话，而是虚拟的仿真会话，是一种感觉，一种言语—视觉—声觉构建的公共会话。[2] 沃尔特·翁认为电子技术的次生口语文化与古老的口语文化惊人相似，即参与的神秘性、社群感的养成、专注当下以及在套语使用上，但更刻意为之，而且次生口语文化的群体多到难以估量。电视媒介有重新回归"口头传统"的趋势，电视节庆中的次生口语文化能够帮助人们"向内转"，"国家社群"在节庆时刻成为现代"部落团体"，成为抵达忠诚、团结、依赖与安全感的重要保证。

（二）电视节庆的其他音声

音乐人类学教授曹本冶认为，仪式音声的意义在于强调情境、场域，"音声境域"（ritual soundscape）内"听得到"的音声主要包括

---

① ［美］保罗·康纳顿：《社会如何记忆》，纳日碧力戈译，上海人民出版社 2000 年版，第 67 页。
② 参阅［美］沃尔特·翁《口语文化与书面文化：语词的技术化》，何道宽译，北京大学出版社 2008 年版，译者前言第 6—7 页。

"器声"和"人声"两大类。① 音声与仪式整体环境和情绪鼓动有重要关系，本书在此主要指电视节庆中的"音乐"与"人声"，因为电视节庆中的"法器音"较少。美籍爱尔兰裔人类学家、左翼学者本尼迪克特·安德森（Benedict Anderson）论说了在国家假日唱国歌所激起的情绪：

> 有一种同时代的，完全凭借语言——特别是以诗和歌的形式——来暗示其存在的特殊类型的共同体。让我们以在国定假日所唱的国歌为例。无论它的歌词多么陈腐，曲调多么平庸，在唱国歌的行动当中却蕴含了一种同时性的经验。恰好就在此时，彼此素不相识的人们伴随相同的旋律唱出了相同的诗篇……我们知道正当我们在唱这些歌的时候有其他的人也在唱同样的歌——我们不知道这些人是谁，也不知道他们身在何处，然而就在我们听不见的地方，他们正在歌唱。将我们全体联结起来的，唯有想象的声音。②

电视节庆的"音声"建构一种欢乐祥和、喜乐畅快的典型情境，音乐是电视节庆中的主导性符号之一，如《歌唱祖国》《今天是你的生日我的中国》通常在政治节庆中使用，《难忘今宵》成为央视春晚最后的仪式音乐，这些乐曲都是意识形态框架的典范与模板。除语言外，表演环境里的其他同期声，如钟鼓的打击乐、军乐队奏响的国歌，都在情感认知中扮演着重要角色，与人的情绪波动形成同构同律关系。"声音就像在其他大多数的情感中一样，对崇高也具有极大的

---

① 参阅齐琨《仪式空间中的音声表述——对两个丧礼与一场童关醮仪声音声的描述与分析》，文化艺术出版社 2011 年版，第 9—11 页。
② ［美］本尼迪克特·安德森：《想象的共同体：民族主义的起源与散布》，吴叡人译，上海人民出版社 2003 年版，第 171—172 页。

力量……只是巨大的声音就足以震慑人的灵魂，中止其行动，并使其充满惊恐。大瀑布、狂怒的风暴、雷电或大炮的声音，都能在心中唤起巨大而恐怖的感觉。虽然我们在上述那些喧哗中听不出丝毫的高雅或巧妙。"① 合唱、齐唱、重唱、独唱、领唱、朗诵、器乐曲、大型交响乐等艺术形式，经常出现在政治仪式当中，通过语言、国歌或其他音声，人们被"请进"共同体。在一些主题性节庆中，伴随着舞蹈的喊叫、歌唱、击缶等喧器之声，都有其特定意义。一些特定的曲目经常出现在重大节庆中，如脍炙人口的江南民歌《茉莉花》——出现在1997年6月30日午夜，香港回归祖国的交接仪式上，出现在1999年12月19日澳门回归祖国交接仪式现场中，出现在2004年雅典奥运会闭幕式上，并在2008年北京奥运会、残奥会的颁奖仪式音乐中有所融入；《茉莉花》是2002年上海申博的精致名片，也出现在2010年上海世博会的闭幕式上，还出现在2016年9月4日杭州G20会议的文艺晚会上……我国音乐理论家钱仁康先生曾考证，《茉莉花》是"流传到海外的第一首中国民歌"，"从流传性质来看，'茉莉花'是一首小调类民歌，其流传所经年代极为久远，由明迄清一直到民国，横跨近五个世纪。尤其是明末至民国二三十年以前，更是主要盛传时期"②。"自乾隆末年英国使节团成员惠纳及约翰·巴劳等人把'茉莉花'带到西方以后，此首民歌的薪传也延续到国外，在异国的环境土壤中，继续吐露其芬芳，不仅被视为中国民歌的主要代表，而且也与西方音乐文化融合，成为西方音乐家创作的重要取材。"③《茉莉花》在歌剧《图兰朵》中大放异彩，达到艺术巅峰，《茉莉花》从充满神

---

① ［英］艾德蒙·柏克：《崇高与美之源起》，林盛彬译，典藏艺术家庭股份有限公司2011年版，第114页。

② 张继光：《民歌"茉莉花"研究》，台北文史哲出版社2001年版，第14页。

③ 同上书，第332页。

秘色彩的东方民歌成为西方歌剧中的咏叹调，并跨越语言的阻隔，最终成为一支众人瞩目的、表征友谊的世界名曲。将《茉莉花》这类音乐纳入重大节庆之中，其清丽风格象征着中华的礼仪之邦。

第三节　电视节庆传播的互动情境

社会互动要在一定的情境下进行，情境决定了互动的方式，互动又影响着情境的生成。英国传媒研究专家约翰·B. 汤普森在《传媒与现代性：传媒的社会理论》一书中阐释了三种互动方式：高度情感的"面对面互动"、有限情境的"媒介互动"（如书写、电话等）、延伸性的"准媒介互动"（广播电视）。前二者是"对话式"的，后者虽是"独白式"的，但传送者与接收者之间仍然形成某种联系，电视节庆竭力追求亲和、融洽、动情的氛围，努力避免排斥的、对立的、冷淡的情绪。

一　电视司仪：节庆仪式的意义中心

电视节庆的情境生成源于情感主体与情感合作者的相互作用。诺尔曼·丹森在《情感论》中说："情感主体是作为在世界中具体化和情境化的经验结构而出现的。它存在于世界唤起的内在和外在经验流的相互作用中。"[①] 电视节庆传播的情感合作是在主创人员、主持人、

---

① ［美］诺尔曼·丹森：《情感论》，魏中军等译，辽宁人民出版社1989年版，第124页。

表演者、特邀嘉宾、观瞻者、电视观众之间进行的。美国学者霍尔·汉麦斯顿认为,电视谈话节目是商业性的个人神话,主持人是这个神话的制造者。电视谈话节目的出镜指数遵循以 X 为中心制核心的 "$X+Y+Z$" 要素模式,其中 X 指代主持人,Y 指代嘉宾,Z 指代观众(X 大于等于 1。Y、Z 大于等于 0)。[①] 而电视节庆通常是以 X 为一元中心,Y、Z 是一个较大的团块数目。电视主持人起着 X 的 "控制器角色",是直播中的把关人与安全阀,掌控着仪程推进,他们是仪式的情感发动者,也是权力最重要的情感合作者,受控于后台权力与高位主体。

（一）话筒里的声音神学

在西方古文明中,祭司（priest）是重要的宗教活动中负责神、人沟通的专业神职人员,英语中的 "司仪"（emcee）最早是对综艺、游艺、猜谜等娱乐性节目主持人的称呼,起到剧场报幕、串联节目、调解仲裁的作用。古代《周礼·秋官·司仪》中记载:"司仪:掌九仪之宾客摈相之礼,以诏仪容、辞令、揖让之节。"司仪,即为掌管仪礼与典仪之人,今天主持人的概念更宽泛一些,在综合素质、个性特征、临场发挥、随机应变等方面要求更多。

法国著名社会学家皮埃尔·布尔迪厄（Pierre Bourdieu）将资本（权力）分为经济资本、文化资本、社会资本这三种基本形态。电视主持人（知识分子、艺术家）是经济、文化、社会、符号这四种资本的集结,他们在入场前就拥有某种禀赋,一旦被遴选出来即被赋予了合法性。戴维·钱尼说:"娴熟语言与高社会地位相关,同时也成为

---

① 徐舫州、徐帆编著:《电视节目类型学》,浙江大学出版社 2006 年版,第 58 页。

'明目张胆地提醒弱势族群缺乏语言技巧'的方法，而娴熟文化及象征资本使具有高社会地位的团体得以展现其优越性。"① 电视节庆中的主持人是每家电视机构实力最强、人气最旺、身价最高的电视名人，如赵忠祥与倪萍、周涛与朱军、李咏与董卿，都担纲过春晚的金牌司仪，是人们春晚集体记忆的一部分。

"话筒"是电视司仪的权杖，是一种声音神学的赋权（empower），如果失去话筒，也就被褫夺了话语权。电视节庆主持人类似于"人神天地"四域的中介媒质，是现代神父的化身、通神的主体、祭司的替换，他们的出现是功能性和结构性的，能够实现化物、点物、造物，其神性体现在主持风格特色上；主持人的神圣性、高社会地位、丰富的常识，向人们敞开了一个关乎权力、国家、社会、个体的意义场域。以春晚为例，其"集体司仪"（主持群）大致可分三代，马季、姜昆是80年代的早期代表，赵忠祥、倪萍是90年代的黄金搭档，周涛、朱军、李咏、董卿等人是21世纪以来的代表。赵忠祥于20世纪60年代进入电视播音界，参与过国庆庆典、春晚主持以及重要出访，是第一届金话筒奖特殊荣誉奖得主，也是跨越了毛泽东、邓小平、江泽民时代中国电视史上的奇观性人物，其知名度、亲和力溶解在民众的公共情感需求之中。从1984年到1999年，赵忠祥创下了最长的春晚主持记录，独特的播音艺术将民族、国家、历史、山河、岁月等宏大形象推置人们的情感之中。彭海涛认为，赵忠祥以"地位尊贵、年事颇高的男性祭司身份"出现，体现了"国家的雄性特征"以及"国家—父亲"形象的高度统一；而倪

---

① ［英］David C. Chaney：《从生活的方式到生活的形态：重新思考文化的意识形态与感受度》，［美］James Lull：《传播时代的文化》，邱进福等译，韦伯文化国际出版有限公司2005年版，第102页。

萍则是多愁善感的母性化身，擅长日常叙事与煽情。赵倪组合在主流意识形态摆设舞台的地方，成就了巅峰时期的春晚："他们互相声援，互相补充，忽而分道扬镳，忽而同声呼喊。为了同一个目标交叉着各自的路径。他们一个成为家的象征，另一个成为国家的象征。两者巧妙地创造了家/国同构的模式。"[1] 如果说赵忠祥是以宏大叙事、刚性特征见长，倪萍则是以微型叙事、以情补天为妙，其温婉、细腻、自然与共情，深受百姓喜爱。"她没有用力，却参与了一种空间的构造，一种共同的生活空间的构造。这是得自于母亲的权力：人们的共同空间建立在可以感触的骨肉/血脉之上，它互相沟通感应，它需要细腻而实在的情感。"[2] 如，倪萍在2003年春晚中向全国观众发出四次呼吁：

　　　　主持人倪萍：朋友，除夕之夜是合家团圆的夜晚，也是中国人民大团圆的日子，我们期盼今夜祖国的上空啊能飘荡着浓浓的爱意，为此呢，我们把所有的观众希望汇聚成四次爱的呼吁。我现在正式向观众朋友们发出第一次的爱的呼吁，这个呼吁呢，是拥抱亲人。你以拥抱的方式告诉你的父母，告诉你的家人，你是多么爱他们！

　　　　……

　　　　主持人倪萍：过大年，唱大戏，年味儿就格外的浓。观众朋友们，今天晚上我们演播厅的温度是越来越高了，这股巨大的暖流呢是从祖国的四面八方涌向这里的，向大家发出爱的呼吁，拥抱亲人之后呢，我们现在收到了三百多万观众的响应。现在我们

---

① 彭海涛：《声音系统的权力实践——春晚主持人分析》，蒋原伦、张柠主编：《媒介批评（第2辑）》，广西师范大学出版社2006年版，第126页。
② 同上书，第124页。

正式向观众朋友们发出我们的第二次爱的呼吁，这就是"感谢
朋友"。

……

主持人倪萍：我们现在正式向大家发布我们晚会的第三次爱
的呼吁，那第三次爱的呼吁是什么呢？是问候邻居。我们是希望
啊，明天一大早也就是初一的早晨，您先去看邻居拜个年，问候
邻居，远亲不如近邻嘛！

……

主持人倪萍：亲爱的观众朋友，我们现在正式向大家发布我
们春节晚会的第四次爱的呼吁，这是全世界中华儿女发出的一个
共同的呼吁。

主持人朱军：是的，我们的国家在进步，我们在成功地申办
了奥运会之后又成功地申办了世博会，我们的国民经济在翻了两
番之后又将再翻两番。

主持人周涛：从广大观众朋友写给我们的来信中我们可以看
到，大家共同的希望是祖国可以永远像今天这样，繁荣安定，充
满希望。

主持人李咏：在此，我们呼吁所有的观众朋友，现在，就为
我们的国家在心里默默地许下一个美好的希望，为我们民族的伟
大复兴许下一个美好的心愿！（合）

这呼吁由小及大，从家人、朋友、邻居再到对祖国的祝福，是自
然而然的，合乎亲情、人情、民情与国情。法国群体心理学创始人古
斯塔夫·勒庞（Gustave Le Bon）认为，领袖动员信众有三个最重要
的手法——"断言法、重复法和传染法"。这三者因环境而威力巨大，

并具有一种神奇的力量，即"名望"，名望所涉及的感情既可以是赞赏，也可能是畏惧。① 勒庞将观念和领袖归结为一种神秘的不可抗拒力，控制、麻痹人们的批评能力，使人们充满惊叹和崇敬。同一时代的西格蒙德·弗洛伊德（Sigmund Freud）在《群众心理和本我分析》一书中，从暗示、利比多等因素入手，用"恋父情结"（electra complex）来解释领袖之于群众的影响：

> 群众中的每个个体都与领袖之间有一种"利比多"（性欲）的束缚关系，领袖对群众有一种催眠力的影响，群众因此才得以相互认同。群众代表的是一种向原始游牧人群情感结构的倒退，因为原始游牧人群就是由那种对同一父亲又爱又怕的共同情感所结成的兄弟关系。②

大众传播可以被视为由男性主宰的一种媒介权力，我们在电视节庆里听到的洪亮而清晰的声音多半是男性的，其意识形态倾向也有一种令人折服的男性力量。笔者认为，可以将主持人（精神领袖）与受众的关系理解为：男性—女性、主动—被动、演说—聆听、催眠师—受眠者、施与者—崇拜者、神父—信众、台上—台下、命令—遵从，等等，即使主持人是女性，也被赋予了男性角色，而所有的观礼者都被赋予了女性角色。中国传统男权社会的深远影响所造成的集体无意识与心理积淀，使得女性对于男性角色是敬畏、羡慕的，对父亲角色是又爱又怕的，男性对于"男子气概"是刻意模仿的。基于群体成员之间的这种文化与情感共同性，在电视节庆中，话筒里传出来的声音

---

① 参阅［法］古斯塔夫·勒庞《乌合之众：大众心理研究》，冯克利译，中央编译出版社 2000 年版，第 102—108 页。
② 转引自徐贲《在傻子和英雄之间：群众社会的两张面孔》，花城出版社 2010 年版，第 503 页。

类似于神谕，加之仪式性的情境，极易强化群体的情感移入，达到情感同一。

（二）受支配的权力主体

社会的分层系统具有同质性维度，每一个阶级都有其被支配集团、中间集团和统治集团，他们的经济资本、社会资本、文化资本和符号资本均不一样。电视节庆主持人将群众带入社会某个神圣核心，自身也对支配集团表示出崇敬态度。丹森认为："情感合作者同情感主体的关系是与情感主体同其自身的关系一样的。就是说，这个他人是一个遵德的他人，他也是情感主体持有的道德准则的体现者。"① 法国哲学家米歇尔·福柯（Michel Foucault）认为："是话语，而不是讲话的主体生产了知识。主体可以生产各种特殊的文本，但他们只能在一种特定的时期和文化的知识型、话语构成体、真理的体系的限制内操作。"② 布尔迪厄更明确地说，艺术家、作家和知识分子"相对于那些拥有政治和经济权力的人来说又是被统治者"③。

在大型电视典礼中，主持人、嘉宾、表演者的话语权是分等级、被规定的，即使是重要领导人也不例外，除了专门发言外，他们在典礼中的语言都比较简短，大都属于过渡性质，比如"现在我宣布，××正式开始"，或者是口令性的，如"全体起立，奏国歌"，而并不能随意乱说什么话。电视仪式的团队是由总导演率领的全体摄、录、演集体，主持人根据事先拟订的台本，组织、串联与推进节目，在时间

---

① ［美］诺尔曼·丹森：《情感论》，魏中军等译，辽宁人民出版社1989年版，第142页。
② ［英］斯图亚特·霍尔：《表征——文化表象与意指实践》，徐亮译，商务印书馆2003年版，第56页。
③ ［法］布尔迪厄：《文化资本与社会炼金术》，包亚明译，上海人民出版社1997年版，第85页。

上都有严格规定，虽然也有一定自由度——如结合现场气氛说几句幽默、诙谐、能调动众人情绪的话语，或适当使用方言，但终究依附于幕后权力。电视节庆仪式中的前后台有明显区别，后台区域是放松的，而在前台情境中，不论主持人是否认同那些情境规定，主持人都会由衷赞美，其仪式语言是一种事先被编码、可以加以准确重复的操演语言，可以说，没有操演，就没有电视节庆。

在一些电视公祭的仪式传播中，主持人可分成两类：一是公益活动的主持人，他掌控仪式活动的推进；二是对此进行解说的电视主持人，他负责将活动与观众连接起来。这两类主持人也只是"阐释者"而并非"立法者"，在说什么与怎么说的问题上，要将自我角色隐匿起来进行"去个性化"管理，从而表现出与舞台相配合的媒介角色，意即"超我"的"电视人格"，他们的个体性暂存于另外一个主体之中，即意识形态、话语与权力淹没和统摄了他们。戈夫曼认为，这种戏剧化的过程产生了一种"自我"。"在电视媒介仪式中，自我其实是仪式场景的产物，它不是一个有机的整体。而是一个特定的定位：在电视媒介仪式现场的自我，其根本的命运就是随着媒介仪式场景而出生，成熟直至死亡。"[①] 在绝大多数电视节庆中，为了让表演者与观瞻者体会到一种集体意识的"自我归类"，电视节庆主持人的声音必须稳健严肃、义正词严，对情绪的分寸、火候把握是其关键素质，是主流禁欲的代表。电视观众也能感受到这一点，对主持人的同情、喜爱与崇拜是文化塑造的结果，能够成为情感唤醒的基础。

---

① 翟杉：《仪式的传播力：电视媒介仪式研究》，中国传媒大学出版社 2014 年版，第93 页。

（三）叙事者与情绪管理

电视节庆的主持人是仪式活动的推进者、节目品牌的标志者、象征权力的代言者、频道记忆的制造者，这一口头叙述者与其身边的旁观者构成了频道叙事中的仪式情境。叙事（narrative）就是讲故事，讲故事的人代表着人类生活、精神世界、空间维度上的联系与拓展，理解世界也是站在讲述世界的基础上的。美国学者乔治·格伯纳认为，电视是一个集中化的叙事（storytelling）系统，不可忽略电视作为我们时代共同的"说书人"（storyteller）这一独特而重大的角色特征。① 那么，电视说书人的角色特点是什么呢？需要从讲述者角色变迁的角度进行分析。

德国文化批评家瓦尔特·本雅明在他的一篇杰出的随笔《讲故事的人》之中，将过去的讲故事的人分为两类：农夫（定居的耕作者）和水手（远方的旅行者）。前者了解时间，谙熟本乡本土的掌故和传统；后者懂得空间，故事与魅力来自远方。讲故事是口传文化时代的产物，"讲述"这一行为代表了某种交流经验的能力，也造就了特定的听众社群，人们对于远方来客与家居者的故事同样喜爱。但在现代社会，大众传媒深刻地改变了这一状况，讲故事不再流行，交流的能力衰落了，故事的韵味消失了，听故事的社群也消失了。电视节庆主持人的重要功能就是重新聚合农夫与水手的身份，将本地的尤其是将远方的故事带给大家，留下记忆点、兴奋点。当电视主持人开始讲故事时，舞台庄严宁静、灯光变暗、音乐变慢、语速变缓、特写推进、情绪开始酝酿，世态人情沉浸回旋于舞台，加之事先准备的 VCR(vid-

---

① 参阅［美］乔治·格伯纳等《与电视共同成长：涵化过程》，见［美］简宁斯·布莱恩特主编《媒介效果：理论与研究前沿》，石义彬译，华夏出版社 2009 年版，第34页。

eo cassette recorder，盒式磁带录像机）的播放，将故事主角跌宕起伏的命运推置屏幕前；叙述及至高潮，台上深情款款，台下泪光闪闪，灵魂在仪式化的情境之中得到洗礼。

不论是五四青年节的电视成人礼，还是中国教师节的寻找最美乡村教师的颁奖典礼，都充分借用了传统的叙事方式，社会叙事和社会记忆互为依据。电视节庆力争将兴奋点（看点）、快乐点（笑点）、感动点（泪点）安插其中，让人得到审美艺术的"瞬时报酬"，"我们从经验得知，要享有快乐，完全不需要花费太大的力气，甚至我们都知道，那种力气将会摧毁我们的满足感：因为快乐一定是出其不意地得到，而不是强加在我们身上的；快乐是随着意志而来，因此我们常常被许多远比我们力量还小的事物所感动"①。2011 年湖南卫视的电视成人礼盛典中有这样一个故事：一个名叫佘艳的小女孩自出生就被遗弃，与养父相依为命撑起一个幸福的贫寒之家。然天地不仁，以万物为刍狗，小女孩命运多舛，在身患白血病即将离世之际，佘艳写下遗书，让养父把社会捐助的 58 万元全部转赠给同样病症的陌生人。主持人张丹丹充分调动了平静语调中的控制力，将佘艳的不幸与顽强、乖巧与大爱呈现出来，当她说小佘艳的墓碑上就刻着六个字："我来过，我很乖"。全场为之动容。而后何炅与张丹丹进一步阐发主题，导向正向而隐性的价值理念："当我们选择善良，我们就会遇到更多的善良，当我们选择相信美好，我们就会遇见更多的美好，大家能相信吗？"在讲述的最后，主持人深情地说："18 岁了，我的朋友们。相信爱情吧，相信青春，相信奋斗，相信朴素，相信奉献，相信执着。相信那些老掉牙的词儿，相信你们的父辈，以及你们父辈的父

---

① ［英］艾德蒙·柏克：《崇高与美之源起》，林盛彬译，典藏艺术家庭股份有限公司2011 年版，第 95—96 页。

辈都一直相信的事儿吧。"这个故事以及这些向传统致敬的话语赢得全场的泪水与经久不息的掌声，一个叫作"相信"的故事将庆典的情绪推至高潮，催人思索给人启迪，丰富、提升了整台庆典的层次。又如，在 2009 年 5 月 12 日四川汶川特大地震的周年纪念文艺晚会（恰逢国际护士节）的一个环节中，现场出示的文物中有地震志愿者在奔赴灾区时留下的遗书，故事把观众带回特定的时间、地点与情境之中，这些发自心底的声音令人格外动容。遗书的主人有退伍老兵陈阳、彭松，有普通市民燕子、盼盼等人，当晚会主持人敬一丹、海霞、郭志坚、杨晨、纳森念读这些遗书时，现场观众潸然泪下，主持人进而说，更多没有留下姓名的志愿者，默默地以平凡的陌生人身份给社会提供着暖心的温度，他们是这个民族"善"的中坚，这些话语在观众心中激起巨大的情感波澜。

讲述者的身份与讲述技巧决定叙事效果，电视节庆的主持人除了上文所言的"男性"身份，还兼具导师身份、智者身份、吟游诗人的角色。美国学者约翰·菲斯克与约翰·哈特利（Fiske & Hartley，1978）提出"吟游电视"（bardic television）的概念，旨在强调电视的意指实践以及表明性功能。他们认为，现代电视发挥了传统社会吟游诗人（bardic function）的七大功能：

（1）明确刻画出有关现实本质的固有文化共识主线；（2）通过培养并在工作中实际展示文化中的主导性价值体系，而将文化中的个体成员纳入其中；（3）对文化中的个体代表表示赞赏，进行解释、阐明，并且将其行为合理化；（4）通过在现实的、具有潜在不确定性的世界里积极行动，来肯定和证明文化的意识形态/神话，以确保文化总体上的充分、恰当和令人满意；（5）或者相反的，揭露文化本身的实际不足，这种不足或者是由于外部世界的条件变化，或者是来自文化内部调整以适应新的意识形态的压力；(6) 使受众明白，他们作为文化个体的身份地位是由作为一个整体的文化所保证的；(7) 通过以上方式来传递一种文化成员身份感，包括安全和置身其中的感觉。[①]

电视吟游诗人传达主导文化价值观时，经常模仿那些最为传统、最为简单的故事叙述情境："……游吟式电视对其'母邦'（home）文化来说，是一种强大的保守力量或社会中坚（socio-central）力量，它用隐喻使新奇而陌生的事情具有熟稔的形式和意义。"[②] 意大利文艺理论家杨巴蒂斯塔·维柯（Giambattista Vico）在其力作《新科学》之中区分了诗与哲学的不同思维特点。他认为人的文化天赋中最伟大的部分是"诗性智慧"（poetic wisdom），即美的艺术想象、意义追求以及艺术建构的创造力与再生力。公共仪式也有很强的"诗性逻辑"，有强烈的民族性与历史性，电视节庆的叙事最充分地体现了诗的品格与光芒，如开国大典的庄严辉煌、宗教祭祀的肃穆神秘、民族年节的庆典奇观，都有着明确的史诗风格。

电视节庆仪式的诗性智慧是借助电视主持人做到的，电视主持人是最接近电视游吟诗人角色的，他们是技能娴熟的口头表演者。节庆司仪对于声音、服饰、妆容、面部表情、关键道具的管理（如主持人装服出场），实际上就是对情绪与氛围进行管理，将事件嵌入抒情史诗一般的声线里，崇敬的语气、洪亮的气势、轻巧的拿捏、婉转的意蕴、短暂而意味深长的静默、压抑或控制的嗓音，都是叙事的重要技巧，这种形式

---

① ［美］约翰·菲斯克：《传播研究导论：过程与符号》，许静译，北京大学出版社2008年版，第64页。

② ［美］约翰·菲斯克编撰：《关键概念：传播与文化研究辞典》，李彬译注，新华出版社2008年版，第24页。

压倒内容的说话方式给人以尊崇之情。在箴言警语、史诗风格、仪式氛围的背后，受众的经验、体验、记忆连成一线，形成情感互动。

二 电视荧屏：节庆仪式的团结符号

戴扬和卡茨认为，事件的组织者、电视台、观众，是组成电视媒介事件的三个有着协约关系的伙伴，"每个方面必须给予积极的认同并拿出相当的时间和其他投入才能使一个事件顺利地成为电视事件"[①]。电视节庆的传播是整合那些缺席的社会成员，而这种整合是通过荧屏做到的，"荧屏"与"框架"是电视传播的特质，电视画面也必然受到框架的限制。"电视框架可以利用摄像的运动性、画面形象的开放性、构图的变化性使观众目不暇接地接受各种含义不同的所指，也能将能指的外延意义不断放大，让观众拓展想象的空间。"[②] 电视荧屏将表演领域与反应领域结合起来，将主演与观瞻结合起来，将解释与体验结合起来，荧屏成为节庆仪式的"团结符号"，观者以一种平等性的身份被拖进荧屏造就的象征意义中。

（一）场域：节庆的观看情境

情感研究者认为，情感体验与社会场域关系紧密。当代社会心理学的主要奠基者、德裔美国心理学家库尔特·勒温（Kurt Lewin）用"场"论强调人与环境的相互依赖，其场论与布尔迪厄的"场域"概念有源流关系，布尔迪厄将整个社会场域分成许多"次场"（sub-field），如权力场、经济场、艺术场、宗教场等，他认为场域是深思

---

① ［美］丹尼尔·戴扬、伊莱休·卡茨：《媒介事件——历史的现场直播》，麻争旗译，北京广播学院出版社 2000 年版，第 64 页。
② 翟杉：《仪式的传播力：电视媒介仪式研究》，中国传媒大学出版社 2014 年版，第 48 页。

熟虑地创造行为的产物，有其特有形式和特定力量，对置身其中的行动者有重塑作用。电视节庆的观看者裹挟在双重情境中：宏观的社会情境与微观的视觉场域之中。当下的社会情境是一个开放式的融合文化时代，通俗文化、消费文化成为压倒性因素，对情感的快速消费、"文化麦当劳"现象已成为文化市场的主导趋势，这与人们逐乐的情感诉求是合拍的。媒介文化对社会情感的发动和纾解，成为人们超越生存现实、缓解压力、获取愉悦的重要手段，艺术场域、宗教场域、节庆场域便于鼓动情感的生长，尤其是轻松、崇高、欢快的情绪，电视节庆仪式化情境的生产与互动有两种情形："场内的"与"离距的"。

由于阶层与社会差异，极少数人被挑选出来亲临电视节庆现场，艺术传播越来越使"亲临"这回事变成"代表亲临"，作为代表们的人们形成一种身份认同感，在与陌生人的"同在"中体会到共同情感，他们本身就是仪式展演的一部分，虽然他们处于舞台的次要地位——如果他们没有这种功能，就不会成为电视摄像镜头捕捉的对象。电视摄像总是选择那些喧闹、兴奋的人群来拍摄，将动情的瞬间（如大笑、含泪、凝神）作为特写，观众是节庆摄像的有机组成。日本学者藤竹晓宣称，人群对于摄入电视会感到一种连续的快感，许多人都想要对看电视的熟人显示自己的存在。由于意识到自己正在被拍摄，在场观众会努力做出最出色的表现、最适合电视拍摄的做法，这是一种"假动作摄影效应"，摄像机和被摄者之间存在互惠效应。①

电视庆典场内观众的互动性情境是这样发生的：在场者一边在"剧场"（或演播厅或广场）观看仪式展演，一边成为电视镜头下的

---

① 参阅［日］藤竹晓《电视的冲击》，李江林等编译，北京广播学院出版社 1989 年版，第 46—47 页。

仪式景观，"看"与"被看"同时发生。节庆现场的多个机位在不同位置窥伺，电视摇臂在空中逡巡，在场者不知自己何时会进入镜头切换中——因此必须对可能出现的下一秒进行印象管理以及情感控制，以使在镜头里呈现出"标准外貌"，此时电视摄像镜头成为一种在场的监视装置，有如福柯的"全景敞视主义"，监视的最高境界就是自我监视，如偶像出场时的快乐尖叫、立誓时的肃穆坚毅、升旗时的庄严神圣、"故事时间"流下的泪水，都是观仪者必要的身体表演。在场者知道摄像机镜头就是电视观众的眼睛，场外的凝视是一种带权力的观看，一旦置身于摄像机前，人们能感受到镜头的凝视，因此会做出区别于日常的表演，有时是一种"过度表演"。同一场域的体验汇合了人们内在的意识流，相似的感受在移情中发挥作用，这一分享过程存在着主体间性，这是意识形态运作的重要平台。仪式化的情境能给渴望主流认可的个体带来存在感与幸福感，并有一种成就"个人史"乃至"文化史"的虚假想象。

（二）视框：离距的意义再造

技术媒介将社会互动与具体场所区分开来，场外的互动程度低于场内的，但可以通过别的方式弥补，围绕着电视屏幕所形成的观看情境，也有其优势所在。约翰·B.汤普森在英尼斯、吉登斯等人的基础上，对"准互动"做了清晰阐释：

> 由于大众传播在象征形式的生产与接收之间构建了一种基本的断裂，它造成了时空方面一种特殊类型的互动，我们称之为"传媒的准互动"。它是"互动"，因为它包含人们与他人的传播，他人以某种方式回应，可以形成与他人之间的友谊、感情或忠诚的联系——有时是紧密的联系。但它是"准互动"，因为传

播流动主要是单向的，接收者的回应方式是受严格局限的。①

在仪式表演与电视影像抓取之间，形成一个视框，场内观众的视阈是散点的，来自四面八方，但离距的观众在视阈上是高度聚焦的，他们即将看到的内容更具闯入性，因为特写镜头与非常规镜头（俯仰、大运动镜头）带有显在的情绪感，影像不仅有层次感、空间感，而且有强烈的媒体意志；电视观众的视锥虽然是受限的，但呈现在眼前的影像是排除了信息噪音之外的精彩瞬间，在看的同时能保证自己无需成为"被看"，也能在不同的时间看到几乎所有空间，所以，电视观众虽然并不处于仪式中心，而荧屏实现了意义缝合过程，使人们不会离仪式太远。正如法国心理学家雅克·拉康（Jacques Lacan）所说："缝合就是主体试图修复自我内部出现的区隔的过程。"②

不同于在场者的亲身参与，离距的电视观众所处的情境是包含了一种"家庭主义"的团聚，"看"与"屏"是松散关系，但它是一种安全距离，观看者可以随时换台或走开；家庭情境的微环境也起着重要作用，亲密、愉快的家庭交流，甚至人们围坐的节日食品，都能发挥重要的情境作用，比如，在中国北方，除夕夜缺了一盘饺子（更岁交子），新年似乎就不完整；在中国南方，如果你没能跟家人一起团聚中秋，那么你吃的就不是月饼（家人团圆），恐怕只能叫"甜食"，节日食品、节日服装都参与了电视节庆的意义缝合，现实节庆的情境弥补了离距的互动不足，加之荧屏表演、场景安排，里应外合地构建

---

① ［英］约翰·B. 汤普森：《意识形态与现代文化》，高铦等译，译林出版社 2005 年版，第 17 页。

② 转引自［英］格雷姆·伯顿《媒体与社会：批判的视角》，史安斌译，清华大学出版社 2007 年版，第 206 页。

出一个有意义的仪式情境，激发着人们对神圣日子的幸福沉湎。因此，观众、食品、节庆、视屏，彼此之间的关系是呼应、互动、强化的，观众观看的不是影像，而是意义。

电视节庆能实现公共仪式最大众化的围观，统合了"在场的"与"离距的"观众，其互动情境是基于某种共同视域中的共同性（共通感），共通感又源自电视节庆趣味、梦幻的情绪氛围。正如法国符号学家罗兰·巴特用"小乐"和"极乐"这两个词来区分人们解读文本时产生的不同快乐，巴特认为"小乐"是一种世俗的快乐，基本上是确认性的，尤其在确认自己的身份方面。极乐发生在文化崩溃的那一刻。而观看电视的条件，还不足以达到产生极乐所必需的程度，巴特认为"小乐"可能是电视所特有的。[①] 对于电视节庆而言，情感若是迷狂，反而会因与现实反差较大而不可采信，恰恰是"小乐"的群体情绪能够认可现世安稳，从而实现对现有社会结构、社会文化的认定。

本章小结

当前的理性化社会正在被一系列的格调、感情、情感所表达的移情社会性所替代，情感诉求是一切艺术传播的旨归，仪式是"情感唤醒"的重要装置，电视节庆有更明显的情感规定，它追求正向、积极的情感体验，而非仪式原始情感的复制。基于节目的"微观情感"与

---

① 参阅［美］约翰·菲斯克《电视文化》，祁阿红译，商务印书馆 2010 年版，第 328—331 页。

时代的"情感结构"对受众的合围，电视节庆竭力追求能带来高情感互动的内容与形式，自然化的视觉修辞、声音修辞带来新修辞学意义上的"无意识认同"，这是所有认同中最有效力的，直指意识形态认同。

电视节庆存在着"直接在场"与"间接在场"两种观看情境，后者的情感强度不及前者，因此电视节庆主持人的甄选与启用尤为关键，他们是重要的情绪发动者，执仪者与观礼者之间的仪式化集合，促成了结构性的电视构造，使得荧屏内外共处于一套共享的价值世界里。由于缺席的社会成员才是社会统合的真正对象，因此主持叙事、情绪管理、摄播技术等因素极为重要。场内观看是一种深度参与，在情感体验上更强烈，而场外观看由于视框的特点，整体气氛有所减弱，但在仪式聚焦上却更为清晰；场内是散点透视；场外是全息视角；场内承受着"情境的压力"，场外是无压力观看；场内是高情感互动，场外是以荧屏为团结符号的准互动。二者都指向文化认同。总体说来，作为精神消费品，电视节庆不必使用很多的理性，因为理性会排斥观众，逻辑会使观众烦恼，而情感能使人激动，它们浮在表面，易于塑造。电视节庆的仪式化传播将现实交予文化，节庆外形与对节庆的感知产生连接，产生愉悦，产生审美快感，再一次确证了意义生产与情感起源的深度关联，电视节庆的文化认同本质上是基于"情感同一性"的情感认同。

第五章　电视节庆仪式传播的认同建构

　　媒体的认同建构是通过对意义的建构而获得的，正如霍尔指出的："意义并不内在于事物中。它是被构造的，被产生的。它是意指实践，即一种产生意义、使事物具有意义的实践的产物。"① 意义同样是詹姆斯·凯瑞传播思想的核心，因此阐释意义成为仪式观独特的研究方法。福柯在《知识考古学》中认为，话语（discourse）是为特定的规则所约定的陈述方式和陈述作用，包含着它在社会和历史实践中占有的各种交换关系，话语中的主体控制原则规定着"谁"在说话，谁是语言的拥有者，以什么方式说，为什么说。话语可有微观和宏观之分，微观话语是语言学意义，宏观话语接近于社会学意义，即话语与一定的权力结构联系在一起，反映、描述、建构着某种社会关系。麦克卢汉曾提出媒介四元说或四大律（iaws of media），即强化或放大（amplification）、过时或遮蔽（obsolescence）、再现或再用（retrieval）、极限后的逆转（reversal）。② "符号—话语"是文化描述的切近之道，按照麦氏媒介四律的提问，本章将要检视如下问题：作为人造物的话语建构，电视节庆仪式提升、放大了文化中的哪些东西？它使

---

①　[英]斯图尔特·霍尔：《表征——文化表象与意指实践》，徐亮等译，商务印书馆2003年版，第24页。

②　参见[美]保罗·莱文森《数字麦克卢汉——信息化新纪元指南》，何道宽译，社会科学文献出版社2001年版，第268—273页。

什么东西过时，又把什么推到显赫位置？它如何再现、重拾并创新传统文化？达到潜力极限之后，它逆转或摇身一变有了哪些新用途？新文本中的话语削弱和遮蔽了哪些因素，并指向怎样的认同？

第一节　转型期电视节庆的文化总体性

美国文化学者詹姆斯·罗尔（James Lull）认为，"象征性形式不随意或孤立地出现。它们构成代码，要求知识，提供阐释。它们被设计为其创造者和资助者服务"[①]。象征形式受制于其文化语境，新时期以来，由计划走向市场，由闭关走向开放，转型期还将延续到今后相当长的一个时期。"一切作品都属于确定的文化背景，艺术形式属于它们自己文明的'总体运动'"[②]。新时期的文化资源赋予了电视节庆仪式独富个性的东方气韵：深植于国家意志、东方美学和典礼仪式等规范一体化的有效性，所营造的神圣世界与世俗权力既相区别，又有关联。

一　"无主题变奏"：电视节庆的话语表征

关于"美"的分类，中西美学史都认为大致可有两类，优美与壮美（崇高），康德的《论优美感和崇高感》、柏克的《崇高与美

---

① ［美］詹姆斯·罗尔：《媒介、传播、文化：一个全球性的途径》，董洪川译，商务印书馆 2005 年版，第 185 页。

② ［法］西尔维娅·阿加辛斯基：《时间的摆渡者：现代与怀旧》，吴云凤译，中信出版社 2003 年版，第 107 页。

之源起》为其专论，王国维的《静庵文集》、李泽厚的《美的历程》对此也有涉及。二者分野大致在于，优美使人欢愉，崇高使人敬畏。"崇高如果没有优美来补充，就不可能持久；它会使人感到可敬而不可亲，会使人敬而远之而不是亲而近之……一切真正的美，必须是既崇高而又优美，二者兼而有之，二者相颉颃而光辉。世界上是不会有独美的，它必须是'兼美'"。① 笔者以为，在跨度较长的单位时间内，不论是依附于时间刻度的历法仪式，还是依附于公共记忆的国家仪式，中国的电视节庆在审美上都围绕着优美、崇高，以及二者"兼美"铺陈展开，是以雅文化为主要特质的"无主题变奏"。如历届央视春晚都被统领在时代大主题之下，其年度特征都不过是这一主题的某一截面。原中央电视台副台长洪民生说："从1984年起，春节晚会开始注重制定明确的主题思想，一直沿袭至今，实践证明：凡是充分体现主题的就成功，凡是跑了题的就失败，表现不充分的就显得平淡，主题就是晚会的基调和灵魂，它的确定不是个人的随意性，而是要广泛听取观众和专家的意见，既要有浓烈的民族传统节日气氛，又要把晚会放在宏观的时代背景上去立意深化。"② 邓在军导演曾说："如果拿一部交响乐来比喻春节晚会，'欢乐、团结、奋进'就是贯穿于全曲始终的主旋律。"③ 人们对于建军节、建党日、国庆日都有预设性的"前理解"，不约而同地存有庄重、神圣、高尚的惯性确认，这是一种围绕着"团结、奋进、自豪"的无主题变奏，指向优美感、壮美感、庄重感、

---

① ［德］康德：《论优美感和崇高感》，何兆武译，商务印书馆2001年版，译序第8—9页。

② 洪民生：《为了忘却的纪念——春节联欢晚会的联想》，沈纪《电视文艺论集》，人民出版社1993年版，第21页。

③ 邵长波：《电视导演应用基础》，中国广播电视出版社2000年版，第115页。

崇高感，所有这些美感都是愉快感。笔者在对重大电视节庆进行分类后认为，有三种文化要素的混融是其恒定主题：乐感文化、大同理想与国族主义。

（一）融合文化主导下的乐感文化

除了哀悼仪式这一特例外，电视节庆仪式最基本的主题上乐感文化，这一来取决于中国文化的传统特质，二则取决于新时期的文化特质，三是电视节庆的文艺本质。乐感文化与电视节庆互为手段与目的，乐感文化既是传统的又是现代的，既是西方的又是东方的。精神分析学家弗洛伊德认为，人的心理分别受到快乐原则（pleasure principle）和现实原则（reality principle）两种系统的辖制与调节，快乐原则为本我活动原则，旨在消除缓解由紧张和压抑带给人的不快感。"任何一种给定的过程如果源自不愉快的紧张状态，都必定采取使结果与这种状态的放松相一致的途径，就是说，要避免'痛苦'，产生快乐。"①《乐记·乐论》有云："乐者，天地之和也。礼者，天地之序也。和，故百物皆化。序，故群物皆别。乐由天作，礼以地制。"乐，是一种能统合人心的集体心象，在中国哲学中具有本体意义，"这种精神不只是儒家的教义，更重要的是它已经成为中国人的普遍意识或潜意识，成为一种文化—心理结构或民族性格"②。当传统乐感文化与西方世俗化思潮相融汇，便成为当代社会普遍存在的精神取向。

中国改革开放的文化成果之一是思想解放与文化创新，以宏大叙

---

① ［奥］约翰·里克曼选编：《弗洛伊德著作选》，贺明明译，四川人民出版社 1986 年版，第 191 页。

② 李泽厚：《中国古代思想史论》，天津社会科学院出版社 2003 年版，第 295 页。

事为主要话语方式、以政治标准为主要评价尺度的文化形态逐渐淡化，人们用大转折、新纪元、新时期、新时代这一类语词展开乐观想象与历史概括。电视节庆是城乡广大群众节日活动的重要内容，热烈、欢快、神州同乐，已是策划者与执仪者的传播共识。著名相声家马季作为 1983 年春晚的主持人，较早注意到"乐"的重要性，"咱们胆子要大的话，晚会干脆就突出一个'乐'字，欢乐！十几年了，老百姓没怎么乐，为什么粉碎'四人帮'以后相声这么受欢迎，就是大家需要乐。咱们春节晚会也别讲太多政治化的词，就是让观众笑痛快了，节过好了，晚会就成功了"①。"乐"与"笑"在旧的意识形态框架内是被贬抑的，"历史的辩证法在于，恰恰是这些在当时被认为'不讲政治'的节目，包含了新的政治性含义，那就是改革开放的合法性，那就是以个人为核心的新价值观"②。1983 年以来的春晚由"笑""乐"再到"闹"，勾勒出当代电视节庆的历史变迁。在此列出央视春晚的历届主题，年度特征的"变奏"是一种"立主脑"，但并没有改写春晚的大主题，是谓"无主题变奏"。

　　　　1983 年春晚：团结、欢乐、希望

　　　　1984 年春晚：爱国、统一、团结

　　　　1985 年春晚：团结、奋进、活泼、欢快

　　　　1986 年春晚：团结、奋进、欢快、多彩

　　　　1987 年春晚：团结、向上、喜庆、红火

　　　　1988 年春晚：团结、奋进，欢快

　　　　1989 年春晚：团结、欢乐、向上

---

　　① 王景愚：《幕后》，新世界出版社 1999 年版，第 35 页。
　　② 师力斌：《春节联欢晚会三十年》，张颐武主编《中国改革开放文化三十年发展史》，上海大学出版社 2008 年版，第 351 页。

1990 年春晚：团结、和谐、欢快

1991 年春晚：团结、欢快、多彩

1992 年春晚：团结、欢乐、祥和

1993 年春晚：欢乐、祥和、自豪、向上

1994 年春晚：团聚、自尊、奋进、祈盼

1995 年春晚：亲情、友情、乡情

1996 年春晚：欢乐、祥和、凝聚、振奋、辉煌

1997 年春晚：团结、自豪、奋进

1998 年春晚：中华民族春节大团圆，万众一心奔向新世纪

1999 年春晚：欢歌笑语大团圆

2000 年春晚：满怀豪情跨世纪，龙腾报春庆振兴

2001 年春晚：喜庆、亲切、昂扬、展望

2002 年春晚：祖国颂、社会主义颂、改革开放颂

2003 年春晚：凝聚力、自信心

2004 年春晚：祝福

2005 年春晚：盛世大联欢

2006 年春晚：团结、奋进

2007 年春晚：欢乐和谐中国年

2008 年春晚：飞向春天

2009 年春晚：中华大联欢

2010 年春晚：虎跃龙腾闹新春

2011 年春晚：欢天喜地，创新美好生活；欢歌笑语，共享阖家幸福

2012 年春晚：回家过大年

2013 年春晚：新春中国

　　2014 年春晚：春夏秋冬

　　2015 年春晚：家和万事兴

　　2016 年春晚：你我中国梦，全面建小康

　　近几年春晚以"个人（家庭）至上"重于"国家（集体）至上"，但都是围绕"团结、欢乐"的同义反复，以"和民心、顺民意"来召唤观众的仪式性收视，营造集体欢腾的共享状态。国庆节被定义为"人民的节日"，体现全国上下乐观的爱国主义精神。而在一些自主创新的主题性、行业性节庆中，神圣性与世俗性被同时并置，如跨年演唱会、电视成人礼从"乐感"走向"快感"，体现了意义与快感的双重诉求。正如电视文艺编导、词作家陈念祖曾写过一首题为《中国节日》的歌，体现了电视节庆的世俗喜乐，抄录如下①：

　　　　热腾腾的元宵，花灯闹长夜，

　　　　清爽爽的端午节，粽子包情节，

　　　　七夕看银河，重阳登山岳，

　　　　最欢腾的要数那合家团圆过春节。

　　　　民族的气派中国的节，

　　　　老祖宗给咱发出的红请帖，

　　　　天地增寿人祝捷，

　　　　这中国节日越美越亲切。

　　　　金灿灿的七月一，党旗展伟业，

　　　　红火火的建军节，军徽映豪杰，

---

① 陈念祖：《节庆晚会编导手册》，上海音乐出版社 2006 年版，第 1 页。

神州共婵娟，月圆中秋节，

最喜庆的要数那礼花满天国庆节。

永恒的纪念不朽的节，

这节日为咱好日子描喜悦，

共与佳节长相约，

这中国节日越过越热烈。

需要说明的是，笔者并不认同一些学者以"狂欢"等语词来标签中国电视节庆的做法。我国电视节庆的"乐感"是一种"中和之欢"（中国化狂欢），而非"极度狂欢"（非理性狂欢），正如罗兰·巴特说电视是"小乐"的，美国学者、狂欢节研究专家丹尼尔·克罗列（Daniel J. Crowley）在研究非洲后殖民地的狂欢节后（*African Folklore in the New World*）提出"克罗列定理"："阶级越低（或肤色越黑），其狂欢节越严肃。"① 社会学家马克斯·韦伯也说："我们在中国发现的是警觉性的自制、内省与谨慎的特色。尤其是，我们会发觉到，所有热情的形式，包括欣喜在内，都受到压抑，因为热情会扰乱了心灵的平静与和谐。而后者则是一切善的根源。"② 电视节庆既是文化行为也是政治行为，并不具有西方戏剧的宗教迷狂和超越性（酒神精神），而是带有民俗色彩的世俗性和伦理性，是以真善美为核心的、有节制的欢乐（日神精神），是民俗象征、神圣仪式和宇宙论观念的集结。

---

① 转引自王杰文《仪式、歌舞与文化展演：陕北·晋西的"伞头秧歌"研究》，中国传媒大学出版社 2006 年版，第 233 页。
② ［德］马克斯·韦伯：《韦伯作品集：中国的宗教与世界》，康乐等译，广西师范大学出版社 2004 年版，第 225 页。

（二）文明对话背景下的大同理想

当下中国社会的文化地图较为复杂，处于传统/现代/后现代、东方/西方/全球化、主流/精英/大众文化的相互并峙、胶着、对话、融汇、整合的拼贴状态之中，三种力量共存于同一框架内，也建构了媒介、社会、文化发展关系的合力。"大同"思想在古今中外早有论述，在哲学家康德看来，大同主义同时存在于两个世界——城邦的和宇宙的：本地社区和"全人类的世界社区"，表现为"国族"间和平的承诺。如果按生活共同体来划分，可表述为"国家"与"国际社会"，地方与世界通常被视为两端。"对话的想象"与他性（otherness）的持续协商被德国社会学家乌尔里奇·贝克（Ulrich Beck）称为"一种大同世界的远景"；美国哲学家约翰·罗尔斯（John Rawls）将"正义"视为政治理论的核心概念，而德国哲学家尤尔根·哈贝马斯（Jurgen Habermas）则主张对话，他们分别构成了"全球正义与文明对话"的主题。从孔子的"大同论"到康有为的《大同书》、从孙中山的"天下为公"到今天"小康社会"的建设目标，"天下为公、世界大同"是中国人民的崇高理想。然古今中外并未真正出现大同世界，而小康社会是切实可行的具体现实。周宪认为小康既属经济范畴，也是文化形态："'小康'所实现的物质文化水平，在客观上要求着相应的文化及其意识形态，诸如消费主义和享乐主义等等。"① 小康文化是一个带有文化历史分期的概念，在一个时期内反映着中国当代文化的现实境况，体现出某种文化总体性。

---

① 周宪主编：《世纪之交的文化景观——中国当代审美文化的多元透视》，上海远东出版社1998年版，第5页。

一切事物都处在关系与系统之中，在一个国际互动频繁的时代，中国需要世界，世界也离不开中国；世界结构了中国，中国也结构了世界；中国有了新的世界观，世界也有了新的中国观。在促进文化对话、建构和谐世界的当下，中国渴望获得国际地位，而国力的提升、"中国模式"的形成又难免引来"中国威胁论"等妖魔化论断，因此为了减少他者的误读，中华文化积极同世界文化对话，电视节庆在多国多地区落地，在跨文化传播中着力输出"和平崛起""负责任"的大国形象，将中国的"大同理想"与"小康现实"昭示于世界，展现中国人关于宇宙存在的基本框架：和谐与均衡——自然系统（天）的和谐、有机体系统（人）的和谐、人际关系（社会）的和谐，带领国人仰望大同理想、确认当下的小康现实，影视人的节庆理念也体现出这一意志。英国诗人马修·阿诺德（Matthew Arnold）认为，文化应以甜美与光明（sweetness and light）为完美品格，"什么是宏基伟业？这是文化要我们问的问题。宏基伟业应是能够引起爱慕、兴趣和景仰的精神状态，如果我们激起了爱慕、兴趣和景仰之情，那正从外部证明了我们的伟大"[1]。这恰恰也是中国电视节庆的重要文化品性：在宏大叙事退隐、微型叙事上位的文化境遇中，努力葆有一种高飘、华丽、民族史诗一般辉煌的叙事风格，用仪式激起民族国家对自身的崇拜，从而实现其意义抵达。

（三）国家民族主义的肯定型表述

民族（nation）、族性（ethnicity）、民族归属（nationality）、族群（ethnic group）、民族主义（nationalism）等名词极难界定，国际成果

---

[1]　［英］马修·阿诺德：《文化与无政府主义状态：政治与社会批评》，韩敏中译，生活·读书·新知三联书店 2002 年版，第 13 页。

汗牛充栋并长期争辩，综合起来它们都传达着血统起源的观念，"民族"由拉丁语词根"natio"演变而来，其原始意义与共同的血统（descent）、品种（breed）、原种（stock）、出身（origins）、祖先（ancestry），属于同一群人民（belonging to the same people）有关。美国学者爱德华·希尔斯（Edward Shils）是第一个提到民族"原生性纽带"（primordial ties）的学者，他在 1957 年的《原始的、个人的、神圣的公民间的纽带》一文中认为，民族的原初纽带与公民纽带共存于同一个社会秩序中。美国学者本尼迪克特·安德森认为，民族、民族主义都是现代的特殊类型的文化人造物（cultural artefacts），"……它们可以被移植到许多形形色色的社会领域，可以吸纳同样多形形色色的各种政治和意识形态组合，也可以被这些力量吸收"[①]。笔者认为，"民族"除了与生物学意义上的"血统"有关，还与文化学意义上的"道统"、政治学意义上的"自治"有很大关系。

民族并不像国家那样被视作一种地图上的明确实在，而是安德森所说的"想象的共同体"，安德森认为"二战"之后成立的中华人民共和国是以民族来自我界定的；长期从事中国民族主义研究的美国学者杜赞奇认为，中国早有类似于"民族"的想象，但并非"中华（Chinese）之国"，而是"位居世界中央"（central）的国家。对国人而言，从儒家到帝制社会，再到现代民族国家（nation-state），崭新的不是民族概念，而是西方的民族国家体系，在西方入侵和东方民族意识觉醒二者间存在着很大的时间滞差。德国社会学家盖奥尔格·齐美尔（Georg Simmel）说："一个这么大、这么多平方公里的地理范围并不构成一个大的国家，而是各种心理学的力量才建立一个国家，它们

---

① ［美］本尼迪克特·安德森：《想象的共同体：民族主义的起源与散布》，吴叡人译，上海人民出版社 2003 年版，第 4 页。

从一个统治的中心点出发，在政治上把这样一个区域的居民聚合团结在一起。"① 民族主义便是一个绝好的中心点，重大节庆被视为民族—国家的公共仪式，是实现民族主义动员的重要文化资源。

当今世界没有哪一国能自外于全球化，民族国家越来越被跨国和全球的权力关系所穿透，中华民族在 19 世纪中叶以来曾饱受列强欺凌，在当下又面临文化帝国主义的隐忧。被殖民的悲情、受伤的自尊与忧患情结、对和平演变的警惕、对文化侵略的戒心，直至民族复兴的想象，深植于 19 世纪 80 年代以来的中国政治文化生活之中，主流电视媒体在民族主义的话语建构和议题操控上是对国家意志的重要配合。香港传播学者李金铨将媒介建构民族主义话语的模式分为四种类型：肯定型、武断型、好斗型、理性批判型，并认为肯定型的民族主义遵循官方旨意，以爱国主义为核心。② 跟官方话语保持一致，奉命提醒人民勿忘国耻，并大力宣传国家在共产党领导下取得的辉煌成就，重申民族主义和发扬传统道德的作用，在各类节庆仪式中都有充分体现。海外学者赵月枝认为，1990 年举行的亚运会为电视动员民族主义热情提供了一个绝好机会："民族主义成为中国电视压倒性的意识形态框架，通过将民族文化象征投射到中国家庭，通过上演种种政治和文化奇观，通过调动大众的民族认同情感，通过在重要时刻（例如香港回归、中国申办奥林匹克运动会、中国加入 WTO）将观众集合在国旗下的仪式，电视成为中国建构民族主义话语和动员爱国主义精神的最有利场所。"③ 电视节庆使用的是国家民族主义话语的肯定型

---

① ［德］盖奥尔格·齐美尔：《社会是如何可能的：齐美尔社会学文选》，林荣远编译，广西师范大学出版社 2002 年版，第 291 页。

② 黄煜、李金铨：《九十年代中国民族主义的媒介建构》，李金铨《超越西方霸权：传媒与"文化中国"的现代性》，牛津大学出版社 2004 年版，第 112—113 页。

③ 赵月枝、郭镇之：《中国电视：历史、政治经济与话语》，赵月枝《传播与社会：政治经济与文化分析》，中国传媒大学出版社 2011 年版，第 186 页。

表述，在获得社会影响、品牌影响的同时，也体现了最稳妥的政治正确。

二 "文化可视性"：电视节庆的意义进路

视觉人类学的基本功能是建立在"文化是可视的"基础之上的，可视、可感成为电视文艺的易识标识，使人们在变化多端的"形象经验"中葆有集体一致性。电视节庆竭力将一种可见性与观念性的话语进行自然化对接，这是政治传播实现隐含意义的根本路径。

（一）历史性与现代性的有效联结

一般而言，电视节庆中包含着历史主题和时代（现实）主题，如果忽视历史主题，记忆断代无法达成集体认同；如果不立足时代主题，节庆将大同小异、面目可憎。20 世纪 90 年代以来，国家内部的社会关系状况越来越依赖于非国家关系的运作，政治命题往往需要动用文化思维，并最终落实到艺术话语的具体实践中。因此，电视除了表现节庆议题，更要机巧地配合党和国家的政治工作；除了表现时代性、时尚性、时新性的内容之外，电视节庆更要奏响时代主旋律，抓住改革大潮的精神实质，反映中国社会的巨大变革，成为连接起党、政府、社会、人民之间的隐性桥梁。因此历史意义叠加时代内涵，是电视节庆生命力之根本所在。2001 年中秋节这天恰逢国庆节，是传统节庆与政策节庆的自然重合，湖北电视台、湖南电视台和江西电视台联手，在江南三大名楼——黄鹤楼、岳阳楼、滕王阁进行现场直播，将文化寻根与现代艺术连接起来，实现内容与载体、历史与现实的对接，在表现时代风貌时更指向传统的复振。2016 央视秋晚在西安进行，古都西安有 3100 多年的建城史和 1100 多年的建都史，享有天然历史博物馆的美誉，是西部重要的交通、信息、商贸枢纽地，近年来主动融入"一带一路"大格局，着力打造丝绸之路的新起点和内陆型改革开放新高地，在西安举办两次中秋晚会，展现了千年古都的现代风貌。

对于政策节庆而言，以历史中国、现实中国及未来中国为内在逻辑线索，是确认政治合法性的重要途径。1997 年，源于香港回归与"十五大"召开的机缘，当年央视春晚以《手挽手，心连心》为主题曲，辞旧岁、迎新春、庆回归，深刻精到地反映了政治现实；1998 年以来央视春晚体现出对于"新纪元""跨世纪"的向往。2004 年国家提出"社会主义和谐社会"的命题，2005 年的春晚突出"和谐社会"概念；2012 年提出民族复兴"中国梦"，在之后的春晚中也有反映。

（二）宣传中国到展示中国的递嬗

展示性是电视节庆的仪式逻辑，这是电视节庆区别于其他节目的话语路径之一。詹姆斯·罗尔直言："二十一世纪时国家与国家主义构成的语艺轴线，重心已从政治再现及诠释转移到文化的展示与意义。然而这不是意味着减低了国家的政治重要性。文化国家主义变成关键所在。"[①]"宣传"（propaganda）一词在英文中通常被视为政治团体夸大了的、虚假的、强行生硬的信息推送，虽然"宣传"在汉语中并无"欺骗"之意，但也有"教化"之嫌，电视宣传一旦被人看出是教化本身，就难以奏效了，因为观念性的东西能取得的效果从来较弱。因此，电视机构如何把握中国题材、用好中国题材、讲好中国故事，是跨文化传播的重大课题，纵观近年的电视节庆，表

---

① ［美］James Lull：《传播时代的超文化》，［美］James Lull《传播时代的文化》，邱进福等译，韦伯文化国际出版有限公司 2005 年版，第 198 页。

现出由"宣传中国"到"展示中国"、由"宏大叙事"到"微型叙事"的递嬗，以自然化的传播技巧、润物细无声的方式达到认同。就电视节庆而言，情调是形式，情感是内容，美感是其艺术追求，强化文化的可视可感，追求荧屏效应，是大势所趋。在 1994 年春晚现场，主持人倪萍通过一段微型叙事、四张纪实照片，将中国题材运用得巧妙自然：

观众朋友，我们每个人都有自己的童年，长大以后就手捧一本相册，想从一张张的照片当中寻找自己童年的足迹，寻找那往事如烟的昨天。（音乐起）1950 年，那个时候全国刚刚解放，第一天当上摄影师的徐永辉到嘉兴去采访，一阵孩子的歌声把他带到了农民家的面前，他以一个新闻工作者特有的敏感拍下了这张全家福。（舞台上依次摆出大幅照片）你瞧，虽然还是衣衫褴褛，但是翻身做了主人的叶根土笑得多么开心啊！徐永辉被深深地感染了。13 年之后，也就是 1963 年，徐永辉几经周转又在黄岩山区找到了叶根土一家，拍下了这第二张全家福。这个时候呀，女儿就要出嫁啦！瞧，儿子长得比妈妈还高。徐永辉为山上的巨变深深地感动了，为这张相片取名"合家欢"。又过了 16 年，也就是 1979 年。那个时候呢，我们国家刚刚召开了三中全会，徐永辉想，三中全会后的农村变化一定非常大，于是呢，他又背起了照相机，再次找到了叶根土，拍下了这第三张全家福。遗憾的是，根土老人这个时候已经去世了，但是家里又多了三口人，两个儿媳妇和一个女婿，依然是一个幸福美满的家庭。又过了一个 16 年，也就是 1994 年的新春之际，徐永辉即将要退休了，他舍不得放下自己手中的照相机。于是呢，又翻山越岭地再次走到叶根土家，拍下了这第四张彩色的全家福。朋友们，这四幅照片已经被中国革命历史博物馆收藏，它是我们年轻的共和国由贫穷走向富裕的一个历史见证。

娓娓动听的乡村故事，配合着大幅照片，过去、现在和未来的时间，山村、城市和意识的空间，国家、社会和个人的内部关系，各种意识形态都经由执仪者的叙事缝合在了一起，主持人的话语具有了神性，将严肃的政治命题化为百姓故事，并以可视性、观赏性和艺术性来呈现出来，体现了个人—故乡—地方—社会—国家一体化形象的连续性。又如"相逢2000年"的电视庆典中，手擎火炬迎面奔跑的北京大学生，隐喻奔向未来的中国，这一镜头令人难忘。2008年8月京奥运会的电视传播实际上是"事历新闻"，媒体一路培养宴乐的氛围，电视奇观的调子定于一尊，以"进步"来争取中国在世界应有的"位置"，竞技场成为国家的特展会。2014年马年春晚上，匈牙利歌舞团在现场用"影子舞"表现出桂林山水、熊猫、长城、铜奔马、天坛、狮子、神舟飞船等广为人知的中国元素，观众对此啧啧称奇，栩栩如生的身体叙事与象征符号的自我夸耀缝合在一起了，同时被缝合的还有外国表演者对中国的由衷神往（表演者的一种讨巧做法），这是表演展示中的意识形态的秘密，中国元素唤起中国的集体记忆，成为向世界展示中国国家的符号。

（三）仪式创新与象征权力的交融

电视节庆是"文化领导权"统辖下的一种文化展示，其创新可有两种途径：一是改良传统仪式（简化或改良）；二是设计新的现代仪式（更新与发明）。创新目的在于使电视成为仪式叙事的首发者、社会新准则的代言人，从而促成整个社会的短期模式和长期习俗。春晚仪式成就了国民新民俗，秋晚仪式复现了传统文化召唤，七夕节的节庆发明在于对抗西方情人节，成人礼的电视发明指向断裂传统的续接，等。

以电视成人礼为例，电视机构在古代的冠礼、笄礼与"现代成人礼"之间找到某种紧密关联性——都是以青年为仪式主体的象征仪式。在18岁的重要节点，为即将成年的青少年铺设红地毯，为其成年证礼，仪礼与节庆的内涵都极大增殖。五四青年节源自1919年的反帝爱国运动，1949年12月国家正式宣布为中国青年节，其精神内核为爱国、进步、民主、科学。《共青团中央关于规范十八岁成人仪式教育活动的暂行意见》要求，各单位成人宣誓仪式集中在每年的五四或国庆期间举行，因为不是硬性规定，实际响应者寥寥。电视成人礼在仪式主题及其所追求的公共价值上进行了明显的革新创化，如庆典的中枢性仪式——面对国旗宣誓，是对古代成人礼的现代性重建。

此外，出现在电视节庆中的诸多符号也具有象征意义，如戊、鼎、寺、庙、殿、坛、玉、梅、兰、竹、菊、松、旗、徽、龙、鱼、鸽、日、月、王冠、虎符、广场、碑文、华表、长城、长江、黄河、灯笼、唐装、儿童、橄榄枝、中国红、博物馆、中国结等。在此谨以"儿童"与"中国结"为例进行分析，传统仪式中常用"童子"表示献祭的圣洁，电视节庆中通常以"儿童"的出场来代表美好、纯真、未来的能指，并将之与国家象征联系起来。如在2000年春晚，6岁女童张懿婧与港澳台歌星共唱《澳门我带你回家》，并与濮存昕一起朗诵零点新春贺词《等待钟声》；2008年北京奥运会开幕式，9岁女童林妙可唱响出旗曲《歌唱祖国》；2012年春晚，"豫剧红孩儿"6岁男童邓鸣贺参与开场童谣和零点敲钟两个环节。再以"中国结"为例，它是一种以"中国红"为底色的、以菱形居多的结绳工艺，在民间象征着福祉与吉祥，在 20 世纪 90 年代一跃成为国家美学符号，频频出现在各类重大节庆的舞台上，是电视镜头的聚焦所在。学者张闳这样阐释道，"国家意识形态所要征用的，是中国结对'联结'的暗示及其有关'吉祥'的象征性。与此相关的还有一些附加物：唐装和各种中式服饰，以及大红灯笼等；这些相关事物系列共同构成了新的国家主义象征体系中的重要部分"①。

三　想象的共同体：电视节庆的话语指向

电视节庆仪式的终极意义指向共同体的建构，何为共同体？社会学家鲍曼认为："如果有一群人，虽然没有明确的界定或限定，但一致同意被其他人所拒弃的东西，并赋予那些信念以某种权威，那就可以称之为共同体。虽说我们可能会试图说明这种'一体性'或为其提供正当化理据，但如果要概括其特征，它首先是一种精神统合体。"②共同体能够塑造共识、应对冲突，成员之间求大同存小异。共同体通常受某种特殊的控制形式支配，权力、禁律、习俗、仪式、习惯、常规各有其管理之道，尤其以优势语言表达者为甚，在人的潜意识中起到重要作用。戴维·钱尼（David Chaney）认为，国家是一个抽象的集合体。它太大以至于个人很难把握它。当人们对国家的认同被创造出来以后，人们的归属感、对共同体的"我们感"（we-feeling）就逐

---

① 张闳：《中国结：新世纪的国家图腾》，朱大可、张闳主编《21 世纪中国文化地图》（第二卷），广西师范大学出版社 2004 年版，第 206 页。
② ［英］齐格蒙特·鲍曼、蒂姆·梅：《社会学之思》，李康译，社会科学文献出版社 2010 年版，第 44 页。

渐形成了。① 电视节庆是制造"我们感"的利器，通过重大公共仪式的呈现与观瞻，国家、民族、文化、宗教以及各类圈子等归属感真实可信。"国家对不同的国民来讲，可能是'族群国家'，也可能是'文化国家'或'政治国家'。这三个层面通常汇合在一起，但可能以某一层面为主要依据，再辅之以其他层面的支持。"② 电视节庆仪式是一种意义混合体，化约其中的共同体，可分为三大类型：国族共同体、政治共同体、次生共同体，分别指向族群认同、制度认同和集体认同。

（一）以"国族共同体"为主的话语

前文已论及，民族是一个文化概念，是具有相同文化、传统、语言、宗教、习俗的人群，而国家是一个政治概念，这一实权主体下的个体与团体必须服从它的命令，民族—国家（nation-state）是民族在政治上独立的体现，是现代化与民族化的合成理念。中国从1840年以来一直在实践与探索中华民族复兴的重大主题，今天即表述为中国的现代性问题，"国族共同体"是电视节庆最重要的话语指向，主要出现在传统节庆和政策节庆中，以及一部分主题节庆之中。传统节庆不是原教旨性质的民族主义，而是以汉族为核心，结合其他55个少数民族的和谐、团结、友爱、互助，这些族群是具有一定同构型或有同化基础的社会实体，国家主导文化以此维系公众的共同体想象。

---

① ［英］派迪·斯坎内尔、戴维·卡迪夫：《国家文化》，［英］奥利弗·博伊德－马雷特、克里斯·纽博尔德主编《媒介研究的进路：经典文献读本》，汪凯等译，新华出版社2004年版，第392页。

② 江宜桦：《自由主义、民族主义与国家认同》，扬智文化事业股份有限公司1998年版，第15页。

（二）以"政治共同体"为主的话语

权力是产生和贯穿于支配结构再生产之中的，仪式是社会向自身表示敬意的方式，政治共同体是电视节庆仪式的隐性诉求。"权力是典礼中重要的因素。由于权力是在仪式化行为和礼节中事先存在的，在典礼中通过象征化的行为加以表现——权力要保护或改变某种东西。"① "社会主义政治文化"为执政党的合法性提供了强大的政治文化资源，人们在电视节庆艺术和仪式过程中，都能看到政治权力的操演，如港澳回归、加冕典礼、国庆阅兵等"国家意志"的电视仪式中，大多以家国同构来建构政治幻象，大气、热闹和恢宏的气象使观仪者通过媒体看到他们是"一个国家"，民族国家"治权独立"的政治性格以及"民族统一"的族群意涵是电视节庆话语的两个重要维度。

（三）以"生活共同体"为主的话语

如果将人类社会视为一个最大的共同体，它依次由若干"生活共同体"组成，如主权国家、地区或社区，因而对其成员创造出多种身份认同。本书的次生共同体多指社区文化，如种族的、宗教的、语言的、地理的、政治的次级共同体，即存在着许多次级文化，其中不乏能够自我满足、自我管理、自我发展的多元自治的社团组织，它们的社会互动遵循一定的方式与社会规范，通过相互关联的大集体来开展各种活动，成员之间具有共同的价值观念、生活方式、利益需求，容易获得社会认同和归属感等，如电视公祭、行业节庆、电视成人礼等

---

① ［美］罗纳尔德·格莱姆斯：《仪式的分类》，何少波译，王霄冰主编《仪式与信仰：当代文化人类学新视野》，民族出版社 2008 年版，第 23 页。

各类主题性节庆。需要指出的是，电视节庆的话语指向与电视文化发展的主线是相契合的，90 年代以来，国家话语、精英话语、大众话语不仅是社会话语的表征，也构成了电视话语系统的多元性，这三种类型的话语分别占据着不同议题的电视节庆，这种格局也出现在某一家电视台的话语分布上。如央视对国家话语的拥有权占据着宰制性地位，而其他卫视则有更多的大众话语成分，总体而言，节庆的类型决定了话语使用的主副层次。

第二节 "仪礼"：传统节庆的电视意义建构

有人认为，"中国"更多是一个地域性概念，"华夏"则更倾向于代表一个文化共同体，而维系这个共同体并引导它繁荣、进步的价值基础就是以仪式为外在表现的"礼仪"。[①] "仪"，《说文解字》注为："（儀）度也。从人義声。鱼羁切"[②]，清代段玉裁注解为："度，法制也。毛传曰。仪，善也。又曰。仪，宜也。又曰。仪，匹也"。"礼"，《说文解字》注为："履也。所以事神致福也。从示从豊，豊亦声。灵启切。"[③] 段注为"礼有五经。莫重于祭"。"礼"是古代中国最高的自然法则，《左传·昭二十五年》有云："夫礼，天之经也，地之义也，民之行也。""礼"是儒家经典中的精神内核，《论语·颜渊》曰："克己复礼为仁"，即循礼方可达仁，礼和仁相互关联，

---

① 翟杉:《仪式的传播力：电视媒介仪式研究》，中国传媒大学出版社 2014 年版，第 102 页。
② （汉）许慎:《说文解字》第 8 卷，中华书局 1963 年版，第 165 页。
③ （汉）许慎:《说文解字》第 1 卷，中华书局 1963 年版，第 7 页。

"仁""义"是孔子伦理思想的核心原则，而"礼"则为其外化形式，是中华民族的母德之一，中国的德性文化又可称为"礼仪文化"。周代礼乐制度融入社会、政治、道德、习俗之中，仪式性成为礼典的根本特性，礼典功能通过仪式得以实现。社会学家费孝通先生认为中国乡土社会是"礼治"社会，道出了中国传统社会结构中国家和社会之间运行机制的基本原理，彭兆荣认为"社—祖—礼—仪"存在着根本和基础的纽带关系。[①] 礼仪之邦使古代社会持续了长久的稳定结构，法国启蒙思想家孟德斯鸠说，中国人"把宗教、法律、风俗、礼仪都混在一起。所有这些东西都是道德。所有这些东西都是品德。这四者的箴规，就是所谓礼教"[②]。国家对社会的控制通过"礼"来达成，社会自身通过"礼"来维持。中国礼制变迁正在彰显它的现代价值，"仪礼"也是电视传统节庆的重要仪式内核。

一　传统节庆的电视话语策略

电视节庆有如下几个特征：首先，高新电视技术正在创造节日的视觉奇观，节日文化元素成为新世纪表征中国的便利选择；其次，多元节日创出恢宏的盛世气象，营造全球化语境中的大国想象，培育国民关于民族复兴的中国梦，并隐含着对于他者的一种隐形批判色彩。电视传统节庆的话语策略有如下主要特点：上与下——大、小传统的接合；家与国——中华性的全球想象；旧与新——传统仪式的再发明。

---

① 彭兆荣：《人类学仪式的理论与实践》，民族出版社 2007 年版，第 57 页。
② ［法］孟德斯鸠：《论法的精神》（上册），张雁深译，商务印书馆 1961 年版，第313 页。

（一）上与下——大、小传统的接合

大传统（great tradition）与小传统（little tradition）是美国社会学家罗伯特·雷德斐尔德（Robert Redfield）在1956年《乡民社会与文化》一书中提出来的，大传统被视为学校或教堂中培育出来的高度、高雅、神圣的文化，小传统则是生长和存在于村落共同体元文化之中的低度、平俗、世俗的文化。雷德斐尔德认为，在中国，"大传统与小传统是相互影响的，主要表现在正统的哲学、宗教等精致文化向地方流动，逐步'地方化'（Parochialization）；而地方和区域的文化则向中央和全国流动，形成'普遍化'（Universalization）。"① 这一观点对于后来学者的中国研究影响较大，意大利汉学家史华罗认为，中国社会具有强烈的流动性和开放性，"文化在整个社会中扮演核心而崇高的角色。价值主体和文化遗产被称作'大传统'（great tradition），各个领域又有自己的'小传统'（small tradition）。在这些传统的基础上，建立起一种'文化主义的'（culturalistic）观念，它使人们有一种心系中华文明的归属感"②。

中国问题专家郑永年认为，当前执政党试图在几个方面做意识形态的复兴和创新：其一是回归中国"大传统"，主要指中国的文明和文化，如儒家学说、黄帝祭拜、国学研究等回归正常；其二是对近代以来"小传统"的重视，主要指近代以来勃兴的民族解放运动和其理论基础，民族主义，"小传统"的复兴始于90年代初；其三是对传统

---

① 夏建中：《文化人类学理论学派：文化研究的历史》，中国人民大学出版社1997年版，第156页。
② ［意］史华罗：《中国历史中的情感文化——对明清文献的跨学科文本研究》，林舒俐等译，商务印书馆2009年版，第87页。

官方意识形态即传统马克思主义的重视。① 电视节庆是"爱国主义教育"运动深入文艺领域的传播现象，是一种由少数社会文化精英掌握的并精心设计过的传播，但它是为多数人服务的，电视节庆在立意上的一个重要特质就是将大、小传统结合起来，让"传统""民间"为"现代"服务，并给大众一种昭示：民间没有消失，传统并无割裂，民族主义就是爱国主义的体现，爱党就是爱国的体现。

在传统节日的电视复现中，电视节庆推民俗、融民情、表民意、展民风，小传统的内容，如俗民或乡民文化传统融进中华文明的大传统之中，体现出以汉民族为主导、"因民而作，追俗为制"的文化架构。有人认为，春晚"既是传统文化春节这一悠久的历史在今天的延续，又是电子时代向文化传统妥协的混合物，既是中国本土文化面对一个开放世界（电视直播）的自我选择，又是地球村文化中一个奇异区域文化的自我循环"②。许多民俗符号如春联、剪纸、年画、饮食、生肖、祭祀、舞狮、耍龙、灯展、京剧、烟火、爆竹等经常出现在电视节庆中，传统礼仪的内容（大传统）也不时呈现。如央视春晚以不同形式带领观众"孝心回归"，成为晚会的动情点。1999 年兔年春晚一曲《常回家看看》拨动亿万人民的心声，得到广泛认同。2011 年又一个兔年春晚，文化名人纪连海现场展示了中华传统的拜年礼仪："长辈面前磕个头、平辈之间拱拱手、面对尊者作个揖"，并号召大家"兔年过年动动手"，拱手礼要左手在上，右手在下，因为中国礼仪是"以左为上"的，弄反了就不吉利，通俗易懂的讲解让年轻人一目了然。2007 年春晚为大家揭晓了以"和睦、和美、和顺、和谐"为主题的四副对联入选春联，使得楹联文化（大传统）

---

① 参阅郑永年《再塑意识形态》，东方出版社 2016 年版，第 51 页。
② 支庭荣：《大众传播生态学》，浙江大学出版社 2004 年版，第 206 页。

与时代精神（小传统）结合起来，既延续了楹联文化，也深化了"和"的精神要义。

　　作为中央台历来的三大晚会之一，央视秋晚《中华情》是弘扬中华文化、凝聚全球华人情感的重要平台。秋晚以地域文化为抓手，着力展现古代文化与现代文明交相辉映的美丽画卷。如：2012 年"福州月"表现八闽大地的祭月习俗；2013 年《梅州月·中华情》将客家文化融入其中，群众演员跳起热烈的"杯花舞"。凡此种种，不仅是大小传统的联结，也将国人的宇宙观与天道观加之于内。"民间仪式进入国家的场合，不可能采取闯入的方式，而大都受到某种征召。国家征召民间仪式，把民间仪式纳入国家事件，成为它的组成部分。在这种情况下，国家提供舞台，或者说，国家就是现场，民间仪式应邀走出民间，参与国家的或附属于国家的活动。"① 在此我们列举两段关于清明节的解说来进行说明，文化学者于丹在陕西广播电视台直播"2013 癸巳清明公祭轩辕黄帝典礼"担任嘉宾时说道：

　　　　中国这么多的节令节庆中，很少有像清明这样意味深长，因为它含混了很多层次，一方面我们有追勉先人的那份庄严、肃穆、恭敬，但另一方面呢，我们又在这样的一个时节来踏青、来种树、来放飞一个新春的心情，所以这里面呢，有缅怀，但是也有祈祝。而黄帝其实已经变成了一个精神符号，他不简单的是一个人，他是一个民族的初使，作为人文的始祖，他凝聚着中国人那种血脉中的情感，提起这个词来就能提醒自己是谁，所以，其实，我们是向逝者致敬，来唤醒生者生命里面那份仪式的庄严。

---

① 高丙中：《民间的仪式与国家的在场》，郭于华主编《仪式与社会变迁》，社会科学文献出版社 2000 年版，第 326—327 页。

在黄帝陵祭祖现场的直播间，于丹阐释了清明节的文化内涵，解读了祭祀黄帝对于凝聚中国力量、振奋中国精神、构建和谐社会的积极意义，这是一种官方文化（大传统）。而在 2014 年 4 月 5 日清明节央视三套《我们的节日》中，于丹采取了微型叙事的方式：

> 我在清明的这个时候会想起好多旧事，我会想起来一个家，人的集体记忆，有的时候会在某个节日被清晰地唤醒。一个国，有它的自己的一些底线、一些礼仪，一个家也有它的家风。尽管我是一个没上过幼儿园的孩子，但是我很感谢我姥姥给了我一些人生的常识，她没有看见我长大，她不知道我以后读硕士、读博士的时候会有什么专业的知识，但是她走得很踏实，因为她给我的是保底的常识。我相信在我们的专业学校里，教给人的是很高级的专业知识，但，常识属于家教。我一直想着我姥姥这个女人，按中国字的写法，这个宝盖头，我们也叫家字头，家中有女才是安哪！我们在今天最奢侈的都不是花钱能买的东西，而是心里的这点安宁感，安全感。但是一个家想要安，关键看它有个什么样的女人。想想中国过去，昔孟母择邻处，子不学断机杼。孟母三迁的时候，她自己不见得读过多少书，但是她知道环境对于一个孩子人格成长的影响。老戏里三娘教子，苦口婆心教的那些道理，我们今天还在吗？所以我一直在想，母亲其实承诺的是家风，集结在一起，就是对一个社会未来灵魂的一种许诺。

情是维系家族伦理关系的核心，于丹的现场解说通过对自己姥姥的回忆，"风清景明忆家风"，最终指向代代相传、向上向善的"国风"传承，使人印象深刻，大、小传统很好的熔铸在一起并达成认同。此外，电视传统节庆中有大量关乎精雅文化的仪式表现，如"诵读经典"为荧屏吹来"雅言传承文明，经典浸润人生"的清新之风，使电视观众在接受中华文化的洗礼之时，更融合内化"和谐社会"的时代理念。

（二）家与国——中华性的全球想象

拜祭先祖是家庭人伦的重要体现，电视公祭主要有清明节中华大祭祖、祭孔大典等，通过缅怀共同先祖、慎终追远来增强族群凝聚力。2000 年以来陕西、河南多次举办"中华大祭祖"活动，2004 年清明节，陕西清明公祭由省祭升格为国祭，由国务院台办、国务院侨办和陕西省政府联合承办，陕西电视台联手中央电视台、凤凰卫视、台湾东森、中国国际广播电台、搜狐网等媒体，首次向全球同步全程直播，场面阔大、规格高端。2013 年、2014 年台湾新党主席郁慕明连续两年率团来陕西参加清明公祭，续种"思源林"。2016 祭孔大典于 9 月 28 日在曲阜孔庙举行，山东卫视、齐鲁网、看山东客户端同步直播了这一全球同祭孔。从家祭的"个人祖先"到国祭的"共同始祖""共祭先师"，中华伦理道德成为深层设计，主流话语的权力广度和深度得以拓展，家庭关系中的规范被扩大到整个社会乃至国家，"家国一体"的电视呈现既使伦理政治化，又使政治伦理化。

在中华传统文化之中，"家"与"春节"有内在关联，90 年代以来随着城镇化进程的不断深化，一方面大批农民进城务工，另一方面全球流动性使得海外移民大为增加，连接传统的"熟人社会"纽带松散，产生了地理和文化上的"双重移民"，离开了原住地又不能很好融入移居地的主流文化之中，任何地方都有这种"无根性"的异域人士，他们有着不断漂移的文化身份，"君子怀德、小人怀土"，年节回不去故乡的，只有关于"家"（国）的想象。"家国想象"与个人无可选择的出生地、肤色、母语等密不可分。因此，当离乡、望乡、怀乡、返乡成为一种周而复始的迁徙运动，春晚作为一个关乎中国印象、中国表情的"剧场仪式"，实现了天涯游子对家国的"视觉凝视"，海外侨胞受邀来到春晚现场，海外华人通过国际频道收看春晚，对电视节庆的观瞻从地域化的体验中移出，植入全球一体化的体验中。央视主持人朱军在其著作《我的零点时刻》中说，他亲身感受到在国外的华人世界，有些地区春节的年味儿比国内还足，儒家关于"国"即为大"家"的体认在春晚中得到了体现，家国概念延续到异域的"全球中华村"。

张法、张颐武、王一川三位学者认为，近代中国的现代性经过历次转型和若干变化后，到 20 世纪 90 年代进入了"后新时期"，意味着以西方为参照的现代性已经破产，应该有一种新的宏大叙事作为重建中国文化话语权力框架的核心，他们命名为"中华性"，并认为这是社会市场化中"他者化"焦虑的弱化和民族文化自我定位的新可能。① 笔者认为，以西方为参照的现代性未必破产，但"中华性"的全球想象确实成为 90 年代以来电视传统节庆的重要策略，此前，80 年代全球想象的焦点还是西方文明，笔者经过对春晚拜年话语的梳理发现，1986 年春晚首次出现了"海外侨胞"的提法，1990 年国家主席江泽民强调了这一表述，尔后的一些细微变化：先后有 90 年代的海外赤子、同根同种的兄弟姐妹们、"炎黄子孙""华夏儿女""全世界的中华儿女"等称呼，再到新千年以来的"全世界中华儿女""全世界各国的朋友们""全球华人""全世界的中华儿女们"等表述，统战对象一再扩大，国人的民族自信被正面表述，正如张法等学者对

---

① 参阅张法、张颐武、王一川《从"现代性"到"中华性"——新知识型的探寻》，《文艺争鸣》1994 年第 2 期。

于中华圈基本分层的判定："核心层：中国大陆，第二层：台湾、香港和澳门，第三层：世界各地的海外华人，第四层：受中国文化影响的东亚和东南亚国家。"① 央视春晚近年来还会请来外国友人，如2011春晚邀请了孔子学院的学生代表，2012年邀请席琳迪翁，2014年邀请苏菲·玛索等，"全球华人的盛会"的观念并未松弛，而是进一步国际化。

法国社会学家塔尔德在《模仿律》一书中如此评论中国："尽管这个民族完成了不可思议的扩展，它还是保留了基本的家庭性质。文明和种族这两个成分实现了完美的和谐，没有彼此从属的明显迹象，这个特征绝不是这个得天独厚的帝国最不重要的特征……在这个帝国里，国家仅仅是大尺度的家庭而已，人的文明总体上看也是这样的。"② 电视节庆便是把握了"国是大尺度的家，家是微缩的国"这一特质，完成了家—国—天下的文化推演，在华人圈中建构了一个想象的共同体。1995年春晚有"看看母亲河"的仪式环节，来自黄河源头的青海藏族、黄河沿岸的四川羌族、甘肃裕固族、草原蒙古族、宁夏回族、陕西延安、山西壶口、河南花园口、山东东营的送水员将黄河源头的一壶清水送给台湾大学生，最终辗转带到台湾，这在当时海内外华人华侨心中引起很大震动。当99瓶清浊不一的黄河水样在春晚现场摆放出一条黄河地形图时，便形成一条复杂的权力线：从青海发源，历经九曲十八弯的几千公里，一直流入东海，象征着黄河对子民的哺育，以及大家心心相连的文化意指，这类似于涂尔干关于"模仿仪式"，以及泰勒关于"感应巫术"的表述——相似生成相似

---

① 张法、张颐武、王一川：《从"现代性"到"中华性"——新知识型的探寻》，《文艺争鸣》1994年第2期。
② [法] 加布里埃尔·塔尔德：《模仿律》，何道宽译，中国人民大学出版社2008年版，第181页。

(like produces like)、接触导致传染、形象生成物体本身、部分被认为等同于整体;[1] 马塞尔·莫斯在此基础上概括为"接触法则""相似法则"等。此处的积极膜拜是这样发生的:黄河沿岸的人们被联系在一起,大陆和台湾连接在一起,骨肉一家亲。而到了 1998 年春晚,台湾的朋友又将取自台湾日月潭的水源送回春晚现场。春晚仪式上经常有以仪式性的礼物传递,这些附会了民族主义的情感符号指向中华性的全球想象。如 2006 年春晚现场举行了"赠台大熊猫"征集乳名的仪式(最终定为"团团、圆圆"),2003 年春晚有一场"国土汇聚仪式"——神州大地三十四个省市自治区直辖市的泥土汇聚在一起,其中包含了香港、澳门特别行政区和台湾省:

> 倪萍:今夜,在这个全球华人共同守岁的夜晚,此刻,我们将把目光投向祖国这片广袤的土地。今年的春节晚会我们收到了一份珍贵的礼物,这就是华夏文化纽带工程组委会给我们送来的三十四箱泥土。……亲爱的朋友们,此时亿万观众将亲眼见证一个历史的时刻,这就是我们请祖国各地包括香港、澳门、台湾的兄弟姐妹们,把这三十四捧国土汇聚到这个宝鼎的中央,这就像我们兄弟姐妹的血融汇在一起。我们说,中华儿女,血脉相通;我们说,中华大地,山水交融!

将"国土汇聚仪式"放置进春晚现场,是政治传播的一种隐形诉求。电视观众认可这一由衷的自我赞美,中华性的全球想象被成功地植入被代表的各个区域、民族以及华人心中。

---

① [法] 马塞尔·莫斯、昂立·于贝尔:《巫术的一般理论》,杨渝东等译,广西师范大学出版社 2007 年版,第 19 页。

（三）旧与新——传统仪式的再发明

英国历史学家霍布斯鲍姆、兰格在 70 年代提出"传统的发明"，他们的考察发现是，欧洲很多看起来古老的传统其实相当晚近，有时是当代人活生生的发明创造，这一著名论断在其他国家与民族文化中也普遍适用。"传统"历来是统治阶级的社会控制工具，与民族主义、民族国家、民族象征等高度相关。正如霍布斯鲍姆所说：

> 在以下情况中，传统的发明会出现得更为频繁：当社会的迅速转型削弱甚或摧毁了那些与"旧"传统相适宜的社会模式，并产生了旧传统已不再能适应的新社会模式时；当这些旧传统和它们的机构载体与传播者不再具有充分的适应性和灵活性，或是已被消除时；总之，当需求方或供应方发生了相当大且迅速的变化时。①

传统遗留是各种复制品、各类习俗交杂而成的混合体，20 世纪 80 年代以来的中国社会环境中，政治权力、文化权力以及共同体建构需要在民俗上做一些强化或创化。文化学者、民俗学者与媒体都意识到，在翻造旧话语时需要别具一格的话语逻辑、独特的符号编码，以实现新的意义运作。在勾勒新时代的文化地图时，传统的发明不可能凭空而来，必然要借用传统仪式的某些返祖性，以此生长、选择、重构并传递，英国民族主义理论的权威论述者安东尼·史密斯（Anthony Smith）如是说：

---

① ［英］E. 霍布斯鲍姆、T. 兰格：《传统的发明》，顾杭等译，译林出版社 2004 年版，第 5 页。

族群的过去会限制"发明"的挥洒空间。虽然过去可以被我们以各种不同方式"解读"，但过去毕竟不是任何过去，而是一个特定共同体的过去，它具有明显的历史事件起伏形态、独特的英雄人物，以及特定的背景系络。我们绝对不可能任意取用另外一个共同体的过去以建构一个现代国族。①

随着全球化的推进，空间阻碍崩溃得越彻底，人们的物理连接就越紧密，但身份连接反而越疏离（这其中存在一个反逻辑），于是，国家、族群或宗教信仰成为实现认同的特殊标记，美国社会理论家大卫·哈维对此有过清晰表述：

> 这种对可见且可触摸的认同标记的需求，在猛烈的时空压缩里很容易理解。资本主义的回应是发明传统，并以之作为另一种商品生产和消费的项目（重新施行古代的仪式和景观，过度繁盛的遗产文化），在一个影像之流加速，而且日益与地方无关（除非电视和录像带的荧幕可以适当地视为一个地方）的世界里，它依然有坚决的寻根热望。②

这一情形发生在几乎所有国家里，儒学是中国最核心的、有广泛认同基础的思想资源，虽然在 1919 年新文化运动及"文化大革命"时期有过中断，但在海外新儒学兴起、孔子学院走向世界的背景下，儒家思想在现代生活中发挥着新的历史作用：当信仰真空成为社会现实，儒家精神中关于仁义理智信、温良恭俭让的核心理念

---

① 转引自江宜桦《自由主义、民族主义与国家认同》，扬智文化事业股份有限公司 1998 年版，第 33—34 页。
② ［美］大卫·哈维：《时空之间——关于地理学想象的反思》，王志宏译，包亚明主编《现代性与空间的生产》，上海教育出版社 2002 年版，第 394 页。

有助于建立起个体内心的神圣，是对意义的追寻与填补。"国之大事，在祀与戎"，电视祭祀的传统发明是建构集体记忆的重要一环，随着电视祭孔大典如火如荼地开展，组织方重点要考虑的问题是：祭孔的古礼原本是什么样子？有哪些核心仪式？电视祭孔是还原古礼，还是有所创化？保留哪些仪式元素？如各地的电视祭孔中，"大成乐章"与"八佾舞"是其主干仪式，"八佾舞"是西周时期等级最高的礼乐舞蹈，而孔子是推崇周礼的。"八佾舞"相传为周公所作，是集歌、舞、乐而成的综合演出形式，也称《大武》，是上古乐舞中著名的武舞，舞蹈表演者有六十四人，分为八行，每行八人，叫作"八佾"。八佾舞中的每一个造型，都对应着祭孔歌词中的每一个字，当前全球祭孔中的八佾舞有对古礼的改造，以"诚于中、形于外"的方式来复现古礼，但大大简化，通过电视讲解让公众了解古礼的内涵、演变及其简化现状。向来被认为"一直以来皆是如此，将来也是这样"的传统面临变革，既要适应电视仪式，又要适应自身发展，但"发明"是一个极其慎重的过程，要经过多方论证，因为一旦被确定下来，不好随意改动，还需要一个相当长的时间周期去巩固、调整、完善，成为一种仪式惯习并被观众认可。霍布斯鲍姆强调："被发明的传统意味着一整套通常由已被公开或私下接受的规则所控制的实践活动，具有一种仪式或象征特征，试图通过重复来灌输一定的价值和行为规范，而且必然暗含与过去的连续性。"[1]

在笔者的样本观察中，湖南卫视研发的电视成人礼仪式，实乃一个完全意义上的"媒体发明"。成年仪式在世界各民族发展史中

---

[1] ［英］E. 霍布斯鲍姆、T. 兰格：《传统的发明》，顾杭等译，译林出版社 2004 年版，第 2 页。

都有显性或隐性的存在，在行为规训、社会角色、族群认同上发挥着重要作用，古代华夏族男子成人礼（士冠礼）和女子成人礼（笄礼）十分讲究，有加冠、易服、饮酒、受名等一整套起、升、降、坐，行事复杂的礼辞与演礼程序。传统意义上"男冠女笄"到汉代基本消隐，但电视媒体又将它们带回人们视野之中，虽然面貌大有变化，但意义彰显——电视成人礼既与古书上的传统版本有传承关系，更与现实仪礼息息相关，尤其体现在对中华成人礼的现代性重构，以及电视对仪式要素的征用上。关于冠礼举行时间，历来为礼学研究聚讼不已的焦点问题。唐启翠由"再生神话"与"庆春仪式"出发，认为汉族农事历书《夏小正》中"二月冠子取妇"的记载是中国冠礼的原初行礼日，而在仲春之月（阴历二月）的庆春仪式而后蔓延为可每月吉日举行。① 湖南卫视电视成人礼在时间上做了一个发明：选择在"五四"青年节这天进行，让这一公共政策与中华成人礼的传统进行对接，更符合电视引导的当时性与合法性。国族话语被移植到电视成人礼的聆训、誓约仪式中，从而框定了意义指向，而仪式参与者很少有批评的可能，因为只有谙熟经典者才知道仪式运作的正确与否。故此，这种建构只要符合媒介运作的逻辑，它甚至不必理会国家力量的安排，只要在合法的区间运行即可。如 1996 年 4 月 8 日《共青团中央关于规范十八岁成人仪式教育活动的暂行意见》中规定：十八周岁成人宣誓仪式的基本程序包括：升国旗、唱国歌、面对国旗宣誓、领导勉励、前辈祝愿、成人心声、颁发成人纪念物等。湖南卫视在这些内容上有所取舍，去掉了"领导勉励"等生硬环节，尤其在宣誓词上

---

① 唐启翠：《"再生"神话与庆春仪式——冠礼仪式时间探考》，《百色学院学报》2010 年第 1 期。

做了大幅修改，体现了电视节庆框架中最重要的话语叙事。在此，将共青团中央规定的成年礼誓词、2012 年北京电视台成人礼誓词、历年湖南卫视成人礼誓词做出摘录对比，共青团中央规定的成年礼宣誓词：

> 我是中华人民共和国公民，在十八岁成年之际，面对国旗、庄严宣誓：我立志成为有理想、有道德、有文化、有纪律的社会主义公民。遵守宪法和法律，热爱社会主义祖国，拥护中国共产党的领导。正确行使公民权利，积极履行公民义务，自觉遵守社会公德。服务他人，奉献社会；崇尚科学，追求真知；完善人格，强健体魄，为中华民族的富强、民主和文明，艰苦创业，奋斗终生！

2012 年北京电视台成人礼誓词：

> 从今天起，做一个有爱心的人，修身进德，立志向善。从今天起，做一个懂报恩的人，孝亲敬长、尊师爱友。从今天起，做一个能担当的人，精忠报国，兼济天下。谨记成人之誓，不负青春之名！

2009—2013 年湖南卫视电视成人礼的宣誓词（如图 5 - 1 所示）：

> 我宣誓，从今天开始，我以诚信对他人，以孝心对父母，以热心对社会，以忠心对国家，我宣誓，因为有我，人民将更加幸福，因为有我们，家园将更加美好，祖国将更加昌盛，天地为鉴，国旗为证，十八而志，青春万岁！

图 5 - 1　2013 年湖南卫视"成人礼盛典"宣誓仪式

以上三段誓词风格差异较大，共青团中央的誓词为宏大叙事，突出的是空洞抽象的"公民"，北京台的叙事落到实处，套用的是诗人海子《面朝大海，春暖花开》的句式，但都不及湖南卫视的微型叙事，后者直接出现"我"，"因为有我"的表述，放大了个体的责任感和重要性，且将"小我"与父母、社会、国家等"大我"结合起来，"天地为鉴、国旗为证"的神圣感、代入感更强烈，增加了仪礼的"人格化"与"视像化"，原本冗赘、艰涩的文言礼辞被大力压缩、简化，在"礼仪—电视—节庆"的模式中，电视仪式完成了政治节庆的仪式填充，实现了中华礼仪与现代媒介、政治仪式与日常仪式的有效对接，既赋予电视成人礼的时代意涵，也保证了传统中华成人礼的一种新质发生。

二 电视传统节庆的认同指向

台湾学者江宜桦认为，文化认同指一群人由于分享了共同的历史传统、习俗规范以及无数的集体记忆，从而形成对某一共同体的归属感。① 电视传统节庆是指向"国族共同体"的话语，其归属感主要是围绕"民族主义"进行的。日本学者吉野耕作如此界定："所谓民族主义（nationalism），是一种聚合性信仰，即'我们'是具有与他者不同的独特历史、文化特征的独特共同体，更是在自治性国家的框架内实现、推进这种独特感与信仰的意志·感情·活动的总称。"② 民族主义内含着民族、种族与国家多重认同，以民族意识及民族主义来界定中国人的国家认同，是华人文化圈普遍的作法。1902 年，梁启超在《保教非所以尊孔子论》一文中说："近十年来，忧世之士，往往揭三色旗帜，以疾走呼号于国中，曰：保国，曰：保种，曰：保教。"③ 此三色旗帜即是学界后来所划分的国家民族主义（state nationalism）、族群民族主义（ethnic nationalism）与社会或文化民族主义（social or cultural nationalism）之先声。④ 杜赞奇认为中国的历史传统中有两种不同的民族主义思想资源：一种是排他性的汉族中心的种族主义；另一种是包容性的以"天下"为价值诉求的文化主义。⑤ 维护民族特定

---

① 参见江宜桦《自由主义、民族主义与国家认同》，扬智文化事业股份有限公司 1998 年版，第 15 页。

② ［日］吉野耕作：《文化民族主义的社会学——现代日本自我认同意识走向》，商务印书馆 2004 年版，第 2 页。

③ 梁启超：《保教非所以尊孔论》，《新民丛报》1902 年 2 月 22 日，《辛亥革命前十年间时论选集》（第一卷上册），生活·读书·新知三联书店 1977 年版，第 163 页。

④ 转引自姜红《"黄帝"与"孔子"——晚清报刊"想象中国"的两种符号框架》，《新闻与传播研究》2014 年第 1 期。

⑤ 参见［美］杜赞奇《从民族国家拯救历史：民族主义话语与中国现代史研究》，王宪明等译，江苏人民出版社 2009 年版，第 55—76 页。

文化、实现民族复兴使命，使其成员认清自己所属脉络，确认民族国家对自我实现的关键性，是电视节庆的重要意义。笔者认为，体现在电话传统节庆中的民族主义的认同，可有"文化民族主义"认同与"政治民族主义"认同之分。

（一）文化民族主义的认同

吉野耕作强调了民族主义的文化维度与政治维度，他认为文化民族主义与政治民族主义常常重合相互刺激，但又有所区别：

> 所谓的文化民族主义（cultural nationalism）是指民族的文化自我认同意识缺乏、不稳定，在受到威胁时，通过文化自我认同意识的创造、维持、强化，争取民族共同体再生的活动。文化民族主义是把民族作为独特的历史与文化的产物以及以其为基础的集合性连带关系来把握的，而政治民族主义则是要通过对代表自身共同体的国家的实现以及对其成员市民权的确保，给自身的集合性经验予以政治现实性的活动。①

多位学者论述到，"族性"是一种原生性的、给定的社会存在。血缘纽带、种族、语言、地域、宗教、习俗的一致性，给人们自身的内聚性一种压倒性力量，个体与文化社群之间借此保持情感连接。在全球化过程中，血缘、地缘、业缘使得海外华人与其祖籍国的同胞保持联系，"同根"是跨文化认同的重要参照。葛兆光教授认为，中国是一个稳定的文化共同体，它作为国家的基础，尤其在汉族中国的中心区域，是相对清晰和稳定的。宋代以来经过"车同轨，书同文，行

---

① ［日］吉野耕作：《文化民族主义的社会学——现代日本自我认同意识走向》，商务印书馆 2004 年版，第 11—12 页。

同伦"的文明推进，以汉族为中心的文明空间和观念世界经由常识
化、制度化和风俗化，逐渐从中心到边缘，从城市到乡村，从上层到
下层扩展，形成了一个相当稳定、清晰的文化共同体，这正是现代中
国的基础，从某种程度而言，这一共同体是"实在"而非"想象"
的。① 国家建立在这种族类意识所达成的同胞感情上，并将异类的人
分离出来。中国传统文化的结构是以儒道释三家为主的中原文化，各
少数民族大融合大杂居，社会学家费孝通用"多元一体"来形容中华
民族的文化总体性，这是以 56 个民族为基层的高层次文化认同，其
中汉民族是核心。从民族起源而言，都认同于"炎黄子孙"这一说
法，"血脉相通"、遗传特征和"土地"之间的永恒关联，对于共同
体的统合较为有力，有关母国的集体记忆与想象——礼俗、庆典、文
学、歌谣与行为规范，能够在新的地方传承下来。

除去"原生性"，英国学者斯蒂夫·芬顿（Steve Fenton）更强调
族性（血统与文化）的社会构建（social construction）、社会动员
（social mobilization）以及围绕它们建立起来的分类系统（classification
system），"所谓共同体观念完全可能是在人们不管事实上共有血统和
文化的主张明显存在问题的条件下精心制作出的。"② 传统是生活共同
体的稳固基础，文化民族主义的认同主要表现为对于绵延不绝的民族
文化的一种回溯式、寻根式的活动。面临断裂、变迁的民族文化传
统，由谁来重建、动员、制作与分类？政府、民族精英、主流媒体在
创造仪式上起到极其重要的作用。

儒学作为中国传统文化的核心，曾在 20 世纪遭受厄运，又在 21

---

① 参阅葛兆光《宅兹中国：重建有关"中国"的历史论述》，中华书局 2011 年版，第 32 页。
② ［英］斯蒂夫·芬顿：《族性》，劳焕强等译，中央民族大学出版社 2009 年版，导言第 4 页。

世纪得到重生，为中国价值观重构提供主体性营养。祭孔与祭奠炎黄的不同之处在于，"炎黄"的诉求是血脉上的"汉族中国"的民族主义，而祭孔是立足于"文化中国"的国族召唤，弱化种族与血缘上的共同体关系，而更强化文化与精神道德的共同体，共享一套价值与文明观念，孔子是儒教中国的共同体记忆中的核心人物，是重要的话语符号。西方学者有这样的观察："……共产主义者在寻找逝去的时光中发挥了作用，并有自己明智的策略和方法：恢复历史的本来面目，还孔子的真相，置孔子于历史，从儒学的'道'到再现孔子的历史之间经历了一个漫长的旅程。"① 孔庙、儒庙和孔林被修葺一新，得到国家光荣的迎请，祭孔大典每年如期举行，官方与媒介的设计促发了人们对儒学的尊崇，国家祭拜成为文化民族主义的信仰核心。

2008年以来，电视机构对传统节日文化的渲染持续升温，河南卫视直播"戊子年黄帝故里拜祖大典"、陕西卫视直播"戊子年清明公祭轩辕黄帝典礼"、湖南卫视直播特别节目"清明时节话源流"等。烈士公园祭扫现场、小学生念诵诗词、普通人的家祭实况等是节日电视的聚焦，踏青、放风筝、荡秋千、插柳等清明传统民俗活动重现荧屏，以此温习复现传统，并展示了与时俱进的新习俗。再如电视端午节，不仅有对传统节庆的知识介绍，更有表演性的赛龙舟仪式，但对屈子的纪念意义变得不重要，更多体现为采艾蒿、挂香包、系五彩线、吃粽子等民俗的沿袭。传统不是身外之物，尽管受到外来文化的巨大冲击，但传统文化无所谓被抛弃的问题，它仍留存于内在的文化心理结构，只是等待唤醒、回归的问题。电视传统节庆力图设计熟悉的文化符号，收纳被认可的民俗元素、树立共

---

① ［美］约瑟夫·列文森：《儒教中国及其现代命运》，郑大华等译，广西师范大学出版社2009年版，第324—325页。

同的行为规范，建构新的社会关系与文化认同，以期达到文化民族主义的根本性诉求。

（二）政治民族主义的认同

民族主义运动是 19 世纪以来显著的政治景观，但现代中国的民族主义运动有其复杂性和游移性。英国学者安东尼·史密斯（Anthony Smith）认为，"民族主义将族裔共同体（ethnic community）的活动范围从纯粹的文化及社会领域扩展到了经济及政治领域，从占优势的私营部门扩展到公共部门"①。影像传播借用了民族传统的力量，文化仪式向带有政治色彩的电视活动场面转换，仪式带有更明确的意图和目的，"政治民族主义"是电视传统节庆的重要维度。

作为多民族共生的社会，中国存在着一种超越于单一民族认同的"家观念"——中华民族大家庭，表征在电视传统节庆中，"团圆"不止于"家"，更是统战意义上的整个国家、海外华人的团结和谐，以"家""故乡"的归羁感引申到对"国"的认同与赞美，将亲情、乡情、爱国之情联系起来。1984 年，一国两制的构想刚提出来，一曲《我的中国心》在当年春晚上唱出了国人对海峡两岸统一的深情；1987 年春晚，《故乡的云》由美籍华裔歌手费翔唱出，顿时风靡神州；台湾歌手侯德健在 1988 年春晚弹唱《龙的传人》，表达了同根同祖、同宗同族的民族情感。国家领导人对春晚历来重视，1990 年春晚零点报时，时任中共中央总书记江泽民、国务院总理李鹏来到春晚现场为全国人民送上祝福，发表 6 分钟的现场讲话；1992 年春晚，江泽民在除夕慰问驻军部队，春晚的政治认同变得隐

---

① 转引自［英］斯蒂夫·芬顿《族性》，劳焕强等译，中央民族大学出版社 2009 年版，第 26 页。

性。1998 年春晚的零点仪式时，主持人的话语清晰地指向了政治民族主义的认同：

> 赵忠祥：亲爱的观众朋友们，在这辞旧迎新的时刻，回顾难忘的 1997 年心潮澎湃，我们洗雪了百年耻辱，香港回到了祖国的怀抱，党的十五大胜利召开，为我们制定了跨世纪的宏伟纲领。长江三峡大江截流，江泽民主席访美成功，这一件件大事，必将永载史册！

1999 年是澳门回归年，在 1999 年春晚上，导演组请来了澳门的朋友，借对方之口说出期盼台湾回归的政治意愿：

> 赵忠祥：今天我们晚会的现场请来一位澳门的嘉宾，这就是澳门濠江中学的校长，85 岁高龄的杜兰女士，我们表示欢迎。杜校长在新中国诞生的时候，以无畏的气魄和崇高的热情率领全校师生在澳门升起了第一面五星红旗，赢得了大家的尊重。
>
> 杜兰：香港已经回归祖国，澳门也即将回归祖国。我希望我们中国台湾大陆也可以统一。中国的统一就是我跟全国人民最大的愿望。
>
> 赵忠祥：这也是我们大家共同的愿望。

在 1999 年春晚的零点仪式中，来自首都北京、香港、澳门、台湾的四位小朋友在一号演播大厅敲响新年的祝福钟声；2008 年春晚的零点仪式谓之"天地交响"，晚会连通了北京航天中心观测大厅现场，伴随着"嫦娥一号"上携带的音乐，从月球传回的照片成为盛世中国的新年礼物。航天英雄杨利伟、费俊龙、聂海胜出现在春晚现场，与天安门国旗班举行授旗仪式。2009 年导演组邀请了从神一到神七中国航天科技工作者的代表来到春晚现场，以纪念中华民族辉煌的太空史，并展望中国航天事业的新篇章。军人、军歌、军旗的出场是电视节庆的一贯做法，指向国家主权的神圣象征。如 1986 年春晚现场为军人杨晟（新郎，老山战斗英雄）和于民刚（新娘，文艺工作者）举行婚礼，国务院副总理前来主婚，一场民间仪式上升到了政治高度。1987 年春晚推出《血染的风采》，1988 年春晚对援藏女青年牺牲的追忆，都指向有政治意味的民族认同。2016 年 8 月，中国女排在里约奥运会上夺冠，央视"长安月"中秋晚会上便有一个特别环节，女排主教练郎平及丈夫王育成受邀并接受采访，让晚会掀起了高潮："在过去的三年时间里，我们的队员们没有过一个中秋佳节，这个时间都是在训练、比赛、备战，都是我陪大家一起过。今天队员们可以和家人一起过，祝大家节日快乐。"郎平及家人的出场体现了"中秋阖家团聚"的意蕴，陪伴是最长情的告白。王育成表示，他所认为的女排精神就是"顽强拼搏，每球必争，一争到底"，对于女排话题的安置体现了对爱国主义、政治民族主义的认同。

在救亡运动、民族危机、国家有难之时，民族这一想象的政治共同体能激发起民族的最深层原型。"所有人都希望他所归属的集体向着尽可能好的方向发展，既要共同分享利益，也要共同面对灾难，我们将其视为共同利益。民族主义正是借用了这两种情感。"① 2008 年的端午节，刚好在汶川地震之后，中央电视台综艺频道举办了特别节目《铭记》，约请了文怀沙、钱绍武、于丹等九位文化嘉宾齐聚，谈生死、话担当，铭记生命价值，讲述中华民族精神，探讨人类的普世价值。而在有关炎黄、孔孟等电视公祭中，人类这些"向死而在"的

---

① ［西］费尔南多·萨瓦特尔：《政治学的邀请》，魏然译，北京大学出版社 2009 年版，第 68 页。

仪式核心旨在借古颂今——以经济发展的成果来告慰先祖，经济现实即变成为国家正当性的象征，成了神圣的证明路径。电视传统节庆以文化民族主义入手，而在其终点，被崇拜的对象被巧妙地置换为政治学意义上的"国家"，电视传统节庆转为带有政治意味的公共仪式，以此来整合国家理性。

第三节　"仪典"：政策节庆的电视意义建构

政策节庆是在任何国家都存在的电视节庆的一大类别，它的重要意义从未超出爱国仪式的重要性。"政治生活中很多事件本身所具有的公共性，需要以某种仪式化、程式化的政治动作来表现——而许多'事件''热点'本身，就有着政治学意义和社会学意义上的'审度''赏析'价值。"① 从发生学角度而言，政策节庆因为政策需要而被有意设立，梁启超称之为"祝典"——光绪二十七年（1901）末，梁启超在纪念《清议报》第100期刊行时，写下近代国家中"祝典"与"纪念"重要性的文章：

> 祝典呜乎起？所以纪念旧事业而奖励新事业也。凡天下一事之成，每不易易，恒历许多曲折，经许多忍耐，费许多价值，而后仅乃得之，故虽过其时，不忘其劳，于是乎有以祝之。其祝之也，或以年年，或以十年，或以五十年，或以百年，要之借已往

---

① 翟杉：《仪式的传播力：电视媒介仪式研究》，中国传媒大学出版社2014年版，第82页。

之感情，作方新之元气，其用意至深且美。若美国之七月四日，法国之七月十四日，为其开国功成之日，年年祝之勿替焉……大抵凡富强之国其祝典愈多，凡文明之事业其祝典愈盛。岂好为侈靡烦费以震骇庸耳俗目哉，所以记已往，振现在，厉将来，所谓历史的思想，精神的教育，其关系如此其重大也。①

梁启超在 1903 年的《敬告我国民》一文：

东西各国，每年中必有一二日之大祝典，为国民荣誉之纪念。若美国之七月四日，法国之七月十四日，皆举国胪欢，鼞鼓轩舞。使人际其日，参其会，忽起历史上无限之感情，向往先民，而益以增长其强固勇猛进步自立之气。若我中国则何有焉。所号称一年中普天同庆者，惟此一元旦。夫元旦则何奇，不过地球绕日，一周而复云尔。国民众族以居此土者既四千年，乃曾无人事上历史上可纪念可庆祝之一日。②

这些论断对当时的立宪派与革命派影响较大，之后革新年俗的风潮逐渐汇成政府共识。电视文艺虽然不及时政新闻那样有明确的“为政治服务”“为政策服务”的喉舌使命，但依然有配合政策发布、法令传达的文艺职能，体现着文化领导权（主导权）的意图。因此，电视节庆有诸多政治、政策的应景之作（纪念性仪式），如 2014 年 2 月，全国人大常委会以立法形式确立 9 月 3 日为中国人民抗日战争胜利纪念日，这是以国家层面做出的庄重仪式。2015 年 9 月 3 日，在北

---

① 梁启超：《本馆第一百册祝辞并论报馆之责任及本馆之经历》，《清议报》第 100 册，1901 年 12 月 21 日。
② 梁启超：《敬告我国民（癸卯元旦所感）》，《新民丛报》第 25 号，光绪二十九年（1903 年）正月十四日。

京天安门地区举行纪念中国人民抗日战争胜利 70 周年大阅兵，以全体人民的共同参与，向这场血泪书写的伟大胜利致以崇高的敬礼。九三阅兵是 2015 年中国人最为深刻的集体记忆，据统计，在天安门广场看阅兵的有 4 万多人，当天全国有近 5 亿人通过电视直播，同步观看了新中国第一次抗战胜利日阅兵盛况，这场直播是由 1172 人组成的央视团队完成的。政府和媒介的通力协作，凝聚了社会意识。

仪式（ritual）主要集中于宗教范畴，而"仪典"（ceremony）多为社会学、人类学的内容。特纳认为，"仪式（ritual）与交流和变化（transitions）相属相连；仪式典（ceremony）则与社会状态和社会地位（social states）联系在一起"①。"典"，为春秋战国以前的公文体制。典也指庄重高雅，文章、言辞有典据，高雅而不浅俗。正如电视传统节庆是以"仪礼"为主，政策节庆的仪式内核则以"仪典"为主，前者的执仪者以电视主持人居多，而后者的执仪者多为国家官员。政策节庆的仪典有"确认性"与"强制性"，典礼参与者的仪式感、自豪感、尊严感更明显，"礼节与典礼的主要区别，在于是否在交流中有政治意图或发生在一个较大的群体中……礼节是作为一种个人人格和动机的次要的非官方形式的表达，典礼则具有命令的强制性。典礼通过事件和行为动作表达了对政府、历史或事件目的的尊敬"②。

格尔茨对第三世界中仪式的政治意义研究具有典型性，他指出巴厘岛曾经就是一个戏剧国家，仪式不仅反映了社会秩序，而且反映了超自然的权力秩序，"群众仪式不是支持国家的手段；国家是实施群众仪式的手段：统治与其说是选择，不如说是表演。仪

---

① 转引自彭兆荣《人类学仪式的理论与实践》，民族出版社 2007 年版，第 11—12 页。
② ［美］罗纳尔德·格莱姆斯：《仪式的分类》，何少波译，王霄冰主编《仪式与信仰：当代文化人类学新视野》，民族出版社 2008 年版，第 22—23 页。

式不是形式而是实质。权力为盛大的典礼服务,而不是盛大的典礼为权力服务"①。因此,仪式不是国家的手段,反而国家是仪式的手段——号召参与者为了一个宏大的目标而做好战斗、死亡或宣誓效忠的准备。举办阅兵、郊祭等国家大礼为"总一海内,整齐万民"的合族之道,不仅仅被中国历朝历代所采用,亦是国家治政的最高追求。

一 政策节庆的电视话语策略

媒介场域是当代社会的"权力核心"之一,电视政策节庆在进行架构的过程中,对政治性的材料与元素做出精心重组,指向国家的公共价值,以唤起人们对社会及政党合法性的忠诚。本书认为,政策节庆的电视话语主要表现出三方面的策略:其一,仪式化政治与超凡魅力;其二,"向后看"与合法性建构;其三,家国同构与权力再生产。

(一)仪式化政治与超凡魅力

仪式政治是以官僚制结构为主体的大型展演,马克斯·韦伯认为,官僚制结构虽然在许多方面与"家父长"制结构相异,但二者都将恒常性作为其最重要特质,皆属"日常性的结构体":家父长即日常生活的"自然领导者"。而官僚制结构不过是家父长制之理性转化的对照版,它也是恒常的建构,基于其理性律则的体系,致力于以通常的手段来满足可预算的持续性需求的一个结构体。② 因此,电视在政策节庆中多扮演工具客体的配角,很少闯入节庆仪式本身,电视要

---

① [美]克利福德·格尔茨:《文化的解释》,韩莉译,译林出版社 2008 年版,第346 页。

② 参见 [德]马克斯·韦伯《支配社会学2》,康乐等译,远流出版事业股份有限公司1993 年版,第291 页。

做的事情只是确认内容正确、政治正确：主持人对于重要人物的身份介绍、主干仪式的聚焦与解说、音轨字幕与视像的匹配、拍摄切换与最佳视角的观仪，但电视的参与作用不可小觑。电视政策节庆直播以"美学化政治""机械化团结"等机制进行深度参与，意在营造一种仪式化政治的电视奇观，让参加典礼者能共享仪式化的集体记忆。

　　展演是政治仪式中的重要策略，文化展演的过程亦是权力的操演过程。电视政策节庆凸显节庆的高规格、出席者的身份以及核心仪式的设置，社会动员、仪式服从与再现技术的最佳效应有关。出现在电视政治节庆中的参加者可分三个等次：作为大型组织或政治家的执仪者、被召集来为仪式服务的电视表演者、现场与电视机前的观仪者。第一等次的人物是电视仪式的最核心，整个仪式的举行出于他们的意愿也为了他们的目的，他们是权力的代理人，如最高权力者在电视阅兵仪式上的出现，传达出一个走向现代化国家的强大与自信。"工会或政党的领导人，以及被赋予国家权威的公仆或专家，都借着（或经由）其自身的存在，而使他们成为这些社会虚构的化身，使它们有了生命，并因此从中获得了他们的权力。"[1] 这种人格化了的代理人具有神秘、超人的力量（mana），马克斯·韦伯因此独创了政治学词汇"超凡魅力型的权力"，即"卡理斯玛"（charisma）："卡理斯玛"一词所指的是具有一种不平凡禀赋的人，无论这种资质是实际真有的、自称具备的，或是人们假设认定的。[2] "卡理斯玛，只要它能发挥其特有的影响力的话，反而是从内部，从被支配的意识之中心的'心神变

---

　　① 参阅［法］布尔迪厄《社会空间与象征权力》，王志弘译，包亚明主编《后现代性与地理学的政治》，上海教育出版社 2001 年版，第 311 页。
　　② ［德］马克斯·韦伯：《中国的宗教/宗教与世界》，康乐等译，广西师范大学出版社 2004 年版，第 496 页。

化',来展现其革命的力量。"① 韦伯认为,当危机出现时,"自然的"领导者也不是现今所谓的"职业人",而是肉体与精神皆具特殊的、被认为是"超自然的"(并非每个人都能获得)禀赋的人,诸如先知、法官、军队领袖等。美国学者爱德华·希尔斯(Edward Shils)在《论传统》一书中扩展了这一概念,他认为传统的卡理斯玛特质是由其信奉者们所赋予的,围绕着纪念日、经典和创始人的一圈圈神圣光环,抹上神话和礼仪的色彩。电视节庆中的核心人物,是被赋予了某种超凡能力的、象征权力中心的卡理斯玛。

电视节庆的超凡魅力还来自威严敬畏的仪式流动性,通过某一关键程序确保仪式的有效性、权威性,如政治加冕礼、阅兵仪式都有助于仪式化,电视不仅演示王权,也制造君主的权威,强化人们对等级特权的印象,"舞台之所以是一种极好的政治机构,是因为戏剧中存在的所有东西、戏剧所影射的东西、戏剧所唤醒的反响,所有这一切都是在演出中呈现出来的"②。

政治仪式中存在着超凡魅力,国庆阅兵的历次电视典礼都是"差别重复",在纪念活动中举行阅兵,是国际通行做法,主干仪式基本相同。1984 年 10 月 1 日,在欢庆新中国成立 35 周年的阅兵式上,中国人民在久违了 25 年之后,终于再一次看到了震撼人心的阅兵式,中国人民解放军在全世界的瞩目下,以阵容宏大、整齐威武的勃勃英姿通过天安门检阅台。这次阅兵是新中国成立以来规模最大、装备最新、机械化程度最高的一次,标志着中国军事现代化进入了崭新的时期。这次阅兵,在群众游行队伍之中,一幅绿底黑字的横幅突然出现,被电视摄像追踪,

---

① [德]马克斯·韦伯:《支配社会学 2》,康乐等译,远流出版事业股份有限公司 1993 年版,第 299 页。

② [德]汉斯-格奥尔格·伽达默尔:《真理与方法》(上卷),洪汉鼎译,上海译文出版社 1999 年版,第 192 页。

被摄影记者定格，成为布列松意义上的"决定性瞬间"，也成为共和国历史上珍贵的记忆，这幅标语就是"小平您好"（如图 5 - 2 所示）。事后根据当事人的口述，这一标语是北京大学生物系的郭建崴等几个学生于 9 月 30 号晚上临时商定的，标语在国庆当天被巧妙藏住并带进游行队伍，当这一"秘密武器"亮相时，站在天安门城楼上的胡耀邦指给邓小平看，邓小平会心地笑了，并向学生们挥手致意，这短短几秒钟的画面转播传遍中国和世界。对于参加过国庆预演的记者而言，这一标语是两次预演都未出现过的，电视直播中"小平您好"让无数电视观众铭记了这一时刻，而新华社摄影部则在事后总结中说，漏拍了北大学生高举"小平您好"横幅的游行场面是新华社的重要失误。通常，国庆庆典活动解说词的每一字句都是事先预置，并完全按秒来排好的，主持人不能随意发挥，而这一标语的突然出现更反映出央视现场解说员的新闻敏感与临场应变能力：

　　　　最能表达我此刻感情的话语是"小平您好"，这亲切的问候，来自我们同党和国家领导人之间心心相连的关系，我们都是祖国的儿女，我们都与祖国共命运。

图 5 - 2　1984 年新中国成立 35 周年群众游行队伍一景

西方学者认为，社会群体聚合不一定是对价值观达成共识（consensus），而是"遵从"（compliance），即人们同意按照一种特定的方式来看待事物。[①] 在封建社会里，"万岁"二字是最高统治者皇帝的代名词，它阻断了底层人民同权力最顶层进行平等对话的一切可能性。在 1949 年 10 月 1 日新中国成立大典的影像中，人民群众欢呼"毛主席万岁！"毛泽东也回应"人民万岁！"如果说，这时的"万岁"体现了人们对建立新中国的激动与兴奋之情，那么"文革"时期的"万岁"口号则体现了群众对于领袖的狂热崇拜。"万岁"是一种集体无意识中对至高权力的"遵从"，而"您好"是一种现代价值观基础上的"共识"。这一看似问候亲朋的"小平您好"契合了人民群众对改革总设计师的由衷祝愿与爱戴崇敬，观众能感觉到个体与领袖之间的心灵近距，可以说，"小平您好"这句话感情真挚，代表了一代人的情感，"遵从"与"共识"得到了很好的统一。这一珍贵影像成为纪录片中的经典画面，在电视台被多次回放，这一电视聚焦内化了人们对改革开放伟大事业的认同，对党的路线方针政策的衷心拥护，领袖个人的"超凡魅力"成功地变成了执政党的"卡理斯玛"。

仪式化政治是电视政策节庆的焦点所在，如港澳回归是媒介参与的政治大戏。1997 年 7 月 1 日香港回归祖国，时间上恰逢建党日，仪式化中心设在香港地标性建筑——会展中心新翼，位于五层的中英政权交接仪式现场，两个时代的划分体现在会场中四根静立旗杆上的瞬间变化——象征两国政府香港政权交接的降旗、升旗仪式，出席仪式的中外来宾全体起立，23 时 59 分，英国国旗和香港旗在英国国歌乐曲声中缓缓降落，0 时 0 分 0 秒，中华人民共和国国歌奏响，五星红

---

① 转引自彭文斌、郭建勋《人类学视野下的仪式分类》，《民族学刊》2011 年第 1 期。

旗和香港特区区旗徐徐升起，全场响起持久的掌声，这一仪式表现是直播成败的关键所在，执仪者和仪式直播做到了分毫不差，安全播出是最大的政治正确，任何意外都是不被容许的仪式禁忌。

再以"体育节庆"北京奥运会为例，体育仪式中蕴含着政治仪式，作为四年一周期的现代奥运会是全人类共同的节日，能提升主办国的国际地位。作为最重要的体育盛事，奥运会是经过高层一系列运作才能达成的典型的"国家仪式"：以国家的名义投入主办申请角逐，最大可能地调动世界级公共关系，国家立法者进行全民动员，由该国最重要的城市承办，开幕仪式对外保密，对有直播的电视媒体形成最严峻的挑战，民众自觉参与其中，停顿日常惯例以事观瞻。"国家当局控制着各种欢庆活动的日程表。确定各种仪式活动的合适主题或场合并发起那些仅仅与他们公开声称的价值观相符合的活动，这是他们的特权。然而，一旦这种活动被发起，国家当局就会失去控制。仪式由于其所拥有的公共空间的性质的转变而被电视行业接管并加以重新塑造。"①

在国家与媒介机构充分协商之后，节庆的"视觉首发"只能属于电视——电视直播和转播展现出仪典所有的"前台"景观。如电视阅兵式，是一项凝聚力的杰作，集体精神的展示使之达到振聋发聩之效，场面震撼的三军方阵气势磅礴，直指"强国意象"与"和合之美"，给人以秩序感、齐一化、礼仪性与整体性和谐，中华民族的集体文化无意识积淀以及大国崛起的铺排想象，直接考验舞台美学与电视美学的呈现能力。爱尔兰哲学家艾德蒙·柏克（Edmund Burke）对崇高的分析令

---

① ［美］丹尼尔·达扬、伊莱休·卡茨：《明确表达的一致性：媒体活动的仪式和修辞》，［英］杰弗里·C.亚历山大（Alexander, J. C.）编《迪尔凯姆社会学》，戴聪腾等译，辽宁教育出版社 2001 年版，第 233 页。

人信服："当在自然中经由伟大与崇高所引起的情感，强而有力地产生作用时，那情感就是惊愕；惊愕是一种带着某种程度的恐惧的精神状态，处于其中时所有的精神活动都会中止……引起崇高的巨大力量，绝非由它们（理性）所产生，它先于我们的推理，并以一种不可抗拒的力量催逼我们。如我所说，惊愕是崇高最高等级的效果；次等的效果是赞赏、崇敬与尊敬。"① 柏克认为美的因素是小、光润、娇柔、颜色清晰、洁净、柔和，而崇高感的因素为惊异、恐怖、模糊、力、无限、庞大、雄壮，这两种感受都与人类的生理变化相关联。通常而言，国家美学符号的仪式操演，如大阅兵、奥运会等，是"礼"与"力"的结合，而力量是崇高的一个主要来源，"我所知道的崇高事物全都是因为力量的某种变形"，② 规模巨大是形成崇高的一个强有力的原因，极容易激起审美情感中无上的崇高感、敬畏感与被统摄感，台上台下有明显的秩序、分隔与禁忌；受经验控制，被场面震撼，场外观证者无法移步，表演者更要将自我的情感情绪与在场的情境协调起来，不能在正式场合失态，超凡魅力于是成了一种"自我劝服"。

（二）"向后看"与合法性建构

认同与过去的历史记忆的重要关联是谈论认同问题的常识，人类学家认为"过去"有其合法性，"民族起源越久远——或者曾经同更遥远的地方从事过商品贸易——则一切都将变得更加合法，这是因为越是久远的过去则越发没人能够知晓"③。事实上，"向后（传统）

---

① ［英］艾德蒙·柏克：《崇高与美之源起》，林盛彬译，典藏艺术家庭股份有限公司2011年版，第88页。

② 同上书，第95页。

③ ［美］麦克尔·赫兹菲尔德：《什么是人类常识——社会和文化领域中的人类学理论实践》，刘珩等译，华夏出版社2005年版，第79页。

看"是权力政治的重要策略，文化学者史都华认为："对于归属感而言，人际间的文化是现在导向的（present-oriented）；对成就的动机而言，经济—科技的文化是未来导向的（future-oriented）；而对权力的动机而言，政治—社会文化是过去导向的（past-oriented）"。① 电视政策节庆是传统文化的一种延伸，因此"向后看"是两者的重要策略，政治家、总统、主席、圣徒、民族之子、民族英雄、精神领袖等作为传统仪式中"神"的替代，将过去与现在联系起来，让过去为现在所用，指向当代政治、政策的合法性，苏联著名文艺理论家巴赫金如是说：

> 中世纪的官方节日，无论是教会的，还是封建国家的节日，都不能使人们偏离现有的世界秩序，都不能创建任何第二种生活。相反，它们将现有制度神圣化、合法化、固定化。与时间的联系流于形式，更替和危机被归属于过去。官方节日，实际上，只是向后看，看过去，并以这个过去使现有制度神圣化。②

从事涵化理论研究的美国学者乔治·格伯纳（George Gerbner）认为，电视中的集体仪式（mass ritual）将每个人引领进入一种共有的民族文化中，"电视的社会功能倚赖于故事（神话、'事实'、经验等）的持续性重复，而这些故事又是为界定世界以及使一种特定的社会秩序合法化服务的"③。因此，"共享历史""历史记忆"是唤起民族的集体记忆与延续文化传承的重要渠道。"向后看"的目的是"看

---

① ［美］Edward C. Stewart：《心灵的文化：论意义与情感的起源》，［美］James Lull《传播时代的文化》，邱进福等译，韦伯文化国际出版有限公司2005年版，第30页。

② ［俄］巴赫金：《巴赫金全集·拉伯雷研究》，李兆林等译，河北教育出版社1998年版，第11页。

③ ［美］乔治·格伯纳等：《与电视共同成长：涵化过程》，［美］简宁斯·布莱恩特主编《媒介效果：理论与研究前沿》，石义彬译，华夏出版社2009年版，第34页。

现在"——回望传统与现代、落后与富强、战争与和平、闭锁与开放、疮痍与复兴，将过去与现在联系起来，让过去为现在所用，"历史"因此成为一种重要的救援办法。2015 年 9 月 3 日上午，国家首次以"纪念抗日战争暨世界反法西斯战争胜利"为主题举行盛大阅兵。这是以史为鉴、守护和平、面向未来的国家庆典，当 330 余名抗战老战士、抗日英烈子女和抗战支前模范代表，在国宾护卫队的护卫下，乘敞篷车徐徐驶来，掌声响彻天安门广场。70 多年前，"地无分南北，年无分老幼"，"四万万众，坚决抵抗"，面对强敌，舍生忘死、共赴国难，他们是民族的脊梁，胜利的见证。老兵缀满胸前的勋章里，今天又增添了一枚"中国人民抗日战争胜利 70 周年纪念章"。老兵眼里有泪，观礼台上的人们同样热泪盈眶。阅兵仪式中的 10 个徒步方阵由前身为八路军、新四军、东北抗联、华北游击队的英模部队编组而成，是"向后看"，这是后来者与前辈的对话，重现了 70 多年前的历史——在中国共产党的倡导下，一个以国共合作为基础，包括一切抗日阶层在内的抗日民族统一战线的形成，这是今日向历史的庄严致敬。大阅兵的电视直播在微信公号、"朋友圈"激起热议，官方舆论场与民间舆论场都指向一个共同的国家记忆：70 年前的抗战历史是一部民族面临危亡的血泪史、觉醒史，是国共合作打日寇的团结史、壮烈史，是得道多助失道寡助的正义史、国难史，并指向"铭记历史、缅怀先烈、珍爱和平、开创未来"的纪念主题。国家电视台配合国家意识形态，破除社会认知的历史虚无主义，强化共产党作为抗日中流砥柱的宣传教育，厘清中国战场在二战世界格局中的东方主战场地位，建构政权合法性是电视节庆的重要议题。

在电视政策节庆中，电视仪式的所示之物、所做之事、所说之话都包含着大量的"向后看"的传统元素，众多影像、众多文献对此有充分表达，在此不再赘述。总之，历史作为一种知识资源，是一个不断沉积与阐释的过程，这些荣耀纪念物的梳理，确证了观仪者的文化身份与"活态历史"的某种联结。涂尔干早就说道："如果一个人看到了如此遥远的过去重新回到了他的身边，如此宏伟的事物重新激荡着他的胸怀，他就会更加确信自己的信仰。这就是仪典的特征，它起着教导的作用。而且，它还倾向于完全作用于心灵，仅仅作用于心灵。"① 击缶、画卷、文字、戏曲、丝路、礼乐属于"向后看"的文化遗产，而"星光、自然、梦想"则属于现代中国的诉求，国家与执政党试图通过这一表演将自身表现为五千年中华文化的一部分，呈现在电视荧屏礼的焰火大脚印、大鸟巢、大画卷、大震撼、大国梦，强调的是整体而非部分。

现代德国哲学家马克斯·舍勒（max scheler）认为，无论过去还是现在，每个社会单元和阶层都会用一些"模范"对人们进行默默牵引："有'善的'和'值得尊敬的'（honorable）模范；有共同体中的'智'者或'德高望重'者；有像'民族之子''总统'这样的模范。有东方文化中的'先生'这样的模范。"② 孔子就属于传统文化中最重要的智者，"孔子之被圣化，是历史人物成为祭祀对象的第一个确定的例子"，③ 儒家思想的传统、思想、制度、权威对现在依然管用，一再被电视政策节庆所用，祭祀大典依附于传统节庆，但同时也属于政策节庆。"向后看"的诉求是使一些即将消失的传统、过去的价值观念得到恢复，对原初意义进行改造，为今所用。霍布斯鲍姆认

---

① ［法］爱弥尔·涂尔干：《宗教生活的基本形式》，渠东等译，上海人民出版社2006年版，第358页。

② ［美］曼弗雷德·S. 弗林斯：《舍勒的心灵》，张志平等译，上海三联书店2006年版，第71页。

③ ［德］马克斯·韦伯：《韦伯作品集：中国的宗教与世界》，康乐等译，广西师范大学出版社2004年版，第247页。

为："有时新传统可能被轻而易举地移植到旧传统之上，有时它们则可能被这样发明出来，即通过从储存了大量的官方仪式、象征符号和道德训诫的'仓库'中借取资源。"① 如为山东曲阜祭孔大典撰写祭文的作者都是精通传统文化的知名学者，如范曾、许嘉璐等人。又以陕西黄陵县桥山的"庚寅（2010）年清明公祭轩辕黄帝典礼"为例，仪式主持人、陕西省省长袁纯清宣读的祭文如下：

> 庚寅年清明公祭轩辕黄帝文
>
> 惟公元二零一零年四月五日，岁次庚寅，节届清明，惠风和畅，万象更新。炎黄子孙，聚首于桥山之阳，谨以鲜花时果，恭祭我人文始祖轩辕黄帝，辞曰：
>
> 大哉我祖，肇启鸿蒙，修德振武，韶德懿行。兴文字，创法度，丽九天而垂象；教稼穑，工算数，昭万世以腾文。大勋缨垂旷典，华盖络结祥云。下拯黎庶，上符昊命；恺乐九垓，泽被八陂。
>
> 承香火之连绵，历百朝而代嬗。融百族于后土，壮新华以集贤。
>
> 六十年自强不息，国运新天。保增长万众同心，再克时艰；倡公平以人为本，科学发展。西部开发，赓续新篇；两岸三通，同胞欢颜；自主外交，和谐为先。转变方式，布局谋篇，开中华振兴新元；缵承远祖，奋发踔厉，建神州福祚绵延。
>
> 桥山凝翠，沮水流觞。衷情拳拳，雅意洋洋。告慰吾祖，永兹瑞康。
>
> 伏惟尚飨！

① ［英］E. 霍布斯鲍姆、T. 兰格：《传统的发明》，顾杭等译，译林出版社 2004 年版，第 7 页。

祭文将"向后看"的辉煌历史与新中国成立 60 年的话语连接一处，人文始祖的"神圣王权"与政治权力的合法化密切相连，向传统致敬便产生了一种新的权力关系：仪式呼唤的不再是神灵，赞美的不只是"我祖"的"立德立言立功"，而是"同胞""新华""万众""和谐""中华""神州"，暗示"功在当代"，这一类似血缘关系的同族意识与象征符号的运用，是为了新的意义——指向当下的政治人造物，通过对传统的"向后看"达到现代规范的政治目的。

(三) 家国同构与权力再生产

中国传统社会的两极模式是家庭与国家，以血缘为纽带的家庭政治是中国国家政治的源起，家族、宗法、帝制社会都是"家国同构"的，"人—家—国"的社会组织模式为"同心圆式"，"君臣父子，各就其位"的传统贯穿于千年古国。将国家视为父亲、母亲的情况也存在于其他文化圈，法国哲学家艾德加·莫兰这样论述道：

> 民族具有两性的特征：民族是女性的祖国母亲，她的儿女应当热爱她，保护她。民族也是男性的父亲，其权威总是有根据的，是不容置疑的，他呼吁人们拿起武器，担负起自己的责任……与"祖国母亲"发生联系的感情是幼稚的情感，因为与母亲的实质相联系的，是感情的流露，而与父亲的实质相联系的，是无条件的服从。[①]

---

① ［法］艾德加·莫兰：《社会学思考》，阎素伟译，上海人民出版社 2001 年版，第135 页。

家国同构的文化策略在电视政策节庆中被大量使用，家庭的等级差序成为整个社会的主导性转喻体，对国家的认同表现在强烈的"根"的意识，号召拿起武器为国家效忠。这种支配性权威源自一种家长式的统治和强力，民族主义情感如同幼儿对父母的依恋一样。电视政策节庆以此为策略，即使是对最漫不经心的电视观众都有奏效。如新中国成立 60 周年典礼的部分解说词，能够说明团结、互助、忠诚、奉献等属于集体主义性格的价值：

> 这一时刻，轰鸣的礼炮响彻天安门广场的上空；这一时刻，轰鸣的礼炮响彻九百六十万平方公里的中国的土地；这一时刻，礼炮的鸣响与每一个中华儿女的心跳同频；这一时刻，礼炮的震撼让每一个中华儿女的热血奔腾。
>
> ……
>
> 值得关注的是，驾驶高级教练机的全部是女飞行员，她们以娴熟的技术翱翔天空，以浪漫的激情写意蓝天，以巾帼情怀接受祖国母亲的庄严检阅。
>
> ……
>
> 海外华侨和留学学子代表向天安门走来。长江、黄河象征中华民族的精神血脉，巍巍长城寓意中华儿女的坚韧风骨。海外赤子与祖国母亲休戚相关、同舟共济的爱国情怀此时此刻凝聚成一句最真挚的心声，无论何时、无论何地，我心依然是中国心。
>
> ……

在儒家格物、致知、诚意、正心、修身、齐家、治国、平天下的"八条目"之中，身—家—国—天下，是一个文化道德涵养不断外推的过程。电视政策节庆强化了儒家学说的思维方式与行为规则，以家拟国、礼法一体、君父一体、忠孝一体、家国一体。在这类仪式中，主持人的卡理斯玛可以经由血缘纽带来转移。如从 2004 年 9 月 28 日，首届中国衢州国际孔子文化节暨祭孔大典隆重举行，一直到 2016 年，衢州南宗祭孔活动的主祭一直就是孔子第七十五代嫡长孙孔祥楷，重振家庙，恢复南孔祭典，也由此成了孔祥楷的首要任务。在此，电视政策仪式的文化表演只是将家与氏族的卡理斯玛扩展到国族的卡理斯玛，提供了承认和反映社会地位与境况的时机，以及创造新的社会关系的机会，指向国族的政治认同与制度认同。

二　电视政策节庆的认同指向

政治共同体（political community）强调共同体成员的政治利益共识以及拥有共同的政治机构。认同在一定程度上"与某种通过幻想而建构的神话实体相关，与媒介形象或群体之中他人的一手经验相关"①。政治信仰是电视政策节庆仪式的终极诉求，以此完成公权力神圣化的信仰仪式化。法国的马克思主义哲学家阿尔都塞（louis althusser）在 1969 年《意识形态与意识形态国家机器》的研究笔记中，用"铁手"和"丝绒手套"的隐喻来形容现代权力"硬"与"软"的两手，并用"质询"（interpellation）的概念来说明现代意识形态对个体的"招徕"。人类学家也认为，"权力只存在于'舞台'之上"，② 舞台是一种有效的招徕手段，电视节庆舞台的聚光灯对于权力象征、政治仪式的神化更为有效。

---

① ［美］约翰·菲斯克等编撰：《关键概念：传播与文化研究辞典》，李彬译注，新华出版社 2004 年版，第 128 页。

② ［美］麦克尔·赫兹菲尔德：《什么是人类常识——社会和文化领域中的人类学理论实践》，刘珩等译，华夏出版社 2005 年版，第 143 页。

（一）政治神话与制度认同

+电视节庆通过一种平衡有序的、群体规范的政治展演，使政治舞台与文化舞台处于同构状态，从而营造出和谐盛世之感，并指向制度认同。以色列耶路撒冷希伯来大学人类学家唐·汉德尔曼（Don Handelman，1990）以公众事件的仪式人类学为视角，指出官僚机构是制造、定制和了解社会性世界的方法。[1] 汉德尔曼指出，仪式的元逻辑有"转变""展现"，仪式适应于传统文化秩序，而壮观场面适用于群众活动，展现和反映了中央集权国家中那种打动人心的社会秩序景象。[2]

"制度认同"指的是一个人基于对特定的政治、经济、社会制度有所肯定所产生的政治性认同。[3] 电视政策节庆中的政治认同包含着民族主义和国家主义的成分，通过反复歌颂执政党领导下的光荣成就，指向特色社会主义的制度认同。电视政治节庆话语内含着一个特定的历史线索，即基本遵循"文明古国→落后挨打→共产党→新中国成立→改革开放→发展强大→大国崛起→民族复兴"的叙事逻辑，其中最重要的是"没有共产党就没有新中国"，更无中华民族今天的繁荣昌盛、国泰民安。电视政治节庆中的认同建构最明显的莫过于国庆节，国庆阅兵的电视直播中，最引人注目的是国家领导人检阅三军，这是一种权威信仰与政治忠诚。首都各界庆祝新中国成立60周年的晚会共分四个篇章："这是伟大的祖国""是我生长的地方""在这片辽阔的土地上"和"到处

---

[1] 参见 Handelman, D., *Models and Mirrors: Towards an Anthropology of Public Events.* New York: Cambridge University Press。

[2] 参见［以色列］唐·汉德尔曼《仪式：壮观场面》，仕琦译，《国际社会科学杂志》1998年第3期。

[3] 参见江宜桦《自由主义、民族主义与国家认同》，扬智文化事业股份有限公司1998年版，第16页。

都有明媚的阳光"，表演板块包括"和谐中国""腾飞中国""崭新中国""同歌共舞"，晚会充分体现了执政党"以人为本"的执政理念，突出行业、界别与地区的特色，强调各区域群众的自主联欢性和整体参与感。将国家象征赋予仪式化传播，以促成合法政治体的存续，这不只是改变了节庆形式，更强化了公共记忆。

（二）内外区分与地位提升

人类学中有我群—他群之间的分野，"我群意识"与"政治共同体"之间有紧密关联，"正如 Hobsbawn 和 Gellner 等人所说，往往是先有了政治国家，然后才由国家创造出一种强烈的我群意识（即他们笔下的'民族'）。这种后天营造的我群意识通常会被过度美化，变成一种远在政治国家成立之前即存在的集体心灵，而且它的有效边界会与政治国家的边界一致"①。同传统节庆的"政治民族主义"取向一样，政策仪式以文化展演、时序递进的方式，将世界分为"我们"和"其他人"，这在游行、革命集会和阅兵式上尤为明显。人类学家格莱姆斯对于典礼中的内外区分有明确的表述：

> 典礼不再通过面对面的方式加以表达。"另外一方"只作为抽象的存在，因为"我们的"以及"他人的"团结是在对比中形成并被表现出来的。权力是典礼中重要的因素。由于权力是在仪式化行为和礼节中事先存在的，在典礼中通过象征化的行为加以表现——权力要保护或改变某种东西。②

---

① 转引自江宜桦《自由主义、民族主义与国家认同》，扬智文化事业股份有限公司1998 年版，第 199 页。
② ［美］罗纳尔德·格莱姆斯：《仪式的分类》，何少波译，王霄冰主编《仪式与信仰：当代文化人类学新视野》，民族出版社 2008 年版，第 23 页。

　　电视政策仪式的执仪者大都由长者、尊者、智者、政要来担当，并将其附着于国家利益、民族利益，命名为姐妹情、兄弟情、中华儿女、炎黄子孙、龙的传人等自称。齐格蒙特·鲍曼认为，"互助、保护、友谊就此成为内群体生活的想象性规则，它们都使我们从这种状况下的关系中体会到情感上的温暖，满怀相互同情，可能激发出忠诚，并养成捍卫群体利益所需要的坚定勇毅。这样，就会感到待在共同体里令人愉快，并且这种感觉毋庸置疑，无须思考。在这里面，时势或许艰难，但最终总会找到解决办法"①。《经济学人》杂志称中国是一个"低收入的全球化国家"，主办奥运会的意义远在经济得失之上，事关民族尊严与国家荣誉，奥运会开幕式以国家为单位进入比赛场地，颁奖仪式也以奏响国歌、升起国旗为核心，当这一切出现在电视上，国家之间的竞争与对抗激发着观瞻者的民族主义情感。

　　香港、澳门回归祖国之日，国家、人民、媒体都将之作为一个节庆日来度过，这一类型的过渡仪式属于"地位提升的仪式"（rituals of status elevation），象征着主体"升到更高的位置上去"，阈限之后，地位被提升的不是个体，而是中华人民共和国；因此它同时又是"地位逆转的仪式"（rituals of status reversal），洗刷了百年的民族耻辱，是在中国共产党领导下政治外交的胜利，是中华民族日益强大的象征。与这一仪式相关的另一些群体，大英帝国或葡萄牙，从此失去香港或澳门，这是他们"地位下降的仪式"。正如韦伯认为卡理斯玛权威在本质上是特别不稳定的，其担纲者可能会丧失卡理斯玛，"被自己的神离弃了"，会向其信奉者证示"其力量已被剥夺。"如此一来，他的

---

　　① ［英］齐格蒙特·鲍曼、蒂姆·梅：《社会学之思》，李康译，社会科学文献出版社2010年版，第32页。

使命即告终止，而出现新的担纲者。① 这一仪式政治还能够生产出新的社会关系，以英方撤离香港的电视仪式而言，在政权交接仪式中，米字旗在军号声中徐徐降下，当士兵将折好的英国国旗递给彭定康时，双手接旗的彭定康瞬间低下了头颅。1997 年 7 月 1 日这一天零点世界瞩目，中国人举国欢腾扬眉吐气，英国人黯然神伤低调离场。人类学家维克多·特纳说，处于上升状态者的阈限通常会涉及"将新手的地位降低或使之谦卑"，这是一个主要的文化成分。而与此同时，处于弱势地位的群体的阈限包含着"对仪式主体进行象征性或模拟性的提升，使之处于显著的权威地位"，这是它所具有的重要社会性因素。②

因此，港澳回归的政治仪式是电视节庆中的有关"征服"的媒介事件。其中，"加冕"与"脱冕"、"赋权"与"褫夺"是同时发生的，被加冕者与被脱冕者都是电视镜头需要抓取的主体与关键因素，电视对这一过渡仪式表现特别有力。港澳回归的电视呈现是民族主义话语的一个高潮期，中华民族用和平的方式向其他民族展示自己的强大和团结，这也是对一国两制的制度认可。港澳回归的电视直播既是政治安全的，又能唤醒爱国热情，还能因成功的奇观化仪式而提升媒介声名，这也是电视机构"地位提升的仪式"，于国、于民、于媒体都是扬眉吐气的时刻。全世界的观仪者都看到，对于大英帝国而言，他们从此成为幻想香港过去辉煌的主体。于是，电视政治节庆在调节人与人、人与自身关系的同时，也重置了民族与民族、国与国之间的关系。

---

① 参见［德］马克斯·韦伯《支配社会学 2》，康乐等译，远流出版事业股份有限公司 1993 年版，第 295 页。

② 参见［英］维克多·特纳《仪式过程：结构与反结构》，黄剑波等译，中国人民大学出版社 2006 年版，第 170 页。

第三节 "庆典"：主题节庆的电视意义建构

西方学者认为，发展中国家的媒体角色"暧昧不清"："媒体可以一面扮演社会控制的工具，一面成为解放的代言人；一面表现出西方国家在全球的权力宰制，一面也是重新激发本土认同的手段。"① 电视机构一边受制于权力集团授意的政治压力，一边受制于媒体市场的竞争压力；既要照顾国家形象的认受性，也要稳固媒介在市场经济中的认受性，正是在这样的社会性结构语境中，电视遵从着生产力的辩证法，其意义再生产更为多元，电视主题节庆主要围绕着"宣导"和"市场"两条主线开展工作，在地域性、公益性、行业性方面进行探索。现代民族国家的节日系统包括传统节日、外来节日和新发明的节日三大类别，这些都可能成为电视主题节庆的来源，很多时候，电视主题节庆体现出"庆典"与"典礼"的双重性特征。

一 主题节庆的电视话语策略

政治经济学家认为，一些开放迟滞的国家实质上是"国家统合主义"（state corporatism），其政权"在内部是威权的，但不是全权的；它们组织文化的表述，但不会巨细无遗地决定文化的内容"②。中国改

---

① 转引自［英］James Curran & Michael Gurevitch《大众媒介与社会》，徐咏絮译，五南图书出版公司1997年版，导论第6页。

② 李金铨：《超越西方霸权：传媒与"文化中国"的现代性》，牛津大学出版社2004年版，第186页。

革开放以来，新型政治话语、社会话语与日常生活话语的扩张，媒介竞合中的电视机构与社团联系紧密，庆祝仪式的议题逐渐多元，电视更强化自身生产的技巧。笔者以为，主题节庆的电视话语有如下特征：其一，在外形上呈现为建构式节庆的"媒介奇观"；其二，在话语上为权力多声部共同治理的"合唱式文本"；其三，在仪式技巧上，为崇高与嬉戏的仪式对接。

（一）建构式节庆的"仪式奇观"

当下，随着电视地位的不断下滑，电视的产业转型、节目研发、跨屏互动越是急迫，全球性的商业化策略已成为各种电视网、电视台、制作公司首选的重要产业方略。电视的文化选择，不仅仅局限于揭示外在世界的动因，还有揭示主体层面的内在动因，因此"建构式"主题节庆有了生长空间，而主题节庆又与传统节庆、政策节庆存在一定交集，如各类祭祀节庆、跨年演唱会、电视成人礼节庆、体育赛事节庆、影视作品的评奖、行业年度盘点与评选等，电视将之运作成"周期性庆典/仪式"，"不是重拟和神话认同的体验，而是形式结构的展示，是这种仪式的最显著标志"①。如电视机构重视作为传统节庆的春晚，更重视主题性节庆"跨年演唱会"的竞争，各家电视台年底的注意力大战异常激烈，连中央电视台也加入这一队伍。主题节庆的重心在"仪式奇观"上，其召唤结构有两大共同特征：形式主义和操演作用（performativity）。② 媒介庆典的仪

---

① ［美］保罗·康纳顿：《社会如何记忆》，纳日碧力戈译，上海人民出版社 2000 年版，第 73 页。

② 参见 ［美］保罗·康纳顿《社会如何记忆》，纳日碧力戈译，上海人民出版社 2000 年版，第 70 页。

式内容可称为"媒介即仪式",① 在这些周期性主题节庆中,构建什么以及如何构建,"榜单文化"与"红毯效应"成为仪式化传播的重要诉求。

新千年以来,我国电视节庆品牌进入一个快速发展期,"榜单庆典"成为电视机构热衷的策划活动,涉及各行各业的年度人物评选,在央视,就有"感动中国""全国道德模范""中国年度经济人物""最美乡村教师""最美乡村医生"等一场场大型的电视加冕运动。文化评论家朱大可认为,榜单文化的历史源自科举体制下的"金榜题名",而在当下,"它通常与'强''富豪''权力''最具影响力''最伟大'和'领袖''偶像''英雄'等语词密切相关。在民主社会,这些亚选举活动不仅公开标定了公共人物的社会等级,也激励了中产者的社会爬升运动"②。榜单文化既有中国本土特色,也是现代化建设过程中的产物,承继了西方中产阶级的社会遗产,这类主题节庆在仪式上是一种地位提升的加冕仪式,并创造出现代社会的仪式元素——"红毯效应",走红毯意味着成为被仰视的中心。

(二) 权力多声部的"共同治理"

随着新时期以来社会思潮的多元化,原有的传统价值观和生活风格也在发生变化,开放式的媒介文化重现了它们之间的冲突与协商,不同权力价值、不同利益需求对媒介话语权进行了整合和建构,从而出现了新利益归属的"新仪式"。西方学者对于文本中的多元意义有

---

① 麦尚文:《仪式传播视野中的"媒介庆典"——以 CCTV〈感动中国〉节目为例》,《现代传播》2010 年第 4 期。

② 朱大可:《中国榜单的两大原罪》,朱大可新浪博客(http://blog.sina.com.cn/s/blog_ 47147e9e0100077c.html)。

不同分类，较有代表性的是"开放文本"与"封闭文本"（罗兰·巴特、斯图亚特·霍尔、艾柯等人都有相应表述），西方学者纽康姆和艾丽（Newcomb & Alley）于1983年以"独唱""合唱"概念来区分电视文本："'合唱式文本'的多元意义是与主流夹杂互相唱和；'独唱式文本'就是站出来与主流意识作商议的声音。"①中国的各级公营电视机构多属"合唱式文本"，体现出主流文化与支流文化之间的相互唱和、对应、交叉、混杂等状态。在一个开放时代，合唱式的电视文本与市场经济条件下竞争机制的引入有关，出现主流权力默许并控场的"多声部叙事"状况，呈现出在节目框架、话语修辞、主持风格、节庆话题等多个层面的混搭之风。

1990年以来各种因素的互相作用构成各种文化场，电视文艺在错综复杂的角力中呈现出碎片话语的修辞性表征，这源于"多层次、受各种意识形态主导程度不同的话语和叙事，在建构媒介景观的同时也留下了国家、社会以及文化内部互动的各种痕迹"②。"杂语"（heteroglossia，众声喧哗）一词来自巴赫金的"狂欢诗学"，笔者在这里借用他的杂语、复调理论来指当下电视主题节庆中的一种话语格局：多元化的异质话语并存、争鸣与协商，并无主调与副调之分，"合唱式文本"有"文化熔炉"的特点。在情人节、母亲节、父亲节、感恩节、圣诞节等洋节浸润中土的现实情势之下，如果电视机构心安理得地渲染这些节日，恐因背上"忽视传统"的骂名，因此，"用旧瓶装新酒"就是特别的策略。刘国强认为，"应照"与"置换"是"传统

---

① 转引自马杰伟《电视文化理论》，扬智文化事业股份有限公司1998年版，第97页。
② 董天策：《消费时代与中国传媒文化的嬗变》，中国社会科学出版社2011年版，第202页。

文化热"的重要民族行为特征，意在重新分配中西文化的社会角色。①
如"2·14"情人节、"12·25"圣诞节虽然成为中国电视一景，但
电视机构不便将其作为大型节庆活动来运作，又要抢夺这类节庆的
文化意义和年轻受众，因此只能着力打造"七夕"情人节和元旦跨
年演唱会，并在"中国情人节"中植入西方情人节的内容。因此当
西方文化冲击国人的主体意识时，电视节庆的应照与置换行为中存
在着崇古复古、崇洋学洋的动机，混合之后必然呈现"杂语"的喧
哗状态。

　　一种复调式的、多声部的（multi-accentual）叙事出现在电视主题
节庆之中，电视以符号般的神话、奇观般的仪式传达着国家主义、种
族主义、商业主义、消费主义的混合物。香港学者李金铨认为京奥会
是"民族的面子"，"奥运会从准备、上演到余波，都包含'全球化'
元素……在地方的意义上，北京从上海抢回优势；在国家的意义上，
中国增强自我认知，提高它投射到世界的身份；在国际的意义上，则
象征了中国在全球权力关系中往上爬"②。体育节庆的电视直播是一种
地位提升的仪式，具备媒介事件中"征服""竞赛""加冕"的所有
要素，政治、经济、文化、人力、物力、资源、党—国都在"言说"。
又如，拿"电视成人礼"与地方成人礼相比较而言，民间力量主导、
电视力量主导，与国家力量主导在叙事上有差异明显。电视成人礼仪
式之所以得到社会认同，首先在于这种文化原本是从传统中生长出来
的，且与宏观政治关联不大；其次在于它契合了当下的伦理现实，受
到微观政治环境的欢迎。学校权力、家庭权力、宗教权力、世俗权

---

　　① 刘国强：《媒介身份重建——全球传播与国家认同建构研究》，四川大学出版社
2009年版，第128页。
　　② 转引自李金铨《超越西方霸权：传媒与"文化中国"的现代性》，牛津大学出版社
2004年版，第295—296页。

力、媒介权力都能够有效介入并不同程度地发挥着作用，一同指向青少年的"隐性德育"。在青少年的德育培养上，学校多以显性德育为主，"深层认知"和"情意"因素的隐性德育向来被忽略，从而降低了德育的实效性。国家的"限娱令"要求各地卫视必须开设思想道德建设节目，而在"限娱令"出台之前的电视成人盛典则恰好跳出了社教类节目的旧模式，使得真善美的主题以隐性的面目出现，在形式创新与内容涵化上得以优化。如电视成人礼邀请了 CCTV"感动中国"的嘉宾出场，以及证礼嘉宾重磅登场，如知名主持、畅销书作家、奥运冠军、科学家、解放军少将、知名企业 CEO 等，他们成功发挥了社会校标效应，以 2012 年的电视成人礼为例，可以看出权力的多声部对话：

> 证礼嘉宾杨澜（知名主持人，杰出女性的代表）：
>
> ……你们是如此的独一无二。你们的信念、你们的热情、你们的才华、你们的气质、你们的魅力包括还有那么一点点小小的不完美，就构成了如此生动的你们。十八岁的时候，与其重复，不如创造。为什么不做自己，做更好的自己呢。你们说对吗？
>
> 证礼嘉宾韩寒（80 后畅销书作家）：
>
> ……你的青春就是一场远行，就是离自己的童年、离自己的少年越来越远的远行。你会发现在这个世界跟你想象的一点都不一样，你甚至会觉得很孤独，你会受到很多的排挤，度假和旅行，其实都解决不了这些问题，那我解决这些问题的办法就是不停地寻找自己所热爱的一切。
>
> 证礼嘉宾罗援（全国政协委员，解放军少将）：
>
> 我的父亲罗青长 18 岁的时候，他已经深入龙潭虎穴，他的人生选择，是"救国"。我 18 岁的时候，参加了中国人民解放

军，我的人生选择，是"卫国"。我的女儿罗丹丹，18 岁的时候，在她的日记上，摘录了周恩来总理的名言："为中华之崛起而读书"。她的人生选择，是"建国"。今天，你们也到了一个人生选择的关头，"天之降大任于斯人也"，强国，是你们这一代不可推卸的历史担当！

图示 5－3　杨澜在 2012 湖南卫视成人礼盛典上发表演讲《认识自己》

当代修辞学家肯尼斯·博克认为，新修辞学的核心是"认同说"与"无意识"因素。在电视成人礼盛典中，这两种元素被大量使用，隐性德育在互动仪式中得到涵化。后殖民理论家霍米·巴巴认为，为了形构集体记忆与民族认同，仪式、国旗、制服等通常被纳入"民族大计"中。电视成人礼恰到好处地运用了这些元素，如全体学生在国旗面前的庄严宣誓，成为想象国家民族的重要方式。"天地为鉴，国旗为证。十八而志，青春万岁！"表达的是一种精神上的献祭决心，"祖国"就在这里，"卡理斯玛"的权威与神性开始显现，仪式符号成为信仰和价值中心。"我们通过仪式能够最清楚地看到，个人在社

图 5 - 4　韩寒在 2012 湖南卫视成人礼盛典上发表演讲《远行》

会中，在国家中；社会在个人中，在国家中；国家在个人中，在社会中。"① 电视成人礼的修辞话语不仅影响到现场的核心观众，成为事后的长久记忆，还以电视直播的社会动员方式强化了社会有机整合。

（三）崇高与嬉戏的仪式对接

20 世纪 90 年代中期以来，娱乐与市场、产业的相互吸附，是中国经济时代文化创造的路径选择。"中国电视节目对'娱乐'质素的明确追求，致使'娱乐'从文化艺术作品审美的社会功能转向文化艺术创造的本体，成为中国电视与国际接轨市场化发展、产业化运营的必要环节。"② 多数电视主题节庆都属于表现仪式，意义生产接近于流

---

① 高丙中：《民间的仪式与国家的在场》，郭于华主编《仪式与社会变迁》，社会科学文献出版社 2000 年版，第 310 页。
② 贾秀清：《"娱乐"：从功能到本体——电视节目类型构成要素分析》，《现代传播》2005 年第 1 期。

行文化，电视主题节庆在"典礼"层面是精英式的，但在风格上却是流行的，流行和精英在仪式中得以混合，成就了电视主题节庆的一大策略：将"庆"与"典"结合起来，也就是将"嬉戏"与"崇高"结合起来。"庆"是情感力生产的重要内容，而"典"是形态结构、场域效应的必要保障。

人们通常将仪式与庄重肃穆、秩序禁忌、巫魅神性、敬畏膜拜等连接起来，但涂尔干并不否认游戏在仪式中的价值："它们（指游戏）影响到崇拜者从仪式中获得的舒适感，因为娱乐也是精神再造的一种形式，而这正是积极膜拜的主要目的之一。"① 关于仪式与游戏的特殊关系，文化学者、哲学家都有过论述，游戏是一种贯穿于人类文化进程的古老活动，同欲望、身体、快感一样，游戏的发展史里充斥着控诉与辩解：既被视为无意义非理性而被驱逐，又因能够防止人性异化而被赞美；既可能在"政治美学化"中成为统治工具，又可能在"艺术政治化"中化身为解放力量。荷兰学者赫伊津哈认为仪式是嫁接到游戏之上的，是一种显示、表现、游戏性表演或一种替代性的想象性实现。美国人类学家格莱姆斯认为："游戏既是仪式的起源也是其结果。我们亲身参与的表演——也就是游戏本身，是一个文化创造性时刻。"② 而维克多·特纳认为游戏框架取决于"让我们假装"或"让我们使人相信"这一前提，"仪式框架取决于传统的、源远流长的权威力量；而游戏框架则允许参加者从仪式的'应当''必须'等强制形式中解脱——在某些宗教仪式

---

① ［法］爱弥尔·涂尔干：《宗教生活的基本形式》，渠东等译，上海人民出版社2006年版，第363页。
② ［美］罗纳尔德·格莱姆斯：《仪式的分类》，何少波译，王霄冰主编《仪式与信仰：当代文化人类学新视野》，民族出版社2008年版，第30页。

的规则比'自然法则'更具有强制性"①。作为表现仪式的电视成人礼抛弃了传统成人礼的苦行仪式,采取戏剧、拟剧的手法,以达到集体欢腾的积极膜拜,更易吸引以年轻观众为核心的广谱人群。电视成人礼舞台极尽华丽,主持人以轻松诙谐的叙事调动众人情绪,在礼物的互赠中体现谵狂与快感,对明星进行符号消费,场内观众不时发出鼓掌声、欢呼声、尖叫声……电视成人礼仪式传播以礼为形式,以国学、儒学、家国责任为表意核心,以此实现隐性德育的培植,最重要的不是直接强推、贩卖意义,而是将舞台打造成电子教堂,将"崇高的嬉戏"与"嬉戏的崇高"融入大规模行为秀的景观与情境中,实现意义与快感的双向流通,体现审美与娱乐的双重要素,极易唤回青年消费群体。

电视主题节庆在形式上由过去高度象征的、非个人化的公共仪式,转而试探一些个人化、充满现代元素的表现仪式,如"时间胶囊"(time capsule)的形式,时间胶囊是指埋藏一个具有典型时代特征的文件或物品的容器,其中蕴含着浓缩的观念,当后人在预定日期打开它时,这一器物可以反映某一时代风貌。在 2010 年的湖南卫视电视成人礼中有这样一个仪式:全世界唯一的一个"天宫一号"模型出现在节目现场,将 15 万封 18 岁年轻人"写给未来的信"封存在"时间芯片"内,由中国载人航天工程总设计师周建平在现场亲手开启时间芯片,时间芯片将随"天宫一号"升空进入太空,"我们的梦想会在宇宙翱翔!"时间芯片在上海世博会青年周期间进行展示,并存入上海图书馆。时间胶囊承载着青年一代对未来城市的猜想与展望——这个以游戏形式出现的又承载着庄重的表现仪式在现场获得热

---

① 参见〔美〕维克多·特纳编《庆典》,方永德等译,上海文艺出版社 1993 年版,引言第 28 页。

图 5－5 湖南卫视 2010 年成人礼盛典周建平开启时间芯片

烈反响（显然无人质疑若干年之后它的状况），它在无数眼睛的证礼下变成一个值得终生铭记的仪式。

二 电视主题节庆的认同指向

与英美等西方国家的媒介市场化不同，中国媒体由于政治敏感性以及不完善的市场经济，媒体的市场化探索不完全是自发行为。电视主题节庆中的复调话语与杂糅景观看似对"中心"及"独语"形成消解，其实不然，"杂语"也有独特的语法与结构，只是变静态为动态，更多凸显了主流话语的民主与自信的那种面相；跟主流意识形态之间拉开一定距离，是为了让官方话语、媒介话语更接近平民话语，但社群依旧被提请注意"支配性话语"所要求的认同特征。

（一）生活共同体与集体认同

中国人在新时期的思想解放中，生活方式不断转型，社群种类大为增加，在国族认同之外，还有家庭认同、村落认同、宗姓认同、地域认同、社团认同、职业认同、性别认同等，国人的现代精神生活更为都市化。中共十七大报告提出，要"把城乡社区建设成为管理有序、服务完善、文明祥和的社会生活共同体。"对于生活共同体，德国著名哲学家马克斯·舍勒说："所谓的生活共同体存在于各种不同的形式中：家庭、家族、部落、原住民以及非政治意义上的'民族'。虽然在人群中因为心理传染而几乎或根本没有个体彼此之间的相互理解，但是在生活共同体中，成员之间却存在着某种'自然的理解'，并且在其中可以发现许多同情感（fellow feeling）……严格地说，在生活共同体中，没有个体，只有它的'成员'，这些成员分享着某种特殊的、拥有它自己法则的共同经验之流。"[1]

电视传媒快速切割日常生活，并在日常逻辑中刻写着自身，使"小康现实"恰好赶上政治的或其他事件，那些被挑选出来的、被视像化的重大节庆通常被认为是值得传播的现实。与西方的人性是从希腊—罗马城邦文明的自由精神中生长出来的"个人价值观"不同的是，中国的人性是从商周—秦汉帝国封建文明的宗法礼教中产生出来的"集体价值观"。人们倚重于电视文化机构替他们标示出的重要时刻，电视节庆着力表现出人们如何生活在国家、民族、地域、法人单位、社区、家庭等稳定的共同体之中，并指向共同的集体认同。集体

---

[1]　［美］曼弗雷德·S.弗林斯：《舍勒的心灵》，张志平等译，上海三联书店2006年版，第99页。

主义的特点是"拥有一个区分自己人团体和外人团体的严格的社会框架"①。集体主义在中国有着深厚的文化渊源，集体行为是中国社会的显著特征。在电视节庆里，"众人拾柴火焰高""众志成城""牺牲我一个幸福十万家""人多力量大、团结力量大"是常态化的媒介表述。譬如，2003 年 5 月上海新闻综合频道的一台文艺晚会《非凡英勇》——"献给 2003 年国际护士节暨抗非典文艺晚会"。这一年的护士节非同寻常，因为全社会正处在抗击非典型肺炎的非常时期和关键时刻，护士节礼赞新时代的南丁格尔，实践着国际护士节的崇高意义。

如，2009 年 5 月 12 日汶川地震纪念仪式（国际护士节）上，文艺晚会的开篇诗朗诵是由中央电视台主持人康辉与李文静合诵的诗歌《追思》，以祭祀仪式的方式很好地诠释了"多难兴邦"下国家集体主义这一主题，《追思》全篇如下：

> 维公元 2009 年 5 月 12 日四川汶川地震周年之际，生者谨备鲜花素果，致祭于万千蒙难诸子灵前，沉沉告以辞曰：
>
> 李：天地不仁，毁我西川锦绣。生灵涂炭，戕我十万同胞。魔掌伸来，庐舍城垣倾覆。震波荡及，山原道路痉挛。
>
> 康：生死相依，忍对无辜喋血。情义牵动，不堪志士伤怀。倾情营救，有赖三军用命。举国驰援，全凭中枢运筹！众志成城，挽狂澜于既倒。同舟共济，涉危难而后安。
>
> 李：斗转星移，回望伤心岁月。鲜花素果，告慰黄土英灵。牵肠可舍，故旧亲人尚健。抱恨无穷，苍天碧海全知。

---

① 转引自［美］拉里·A. 萨默瓦、理查德·E. 波特：《跨文化传播》，闵惠泉等译，中国人民大学出版社 2004 年版，第 75 页。

康：屋舍倾颓，新居有望崛起。田畴狼藉，老茧定能刨平。校园损毁，难阻书声琅琅。桥路鳞伤，抢通国道绵绵。

李：杜鹃声里，河波映秀重启。羌寨村头，壮士擂鼓传音。白水湖上，又现鹰飞鱼跃。龙门山谷，渐苏草绿花红。

康：多难兴邦，乃成泱泱大国！玉汝于成，方显代代英雄。

合：魂兮安息，大任留诸生者。慷慨高歌，举樽还诵国殇！

图 5-6　央视 2009 年汶川特大地震周年纪念文艺晚会
（国际护士节）开篇诗朗诵

晚会主要以诗歌朗诵、口述史、现场采访、影像记忆、新闻仪式的方式呈现，氛围凝重庄严，晚会现场还出示了一批地震文物，多从在北川建设的国家地震博物馆调取，其中包括医生的手写日记，这些文物以一个个微型叙事的方式复现生命抢救的过程，固化着人们的集体记忆。晚会节目中还出现了一年前温家宝总理为之让路的小姑娘宋馨懿的影像，如今"四岁的馨懿在成都上幼儿园，她最爱画五颜六色的太阳"。晚会特别体现了"生活共同体"的一个片段，再现了2008年央视记者采访68岁老汉朱元云的场景，朱元云老人家的房子塌平了，当所有人都从北川县城往外走，但他却挑着担子逆向而行，记者问他为什么，他的回答有两处特别感人，一是说"要回去看一下……把麦子收了，菜籽收了，我还是要再回绵阳……"这朴素的话语在观众心中激起很大震撼，笔者认为，其力量可以与1941年重庆遭受日寇轰炸时《大公报》的著名社论《我们在割稻子》相提并论："让无聊的敌机来肆扰吧，我们还是在割稻子，因为这是我们的第一等大事。食足了，兵也足；有了粮食，就能战斗，就能战斗到敌寇彻底失败的那一天！"这两件事情虽然风马牛不相及，但本质都表现了中国老百姓在重大灾难面前依然葆有的坚韧负重、不屈不挠的生活态度，以及"活着的人还要好好活着"的那种生命哲学。第二个感人之处在于，当记者在结束采访时，朱元云老汉转头对记者说"让你操心了"，这一句话让记者望着老人离去的背影时突然痛哭失声。时隔一年后记者李小萌在晚会现场讲述说："……这太出乎我的意料了，太猝不及防了。事后我想为什么他打动了这么多人，我觉得是这样，你能想象吗，当你的生活受到如此大的重创的时候，你看待社会，看待这个世界，对待别人的态度依然没变，还是那么地善良、那么地宽厚……"关于宋馨懿、朱元云的新闻采访在2008年已被很多人熟悉，而在2009年晚会现场，依然从众多的素材中将它们捡拾出来，让它们在护士节上"复现"，这一精心选择既带回了观众的集体记忆，又很好地烘托了主题，传递、播撒了感恩和感动。在讲述完平民之后，再以"人民子弟兵"的形象出场，讲述军民的血肉相连，最终以旗帜交接仪式（人民子弟兵"铁军"的旗帜被地震博物馆收藏）做结。国际护士节通过回顾医生护士、人民公仆、黎民百姓、中国军队在大灾面前构筑的"灾时的精神长城",指向多难兴邦的社会整合。

图 5 - 7　央视 2009 年汶川特大地震周年纪念文艺晚会

(国际护士节),"铁军"旗帜交接仪式

　　相较于传统节庆与政策节庆,一些电视主题节庆是行业利用电视媒体进行的自我宣推活动,这些表演集中在社会群体经验当中的某个突出主题上,为表达活动提供象征资源。2013 年由中央电视台和光明日报社联合主办的"寻找最美乡村教师"大型公益活动开启,"寻找最美乡村教师"本不足以成为电视节庆,而在这一评选结果出现在当年 9 月 10 日教师节的荧屏上,以大型公益活动颁奖典礼的方式播出,它就成了不折不扣的节日电视和主题庆典,为乡村教师加冕所传递出的正能量,获得了观礼者的集体认同。

　　(二) 次级共同体与身份赋权

　　约翰·菲斯克将生活方式 (lifestyle) 视为 90 年代以来文化认同与文化实践的独特形态 (configurations):"……它表明我们的'个性'与认同是在更广大的集体性结构与'选择'中形成的。生活方式被理解为任何现代社会构成中的'片段',显示着其中各种程度的'选择''差异'与创造性或抵制性的文化可能性。"① 在中国,90 年代以来的人们生活在由各种变动性极大、行为趋同而成的圈子之中,态度、价值和规范由社群所共享,这些社群或多或少有其一致的形式结构,各类"×迷""×客""×族""×粉"的集结表现出非稳定的文化共同体。民族主义研究专家安东尼·史密斯认为,认同有多层次性,"我们具有多重不同的集体归属认同——家庭、性别、区域、职业团体、党派、教派和族群——并且随着环境的需要可以非常容易地从一种认同转向另一种认同"②。个体除了传统的家国认同之外,同时也会认同于其他团体,形成不同层次的集体认同。因此,存在着主流文化之外的、由各类亚文化催生出来的"次生"的社会生活共同体,而这种次生的、多层次的共同体需要社会赋权才能被认可,其中媒介赋权是重要的形式之一,这是电视主题节庆的诉求之一。

赋权/增权(empowerment)是西方社会学与传播学的重要议题,赋权与失能、增权与无权、培力与无力,是相对应的概念。身份认同不仅在于人的内在价值判断,还取决于社会的各种决定作用。从社会结构而言,社会等级较低的青少年很难以各种自治来主张身份,确证权力。"90 后""00 后"一代人在一定程度上承受着"脑残""无责任感"之类的"污名",而电视成人礼是为其身份赋权的重要方式。湖南卫视秉持"快乐中国"的核心理念,长期关注青少年精神生活与身份政治诉求。电视成人礼盛典是湖南卫视"快乐中国"活动的品牌

---

① [美] 约翰·菲斯克等编撰:《关键概念:传播与文化研究辞典》,李彬译注,新华出版社 2008 年版,第 153 页。
② [英] 安东尼·史密斯:《民族主义:理论·意识形态·历史》,叶江译,上海人民出版社 2006 年版,第 18 页。

之一，节目研发中心为即将成年的青少年策划一档主题性的高端文艺节目，将其纳入公共文化生活之内进行运作、规划并呈现，放到更为长远的传媒建设进程之中，积累了可贵的媒介经验。电视成人礼庆典凸显出隐性德育、文化涵化、身份赋权等系列命题：试图在青少年的"苦文化"（繁重的课业）与"酷文化"（流行的追逐）之间找到平衡点，将其建构为拥有某种良好品性、潜质和价值观的族群，并努力修正社会误读，以体现年轻一代的自我概念、尊严感与重要感。如2011年的电视成人礼以"相信"为核心概念，以创意表演、青春演说、总理寄语为主体内容，提升了整台晚会的宣传影响、文化底蕴以及时代价值。创意表演将十八岁"主角化"，青春演讲将十八岁"对象化"，深情故事将十八岁"朴实化"，皆为媒介赋权的具体表现。由共青团中央评选出的"大学生自强之星标兵"有9人来到电视成人礼现场，寒门学子讲述励志故事，主持人何炅最后不失时机地说："我可不可以跟你们拍个照？因为我觉得你们是我的榜样。各位，我可以站到你们中间吗？我现在站在自强之星的中间了！"引得全场开怀尖叫，相当于仪式祭司走下"祭坛"，主持人走到台下、放低身段的同时也抬升了大学生的身份，从而在意识形态上达到"神话"的意指效果，意味着公共媒体"放下架子、俯下身子"，电视成人礼盛典成为替青少年赋权、鼓励该族群"自我加冕"的路径之一，节目因此获得大批拥趸，在得到社会各界认可的同时，也践行了电视传媒的文化自觉。

影视行业、电视媒体的自我赋权也是电视主题节庆的诉求之一：电视媒体通过主题节庆的方式，定期向电影业、电视业进行巡礼，是电影电视以及跨媒体的一次自我加冕。国际电影节有戛纳、柏林、威尼斯国际电影节等，中国有台湾金马奖、香港金像奖、金鸡百花奖，上海国际电视节、北京国际电影节；另有中国电视剧飞天奖、中国电视金鹰奖（艺术节）等。浙江广播电视集团自 2006 年以来，连续举办"中国电视观众节"，"集团开放日，观众回家来"，通常在这一节日上，有娱乐排行榜、电视剧排行榜、综艺节目（主持人）排行榜。"观众嘉年华"活动推进了传、受间的沟通理解，但"电视观众节"不只是简单的互动模式，而且回答了究竟谁是媒介主人的问题，2015 年 11 月 8 日（跟记者节重合），举办了第十届电视观众节主题晚会，将十年的概念以成长、感恩、展望为内容进行梳理，体现了电视人对观众的一种增权与仰视。电视媒体的产品链、品牌链、服务链得到扩张，形成一个内容、一个品牌的多点落地，多次落地，多介质落地，成为覆盖本地、波及全国的年度文化盛典。

本章小结

新时期以来，伴随着世界大同化和内部全球化的推进，表达集体的身份容器——国家、文化、种族、宗教等都变得易于穿透，转型期的电视节庆仪式正是一场场增进集体信念的意识形态运动，通过对意义、规范、审美和仪式惯例的打造，试图解决共同体和共识问题。重"仪礼"的传统节庆、重"仪典"的政策节庆、重"庆典"的主题节庆的周期性呈现，以期建构国族共同体、政治共同体、生活共同体，分别指向着族群认同、制度认同和集体认同。国家大力扶持并赋予其存在价值与合法性的，是有关政治认同、国族认同的那部分重大节庆，而对于媒介逻辑层面所追求的集体认同、文化认同、消费认同，国家采取的是一种默认状态，2002年以来的多次"限娱令"，以及2013年来专门针对晚会豪华风所颁发的"节俭令"，说明国家正在采取干预措施以保证国族认同不被冲淡。

　　值得注意的是，政治仪式是所有电视节庆中最具仪式性的，充分体现了"仪"与"典"的特质，传统节庆多重"礼"，主题节庆更重"庆"。以上三种电视节庆仪式的话语及认同指向虽各有侧重，彼此间互相渗透，其话语边界并不明晰。总体而言，多是以国族话语为主的认同，即以民族国家、政治制度、汉民族为中心的文化认同。不论电视节庆的主题为何，国族认同总以或明或暗、或隐或显的方式存在着，即使是在国族话语最被稀释的电视主题节庆之中。由于国族话语默许、包容了次生话语的存在，使得次生话语偶有亮色，凸显出次级共同体的身份认同；但其实质不过是借用电视主题节庆、传统节庆的意指实践来向民族—国家进行效忠与献祭的行为，换言之，不过是国族话语对次生话语的"收编"，甚至只是以次生话语来"表征"国家话语，将次生话语作为全球化语境下国家话语的神话化隐喻的做法。次生话语不过是在国家话语统率之下的话语分支，是严丝合缝地融入国家话语之中的，目的是使国家话语看上去更加自然化。正如北京大学教授韩毓海所说："现代政治区别于传统政治的基本特征，就在于其'文化形态'。换句话说，一切'现代'政治都不能不是'文化政治'，一切'现代'统治都不能不是文化统治。"[1] 故此，转型期以来电视节庆从传统节庆的复兴到政策节庆的多发，再到主题节庆的奇崛，不过是对于"国族话语表

---

[1]　韩毓海：《"漫长的革命"——毛泽东与文化领导权问题》（上），《文艺理论与批评》2008年第1期。

征逻辑的演变"这条暗线的电视呈现，体现了陶东风所言的"社会主义中国民族—国家认同的两个核心认同：既效忠政党，又效忠国家和人民并把两者加以等同"①。最终，消费时代的权力多声部的"合唱式文本"依然是以"中国梦"为独唱的附和之声。

---

① 陶东风：《文学理论与公共言说》，中国社会科学出版社 2012 年版，第 323 页。

第六章　谁在影响认同：电视节庆之困

电视节庆传播的终极目的是一系列认同——文化认同、政治认同、传统认同、身份认同，是离散群体的远距文化经验。80 年代以来，电视节庆的节目类型风格明显，对主流电视的收视格局强有影响，培养了国人的电视审美趣味，这一独特的荧屏景观今天依然被电视机构所看重。

本章的逻辑预设在于，仪式发布者并不能完全控制其希望达到的仪式效果，电视文本的意义是各方争夺、协商的结果。当下对电视节庆的收受是否存在差异化认同、认同分化、隔膜、认异甚至仪式对抗的多层次心态？电视节庆的观仪心态受制于哪些要素？哪些因素是不可逆转的？哪些又是源于电视人模糊的认知、信念与价值取向的？造成认同隔膜的话语难题又是什么？本章试图从人人心中有感，但个个鲜有追问，至少没有追问到底的地方入手，分析影响电视节庆认同效果的社会语境、媒介话语、身份定位等多方面的原因。

第一节　电视节庆的认同现状及内外困境

认同是一种关系存在，有认同主体和认同客体之分，即观众与电视节庆。如果从主体间的交往实践去理解，传受双方互为牵制，其关系是在协商谈判中发展的，因此，"客体"在某种程度上也是"主体"，传受双方是同一传播活动中共生的两个主体。电视节庆是典型的文化场域，人们在观看时也会产生不同的文化体验。比利时学者罗杰·克劳斯认为存在五种媒体到达效果：提供的信息（message offered）、可接收的信息（message receivable）、接收的信息（message received）、注意到的信息（message registered）、内化信息（message internalized）。最外圈是传播系统的全部受众，第二圈是潜在的媒介公众，第三圈是广播频率、电视频道所到达的实际受众，第四圈和中心圈，与受众的注意质量、受影响程度、潜在效果有关。[①] 受众行为当中只有小部分是可以测量的，受众的"不可见性"是广播电视机构的一大困扰。即使是借助调查研究的帮助以及其他方式的推断、估计，对受众群规模的评估仍是间接、近似、事后回溯性的。有多少人收看电视节庆，是到达率的问题；受众收看的时长，是忠实度的问题；节目有无被内化，是影响力的问题。真正的媒介认同是其内容是否有"文化化人"之效。观众的参与率、节目的收视率、经济的回报率、社会的认同率是评价电视节庆成功与否的重要标志，传

---

① 参阅［英］丹尼斯·麦奎尔《受众分析》，刘燕南译，中国人民大学出版社2006年版，第62—63页。

受双方的同质性越多，认同就越容易形成。但"文本之外无一物"（德里达），但并不存在无邪的阅听，所有的阅听都有先读之见，这种"先入之见"的图式中包含着受众对电视节庆的既有印象，以及对下一次节庆的期待与否。本节从电视收视端出发，探讨影响认同的受众与文化因素。

一 分享而难认同：电视节庆的当下命运

影响电视节庆认同的一大重要因素是电视媒体在媒介生态链中的下行命运：墙面媒体（电视）、纸面媒体（报刊）已经衰落，桌面媒体（个人 PC）也不再是新媒体，当下是掌面媒体（智能手机）的天下。技术赋权开启了自媒体时代，接收端的数字化、个人化、移动化，导致电视受众量的大幅下滑，电视收视的"老龄化"问题不断被提及。电视媒体的年轻用户减少，广告减少，甚至出现"零电视家庭"，带来广播影视市场的严重缩水。因此，今天电视机构娱乐大制作的竞争，并非各卫视之间的对抗，也绝非各大卫视联合起来对抗央视收视率的问题，而是电视机构对抗新媒体的媒介生态问题。在代际理论中，"代"是社会学人群划分的重要概念，由于不同的成长环境与个体经历，代际在价值观念、思维方式、情感体验、行为习惯上存在着显著差异，只有中老年受众偏向于传统媒体，而且也并不能在"分享"与"认同"之间画等号。在外国的观众类型学中，美国研究者 G. 斯坦纳（G. Steiner）提出的"典型的"和"非典型的"观众较具有代表性，"典型的"观众（指普通的一般观众），约占全部观众的四分之三，这类观众一般只受过中等以下的教育，对电视节目并不特别挑剔，基本上满足于商业电视台所提供的节目；而"非典型的"观众（指那些有自己要求的观众）具有较高的文化水平，他们比较挑剔，意见较多。① 这一分类主要是根据家庭的社会经济状况，并把受教育水平看作对观众的类型具有决定意义的要素。非典型观众虽然人数较少，但由于在社会资本、文化资本处于更高的位置，他们在舆论影响上起着重要作用。

斯图亚特·霍尔在 1973 年《电视话语的编码和解码》这一受众研究里程碑式的文献中证实，编码和解码过程均蕴含着制度—政治—意识形态的秩序，虽然支配性力量可以凭借传媒对其"可欲文化"加以编码，但符号在消费端上的意义并不同于产制端的意义。霍尔划分了三种解读模式：霸权式解读（dominant-hegemonic coding）、协商式解读（negotiated coding）与对抗式解读（oppositional coding）。就电视节庆的传播而言，受众会分野成信仰者与不信仰者，信仰者是那些通常不会因为电视节庆的表现好坏而改变喜爱态度的人；相反，不信仰者就是那些甚至不会劳烦去开电视机的人。跟别的电视节目一样，电视节庆的收视人群有迷（建设型受众）、协商者（中间型受众）以及乌合之众（批评型受众）。凭借常识，我们认知到电视节庆的热烈已经被电视荧屏所夸大，就以影响最强、历史悠久、模式成熟的央视而言，电视节庆存在着"看"（卷入）与"不看"（摆脱）的观众分化，而后者更甚，看者，也存在"分享而难认同"的尴尬现状，电视节庆的受众大致有投入、抽身与戏谑三种情形。

（一）迷、协商者与虚假认同

依恋媒介本身就是一种"着迷"（fandom）行为，关于"迷"（fans）的研究最早见于 20 世纪 80 年代末，美国学者亨利·詹金斯在

---

① 参阅金初高《当代世界传播研究》，中国国际广播出版社 1996 年版，第 302 页。

1992 年的《文本的偷猎者》中认为，媒介迷以多次"重读"媒介文本而与日常生活互动；约翰·菲斯克认为成"迷"的要素是"过度性"；在"媒体迷"的研究中，"迷"指涉迷群（fans）、迷现象（fandom）、追星行为（stardom）和迷文化（fan culture），是大众文化消费与媒介生产合谋的产物。"迷"是"总也看不够"的、"重度"的（heavy）媒介使用者，对于仪式文化而言，即为"信众"。长期以来，电视节庆传播的接收端是否存在"迷"与"信众"？笔者以为，在早期的传统节庆（如电视春晚、秋晚），在近期的主题节庆中（如跨年演唱会）是可以这样描述的。

高收视的电视节目可以描述为：核心观众想看——期待、守候（必看）、主体观众愿意看——喜欢、吸引（爱看）、广谱观众可看——不反感、不排斥（能看）。做电视节目首先要做家庭观众，对此，资深电视人深有体会，湖南卫视总编室副主任王旭波从观众体验出发，将体验由低到高分为五个层面：基础体验——能看（轻松原则）；直观体验——看爽（本能原则）；代入体验——看进（切己原则）；营养体验——看值（社会原则）；刷新体验——看惊（卓越原则）。[①] 只有满足到第五个层面，才能说电视节庆是有高影响力的。有人通过量化研究认为，20 世纪 70 年代以上的人群是电视节庆收视的主要人群。[②] 80 年代，春节晚会的收视率一直稳定在 70% 以上，观众有六亿多。这不但在中国绝无仅有，也堪称世界之最。收视数据显示，就央视春晚而言，农村的收视低于城市，从侧面反映出城市观众

---

① 参阅王旭波《湖南卫视：为什么我们快男的收视率不如〈好声音〉》，根据演讲稿整理，和讯网，2013 - 8 - 14 访问，http：//bschool. hexun. com/2013 - 08 - 11/156987526. html。

② 参阅周欣欣《过渡的一代——"70 后"电视观众收视分析》，央视 - 索福瑞《收视中国》2010 年第 7 期，2013 - 10 - 15 访问，http：//www. csm. com. cn/index. php/knowledge/showArticle/ktid/1/kaid/156. html。

更偏好春晚；而从观众特征角度看，女性与 45 岁以上年龄段的观众、初高中教育程度的观众之中，春晚的忠实受众更多；但在春节期间，男性、年轻观众以及高知群体观众的集中度有所上升。所有电视节目都存在"看与不看"的"行为受众"（即数字受众），以及口碑表示为"好与不好"的"意见受众"的区别，近年来央视春晚越来越显示出"行为受众"与"意见受众"的背离，这不只是春晚的困境，也是所有电视节庆，甚至是电视媒体的困境。

表面来看，"迷"是对电视节目的深度追随，但"迷"并非大众文化产品的原始宿主，而有其流动性、易变性乃至矛盾性，语言、习俗、节庆都是历史过程的沉淀，不管一个人想不想选择，他总是被迫承担全民族的认同，并演化为广泛持续、相对稳定的触媒习惯，这种认同可能是舆论营造技术的结果，而并非聚众辩论和讨论的结果。有着 30 多年品牌历史的央视春晚是特定的社会文化惯习——它是央视最为精心打造的、影响了一代人的电视文化品牌，但在受众接收上有夸大之嫌，一部分受众只是电视节庆的旁观者或协商者，只将观看本身当作给屋子填补声音、交流谈资，而不必投入多少注意力的视听行为，"听电视"已成为一种普遍做法。央视 2012 年的电视观众调查表明，有 29.13% 的电视观众会"陪家人一起收看，增加沟通"，而在电视—网络视频融合受众中，只有 25.71% 会与家人一起看电视，普遍状态是"无聊、打发时间"，认同比例均在 60% 左右。[①]

近年来，省级卫视跨年演唱会时段的竞争异常激烈。以 2010—

---

① 参阅张天莉、王京《融合的受众以及媒介习惯的流动与互补》，央视—索福瑞《收视中国》2013 年第 4 期，2013－10－15 访问，http：//www.csm.com.cn/index.php/knowledge/showArticle/kaid/914.html。

2011 年的跨年为例，在 16 家卫视的跨年混战中，湖南卫视跨年演唱会 CSM25 收视率为 3.68，份额 10.82%，位列第一，其受众轮廓最清晰，4—23 岁的观众中份额占 20.73%；年轻观众是跨年中收视热情最高的群体，多以湖南卫视和江苏卫视为主，另外几个排名靠前的频道的观众主体都是中老年观众，45 岁观众比例在这几个频道中，央视一套是 63%，安徽卫视是 53%，东方卫视是 60%。2013—2014 年，在广电总局发出"节俭办晚会"的指令后，只有 4 家媒体举办了电视跨年晚会，CSM 全国网 2013—2014 跨年演唱会收视排名如下：湖南卫视跨年 3.35/11.9%，位列第一；央视一套元旦 1.65/6.08%，位列第二；央视第三套元旦 1.33/4.89%，位列第三；东方卫视跨年 0.43/1.54%，位列第四。CSM29 城市网：湖南卫视 4.28/12.42% 排名第一；央视一套 2.57/7.665 排名第二；央视三套 2.23/6.55% 排名第三；东方卫视 1.36/3.96 排名第四。2013—2014 年湖南卫视跨年演唱会是唯一一家收视破十的晚会，到达率为 14.7%，忠实度为 22.8%，到达观众人均收看时长 56 分钟。① 从 2005 年至 2014 年，湖南跨年演唱会除了 2009—2010 年度屈居江苏卫视之下（但网民关注度高过江苏卫视），其余年度在全国网中均居第一，但这种热闹未必就是文化认同。大众在一种虚假意识的驱使下，可能做出"表面认同"实则不愿过多计较的默认，而"沉默"本身是一种被动的抵抗，承受一种不思想的被奴役状态。正如有人认为，虚假认同（pseudo-identification）机制具有与伪文化皮肤、虚假意识"教养"、弱效果沉默螺旋等社会文化语境间的现实驱动关联。② 就观众而言，观看电视节庆既是有目

---

① 以上数据来自笔者收集的湖南卫视总编室内部汇编资料《竞争日报》。

② 徐翔：《文化与媒介传播中的虚假认同问题——基于文化研究的多维视角》，《吉首大学学报》（社会科学版）2011 年第 1 期。

的的，又是无目的的，目的在于"看"，而无意于"看什么"，看电视的体验经常与做家务、聊天、吃饭、喝茶等生活体验混在一起，体验本身被片断化了；"看"只是一种触媒惯习，存在着消极性、接受式、被规训的观众；即使是"铁杆粉丝"，其积极情感的效应也可能随着节目的趋同化而导致审美疲劳。

（二）文化游击者与仪式抵抗

英国哲学家怀特海认为："在任何一个延续了很多世代的仪式中，用符号所作的阐释（就我们所能获得的而言）比实际的仪式变化得迅速得多。同时，符号在其流变的过程中，对不同的人会有不同的意义。在任何一个时代，有的人的心态以过去为主，有的以当前为主，还有的以将来为主，更有的则以永不会出现的、有问题的将来为主。"① 这从一个侧面说明了受众心理的复杂性。当前，中国电视频道的收受面临着不断群落化的现实，多屏、跨屏时代，"时不时瞄几眼""赶上就看"的游离受众与旁观者、远离电视的低忠诚度者，如消费欲望较强的年轻人、对社会事务能理性表达的高知人群、成功人士（他们也是购买力较强的）——这些恰恰是电视非常想留住的。观众由于兴趣爱好、审美旨趣、偏见的差异，经常以个人化的意志来评价电视节目，阅听人生产的"从下而上"的意义不亚于媒体内容制码的"由上而下"的意义。如果说"建设型观众"是善于遵从秩序、善于理解、愿意跟随节目内容的精心方式而去肯定和建构的一类群体（主导霸权式解读），那么"批评型受众"就是善于破除、善于怀疑，更愿意随时从节目内容中提取"槽点"，从而解构某种东西的群体（对

---

① ［英］A. N. 怀特海：《宗教的形成符号的意义及效果》，周邦宪译，贵州人民出版社 2007 年版，第 92 页。

抗性解读）。法国学者米歇尔·德·赛图（Michel de Certeau）在 20
世纪 80 年代提出了"文本的盗猎者"，"盗猎者"（弱者）时而顽强
抵抗，时而游击动作（偶尔暴动成功），以对文本的意义再生产实现
对权力的抵抗。美国媒介文化批评家约翰·菲斯克将德·赛图的"抵
制理论"、巴赫金的"狂欢化"理论以及罗兰·巴特的"快感"理论
整合进自己的大众文化理论，提出了与"读者式文本"相对应的"作
者式文本""生产性受众观""生产性文本"等命题，以及"文化游
击者"的概念，以此揭示大众在解读过程中是如何创造意义、快感和
社会身份的。而文化游击者的生产、戏谑与仪式抵抗，往往是在认同
隔膜，甚至崩溃的情况下发生的。

　　电视节庆在 20 世纪八九十年代起到了很好的社会整合效力，如
春晚极盛时期，亿万人民团聚家中，围住这一精神火炉，分享着太平
盛世的文化想象：富裕、平等、自由以及人与人之间的美好。从电视
节庆类型的发展而言，八九十年代是一种"综艺化本体"的存在，电
视台带领观众"仰视""审美"，主要是拼盘式的节目表演；20 世纪
90 年代以来，是一种"娱乐化本体"的存在，电视台带领观众"平
视""审丑"，更强调观众的互动、参与、体验。当受众的审美旨趣发
生了变化，电视节庆还停留在自我重复的审美引导上，观众感到审美
疲劳，收视疲劳也年年在提，"鸡肋"之说不绝于耳，甚至引发逆反
心理，质疑之声没有停歇，观众言行割裂的背后，网民这样的看法有
一定代表性：

　　　　第一，央视的海外影响力谁人能敌？第二，央视的国内覆盖
　　谁人能敌？第三，央视的明星班底谁人能敌？第四，央视的舞美
　　灯光谁人能敌？第五，央视长期以来树立的精雕细刻之语言节目
　　谁人能敌？可是，看了今晚的央视春晚，我感觉央视春晚招来

的将不仅仅是口水，人心估计是散掉了……①

从 2004 年的 38.7% 下降至 2007 年的 24%，2010 年以来春晚越来越华丽，成为电视奇观，但并没有赢回更多好评，电视节庆的一些小细节会被放大审视。如 2012 年春晚，主持人朱军动员向长辈行"拱手礼"拜年，引来了众多网友批评，民俗学者也认为，拱手礼在传统礼仪中只适用于平辈间而非长辈，虽然也有观众说，对此不必过于苛责，春晚能够想到并倡导"拱手礼"，就表明已经在维系民族文化的认同中做出了努力，但这似乎并不被网民买账，"春晚，能再没文化一点吗"之类的帖子并不少见，这被放大的细节说明了传受双方在共识上的落差，而一旦认同崩溃，则会有"仪式抵抗"的行为出现。"仪式抵抗"（ritualistic resistance）源自伯明翰学派提出的，多指带有恶搞特质、文化颠覆或反叛主流文化意味的青少年亚文化行为。一些文化游击者对电视节庆也存在仪式抵抗，虽然这种文化批评行为有过激之嫌，但电视人对此不能漠视，它提醒我们对反抗性话语进行反思：为什么要反抗？反抗的诉求是什么？

2007 年，裴钰、凌沧洲、赵国君、孔慧、永德五位人士发起《圣诞节文化宣言：西风更猛烈》的檄文，呼吁国人过圣诞节；之后裴钰、凌沧洲等人又联手推出一份主张拒看央视春晚的《新春节文化宣言》，该宣言认为春节的本质在于"自由"，而春晚的"伪民俗"却"阉割"了春节，使春节庸俗化、工具化、舞台化、政治化了，借口"注重自由精神，尊重文化多元"而直言"春节无需保卫，春晚可以不看"。虽然有人称《新春节文化宣言》有欺世盗名之嫌，但 2008

---

① 《央视 08 春晚该创新了》，2013 - 10 - 5 访问，http://blog.sina.com.cn/s/blog_502d3fd601008uft.html。

年的网络"山寨春晚"充斥着对春晚的戏谑、消解、挪用、冒犯与僭越，是一种近似于"符号的游击战"的亚文化行为，意味着与主流文化、正规品牌的分庭抗礼，成为 2008 年的一大文化事件（或许是"反文化"事件）。传统春晚和山寨春晚相比较而言，前者为精雅文化，后者为粗鄙文化；前者离中老年人近，后者离青少年近；前者追求仪式感，后者戏谑仪式感；前者以国家为界，后者以网络为边；前者以央视为尊大，后者拿春晚逗贫说事；前者使用网络语言被认为讨好观众，后者挪用官方语言则导致冒犯的快感；前者电视观众较多，后者在线上形成虚拟社群。央视春晚的首届导演黄一鹤也曾犀利地评论："为什么要诞生山寨春晚？一台春晚多难啊，他闲着没事儿干啦？我归根到底一句话就是'你搞那玩艺儿没有说我们老百姓的心里话，所以我不要你了，我们自个儿来行不行！怎么提意见你不改啊！'"①究其深层原因，春晚是为充斥说教、颂德的"遵命艺术"，这一意图一旦被看破，则认同大打折扣；同时，在权力和思想上，央视太想把十几亿人（观众）的思想集体化、垄断化和国有化。郑维东认为，央视春晚与新传播时代"去中心化、去边界化、去权威化"的传媒演进方向相背离，因此受众越来越不以春晚为中心、不以电视为边界、不以央视为权威，于是另立中心、另划边界、另树权威，以此表达意见、分歧甚至对抗。②"这种'嬉戏'本身并不具有抵抗性或颠覆性。由'嬉戏'而导致的操控或权力的获得使得从属阶层产生了一种自

---

① 黄一鹤访谈：《春晚如何走出尴尬：找回人民自己的春晚》，《生活日报》2010 年 2 月 27 日。

② 参阅郑维东《新传播时代的春晚战略》，央视－索福瑞媒介研究有限公司《收视中国》2011 年第 2 期，2013－11－18 访问，http：//www. csm. com. cn/index. php/knowledge/showArticle/ktid/1/kaid/218. html。

尊。"① 山寨春晚是对电视节庆的"不认同",逃遁、规避而走向"认异"的一种做法,此类文化抵抗虽然只是一种消极的仪式抵抗,但会对春晚品牌带来伤害。

二 意识形态多元:转型时期的共识难题

电视节庆的认同折扣问题并不能全部由电视节庆的好坏来承担,新时期复杂的文化语境、族群认同的多元情境,以及国家对节庆的文化控制,都会对认同心理产生影响,从外部而言,认同与政治、经济、文化等相关。从内部而言,对于节庆文化的规划、开发、管理存在乱序,也致使荧屏节庆缺乏系统性,增加了认同的难度。

(一) 主流意识形态疏离与信仰危机

西方学者早就注意到共同体的丧失是现代性的核心问题之一:19世纪德国社会学家费迪南·滕尼斯直接将传统社会的"共同体"与现代"社会"相对立;齐美尔判定"现代性摧毁了统一性",导致了"陌生人社会";法国政治家托克维尔认为现代社会由身份被拉平了的"原子化的个体"所组成;马克思论说了"虚假的共同体""伪装的共同体";涂尔干认为劳动分工发展出异质的、缺乏社会联系、纽带松动的社会;马克斯·韦伯认为上帝既死大道不存,在价值领域内充斥着诸神之间的争斗,一个价值多元的社会正在成为现实。以上这些情形也不同程度地出现在中国,当陌生人社会取代熟人社会,共同体的纽带日益变得可有可无了,共同体成为"过去的事情"。清华大学

---

① [英] 格雷姆·伯顿:《媒体与社会:批判的视角》,史安斌主译,清华大学出版社 2007 年版,第 109 页。

万俊人教授认为，"社会转型"是现代社会的基本结构性改变，包括社会基本制度（或体制）与社会生活方式之显形结构和社会文化心理与道德信仰之隐形结构的革命性改变。①

"意识形态"一词最早源起于法国的启蒙运动时期，后经马克思等人的阐释，成为一个具有多重意涵的政治语词，马克思提出了意识形态的欺骗性与虚假性；法兰克福学派认为"文化工业"的标准化、齐一化、伪个性化促使了大众对于资本主义意识形态的遵从；阿尔都塞发现了意识形态的"询唤"功能；葛兰西则阐明了意识形态的"文化霸权"（文化领导权）特质。对于任何政党来说，"组织"和"意识形态"是其不可分割的主柱，前者是"硬力量"，后者是"软力量"，缺一不可。中国共产党是中国唯一的执政党，意识形态的意义十分重大，中国媒体的国有性质使得它们将主流意识形态（执政党的意识形态）作为最重要的政治使命，"我们所说的代表主流的意识形态，通常是指我国领导阶级及其政党——中国共产党的思想体系，也就是建设有中国特色的社会主义，以及最终实现共产主义的政治理想"②。在当下中国，意识形态呈现多元性，除了马克思主义之外，还有自由主义、新左派、新保守主义、历史虚无主义等多样社会思潮，使社会转型过程充满矛盾、起伏、变化、交错的多种内在紧张，导致了人们对主流意识形态的疏离态度，而党的意识形态在人民中间产生意识形态的真空，马克思主义的信仰成为被嘲弄的乌托邦，政治信仰出现危机感和冷漠感。"今天的中国，就意识形态而言，深刻的矛盾不仅存在于执政党和社会群体之间，而且也存在于执政党的精英和普

---

① 参见万俊人《"现代性"的"中国知识"》，《学术月刊》2001年第3期。
② 金丹元：《电视与审美：电视审美文化新论》，学林出版社2005年版，第71页。

通党员之间。"① 加之民主社会的推进、个人表达诉求的网络化、数字化装置的推进，青年一代对主流、传统的意识形态愈来愈缺乏认同，文化认同日益成为动态的、多层次的、流动的认同概念，面临着很大的认同危机。

当下"共识缺失"已经成为中国社会发展的短板，社会转型、全球化背景以及价值系统转型的叠加效应致使社会共识的难产：社会学家称之为"断裂的社会"带来一种"结构性怨恨"，并出现"怨恨式吐槽"。国家意识形态的空心化、社会意识形态的碎片化、传统文化意识的无根化、西方意识形态的"他者化"环伺左右，本土文化如何确保其主导的结构性地位？大众文化、后现代文化、族裔文化，以及各种亚文化思潮的影响，"对本民族的传统审美文化的隔膜深刻地危及后者的生存，同时在一定意义上导致了'认同的危机'"②。道德迷惘成为一种普遍的社会情绪，各种事关认同的文化传播一部分被视为"洗脑""宣传"，传播难度加大，文化传播产品往往被人们简单地判定为"可信""不可信"的二元预限，主体对电视的含混认同不可避免。2015 年 4 月 6 日，央视文艺部导演、著名主持人毕福剑在一次饭局中即兴清唱京剧《智取威虎山》选段，《我们是工农子弟兵》，他边唱边戏谑，点评的内容有丑化革命先辈与革命领袖之嫌，该视频在网络上流出，一时舆论大哗，造成了严重的社会影响。由于毕福剑从2012 年连续四年主持央视春节联欢晚会，并担任全国红军小学建设工程的形象大使，有中共党员、退伍军人等多种身份，名人的口无遮拦削减了人们对央视名嘴的信任程度，体制内主持人的认同倾向，直接

---

① 郑永年：《再塑意识形态》，东方出版社 2016 年版，第 22 页。
② 周宪主编：《世纪之交的文化景观——中国当代审美文化的多元透视》，上海远东出版社 1998 年版，第 62 页。

影响到供职单位的节目宣传效果。

在政治、商业、艺术等意识形态性的围困下，电视要在超多元的文化思潮中扮演沟通社会和整合民众的角色，难度加大，因此要寻找多元文化中相互重叠、共同尊重和扩大重叠的部分。借用祖先的辉煌、借用神赋的仪式是电视节庆的重要策略，但涂尔干认为，"我们正在度过道德平庸的过渡阶段。那些在过去曾经使我们的先辈们欢欣鼓舞的伟大事件，已经无法同样激起我们的热情，这是因为它们已经被用得太平常了，再也引不起我们的关注，同时也因为它们已经无法满足我们的实际愿望；然而到目前为止，却又没有能够代替它们的东西……"① 以电视公祭为例，作为组织方的国家层面与作为参与者的电视媒体都表现出很大热情，但百姓对此有些冷淡。每年的祭拜仪式情境单调，仪式规则教条刻板，政治意味浓厚，凝重有余，感染力不够而难以亲近；让收受者觉得这只是当权者的事情，跟自己没有关系。电视公祭中的文化展演更像宫廷剧的片段，身着汉服的演员与身着正装的领导人出现在同一荧屏中，更增添了戏剧感与不协调感。不被意识、未被理解的象征探索对于观仪者而言难以产生认同效果。

（二）节庆文化失序与"谁的认同"

从文化形态而言，电视文化是一种包容性极强的"场性"文化，节庆文化指挥棒的失序会导致电视节庆的盲动。相较于其他国家而言，我国电视荧屏上的节庆（晚会）数量之多、频率之高、节庆扎堆，令人目不暇接，节日本身的时间节律功能减弱了，而那些真正题材重大的节日电视被冲淡了，焦点效应降低，难有深入人心的精品之

---

① ［法］爱弥尔·涂尔干：《宗教生活的基本形式》，渠东译，上海人民出版社 2006年版，第 407 页。

作。究其原因，主要表现在电视节日节庆的泛滥，有很多"假"的"假日"。一些是"日"而非"节"，如国际戒烟日、国际艾滋病日、消费者权益保护日、环境日等，另一些行业节庆虽努力攀附可溯源的纪念物，却归属于狭隘的特定阶层、团体或组织，不能真正惠及全民，难以调动大众普遍、由衷的参与感；节日过多是对节日的取消，是对节日的庸俗化，使节日混同于平日，导致人们的麻木和漠视，但对真正的节日又重视不够。如民众对于2013年中秋国庆休息日的调度颇为不满，2013年的除夕这一天被排除在放假之外，更引起坊间民意的反感。除夕是春节期间最重要的一天，现代人对年味越来越淡的抱怨实则隐含着对民俗仪式回归的期许，而对于除夕日"不假"，有文化学者苛责为"它公然对抗人性和民意，藐视日常生活中的文化习俗，成为'文革'结束以来最荒谬的节假日方案"①。

电视节庆传播的失序，还表现在对于某些节庆意义把握上的含糊性，近年来电视七夕节逐渐升温，但这一仪式化传播不能说是成功的。七夕节是古代传统节日中深受女孩重视的节日，被称为乞巧节、女儿节。中国传统的情人节并非七夕而是正月十五元宵节（上元节）。将七夕节当成中国情人节是现代社会的一种误读，由于西方情人节的冲击，社会与媒体急于开掘一种对抗西方情人节的节庆文化，旧时的七夕节突然具备了以传统为民族认同的意义，家喻户晓的"七七"牛郎织女相会故事是最好征用的文化资源，七夕附会成情人节，是一种勉强为之的行为，传统的七夕节我们要继承什么？重新解读什么？怎样的呈现才有利于保护传统文化遗产？传统又将如何变革？怎样的更新才不给后人留下笑柄？这都需要文化部门、民俗专家的观察与论

---

① 朱大可：《私人盘点：2013"十小"文化事件》，http://blog.sina.com.cn/s/blog_47147e9e0102evbs.html。

证，在没有定论与更好的替代品出现之前，电视七夕节一拥而上，但单以牛郎织女为象征核心，仪式内涵过于单调，传统与现代之间存在错位。正如中秋晚会有赏月主题，电视公祭有膜拜对象，而匆匆上马的电视七夕节是不存在象征物的，传统中的乞巧仪式没有得到很好的研究、论证、开发、改造，而更多是媒体与商业的合谋——赶场的烂熟的面孔、歌舞升平和插科打诨不停赶场，各家卫视争相攀比豪华明星阵容。如传统七夕节与电视七夕节是割裂的，中国情人节与西方情人节倒是缝合的。按照戴扬和卡茨的说法，媒介事件如果跟传统割裂，则无法唤起观众的志愿合作："它们缺乏一种与根深蒂固的礼仪和传统的有机联系，因而未能表达出运动或民族的神秘性。换句话说，观众没有赋予这些事件以超凡魅力；他们拒绝进入协约。"①

以电视七夕节为例，我们不禁要问，表现在电视上的中国情人节，仪式核心是什么？节庆特质何在？进而要追问的是，电视节庆究竟是谁的认同？节庆文化本身的，节庆组织方的，电视媒体的，广告电商的，偶像明星的，最后才是受众的，但看起来更像收视率的。因为不清楚是谁的认同，所以在如何建构认同上是模糊、肤浅、噱头的——对节日内涵的肤浅理解，找不到仪式的核心象征物，或者象征物不明确，最终都沦为乱哄哄的娱乐表演。因此，做好电视节庆传播的前提，是深入解读传统节日文化及其功能。否则，仅仅凭借电视对注意力的一种天然技能，借节日之名，节日电视已蜕变成电视上的仪式展演，不再是我们根源性的日常生活意识形态的一种存在，这最终是否导致年轻一代对本土文化的隔膜，乃至全社会的一种本体论的认同感与安全感的消失？

---

① ［美］丹尼尔·戴扬、伊莱休·卡茨：《媒介事件——历史的现场直播》，麻争旗译，北京广播学院出版社 2000 年版，第 67 页。

三 拆解还是建构：电视仪式的内在悖论

转型期的意识形态多元性对电视节庆的认同建构、认同接受均有不同程度的影响，但相当一部分原因还来自电视仪式内部，一部分电视节庆在认同上做得更好，而另一些却是低效的。

19 世纪德国社会学家滕尼斯提出传统共同体的瓦解之后，同一时期的法国政治家托克维尔认为，大众传播促使社会中心和边疆连接为一体，构建了共同的生活基础，促发了一个新的共同体的形成。之后芝加哥学派也推崇传播媒介技术会导向一个关系和谐、政治民主的共同体，实用主义哲学家约翰·杜威（John Dewey）宣称，工业社会里共同体感觉的恢复是可能的，"仅凭传播就能够创造一个大的共同体"[①]。技术乐观主义者麦克卢汉预言了"地球村"和部落化趋势，戴扬与卡茨认为，"媒介技术可能创造并统一为比民族更大的社会共同体"[②]。电视仪式、电视技术对于共同体的"破"与"立"有天然影响，但大众传媒究竟是拆解还是建构了共同体，长期争论不休。大众传媒有其正功能与负功能，而由它建构的共同体并不是滕尼斯意义上的共同体，只是鲍曼意义上的"美学共同体"（表演会式的共同体），而这种美学共同体究竟在认同上有多大效能，在此分列梳理。

---

① ［美］E. M. 罗杰斯：《传播学史：一种传记式的方法》，殷晓蓉译，上海译文出版社 2002 年版，第 169 页。
② ［美］丹尼尔·戴扬、伊莱休·卡茨：《媒介事件——历史的现场直播》，麻争旗译，北京广播学院出版社 2000 年版，第 24 页。

（一）影像技术共同体的两难

传播学家早已发现，媒体在共同体的建构与消解上存在悖论，英国传播学者麦奎尔认为，大众传媒一方面描述了另类的价值体系，削弱了传统价值的地位，另一方面又能将大规模的、具有差异性的现代社会整合起来，大众传媒的向心/离心模式是同时运作而且互补的，麦奎尔提出有四种媒介社会整合作用的理论：其一，离心理论的乐观观点为"自由、变化、多元"；其二，向心理论的乐观观点为"融合、团结、文化认同"；其三，离心理论的悲观观点为"缺乏规范，丧失认同"；其四，向心理论的悲观观点为"支配、一统、顺从"。① 广播电视的远距作用带来文化的混杂经验，戴维·莫利曾强调，广播电视频道、有线与卫星电视的增加"可能将我们推向一个更为支离破碎的社会世界"，传统的以国家为边界的广播电视体系面临重大改变，在一个市场分众化和窄播化的世界里，人们彼此之间相同的广播电视体验越来越少，"我们存在的共同体可能就会沿着这些更片面的线条被想象和建构"②。也正如西尔弗斯通所言，"媒介有能力调动起神圣的力量，有能力创造出人类学家称为'共同体'的东西；经验是共享的，然而，在共同体内部的经验，却是破碎的、暂时的以及虚拟的"③。

电视的黄金时代是以家庭为基础单位而形成的，几乎没有证据表明频道的激增会提升受众的忠诚度，电视直播的常规化、片断化使节

---

① 参阅〔英〕丹尼斯·麦奎尔、〔瑞典〕斯文·温德尔《大众传播模式论》，祝建华译，上海译文出版社 2008 年版，第 114 页。

② 〔英〕戴维·莫利：《电视、受众与文化研究》，史安斌译，新华出版社 2005 年版，第 31 页。

③ 〔英〕罗杰·西尔弗斯通：《电视与日常生活》，陶庆梅译，江苏人民出版社 2004年版，第 30 页。

庆的仪式感与新奇性被减弱。加之接收终端的多元化，传统电视网的受众占有率一再被侵蚀，家庭中的年轻成员被 PC 文化统摄，电视在共同意义的制造上核心位置不保，共享收视经验消失了，数字技术所带来的全视频时代对电视屏幕冲击重大，媒介的细分化趋势使得无数小媒介解构了大媒介的仪式化。多屏时代，对电视节庆的收受方式也发生了变化，从"墙面"的观影到"掌面"的滑屏，影响到人们对节庆仪式的理解，无论电视技术多么仿真，也无法替代人际交往的真实互动，信众退化为观众。

虽然长期以来电子技术共同体造成了"媒体假日"的收视惯习，但这一惯习正在被打破——他们不是去过节，而是沉溺手机。在那些依旧看电视的人们之间也存在着矛盾：在重大节庆来临之时——在中秋之夜人们不是阖家赏月，在元宵之夜不是观花灯猜字谜，重阳节不是亲朋相聚登高饮菊，而是围观各台的中秋晚会、元宵晚会、重阳特别节目，节日由过去的人与人、人与自然的关系，变成了人与电视的约会，与此生发出一个巨大的悖论：电视节庆的根本目标是将大家困守在荧屏前吗？作为文化工程的重要一环，电视节庆难道不是为了推广传统节庆文化，让大家投身到真实的节庆场域之中去吗？如果电视成功困守了观众，那么它只赐予大众一种虚拟的二手生活；如果电视将大家推往室外，那么作为传播事件又不能说是成功的。前者对节日文化的电视创意性表达提出了"去日常化"的更高要求，而后者则意味着电视要主动放弃自己的资源，这对于电视而言是两难境地。"你根本不知道，你亲眼看到的是重新播放的现实，还是只是一种仿真，这当然点缀了我们对于所谓现实的信仰。自然，'眼见为实'，但你永远看不到你不应当看的东西，而且你根本不能确定你的所见是现实所赐，还是频道的礼物。"① 西尔弗斯通注意到在西方也同样存在这一情况："即使是那些不那么容易融入生活中的节目，它们也会向我们的日常生活挑战，打扰我们的生活，为我们提供了一个仪式化或正在形成仪式化的焦点，这些也可以被看作（经常）是通过电视与电视文化和日常生活连为一体。圣诞节，这个节日一方面深入每个家庭，一方面又是向公众开放的，甚至庆祝它也是围绕在电视机旁边。"② 电视减少了人们相互的对话，家庭成员之间减少交流，电视节庆造成的所谓家庭统合是缺乏对话的统合，传播者与接受者之间缺乏统合，接受者之间也缺乏统合。

（二）电视美学共同体的失效

中国的电视节庆是关于真善美的艺术传播，它的基本传播功能不是信息而是娱憩，在于体验崇高优美的事物。但在一个审美泛化，即审美与非审美的界限不甚分明的年代，大众文化已经侵蚀了传统美学所设定的边界，电视仪式是否还能承担起美育功用？受众关于美的认知能否得到共识？笔者以为，电视"美学共同体"的讨论不失为一个有益的视角。

首先来谈谈电视节庆仪式与美学共同体的相关性问题。美学早就确立了广泛普遍的节日观，节日是"原发性的和不可磨灭的范畴"（巴赫金语），是同审美文化的高级形式（美艺术）相互发生作用的环节。③ "美学共同体"是西方社会转型之下针对"共同体"所生发

① ［德］沃尔夫冈·韦尔施：《重构美学》，陆扬译，上海译文出版社2002年版，第116页。
② ［英］罗杰·西尔弗斯通：《电视与日常生活》，陶庆梅译，江苏人民出版社2004年版，第30页。
③ 参见［俄］别利亚耶夫、诺维科娃、托尔斯特赫《美学辞典》，汤侠生等译，新华出版社1993年版，第170页。

· 297 ·

的概念，在德国哲学家滕尼斯、美国伦理学家麦金太尔的表述中，共同体虽然是一个政治哲学范畴的概念，但带着浓厚的伦理意涵，即共同体是基于共有利益的"道德共同体"。在当今西方消费社会，以"共同善"为目标的"道德共同体"逐渐被以审美价值为旨归的"美学共同体"所取代。所谓"美学共同体"，又称"审美共同体"或"趣味共同体"，是指在西方后现代主义思潮影响下，社会文化与日常生活审美化所引起的大众审美方式的延展与变异：在资本主义消费社会中，审美现象不但丰富多彩，而且本身变成了一种"意识形态"，并以社会交往与道德实践的形式实现出来。① 齐格蒙特·鲍曼对于"美学共同体"的阐释最为深入，他认为，后现代社会的大众基于"失去共同体，意味着失去安全感；得到共同体，如果真的发生的话，意味着将很快失去自由"② 的困境，试图追求一种既能容纳"自由"又能将"安全"收纳其中的有机体，美学共同体便是这样一种装置与产物。

电视节庆仪式是否具备美学共同体的主要特征？笔者以为是成立的，依据鲍曼的描述，美学共同体是围绕着"一次性发生的热闹事件"而发生的，大部分是以万众瞩目的偶像、名人，或其他关键性人物、事物为中心的，如一次流行节日、足球赛、时尚展览等；美学共同体的"焦点"像一个可以将许多个体暂时挂在上面，又可以随时被取下而挂到别处的"钉子"，所以鲍曼又称之为"钉子共同体"，③ 而基于个体审美自由性的特质，鲍曼又将美学共同体称为"衣帽间式的

---

① 参见李立《审美社群体验的在世想象——后现代社会的"美学共同体"批判》，《河南师范大学学报》（哲学社会科学版）2011 年第 6 期。

② ［英］齐格蒙特·鲍曼：《共同体：在一个不确定的世界中寻找安全》序，欧阳景根译，江苏人民出版社 2003 年版，第 6—7 页。

③ 参阅［英］齐格蒙特·鲍曼《共同体：在一个不确定的世界中寻找安全》，欧阳景根译，江苏人民出版社 2003 年版，第 86 页。

共同体"（cloakroom community）或"表演会式的共同体"（carnival community）。① 因此，无论是十三亿人共看一台春晚、瞩目于天安门广场的国庆盛典，还是各大卫视的跨年演唱会、嘉年华的狂热聚集，都表明电视节庆仪式是一个不折不扣的审美共同体、美学共同体。重大电视节庆具备令人敬畏的历史性和仪式性，电视媒介虽然不是"衣帽间共同体"（人们过去在剧院看戏时，将外衣脱在展厅衣帽间里）的必然要素，但笔者认为，作为"媒介事件"出现的电视节庆是一种令大众痴迷的"表演会式的共同体"。鲍曼的这样一段话说明了美学共同体与电子媒介的关联性：

> 由对身份认同关注产生的对美学共同体的需要，是娱乐产业特别受欢迎的放牧地：这种巨大需求解释了该产业惊人的和持续的成功。电子技术的巨大能力，创造了能为无数距离遥远的观众提供参与和关注焦点问题的机会的奇迹。正是由于观众的庞大和集中关注的强度，个体才发现他（她）自己完全地、真正地"置身在一种比他有优势的力量面前，而且在这种力量面前屈服了"。②

电视节庆仪式这一美学共同体是否真正产生了共同体的效能？"美学共同体"中存在着悖论性体验，它只是消费社会的由媒体建构起来的大众神话，在外形花哨、丰艳迷离的后现代审美中，极易蜕变为一种"权且利用"的大众文化，一种即时享乐的消费意识形态。个体快节奏地急速融入一场"表演会式的共同体"的电视商

---

① 参阅 ［英］齐格蒙特·鲍曼《流动的现代性》，欧阳景根译，上海三联书店2002年版，第310—312页。
② ［英］齐格蒙特·鲍曼：《共同体：在一个不确定的世界中寻找安全》，欧阳景根译，江苏人民出版社2003年版，第80页。

演，在短暂聚合（或精神聚合）之后又迅速分离，形同陌路，电视节庆的制作方与参加者之间的联系是暂时性的、一次性的、敷衍性的、不必有任何交道的；聚集快，解散也快，受众只将此经历作为一次对"物"的消费——消费电视、消费偶像符号、消费快乐，他们对物的态度是"用完就扔"，完事就忘。"表演会式的共同体"并不提供"兄弟般的共同承担"，也没有确定性、可靠性和安全感的保证，它们是被根据需要来设置或放弃的，是作为道德共同体的对立物出现的，而真正的和谐一致无法人为创造出来。鲍曼替我们找到了其中的原因：

> 显然，美学共同体没有做的一件事情，是在它的追随者之间编织一张道德责任之网，并因此而编织一张长期承诺之网；无论在美学共同体有争议的短暂的生命中建立起了什么联系，它们并没有真正地结合：可以毫不夸张地说，它们是"没有结果的联系"。……就像是供出售的主题乐园的魅力一样，美学共同体的联系是"被体验的"，而且是被现场体验的——不能带回家里并在日复一日的枯燥单调的日常生活中消费。人们可能会说，它们是"流动游艺团式的联系"，因而构筑这种联系的共同体也就是"流动游艺团式的共同体"。①

芬兰社会学家尤卡·格罗瑙在《趣味社会学》中也指出，趣味共同体（美学共同体）的特征就是处于不断地产生与消亡的状态，其品味的标准也在永远发生变化，虽然它们能在一个迅速变化的社会中建立一定秩序，但它们不具备"共同体的真实性"，而只是

---

① ［英］齐格蒙特·鲍曼：《共同体：在一个不确定的世界中寻找安全》，欧阳景根译，江苏人民出版社 2003 年版，第 87 页。

"共同体的云雾"（利奥塔），因此，格罗瑙认为这种"共同体"不能被称为"共同体"，而只是西美尔（齐美尔）所表述的"社会交往形式"。①

对于节庆仪式而言，封闭的"庆祝共同体"通过电视仪式演变成开放的"美学共同体"，传统意义上的近观、聚合仪式的"文化共同体"，通过影像变成了电视意义上远距、分散仪式的"表演会式的共同体"，虽然能够带来社群的审美体验，但最终不过是以审美自由为名，谋求体验安全感的一种在世想象，说到底，不过是主流意识形态的一次围观或者大众消费文化的一次胜利。正如西尔弗斯通所言，"媒介有能力调动起神圣的力量，有能力创造出人类学家称为'共同体'的东西；经验是共享的，然而，在共同体内部的经验，却是破碎的、暂时的以及虚拟的"②。也正如詹姆逊对于后现代性的判断，"美不再处于自律的状态。而是被定义为快感和满足"③。虽然另一些电视节庆是庄重肃穆的，但电视自身的特点以及它的周围环境使得真正的宗教体验无法实现——电视空间无法被神化，我们也难免在看电视时伴随着吃东西、闲聊，以及心不在焉的状态。因此，在一个已经裂变的共同体中，想要用符号形象来唤起人们的共同感，至少电视节庆是难以做到的。

---

① 参阅［芬］尤卡·格罗瑙《趣味社会学》，向建华译，南京大学出版社 2002 年版，第 206 页。

② ［英］罗杰·西尔弗斯通：《电视与日常生活》，陶庆梅译，江苏人民出版社 2004 年版，第 30 页。

③ ［美］弗雷德里克·詹姆逊：《文化转向》译者前言，胡亚敏等译，中国社会科学出版社 2000 年版，第 4 页。

第二节　电视节庆仪式传播中的话语审思

"话语"（discourse）是媒介研究的重要向度，语言学层面的话语理论（theories of discourse）虽然是微观修辞视角，但关乎权力、意识形态等重要结构。福柯眼中的话语、知识、权力是三位一体的，话语本身就是权力，知识通过话语产生权力，权力、知识又制约着话语，型塑着权力主体。电视节庆仪式是权力场、资本场、文化场等多场域的相互交融，一再重复的话语惯性是电视权力运作（说服）的秘密所在，也是传播流于低效，甚至走向无效的最大根源之一。

一　电视节庆中功能式微的政治话语

文化学者孟繁华认为："现代传媒在中国的出现，是被对现代化的追求呼唤出来的，它适应了社会政治动员的需要。对国家与民族的共同体的认同，是被现代传媒整合起来的。"[1] 电视的文化领导权是国家执政党及其政府的重要意志，一整套既符合电视传播特质的，又符合其权力需要的意识形态制度被安排出来，电视机构必须去遵循。电视节庆仪式是以主流话语为主，大众话语为辅的话语范式，国家话语是国有媒体的官方用语，也是宏大叙事的典范，电视节庆中最凸显的

---

① 孟繁华：《传媒与社会主义文化领导权》，王岳川主编《媒介哲学》，河南大学出版社 2004 年版，第 96 页。

是国族话语，民族话语服务于国家话语。"国家话语系统是一套服务于国家，以宣传国家意志、引导全国舆论方向的话语，其核心是要通过电视传播系统有效地形成一种全国性的、有机统一的对国家的共同想象，以维护政府对国家的管理。"① 因此，电视系统是人们寻求国家想象、实现认同、凝聚意志的一个主要媒介。然而，当人们对政治的理解从狭义的政党政治走向泛政治，当人们对文化的理解从主流文化理解为一切都可以被"文化化"，当人们确证经济已由市场取代计划，并走向消费时代之时，分散的认同变得难以聚拢。随着受众媒介素养的提升，电视节庆仪式赖以存在的国族话语依然还是主流话语，但在功能上大大降低，成为认同隔膜的最大因素。

（一）新时期以来被去势的元叙事

元叙事（宏大叙事）出现在一切文艺形式中，是体现国家、政府意志并受其管制与规定的一套话语模式，电视叙事由作为管理者的高位主体和作为贯彻者的本位主体共同确定。在国家建设的不同时期，体现在电视中的宏大叙事程度不同。如在 20 世纪 80 年代，政治文化、启蒙文化都带有强烈的政治色彩，表现在电视节庆中是"牵着英雄的手，跟着日历走"，电视节庆在区域传播中的收视率与认同度都较高。随着 90 年代以来消费性文化观念的形成与提倡，中国电视媒介走向市场化，原来标语口号式的、直奔主题的话语淡出屏幕。电视仪式化不只是天安门广场的政治仪式，而更多为平民倾向的娱乐化仪式，但国家的宏大话语并没有消失，而是退隐后台运作，密切关注电视节庆的编播并对其作出指示，在适当的时候出场与民同乐，在仪式

---

① 荣耀军：《当代中国电视文化研究：多维话语系统的竞争与共生》，学林出版社 2009 年版，第 170 页。

中用指代"国家"的象征物对观众实行情感召唤，并兼顾国家政治和媒介经济的双重利益。因此，国家话语依然对话语生产的具体执行者（电视人）有重要的指导、监督、规划、管束与调解作用，通常以行政手段与法律手段来施行，如限娱令、节俭令等，电视节目制作主体依然是党与政府的喉舌与传声器。由于广泛的社会影响，春晚被赋予了普通文艺晚会之外的负荷，被拔高到体现政策、体现核心价值、体现文艺方向的艺术高度。上级单位对春晚的审查分为三个阶段："第一阶段审查设想、主题、特点等；第二阶段审查具体节目特别是政策性比较强的单个节目；第三阶段审查已立起来的整台节目。"① 节庆接受主办方的领导并对其负责，接受上级单位方向性问题、政治性问题、重大原则、宣传口径方面的严格把关，久之，形成惯性思维便自我把关，这是文艺监控的最高境界。

在宏大叙事走向消解、个体"躲避崇高"的年代，如果这时电视节庆中还是"走向辉煌""再造辉煌""明天更辉煌"，观众的认同度就会大大降低，"辉煌"到底是什么东西，不仅老百姓回答不了，电视导演也回答不了，但这些诗性语言又必须年年都说，"拽大词""高八度""排比句""新华体"式的抒情套语得到的是冷淡回应，如：

"金秋十月，丹桂飘香，天南地北祥和欢乐，华夏儿女喜庆佳节……"

"上下五千年，繁华盛世庆今日；纵横九万里，锦绣中华兴未来……"

"今天我们将在气势恢宏的天安门广场与您一同见证跨入21

---

① 杨晓民、陈亦文：《难忘今宵——中央电视台理解春节联欢晚会大写真》，长江文艺出版社1998年版，第263页。

世纪的中国，奏响豪情激越的盛世华章……"

"我们启程了，在这团团圆圆的除夕夜！我们出发了，从这红红火火的中国年！满载着'十一五'成功的喜悦，面向着'十二五'辉煌的前景……"

宏大叙事的话语天南地北、古往今来、一览无余、大开大合，体现着国家的符号学、播音学乃至政治学的话语表征，字正腔圆的语言学、播音学、声势学掏空了人性、人格和身份，拉开了与百姓的距离。正如戴扬和卡茨对于BBC的某种描述：

> 主要是一个词汇、节奏以及语气的问题。据说年轻人以及不大喜欢官方价值的社会群体成员觉得BBC的声音使人烦恼、荒谬可笑或者矫揉造作。BBC的声音对他们那代人是陌生的，结果站在了他们与事件的中间；他们不能随事件一起"流动"或者把它纳入自己的范畴。这种声音产生一种距离感，妨碍他们进入事件之中。①

笔者以为，电视节庆中，执仪者的声音一旦有距离感，便存在如下这些因素：说话人觉得真理掌握在自己手里，要"做神"而不要"做人"，要"训话"而非"对话"（权威感）；发言人总想驳倒对方，并且是在辩论气氛并不好的时候（征服欲）；语气已经超过内容变成更突出的东西（形式感）；老调重弹，人们太熟悉这种语气了，不相信这个旧瓶能装新酒（模式化）；语气成了话语方式（声势学）。当电视节庆中的宏大叙事以过度迷恋形式的方式出现时，虽然某些核心

---

① ［美］丹尼尔·戴扬、伊莱休·卡茨：《媒介事件——历史的现场直播》，麻争旗译，北京广播学院出版社2000年版，第126页。

价值更为"耳熟",但这类事件往往描绘的是理想化的社会形态,向社会唤起的是希冀而非现实,一旦被受众体察到电视节庆话语有虚假、空洞和浮华之嫌,认同就会大打折扣。在法国符号学家罗兰·巴特看来,仪式 = 神话 = 意识形态 = 撒谎或混淆(ritual = myth = ideology = lying or confusion)。①

新时期以来,从媒体本位到受众本位的确立,中国电视文艺在艺术上更为自觉与自新,但由于电视节庆的规定性与文化惯性,执行者必须保持某种高瞻远瞩的姿态。从作为"父亲"形象的赵忠祥到作为"咏哥"形象的李咏,主持司仪的外形从神圣转而亲民,但主导性的意识形态话语并无太多创新。苏联美学家鲍列夫曾描绘"理想的电视节目主持人应是姿态活泼、'不带框框'和'未经训练'的人"②。央视春晚主持人朱军与杨澜的一段对话能够说明电视人在"意识形态框框"下的价值两难:

> 朱军:其实我特别理解哈文导演的意思,她是说今年从语态包括词汇组织,都要更接地气,更贴近百姓,而不是高高在上,不是空而大的话,要说得更实在。
>
> 杨澜:那你过去说的是空而大的话。
>
> 朱军:你就钻这个空子。语态跟一个时代,一个国家的变化是同步的,比如说前些年在我刚开始主持春晚的时候,我们的经济没有现在这么发达,中国的国际影响也没有今天这么大,所以那个时候我们要给自己打气,我们需要说一些气宇轩昂的话。
>
> ……

---

① 参见 Barthes,R.,*Mythologies*. New York:Hill and Wang,1972。

② [苏]鲍列夫:《美学》,乔修业等译,中国文联出版社1986年版,第450页。

朱军：我们要向全国各族人民，全世界中华儿女拜年，因为这是咱们的中国年嘛，这少不了吧，这是功能性的话。

……

杨澜：你有没有想过在春晚舞台上，真的去突破一点，更有自己个性的，有创新的东西。

朱军：我真想过，从着装到发型到语态，我都想彻底把自己砸碎了，再塑一次。但是当我真的有这种想法要实施的时候，还是胆怯了。

杨澜：为什么？

朱军：因为它太受人关注了。每年的春晚收视率在最好的时候有97%、98%。这已经成为一种民俗了。春晚完成了一个转变，实际上就是从原来的欣赏观看到现在的陪伴……①

从早期新民俗的"价值信仰"到后来的"仪式化欣赏"，到现在自省为一种"伴随式的"庆典，央视春晚以集体娱乐追求着仪式的有效性，节庆的主题与意义最终指向国族认同。春晚的仪式化传播体现了几个中心论：以汉族为中心、以首都为中心、以职业艺术为中心。央视有文化再生产的强大物质后盾、平台后盾、政策后盾，它也一直在思考着改革创新，近年坚持"开门办春晚"，一些地方台的精品节目，少数民族、平民草根的佳作被搬上舞台，但由于肩负着过重的宣教功能，以国家主义一统娱乐的原则始终未变，在仪式编播上以"大"为主：大战术、大舞台、大排场、大气势、大喧闹、大导演、大腕儿等，虽然与受众互动意识明显，竭力实现"和同大众"、与民

---

① 《朱军讲述春晚背后的故事——人生没有彩排，心灵寻找依托》，《新闻晚报》2013年2月7日 A2 第13 版。

同乐，在价值认同和形象展示上颇费心思，2014年央视春晚冯小刚导演邀请了演员张国立做主持，说他"主持风格松弛、得体、有热情"，能把串词当语言类节目使用，不论艺术家（导演）的个体性如何发挥，并未能缓解受众的审美疲劳与认同低迷。学者潘知常这样表述，"一切对于春晚的'妖魔化'（因为只看到作为国家叙事的载体的存在而骂）和'神圣化'（因为只看到自身艺术性因素的存在而赞），都是不切实际的……把真正属于春节联欢晚会的还给春节联欢晚会，让春节联欢晚会是春节联欢晚会，而且只是春节联欢晚会"①。

（二）文艺政治化以及政治美学化

关于政治与审美的关系，西方学者瓦尔特·本雅明、赫伯特·马尔库塞、特里·伊格尔顿、米歇尔·福柯等人均有过重要论述。本雅明将政治美学化（aestheticization）视为法西斯主义艺术运作的方式；源于意识形态的物质根源性、政治权力性和修辞策略，伊格尔顿认为统治意识形态"可能以情感的、象征的、神秘的甚至无意识的方式构成主体与世界的'自然的'和'自发的'生活关系，以看不见的日常生活的颜色织入既有的权力结构"②。汉德尔曼认为"展演"是官僚制度精确性的表演会，反映了国家集权制下社会秩序的巨大幻象："极端注重精确和细化、强调一致性、不厌其烦地重复……国家展演和表演会的这些极端形式的相似呈现方式表明存在着一种观众看不见的强大力量，这就是官僚价值观的存在——展

---

① 潘知常主编：《最后的晚餐——CCTV春节联欢晚会与新意识形态》，2013 - 12 - 5 访问，http://pan2026. blog. hexun. com/7839920_ d. html。
② 马海良：《文化政治美学：伊格尔顿批评理论研究》，中国社会科学出版社2004年版，第135页。

演的权力支点。"① 媒体仪式对于表象的建构并不在于表象本身，而是借奇观实现对崇拜对象（权力）的扮演，各国的国家艺术都难以完全绕开"文艺政治化"与"政治美学化"的一体两面，"文艺政治化"指把文艺纳入政治体制之内，使其题材、主题、手法、形式皆服务于政治，而"政治美学化"则是以理想化文艺形象（形式）的途径来表现实施政治。中国近现代文化史投射着政治权力的深刻影响，"启蒙和教亡的主题始终把审美活动（非自律的艺术）推到中国文化的前沿。因此，审美的就是政治的，就是文化的，这是一个不争的事实"②。1942 年的《在延安文艺座谈会上的讲话》是新中国文艺的纲领性文献，清华大学美学教授肖鹰认为无产阶级的政治美学化有双重目标，"第一，把社会主义的远景（理想）转化为文艺形象（典型），给广大群众以直观感性的教育；第二，这个转化的具体目标，是实现社会主义的普遍内容和中国文化的民族形式的紧密结合"③。意识形态是一项人心工程，想要摄人心魄，非得动用审美，以深入人的心灵结构、情感结构，"权力成为魅力，是政治意识形态的根本目标。对权力秩序的敬仰乃至顶礼膜拜，是政治运作的必然要求"④。电视节庆便是这样一种文艺典型与"政治共同体文化"，负责政治领袖超凡魅力的公共呈现，传媒形式和掌控结构相呼应，并对社会的各个交往文化发生影响，但意识形态需要一种升华的美学技巧。权力进入情感序列的最佳路径，就是将"爱国主义艺术"变为"巫术艺术"，正如英国哲学家科林伍德（Robin

① ［美］麦克尔·赫兹菲尔德：《什么是人类常识——社会和文化领域中的人类学理论实践》，刘珩等译，华夏出版社 2005 年版，第 298 页。
② 周宪主编：《世纪之交的文化景观——中国当代审美文化的多元透视》导论，上海远东出版社 1998 年版，第 4—5 页。
③ 肖鹰：《真实与无限》，中国工人出版社 2002 年版，第 36—37 页。
④ 骆冬青：《论政治美学》，《南京师大学报》（社会科学版）2003 年第 3 期。

George Collingwood）判定"巫术艺术"有两个根本功能："（1）它们都是达到预想目的的手段，因而并非真正的艺术，而是技艺。（2）这一目的在于激发情感。"① "家国同构"便是这样一种设计，血亲关系的情感由"家"扩展到"国"，从"父母官"到"君父""国母"，血亲秩序构建出敬爱与畏惧的权力秩序，并赋予"有国才有家"的叙事逻辑，权力因此被情感化、伦理化，征服性被浸润性所替代，成为审美上的一种深层根基。

按内容分类，电视节庆可有自然性节日、宗教性节日、文化性节日、政治性节日，虽然前三者都可以不同程度的导入政治因素，但唯有电视政治庆典一开始就抱持这一基本要旨，并将自身装扮成自然的、神圣的、有文化内涵的盛大节日，显示出一种统治性文化的出场，是一条权力话语的"美化之路"，电视节庆因此成为"意识形态国家机器"（阿尔都塞）。1964 年为庆祝建国 15 周年，大型音乐舞蹈史诗《东方红》震撼登场；1984 年为庆祝建国 35 周年，《中国革命之歌》成为《东方红》的姊妹篇，它们在政治主题上的宏大性、在意识形态负载上的革命性、在历史情节构成上的相似性、在演员阵容上的庞大性、在政治抒情上的仪式性、在各种综合集结的权威性上，都是其他歌舞演出无法比肩的。今天的政治节庆越来越成为自然的、形象化的、话语催眠式的电视营造，是大国崛起的爱国主义体现，观众欣赏政治的美，美的政治产生美的愉悦。在重大电视节庆中，电视镜头努力寻找盛装穿戴的少数民族代表，以及广场人群的欢天喜地，在民族—国家的视觉表达上，电视表演采用了惊人的恭维方式，如大型艺术团体操发挥到极致的秩序感、

---

① ［英］罗宾·乔治·科林伍德：《艺术原理》，王至元等译，中国社会科学出版社 1985 年版，第 67 页。

齐一化与凝聚力，但在接收终端，国家利益有时会被一部分受众协商解读为阶级利益，认同大打折扣。正如汉德尔曼犀利地指出，与仪式相对照，现代的壮观场面（如国庆庆典）是指官僚制度风气的公开伪装。

电视节庆文艺承担的政治教化功用，使得仪式中的现代超级权力正在渐渐形成。以春晚为例，春节的"存在"（文明）要早于其"本质"（政治功能化），电视节庆围绕着纪念日、传统经典和政治政策，为其超凡魅力的层层光环做了不懈努力，但它仍然无法填平"下"与"上"之间的裂隙，电视庆典的政治话语与百姓的日常话语正在拉开距离。"一种传统如果失去了其克理斯玛特质，不再被人们感到是超凡的、神圣的或具有异乎寻常的价值意义的，那么人们便不会为其献身或坚决捍卫它了，同时它也逐渐失去了对人们行为的规范作用和道德感召力了。"① 政治权力掌控媒介生产和流通的做法，曾经有过很好的社会整合效果，这也是国家控制电视话语生产的初衷，"祖国"是一个利益、文化、归宿感的"想象的共同体"，但如果公共利益被夺走、文化被忽略、剥夺感被放大，当城乡差距、贫富差距持续扩大，社会矛盾凸显之时，很难保证民众对"所掌控"的东西有信仰、有好感。正如 2014 年 10 月习近平在文艺座谈会上直言当前文艺界的一些弊端：

> 改革开放以来，我国文艺创作迎来了新的春天，产生了大量脍炙人口的优秀作品。同时，也不能否认，在文艺创作方面，也存在着有数量缺质量、有"高原"缺"高峰"的现象，存在着

_____

① ［美］爱德华·希尔斯：《论传统》译序，傅铿译，上海人民出版社 1991 年版，第 6 页。

抄袭模仿、千篇一律的问题，存在着机械化生产、快餐式消费的问题……有的追求奢华、过度包装、炫富摆阔，形式大于内容；还有的热衷于所谓"为艺术而艺术"，只写一己悲欢、杯水风波，脱离大众、脱离现实。凡此种种都警示我们，文艺不能在市场经济大潮中迷失方向，不能在为什么人的问题上发生偏差，否则文艺就没有生命力……人民不是抽象的符号，而是一个一个具体的人，有血有肉，有情感，有爱恨，有梦想，也有内心的冲突和挣扎。不能以自己的个人感受代替人民的感受，而是要虚心向人民学习、向生活学习……在社会主义核心价值观中，最深层、最根本、最永恒的是爱国主义。爱国主义是常写常新的主题。拥有家国情怀的作品，最能感召中华儿女团结奋斗……一点批评精神都没有，都是表扬和自我表扬、吹捧和自我吹捧、造势和自我造势相结合，那就不是文艺批评了！①

传统预设了一种无限精神的存在，往往以政治和伦理为中心，着重关注精神和意义，追求以文化人、以文化物。如何让民众从中获得真正的幸福感与和谐感，这既是政治节庆的出发点，也应是其归结点，应该成为电视人思考的重心。

二　电视节庆中过度阐发的民族话语

传统是一条河。这不仅仅指传统有源有流，还说明传统本身也是一个不断吸纳、积聚的过程，就如河流在每一段河床，皆会携带新鲜之物而下。世界各国都要从传统社会转型为现代社会，有些国家顺

---

① 习近平：《在文艺工作座谈会上的讲话》，2014年10月15日，新华网（http://news.xinhuanet.com/politics/2015-10/14/c_1116825558.htm）。

利，有些则迂回，但都面临着一个对待传统文化的问题。礼制文化是中国传统文化中极重要之部分，传统文化之内在精神、外部形式皆在其中，在怀旧社会学的氛围下，在民族复兴的想象里，在文化记忆工程的序列中，各种类型的"国学热"活动进入人们视域之中，民族话语越来越多地出现在近年来的电视节庆里，昭示着这个国度对于传统的一种态度转变，而现代社会的思想文化领域是丰富多元的，公民可以自由地选取其爱好，各适其适；中国传统文化也是世界多元文化的重要一元，因此，在传统的现代重构之中，很难评估这种视觉复现的认同效力。

（一）传统复兴语境下的复古难题

文化遗产被认为是中华老祖宗创造的具有继承活性的历史遗产，它的创造者是诸子百家尤其以孔孟等先贤为代表，它是过去的传统生活样式。在对待传统的问题上，中国曾走过误区，曾以为要清除传统才能进入现代文明，后来发现，传统文化是塑造现代文明的基石，而现代化过程中，可能会出现不同的文化形式，传统文化是其中一元。以儒学的历史起伏为例，历代王朝尊孔，是前现代中国的基本特征，儒教从明清时期起真正统治全中国，在民国时期也曾出现过一波以康、梁为核心的尊孔热潮——"孔教会"，而与此针锋相对的是新文化运动中对于"三纲"宗法桎梏的打破，儒学的地位在"五四"之后有所下降，但并没有被摧毁，"仁义礼智信"五常依然被肯定；而在20世纪40年代的国民党时期，尊孔热潮是出于反对外来的自由思想，更被蒋介石作为治国方略，"三民主义即尧、舜、禹、汤、文、武、周公、孔子所流传下来的大道，亦就是中国政治伦理哲学的基础，就是要以中国固有的精神来革命，来治国平天下"①。"国家至上、民族至上"成为国民党不断重复的政治口号，皆是因为政治需要；在 20 世纪下半叶，被批判为"复辟派头子"的孔子及其文化遗产遭到最大清洗，在"批林批孔""破四旧"的语境下，传统观念一度面临着断脉危机。1984 年，"三孔"（孔林、孔庙和孔府）文化遗产逐步得到修葺、完善、保护，90 年代以来，孔子以"国学家"的面貌重新出现在家祭、国祭的重要场所，如孔庙、广场、博物馆等。李向平认为，国家公祭圣祖先贤，是使用国家权威整合传统信仰、征用社会认同、建构象征权力的一种方法，试图完成对中国信仰的反复重构。② 卡尔·马克思曾深刻地指出，在社会迅速变革和冲突的时期，人类总会"……战战兢兢地请出亡灵来为他们效劳，借用它们的名字、战斗口号和衣服，以便穿着这种久受崇敬的服装，用这种借来的语言，演出世界历史的新的一幕"③。官方和各类思潮流派都寄望于新儒学来安邦治国，解决中国现代化过程中所遇到的历史性难题。从文化层面而言，今天是一个"遗产社会"，非物质文化遗产和传统复兴的呼声渐高，作为一个重要的生活方式指标，"回到过去"是一种文化潮流，文化遗产已经成为商家、旅游、媒体、政治有利可图的重要资源，遗产生产同时包括拯救过去和将其表现为可参观的体验，要么以媒体符号的方式面向公众再现出来，要么通过遗产中心（博物馆）面向游客呈现出来，成为民俗经济学的重要组成，文化只有被传播才具有生命力，对于传统的呼唤是现代性的激发所致。对

---

① 袁伟时：《文化与中国转型》，浙江大学出版社 2012 年版，第 24 页。
② 李向平：《中国信仰的现代性问题——以国家公祭圣机先贤为例》，《河南社会科学》2009 年第 2 期。
③ ［德］卡尔·马克思：《路易·波拿巴的雾月十八日》，北京大学中文系文艺理论教研室主编《马克思、恩格斯、列宁、斯大林论文艺》，人民文学出版社 2004 年版，第 90 页。

于电视媒体而言，对传统、遗产的再现是有选择性的，目的在于民族文化的弘扬，对传统文化遗产的加冕，其中经济利益是伴随着社会效益的。

儒家思想在 21 世纪持续影响着世界，尤其是东南亚的日、韩、新加坡、越南等国家，因此对孔子的纪念在国内外并不鲜见。祭孔仪式随着孔子地位的起伏，这一项中国古代重要的国家祭祀制度经历了建构、中断、重构等阶段，在现代社会中又首先以民间祭祀返场，无论在场、缺场、返场的哪一阶段，都涉及了国家与民间的互动关系。祭孔大典古称释奠礼，在周代已经形成，但汉以来释奠孔子之礼又赋予了新的形式和精神内涵，其合理有益成分，同样是构成此项古老礼仪优秀传统的内容。祭孔大典是专门祭祀孔子的大型庙堂乐舞活动，集乐、歌、舞、礼为一体，在传统文化中称"丁祭乐舞"或"大成乐舞"，遵循着"必丰、必洁、必诚、必敬"的礼仪要求。检《周礼》、《礼记》经文及注疏，"奠"本为非固定的祭告仪式，"释奠"有非时而祭、临时设奠、不立尸等特点，其本质特征在"非时""尚简""告功"等。从文献记载看，"释奠"古礼脱离"告庙"性质，作为一种国家级别的文教仪典被固定下来，且专祀孔子，以颜回配祀，始于曹魏时代。①《晋书·礼志》载："魏齐王正始二年二月，帝讲《论语》通，五年五月，讲《尚书》通，七年十二月，讲《礼记》通，并使太常释奠，以太牢祀孔子于辟雍，以颜回配。"② 晋代行释奠礼，意在尊儒重经，引导风气，由此与国家意识形态发生关系，释奠之

---

① 至南北朝时释奠孔、颜已成定规。《陈书》卷 34 载："大同七年，梁皇太子释奠于国学，时乐府无孔子、颜回登歌词，尚书参议令之制其文，伶人传习，以为故事。"《魏书》卷 9 载："正光元年春正月，诏曰：'建国纬民，立教为本。尊师崇道，兹典自昔。来岁仲阳，节和气润，释奠孔颜，及其时也。有司可豫缮国学，图饰圣贤，置官简牲，是择吉备礼。'"

② （唐）房玄龄等：《晋书》卷 19，中华书局 1974 年版，第 599 页。

意义遂上升至国家意识形态层面。释奠礼的祭祀色彩实际淡化，理性的文教精神已经凸显。晋以后的释奠礼，基本是在文教范围内于各个实践层面的延续、扩充和丰富。因此，当代祭孔大典继承了周代于入学和立学时释奠"先圣先师"这一用意，古代释奠礼的功用主要在于"告庙""告功"，而当下更侧重带有文教色彩的"告师"之礼，赋予释奠礼"尊儒重教"之重要意义，属于"天地""先祖""君师"三礼中的"君师"之礼。21世纪以来，山东曲阜、浙江衢州连续举办了多届"国际孔子文化节"，表演者击鼓鸣钟、主祭者恭读祭文，参仪者乐舞告祭，组织者拜谒祖陵，已固化为一年一度陕西、山东、浙江卫视电视仪式的复现。祭孔仪礼之于电视仪式的依附，电视节庆在外形上与仪式内核都以"仪礼"为重，以仪礼的呈现、发明与电视化为旨归，是"活态历史"的重要组构，国人以此对自己的宇宙观、历史观、道德体系进行"积极膜拜"。马克斯·韦伯在研究中国宗教时说，"自然的巨灵日益被非人格化，对它们的祭祀被简化为官方的仪式，而此种仪式逐渐地排空了所有的感情要素，最后变成了纯粹的社会习俗"[1]。将自身塑造为儒家传统的继承者，让中国人确证传统文化并没有丢弃，还在继续发扬光大。"圣地起雅乐，清明祭先师"是山东曲阜祭孔大典等一贯主旨，以示"不敢领受"的性质较为突出。在2016年曲阜全球同祭孔的祭文之中，我们看到，不忘先祖、先王、先圣、先师的"告祭""告庙""告功""告师"扩大为不忘文化根脉，增强文化认同的意指，这也是当代释奠礼的主要目的之一：

---

① ［德］马克斯·韦伯：《儒教与道教》，洪天富译，江苏人民出版社1995年版，第199页。

道易天下，何计栖遑？天纵之圣，木铎声响！

为政以德，举贤让良，正己正人，万民所望，

富而后教，礼乐兴邦。宽猛相济，治国有常。

博施济众，百姓安康。和而不同，德化万邦。

四海一家，大同在望。

大哉夫子，万世师表，四海咸仰。

圣哉夫子，辉光日新，千秋传唱。

神哉夫子，明德赫赫，大道荡荡。

敬祷夫子，再现灵光：

佑我华夏，保我家邦。中国梦圆，华族永昌。

以复圣颜子、宗圣曾子、述圣子思子、亚圣孟子及诸大贤哲先儒，伏维尚飨！

当代祭孔大典的一大重要致效因素，是更多隐去政治化的因素，这在南宗祭孔活动中表现得更为明显，衢州祭孔有着中国乃至世界祭孔文化中的许多首创，其祭孔定位不沿袭仿古的祭祀形式，转为"学祭"与"告师"的意义锚定，仪式由礼启、献礼、颂礼、礼成四章组成，孔子第 75 代嫡长孙、衢州孔氏南宗家庙管委会主任孔祥楷担任历年陪祭人（如图 6-1 所示），孔祥楷说，"孔子是人不是神，孔子思想是做人的准绳"。

衢州独创"学祭"，重在全民弘儒，突出"凡人善举，共筑和谐"，为儒学培养更广泛的群众基础，祭祀新仪式得到社会广泛认可，正因为家家都有学生娃，从家祭到学祭这一公益性的地方节日，与社会、家庭的愿景是对接的，如此才能走心。正如《祭孔子文》中所颂称："习习儒风，华夏灵魂；仁义礼信，万代不泯。"笔者总结了2004 年以来衢州南宗祭典的创新特色项目：

图 6 - 1　2004 年衢州首次恢复南孔祭典，孔祥楷担任陪祭人（右）

2004 年 9 月 28 日：新中国成立后孔氏南宗家庙首次恢复祭孔。

2005 年 9 月 28 日：全球联合祭孔，南宗首创"学祭"，学校师生为祭孔主体。

2006 年 9 月 28 日：孔氏南宗家庙始祖孔端友像揭幕。

2007 年 9 月 28 日：首次海选市民代表参加祭孔仪式。

2008 年 9 月 28 日：听障学生通过手语与社会各界"诵读"《论语》；名人专场报告。

2009 年 9 月 28 日：孔子诞辰 2560 周年大祭，地毯红改金，衢州新闻网首次进行网络视频直播。

2010 年 9 月 28 日：《孔庙孔府孔林》特种邮票揭幕，邀请市民代表和农民代表参祭。

2011 年 9 月 28 日：衢州学院、衢州职业技术学院、衢州一中、衢州华茂外国语学校、衢州实验学校共十名学生代表首次担任陪祭人（如图 6 - 2 所示）。

2012年9月28日："最美"教师、民警、企业家等"最美"群体代表参加祭典。

2013年9月28日：突出职业教育主题；留学生代表参加祭孔。以"大宗南渡"为题材的油画祭孔在孔庙展出。

2014年9月28日：数百名"凡人善举"市民代表和"最美人物"代表、十一国的孔子学院参祭团、浙江师范大学外国留学生参祭团、长三角校长论坛代表参祭团等参加祭典。

2015年9月28日：十六个国家的孔子学院院长、台湾参祭团、参加儒学与中华文化研讨会的嘉宾、华师大与浙师大留学生参祭团、衢州百姓参祭团、最美衢州人参祭团、来衢务工及环卫工人参祭团等参加祭典。

2016年9月28日：中国儒学馆开馆仪式活动。参祭团体除了社会各界贤达，还有"时代楷模"万少华团队及最美代表、边远农村小学教师代表、市特殊教育学校师生代表等受邀参祭。当天活动有百人写"孝"字、国学儿童剧表演、开设儒学小课堂、展播《孔子》动画系列电影等活动。

图6-2 2011年，学生代表参加浙江衢州南孔祭典

　　2011 年 5 月，以"当代人祭孔"和"百姓祭孔"为特色的南孔祭典被正式列入中国第三批国家级非物质文化遗产名录。据媒体报道："2020 年，衢州儒学文化产业园将建设成为儒学文化走向世界的展示体验区、传统文化创新发展的先行先试区、四省边际文化产业的重要引领区。"① 正如前文所述，文化传统既包括精英制定的大传统，如儒家文化、老庄思想，也包括风俗习惯上的小传统，它们是自然传播、自由更迭的。因此，祭孔典礼及其电视呈现中存在着一个变与不变的尴尬悖论：释奠古礼以"尚简"为本，如果在礼仪层面全面"复古"，既不必要，也全然行不通，传统文化中良莠不齐的东西都在其中，礼教不仅是伦理道德，也包括一整套坐卧起立的制度规范，要在体现封建等级制的"三纲"中寻找现代性，可能性是非常稀薄的。有人认为，大众传媒对传统文化的旧作再版、陈花重放与昨日重现，"会破坏传统文化的文法规则并可能导致大众的二次失语，且传统文化在纡尊降贵的自我表达和大众传媒隐形书写的经济学影响下也会越发显得模糊可疑"② 。所有人都认可传统仪礼必须进行现代性重构，但其创新尺度在哪里？单以祭孔典礼的服装而言，就是一个很大的难题，汉服、国服已经是被时代自然淘汰的"小传统"，完全照搬显得尴尬蹩脚，穿西装就表示对传统的不虔诚？网民对此总吵成一片，于是，祭典现场半新半旧、半中半洋的文化展演总有些不伦不类。按照祭奠古礼，魏晋以来释奠"讲经"是"释奠"系列礼仪的必备内容，经历了由太子通经释奠到太学讲论辩难的过程，至隋唐，已成为带有展示性的官方学术盛会。今日释奠礼之复古，复的哪个阶段的古？要

---

　　① 《衢州祭孔，儒风习习》，新浪网（http://news. sina. com. cn/o/2016 – 09 – 29/doc – ifxwkvys2255239. shtml）。
　　② 荀洁：《昨日重现的悖论——当下大众传媒传播传统文化的反思》，《新闻知识》2016 年第 1 期。

不要把"讲论辩难"拾起来？真的拾起来谁又能懂？在电视直播上又是何等沉闷？它是否符合视觉传播？因此"变"是共识，而"怎么变"是难题。"昨日重现"的传统仪礼终究只是重新修订后的全新版本，传统文化的记忆有可能失去"固定的轮廓而变得模糊"，这不是"保存"，是"更新"，不是"回忆"，是"发明"。① 节庆主题是特定社会文化背景中改编了的文化行为，汉德尔曼认为，"当我们把仪式改造成展演时，我们就扼杀了仪式"②。儒家文化作为东方智慧有其独特价值，传统要赓续、发展、创新，但要警惕对于传统的过度美化，如中山大学教授袁伟时尖锐地指出，当前"国学热"有五大因素："对新中国成立后特别是'文革'中蔑视传统文化的反弹；塑造新意识形态的冲动；政治体制改革困局中的挣扎；对宪政与传统文化关系的误解；经济状况改善后的文化民族主义傲气。"③

（二）处于低层次认同的民族话语

"民族—国家"是现代政治组织的基本元素。民族主义学说认为，国家对应着一个先在的统一体，那便是崇高的"民族"。电视传统节庆是国家"民族缔造"活动中的一支重要力量，民族话语是其重要内容，以象征符号的方式对价值观、文化记忆进行证实、培育、选择、确定、保存与灌输。如果说民族主义在西方民主政治发展中更多强调争取个体自由和权利的话，民族主义在近代中国语境里更多是集体主义或国家主义的代名词，目的指向启蒙和救亡。在重大电视节庆中，

---

① 参见冯亚琳、[德] 阿斯特莉特·埃尔《文化记忆理论读本》，余传玲等译，北京大学出版社 2012 年版，第 39 页。

② [美] 麦克尔·赫兹菲尔德：《什么是人类常识——社会和文化领域中的人类学理论实践》，刘珩等译，华夏出版社 2005 年版，第 301 页。

③ 袁伟时：《文化与中国转型》，浙江大学出版社 2012 年版，第 78 页。

为了加深公众对共和政体的情感，民族话语经常被国家话语征用，使二者之间呈现出一致性，"民族"成为"国家"的一种巧妙置换，民族主义、国家主义、爱国主义之间的区别被有意模糊掉，譬如下列话语：

"……艰难困苦，玉汝于成。在中国漫长的历史进程中，各族人民相互依存，形成了血浓于水的民族情感，这份情感是中华民族的生命所系、力量所在、强盛所依……"（新中国成立60周年阅兵式，中央电视台，2009年10月1日）

"……我们是如此热爱这片多情的土地，每一平方寸土地，都留下了先民的创造、古人的智慧、先驱的梦想和个人的期望！"（《欢庆香港回归》大型文艺演出，1997年7月2日）

"……当年轻滚烫的梦想和民族的命运、国家的命运联系到一起的时候，我们仿佛可以听到那93年前那声声泣血的强国呐喊，我们也仿佛可以看到，我们苦苦追寻的'德先生''赛先生'、民主和科学，历久弥新，依然值得现在的每一个十八岁的青年前赴后继，捍卫和追求……"（湖南卫视电视成人礼盛典，2012年5月4日）

"……十八大凝心聚力，建小康深化改革。树崇俭之新风，尚务实之美德。科学发展，厚养民生，两岸四地，携手共襄。四海龙脉，同宗同梦。蒙初始之德佑，赖中华之栋梁。民族复兴，可期可待……"（2013癸巳清明公祭轩辕黄帝典礼，陕西广播电视台，2013年4月5日）

在电视节庆之中，执政党的意识形态和国家意识形态是同一的，民族复兴之愿托付在"祖国"的永恒信念上，在党的带领下去完成。

对于将民族和族群作为国家认同"构成原则"的做法，国内外学者有质疑之声，因为与民族有关的因素，如血缘、神话、宗教信仰、语言风俗的边界难以界定、划分标准不一。"民族"概念本来就相当含混、复杂，李泽厚说："例如说'中国人'，这是个种类感念，还是文化概念的？'中华民族'是什么意思，'民族'是以种族为主来界定，还是以文化、宗教、地域、语言、风貌、生活方式来界定？所有这些问题都不清楚，'民族'如此，'民族主义'更如此了。"① 英国学者斯蒂夫·芬顿在谈到族性的虚拟性时说："当我们的探讨始于'血统和文化'这一惯用语时，我们应该认识到将共同体过于具体化的危险。"② 民族—国家的通用策略是把文化上的认同（以种族划分的名义）限定在其统治范围内，但种族纯洁和种族隔绝这些观念有一定风险性。台湾学者江宜桦直言：

> 想要以民族作为国家认同的基础，却无法确定民族根据什么客观标准来划分，这是传统民族主义理论上的致命伤。至于晚近的民族主义者转而强调共同意志或建构出来的共同意志，这等于承认国家先于民族产生，因此所谓"以民族为国家认同之根本"不如说是"国家建构下的民族认同"。既然"民族"是虚构的，它就丧失了支撑国家认同的正当性，我们根本可以考虑代之以任何其他虚构的东西，或者根本放弃国家认同。③

在多层次的身份认同之中，民族认同并不具有必然的道德优越

---

① 李泽厚、刘再复：《告别革命：回望二十世纪中国》，香港天地图书有限公司2004年版，第331页。
② ［英］斯蒂夫·芬顿：《族性》导言，劳焕强等译，中央民族大学出版社2009年版，第4页。
③ 江宜桦：《自由主义、民族主义与国家认同》，扬智文化事业股份有限公司1998年版，第65页。

性，但在电视国庆庆典、元宵、春晚、秋晚、清明公祭中，着力表现五十六个民族亲如一家的意识形态，民族认同是最被强调的。1998 年的电视新年文艺晚会命名为《我们共同的亚细亚——新年祝福》，"我们的亚细亚"中所包含的是一种"虚假的所有权"想象，而"我们的"在电视节庆话语中是大量使用的。又如，春晚、秋晚中经常出现海内外"天涯共此时"的仪式话语，基于时差关系，大洋彼岸的庆典不可能与北京同步，这些片段是实现录制好的庆典。吕新雨教授指出这是一种虚假的"天涯共此时"，普天同庆要的就是一个"同"，她曾这样分析春晚的歌曲："'古老与年轻相会在北京时间'……'冬天与春天相会在北京时间'，北京是中国的中心，北京时间是全球中国人的时间，这是时间的秘密，也是意识形态的秘密。只是在这里，传统的家族宗法观念被隐秘地转换为对国家民族主义意识形态的构建。"① 于是，民族庆典时间转向了国家庆典时间，民族话语转为国家话语。再如，在政治节庆中经常出现的一首歌《党啊，亲爱的妈妈》，歌词里"您用那甘甜的乳汁把我喂养大"，在此民族与国家获得了一致性，但事实上早在国家诞生之前，"人民"已然建构完毕。"接受认同"是一种消极被动的随众趋同，而"建构认同"是一种积极自主的自我实现，民族国家文化认同从被动型向主动型的转化之中，必然包含着改变文化自我实现的标准，徐贲这样剖析道：

> 与构建认同相比，接受认同所坚持的民族文化归属感实际上是罗伯特·斯华兹（Roberto Schwarz）所说的"减法民族性"。这种认同把民族文化当作某种乌托邦整体，把国家或民族及其文

---

① 吕新雨：《中央电视台 2002 "春节联欢晚会" 读解》，《第二届中国传播学论坛论文汇编（上册）》2002 年，第 205 页。

化想象为具有某种理想的"纯真性"。在它看来，破坏和威胁这种整体的力量来自外部，只要能清除来自外界的"污染"，排除外界对它的歪曲和压制，就会出现真正的本土文化，共同体便会呈现出真正的民族性，民族国家就能形成既纯又真的本质，具有一种神话般的纯洁性和统一性。减法民族主义常常被用来掩盖共同体内部的歧义、矛盾和冲突，因而当国家和国民个体（文化主权权威和文化共同体成员）在共同体身份问题上发生矛盾和冲突时必然成为国家强权的意识形态工具。①

正如达尔文学派的赫胥黎（Julian S. Huxley）和哈登（A. C. Haddon）在1935年合著的《我们欧洲》一书中颠覆了"共同祖先"这一提法："群体意识实际上是基于与虚构的'血缘'（blood）大不相同的一些事情；它是建立在职业、社会制度、宗教和习俗这些事情的基础上的。民族'原种'的观念不过是生物学上的一个谬论。"② 中国的"民族—国家"意识真正觉醒是在甲午之后，其时的民族意识是基于反帝压迫的民族义愤，是对民族尊严的护卫，是在摆脱政治奴役时，产生的民族独立运动和民族文化认同意识。刘再复认为，"民族主义"这一概念只是在非常有限的特定的历史时间中和特定的意义上才能起积极的作用。越过有限的时间和特定意义而加以普遍化，形成一种国家的普遍原则，就很危险。③ 而现代以来的民族国家作为一种以民族为核心凝聚力的政治共同体，具备种族、地域、人

① 徐贲：《文化批评往何处去：八十年代末后的中国文化讨论》，吉林出版集团有限责任公司2011年版，第20—21页。

② 转引自［英］斯蒂夫·芬顿《族性》，劳焕强等译，中央民族大学出版社2009年版，第61页。

③ 参见李泽厚、刘再复《告别革命：回望二十世纪中国》，香港天地图书有限公司2004年版，第332页。

口等基本要素，当代的民族主义是在全球化进程中所表现出来的对于各自民族全方位的政治和文化认同，正如高全喜所说："政治认同的基点在于建立民族国家，特别是建立什么样的民族国家，政治认同是要承担重大责任的，而且也是迫切攸关的。因此，我们目前最大的问题不是族群认同，也不是文化认同，而是政治认同的问题，这是一种政治层面的民族主义。"①

反观电视节庆的民族话语，通常将"民族的"打造成"反全球化"，常用的电视话语是："我们炎黄子孙""龙的传人""神州大地""煌煌中华""华夏儿女、血脉同根""同胞侨胞""花开五洲、根系黄陵""千秋始祖，永佑万邦""黑眼睛黑头发黄皮肤""黄帝、黄河、黄土地""民族复兴，神人共襄""大哉我祖，肇启鸿蒙""承香火之连绵，历百朝而代嬗，融百族于后土，壮新华以集贤""抒爱国之情，壮民族之魂""中华民族的伟大复兴"……这些都是强调共同血统的族裔忠诚、族裔认同，但李泽厚认为："民族主义的危险就是对外容易造成大国沙文主义，不必要地刺激左邻右舍，对内容易引起不同民族之间的纷争。"② 中国是一个多民族国家，基于同一血统的身份认同不断被强化，而当下的社会变革中的问题是被遮蔽的，"这种神话般的秩序把现今的集体身份描绘为由不变的也不可变的过去所预先决定。它不再把中国政治社会的改革当作实现民族或国家身份的动力和途径，不再把集体身份看成是某种价值的确认和实现，而把这种集体身份等同为一些绵延不断、历久不衰的原始初级因素（汉语、黄

---

① 高全喜：《驯化民族主义》，《东方历史评论》2016 年 11 月 2 日。
② 李泽厚、刘再复：《告别革命：回望二十世纪中国》，香港天地图书有限公司 2004年版，第 333 页。

土地、共同祖先，等等）的总和"①。

电视节庆中经常将文化认同固守于血缘、地缘、自然、神话、历史、道德和文化模式的具体性，这只是一种停留在低层次的、初级的"事实性"认同，很难说是一种进步的身份认同。《龙的传人》由侯德健写于 1978 年，长江、黄河以及龙的民族象征引发了人们的民族主义、爱国主义与思乡情绪，使得政治力量对此很感兴趣，并于 1988 年登上央视龙年春晚，"黑眼睛黑头发黄皮肤，永永远远是龙的传人"。1989 年之后，侯德健被视为在政治上有争议的人，他在 2014 年与《新周刊》的访谈中坦诚："我到新疆后，一看，发现糟糕了，有的人不是黑眼睛，太对不起了，决定改改。"② 当人们已经习惯于这句歌词，但忽略了它是否真正能达成所有国人的认同？纯粹血缘层面的认同也许并不可靠。同时，英国著名学者安东尼·史密斯认为，"我们不应该夸大民族主义'复兴'这一思想，它基本上还是一种'历史产物'，只不过一部分被冷战意识形态掩盖了。无论是民族的还是地区的传统都经历了巨大的变迁，本土语言随现代科学而发展，族裔共同体适应了新的环境。这恰恰是人们所期望的"③。

三 电视节庆中日益畸变的消费话语

20 世纪 90 年代以来，中国社会转型的加速对于新时期意识形态的整合性，以及全民精神信念的同一性形成一定的拆解，主旋律文化在新的文化生态下采取了一种更为灵活的文化政策，以适应经济领域

---

① 徐贲：《文化批评往何处去：八十年代末后的中国文化讨论》，吉林出版集团有限责任公司 2011 年版，第 21—22 页。

② 《侯德健、虹影：两个"外省人"的八十年代》，《新周刊》第 419 期。

③ ［英］安东尼·史密斯：《全球化时代的民族与民族主义》中文版序，龚维斌等译，中央编译出版社 2002 年版，第 3 页。

的文化生产规律。有节日就必然有活动，而节日本身是人们消费时间和空间的组合，因此对节日风俗的消费成为"经济民俗学"的组成部分。从宣教文化向娱乐消费转型，祭出了商业大旗的电视综艺开始应和"最低公分母"的文化口味，电视节庆成为文化工业的盛事。

（一）文化工业逻辑下的仪式奇观

19 世纪德国最杰出的唯物主义哲学家费尔巴哈曾预言我们的时代"重影像而轻实在，重副本而轻原件，重表现而轻现实，重外表而轻本质"，[1] 这一判断在 20 世纪成为一种广泛共识，即影像决定我们对现实的需求，成为第一手经验的替代物，居伊·德波的景观社会理论认为，"在景观——统治经济秩序的视觉映像中，目标是不存在的，发展就是一切。景观的目标就在于它自身"[2]。现代社会的电视逻辑必然带着深深的景观社会、媒介奇观的烙印。

在重大节庆期间，电视台通常有"长假编排""多日连续播出"、对大型晚会或专题节目的"特别编播"，这既是节日闲暇消费的需要，也是媒介经营的需要，因而形成仪式化传播的电视奇观。但从央视春晚我们看出，在电视机构早期的节日编播中，认同更好；而当电视机构的仪式意识被开启，仪式奇观之下的效果已呈颓势，这其中呈现出一个反逻辑。仪式奇观为什么不能带来必然的认同？随着受众媒介素养的提升，参仪者与观仪者并不把电视仪式视为充满宇宙观或神圣理念的展示，而只当作一场群体表演活动，总之，奇观只是奇观。美国学者尼尔·波兹曼（Neil Postman）直言电视的泛娱乐化取向是对神

---

① ［美］苏珊·桑塔格：《论摄影》，黄灿然译，上海译文出版社 2008 年版，第 153 页。

② ［法］居伊·德波：《景观社会》，王昭风译，南京大学出版社 2006 年版，第 5 页。

圣的取消，"在电视上，宗教和其他任何东西一样，被明白无误地表现为一种娱乐形式。在这里，宗教不再是具有历史感的深刻而神圣的人类活动，没有仪式，没有教义，没有传统，没有神学，更重要的是，没有精神的超脱"①。在波兹曼看来，反省或精神超脱是不适合电视屏幕的，屏幕只希望我们记住图像，现世主义是娱乐之源。

景观与奇观需要资本，视觉科技的发展是"奇观"制造的技术支持，各类电视节庆在视听效果上下足了功夫，现代性光电技巧、LED屏、全息投影技术的使用登峰造极，已入化境，奇幻多变，但观众的认同度并不很高。体育节日看上去是为仪式而生的，它只能接受现场直播，而文艺可以接受录播。如果文艺是"表演性"仪式，那么体育节日更像是"行为性"仪式。前者注重虚拟和想象，后者强调真实和表现。体育的过程和结果靠得很近，这使得体育仪式更吸引人。北京奥运会是社会上下鼎力参与的一场庄严、肃穆、华丽至极的仪式，电视获得了从未有过的超强表现力，但关于"国家美学"的批评之声不绝于耳。各类电视节庆上常有"假唱"事件发生，甚至在北京奥运会上也不能幸免——在现场唱"歌唱祖国"的小女孩是林妙可，而歌声的真正主人杨沛宜因长相不够甜美而没有登场，这源于电视仪式不仅是让人听的，更多是让人来看的，以感官震惊为依据，理性逻各斯退居第二位，然而，掺假的电视仪式会不会带来视觉信任危机，这很难判断。

倚重于电视产业所提供的仪式快感，表演和现实的界限被混淆，人们无需幻想，也不产生希望，而只是被仪式带领着，经历或欣赏，借用贝尔的批判性话语，就是一种"无思想的行为（thoughtless action）——

---

① ［美］尼尔·波兹曼：《娱乐至死》，章艳译，广西师范大学出版社 2004 年版，第152 页。

日常化的、习惯性的、可观察的、模仿性的行为，即纯粹属于一种形式化的东西。"① 因此，模拟社会的全息技术使得景观意义大于现实意义，"景观不仅仅是伪效用的仆人，它本身就已经是生活的伪效用"②。2013 年 3 月 19 日人民网批晚会浪费"动辄上亿元，舞美暗藏猫腻"，濮存昕炮轰中国电视晚会泛滥世界第一，在追求感官刺激、技术崇拜的大制作和大投入上太过奢靡，不在艺术本体上开发创造力，而是靠感性、冲击力与煽情手段争夺眼球，电视晚会成了烧钱和炫技的游戏。国家新闻出版广电总局对电视晚会实施控制总量、错时播出、切实节俭等措施，防止其过多过滥。尽管如此，各家卫视的跨年演唱会还是重金舞台投入、豪华明星阵容，号称超高颜值和鲜肉阵群。2015—2016 年浙江卫视跨年演唱会的嘉宾阵容有"跑男团"、那英、林忆莲、白智英、郑钧、许巍、金润吉、阿牛、熊黛林、李亚男、何穗、苏打绿、吴建豪、燃烧吧少年团、羽泉、筷子兄弟、草蜢、范冰冰、Rain 等。各卫视之间展开激烈的明星阵容竞争，带动偶像消费。

（二）被消费的仪式空壳与伪仪式

瑞典学者乌尔夫·汉纳兹（Ulf Hannerz）将全球化的文化关联分为四种组织架构，即"国家、市场、移动和生活形式"③，政治和经济都是电视话语的支配性力量，只不过在不同时期、不同节目之中权重不同，在电视主题节庆中，"国家"稍远一些，而"市场、移动、

---

① 彭兆荣：《人类学仪式的理论与实践》，民族出版社 2007 年版，第 52 页。
② ［法］居伊·德波：《景观社会》，王昭风译，南京大学出版社 2006 年版，第 17 页。
③ ［瑞］Ulf Hannerz：《思考人类居所的文化》，［美］James Lull：《传播时代的文化》，邱进福等译，韦伯文化国际出版有限公司 2005 年版，第 80 页。

生活形式"表现得更明显，并有大量空洞的仪式、伪仪式与强迫性仪式。克朗认为，这些表演"不只是对过去进行简单臆造的版本，而且是混合了'真实性崇拜'和一种反讽并有自知之明的角色扮演所体现的狂欢化原则。"①。

中华传统节日中丰富的民俗活动是在历史中形成的，和节气、时令、气候、水土等相关联，以祭祀、祈祷、敬仰、吟诵等民俗事项来呈现，而现在的很多传统节日只流于形式，不知其缅怀、祝愿、庆贺、祈愿、敬祭等内涵。以端午节为例，端午节本是一个驱邪禳灾的节日，人们年年吃粽子、过端午、赛龙舟，很多人却不了解其中的文化内涵，不知端午是"不祝快乐祝安康"；韩国抢注"端午节"为世界非物质文化遗产，而我们还将端午仅仅定位为"粽子节"，究竟是过节还是消费节日？在日渐增加的媒体炒作中人们淡化了对节日文化的原初记忆。当然，我们理应尊重民众对传统节日生活的创造，一些人认定端午节是纪念屈原的，很多老百姓却认为是送瘟神的。在此媒体应该让民众充分享受自己的文化生活，不要拿一些人的标准去干涉其他人，但各自的权利又要互相尊重，因此需要在媒体上进行多重解读。又以湖南卫视为例，电视节庆更多是依附于快乐之上的市场与资本。如在商业冠名的电视成人礼中，主持人不停招呼"欢迎参加我们的party！"2009 年的电视成人礼盛典是一个交换礼物的大 party，无数礼物从天而泻，在舞台上堆起一个巨大透明的礼物塔。法国人类学家莫斯所描绘的"夸富宴"以电子版的方式呈现在观仪者面前，互赠礼物有使大家不分彼此的情感"混融"作用，"人们将

---

① ［英］贝拉·迪克斯：《被展示的文化：当代"可参观性"的生产》，冯悦译，北京大学出版社 2012 年版，第 128 页。

灵魂融于事物，亦将事物融于灵魂"①。但这种挥霍的"耗尽"场面在大都市之外的未成年人看来，会达成仪式者预想的认同吗？如果说互赠的礼物中包含着契约关系，成人礼上的礼物互赠除了暂时的欣快症（弗洛姆）之外，还有什么呢？"通过赋予事物魔力，我们可以获得神性，而通过娱乐，我们走得离神越来越远。"② 人们在平日克勤克俭，而用之不竭的挥霍现象似乎才是节日景象。又如，一些行业性的电视节庆被装扮成纪念仪式活动，其价值指向行业、商业利益，这种晚会的使用价值、文化价值都较为稀薄，最终是"谁拍的谁看，拍的谁谁看"。

又譬如，陕西韩城是西汉史学家司马迁的诞生地，司马迁可以说是韩城独有的世界级文化旅游名片，韩城是著名的"文史之乡"。民祭史圣司马迁大典历来是韩城的一个文化项目，文化景区是陕西省"十二五"文化产业重点项目。2005 年 5 月陕西电视台与韩城市政府联合主办的"风追司马"纪念司马迁诞辰 2150 年大型活动（如图 6-3 所示），重塑史圣真身，表达追思之情，活动集结影视明星、专家学者、社会名流进行文祭和民祭，这本是一种诚心正意、齐家治国的媒介叙事，但百辆汽车拼出的"史记"图案，多家媒体的仪式性围观，贩卖的是地方旅游业与美学经济学。据媒体报道，自 2016 年起，韩城推出了十二个文化节会，每个月都有不同主题的大型旅游文化活动：一月有民间社火大赛；二月有韩城·韩国国际灯会；三月有民祭司马迁；四月有黄河沙滩风筝节；五月有龙门沙滩露营活动；六月有黄河国际音乐节；七月有黄河金三角青少年足球节；八月有大学生国

① ［法］马塞尔·莫斯：《礼物：古代社会中交换的形式与理由》，汲喆译，上海人民出版社 2002 年版，第 45 页。
② ［美］尼尔·波兹曼：《娱乐至死》，章艳译，广西师范大学出版社 2004 年版，第 159 页。

际微电影节；九月有黄河鲤鱼美食节；十月有韩城国际摄影节；十一月有国际锣鼓邀请赛；十二月有韩城国际滑雪节和温泉节。2016 年 5 月 13 日，由陕西省韩城市政府主办的以"有故事的韩城、有味道的旅程"为宣传口号的"史记韩城·黄河特区"文化旅游推介会，全国各地旅行社热忱推介韩城旅游。

图 6 - 3　陕西韩城 2005 年民祭史圣大典"风追司马"

近年来，从国服到国祭，花费巨资争抢"国字号"的仪式中，以传承民族文化、发扬民族精神为口号，但其背后也不乏地方利益之争。在资本的操控下，电视主题节庆很难成为自律的主体，娱乐空间既是一个文化场，也是一个经济场，当商业运作进入电视节庆领域，这是否有害于其庆典性与价值性？或许居伊·德波已经给出了答案：

  尽管我们的时代经常将自己展现为一个一系列多重节日的时代，但其实，我们的时代是没有真正节日的时代。在循环时间中的那些时刻，那些共同体的成员聚集一起享受生活的奢侈消费的时刻，对没有共同体也没有奢侈的社会是不可能存在的。这一时代庸俗化的伪节日是对真实对话和天赋的滑稽模仿；它也许煽动起了一种过度经济消费的浪潮，但它们导致的不过是一种幻灭，一种只能被即将到来的一些新的诺言的幻灭所补偿的幻灭。①

电视节庆的功能之一是媒体的经营功能，娱乐化满足了观众的部分内在需求，也为电视机构谋得了真金白银，虽然用消费主义来指责电视节庆有过激之嫌，但一些建构式的电视典礼已掩盖了仪式本应承载的文化内涵和社会意义，意义屈从于形式，甚至出现了意义真空，最终只剩下"伪仪式"本身，虽然还没有明显的对商品与物神的膜拜，但其附庸化的形式已开始消解其社会公益性了，电视节庆陷入了叫好不叫座的窘境。"在大众文化中，传统文化已经越来越趋向于仪式化、形式化和博物馆化了……一言以蔽之，传统文化在这里就是一个节目，一种演出，一种陈列或展示。"② 服务于文化搭台、经济唱戏的流行策略，电视节庆中的硬广告、植入广告、短信收入，向广告商转售观众的注意力，这是电视机构割舍不了的利益。2014 年央视春晚后，蓝鲸新闻团队一篇题为《春晚被疑沦为华谊利益输送大平台》的文章，称本届春晚办成了"华谊兄弟年会"，网络社会化媒体批评成了华谊资本运作的"私人定制"，学者肖鹰发表一封公开信，要求对冯小刚用春晚牟利问责。无论我们多么强调文化产业的重要性，但如果电视节庆沦为权力和资本市场变相的游戏，即使内容再好看，一旦质疑为国家资本主义商业案例，这在一个成熟

---

① ［法］居伊·德波：《景观社会》，王昭风译，南京大学出版社 2006 年版，第 70—71 页。

② 周宪主编：《世纪之交的文化景观——中国当代审美文化的多元透视》，上海远东出版社 1998 年版，第 49 页。

的市场内要判为交易内幕。

另一些类型的电视节庆虽在尽力表达某种文化、信念或价值，但其刻板的象征方式成为一种强迫性仪式，如电视公祭正在使组织方和电视机构陷入一种尴尬境地，坚守与取消的理由都不充分，"自然的巨灵愈来愈非人格化，对它们的祭祀被简化为官方的仪式，而此种仪式逐渐地掏空了所有的感情要素，最后变得只等于是社会的惯习"①。在经济民俗学处于兴盛时期，民俗仪式日渐成为政治和市场的共谋物，一些伪民俗被发明出来，处在不断对新场景的适应过程中，另一些被抽空意义能指的、空洞的伪仪式被较高等级成员所操纵，电视文化工业下的仪式空壳从价值信仰到仪式奇观美学，传统节庆难以获得认同。

第三节 电视节庆仪式传播中的文化难题

作为社会互动的仪式性模式，电视节庆受制于社会转型期政治、经济、文化、技术等多重因素的影响，是关系视阈下的结构性产物。从社会体系的架构关系上看，中国电视受制于三方：以宣教为主的主流意识形态定位、以媒介经营为主的产业意识形态定位、以电视为传播特色的艺术性定位，三者之间互相渗透、协商、牵掣，主流意识形态决定了中国电视的总体品格，并集中反映在其核心价值观上。

---

① ［德］马克斯·韦伯：《中国的宗教/宗教与世界》，康乐等译，广西师范大学出版社 2004 年版，第 245—246 页。

一 电视节庆传播的"核心价值"问题

电视节庆是电视机构的大制作，无论是资本独霸还是政治独占，它都自觉寻求社会中心点的需要，在品牌影响、频道影响、社会影响、经营影响上值得期待。笔者以为，当前各类电视节庆存在着核心价值取向上的一种困局，即电视节庆的主旨究竟要重点展示富强还是展示文明。我们需要怎样展示富强，以及展示怎样的文明？电视节庆是否面对着价值"核心"与"边界"模糊的问题？如果我们不清楚价值核心是什么，就不会明白它的边界在哪里，正是这些根本性的原因影响到电视话语体系的建构，从而导致受众的认同漠视。

（一）展示"富强"还是展示"文明"

从社会传播的角度而言，一个关键的问题是：在一个日益分化的中国社会里，电视如何表达形形色色的传播需求？笔者以为，当前电视节庆走入的一个误区，是着重于展示"富强"而非"文明"、着重于展示"国计"而非"民生"，这是造成认同隔膜的主要原因。

1840年以来直至晚清，由于军事和政治上的衰微，中国逐渐陷入半殖民地半封建社会的命运，历经了一段黑暗屈辱的国家历史。先有近代启蒙思想家严复于引入"进化论"，后有梁启超疾呼"世界只认强者不认弱者"（《论强权》），他们均发现了近代西方崛起的两个秘密：富强与文明。想要不被列强凌辱、不再落后挨打，想在世界上拥有生存权、话语权与竞争力，就要有国家实力，因此，传统的"崇礼"被现代的"尚力"所取代，而且无比亟迫。"在现代中国大部分岁月，一直是一个梦遮蔽了另一个梦：富强压倒了文明。而在富强梦的背后，有一整套从上到下都信奉的意识形态。"① 这也是国人学习了斯宾塞社会达尔文主义之后的重要心得，努力脱贫、"必须富强"，成为中国的前进指引，"在国家意识形态层面，它表现为 GDP 为中心的发展主义，而在日常生活层面，则是物欲至上的消费主义"②。改革开放之后，政治的合法性来源从阶级利益—国家想象转移到生产力发展、物质富裕、民族国家主体性上，当这一主流话语体现在电视节庆里，定然要连年书写国泰民安、富裕社会的神话；电视阅兵要意指非凡强大、大一统的国家形象；体育节庆是民族复兴、GDP 世界前列的展演，"21 世纪是中国的世纪"等提法不绝于耳，尤其讲究仪式场面或中国气派。类似于"炫耀性消费"，这种排场是一种急于表明"我们富强了"的主流意识形态，使得电视节庆要展示"富强崛起"的仪式，而忽略了仪式发布的结果可能在国内外会产生误读，下面选取2009 年新中国成立 60 周年国庆的庆典话语进行分析：

> 这一时刻，礼炮的鸣响与每一个中华儿女的心跳同频；这一时刻，礼炮的震撼让每一个中华儿女的热血奔腾。当隆隆的炮声鸣响在和平的天空，我们可以告慰那些用生命铸就新中国的英灵。当共和国的武装力量踏步在祥和的广场，我们可以告诉全世界中国人自尊、自信、自强的宣言高亢、嘹亮。从人民英雄纪念碑到五星红旗升起的地方，带着先烈的祈望走向崭新的希望，新中国的每一步都曾留下了坚实的声响！从 1949 年到 2009 年，六十年，一个甲子的纪念，新中国的每一年都拥有喜悦变化的景象！为了新中国发奋图强的目标，我们携手同心；为了新中国更

① 许纪霖：《启蒙如何起死回生：现代中国知识分子的思想困境》自序，北京大学出版社 2011 年版，第 1 页。
② 同上书，自序，第 8 页。

加灿烂的明天，我们迈步前进！勤劳勇敢的中国人，五星红旗就
是前进的方向！激情澎湃的中国人，始终走在实现远大理想的大
路上！

以上这段话中，"自尊、自信、自强"是关于富强的实力昭告，
"每一年都拥有喜悦变化的景象"是选择性的理想场景；"礼炮的震撼
让每一个中华儿女的热血奔腾"是媒体代替人们言说；"新中国发奋
图强的目标""始终走在实现远大理想的大路上"是未来蓝图的描摹；
"五星红旗就是前进的方向"是政治话语的诉求，电视庆典反复描摹
新中国的民族复兴之路。的确，物质财富是国人自信的直接源泉。但
有些资源需要解读、承认，才有认同效力——在国内，很多人的社会
认知、社会印象是以"问题"为导向的：崛起的利益集团吞噬了大量
财富，加大的贫富差距和滞后的公共服务潜藏着社会不满，国内各种
矛盾凸显等。"意识形态导向要被人们所普遍接受，除了它的正确性、
合法性，能代表大多数人的利益外，还有一个如何更好地表达和传
播，如何才能让人乐于认同的问题，这就同文化审美的各种要素有着
必然的联系了。"① 为生计奔忙的人们没有时间看电视，而看电视的人
们（我们的父辈）生活在被边缘、被异化的现实中，尽管盛世盛典、
国威国魂的电视话语如雷贯耳，他们心中未必产生仪式发布者事先设
想的文化认同，"富强"有时只被当作一种"有限性"的现实。

不只是在中国，国外的电视制作者在面对电视节庆时，尤其是
政治节庆时，也会面临同样要净化现实、抹平现实与理想的差距等
问题，这些因素一直困扰着电视制作人。国外学者已经有所反省：
"我们（在德国）是否可能要面临大费周章去庆祝由官方或握有至

① 金丹元：《电视与审美——电视审美文化新论》，学林出版社 2005 年版，第 27 页。

高权力的政治领袖们所制定的节日庆典？我们忍不住要怀疑，这类人为的节庆活动'假日'是否能够如宗教崇拜的节日庆典那样，带给我们和世界融为一体的和谐感觉？还有，这种假日的危险魅力会否正是剥夺我们那种和谐感的要素？"① 学者刘瑜认为，政治不只是一种纯粹概念性的、理论性的、漂浮的东西，也不只是作为一种高层的精英活动，政治本身是一个柴米油盐、衣食住行的东西，它的主角不仅仅是政治家，更是我们自己，即回到生活本身，政治的一个应有维度是"作为生活经验的政治"②。这恰恰是在电视节庆中引导得比较少的。

就外部误读而言，一些西方势力将中国的国庆阅兵视为炫耀军威，认为是"中国威胁论"的一种自证，并借此说三道四，放大中国国力强盛所带来的威胁感。有人就 2009 年新中国成立 60 周年庆典的国内外报道进行了比较分析，比如《纽约时报网》有如下报道：

"60 周年的庆典艺术上浅薄鄙俗但是技巧娴熟（kitschy），毫无疑问是 50 周年国庆庆典的副本。"

"飞机、坦克和携带导弹的汽车在周四时候隆隆驶过北京城展示着军事力量，为了庆祝共产党六十周年的统治，庆祝中国从一个饱经战争创伤的地区参与者转变为全球经济超级大国……两个半小时的活动用精确设计好的动作坚持着传统。胡锦涛主席用毛式的夹克替代了西装，乘着红旗敞篷豪华轿车检阅上千军队。俗气的花车游行展示共有超过十万人拥簇在旁边，赞美共产主义

① ［德］约瑟夫·皮珀：《闲暇：文化的基础》，刘森尧译，新星出版社 2005 年版，第 64—65 页。
② 参阅刘瑜《作为生活经验的政治——政治是什么以及怎么谈论政治》，严彬、马培杰主编《盗火》，广西师范大学出版社 2014 年版，第 1—4 页。

革命和北京奥运会。身穿红色迷你短裙和光亮的白色靴子的女性民兵为疲劳的阅兵增加了一抹亮色，当然更包括了对陆海空三军的展示。甚至连天气也很合作，在政府侵略性的云催化促使下一夜之间烟雾驱散，晴空毕现。"

"今年（2009 年）的早些时候，在中国经济从世界经济低迷期反弹之前，当局承诺在低迷的时候只举行一个适度的庆典。但是这个庆典现在被国有媒体标榜为有史以来最大规模的武器展示，使人联想到了苏联，大规模的同步表演通常也让人联想起北朝鲜。"①

外媒对中国的国庆阅兵进行刻意的误导，由此引起我们对认同复杂性的审视，电视中富强的中国形象涉及民族自信与软实力，它让国人觉得腰杆直了、说话硬了，对国民身份有一定认同。但正如纽约大学东亚研究系张旭东教授所言，"这种世界市场接轨式的认同感跟我们所说的文化认同是有内在的紧张、冲突和矛盾的。中国的文化世界或者生活世界于是随着经济的崛起而处在一种内部扯裂的状态。因此经济增长本身就从正反两个方面把当代中国文化政治的危机推到了前台"②。当下，转型时期的社会分工、分业、分层、分化已经十分清晰，平民阶层、中产阶级都在为生计竭力奋斗，"感觉身体被掏空"之类的神曲大有市场。电视节庆过度展示"富强"被视为"天朝秀肌肉"，媒介真实跟客观真实有错位，容易被视为自说自话的"虚言妄语"。许纪霖认为即使是富强也包含着三个层次：物质竞争力、国民竞争力、制度的合理化或理性化。"假如改革不动制度背后的核心价

---

① 以上内容引自李妍《〈人民网〉与〈纽约时报网〉关于"新中国成立 60 周年庆典"报道的比较分析》，硕士学位论文，浙江工业大学，2010 年，第 30—32 页。
② 张旭东：《全球化图景下的中国认同》，http://www.aisixiang.com/data/25529.html。

值，不改变制度的基本结构，而仅仅使之更完善，更有效，运转更良好，提高管理的行政能力，那么这种改革就与文明无涉，只是富强的一部分。"① 在当下，电视节庆不妨从现实出发，尊重社会阶层之间的差异，考虑一种更为平实的电视话语，因为"发展"不仅仅是政经范畴，也是文化和文明范畴，总之，"富强"与"文明"并不是用来对立或者二选一的东西。

（二）"核心""外围"及其边界何在

一种可能是，当前电视节庆并非不想展示"文明"，而是不知道要怎么展示文明，以及展示怎样的文明。能展示的，要么是过去的传统文化，要么是一种物质性的、政策性的文化。现代社会的复杂性使得认同不能再停留在传统、历史的层面，而要"以一种积极的、参与的、建构的方式，通过对什么是'好的'共同体文化的开放性讨论，比较各种文化价值的意义，在一种动态的过程中逐步构建共同体的文化认同"②。比如我们说的"三个代表"中的"先进文化"，朱厚泽认为，先进文化不是指某一家理论或一个学说，而是"各种思想、理论、学说、学派、艺术风格、艺术流派，各个不同地区、不同民族的文化，通过各种形式的文明对话、文化对话、互相交流、借鉴，相互批评、相互竞争，接纳、融合、选择、创新，是指这样一种生生不息、去旧图新、蓬蓬勃勃、不断创造的发展过程"③。一言以蔽之，现今文化即"解除思想文化禁锢"，而持有这些文化的主体是否就是人

---

① 许纪霖：《启蒙如何起死回生：现代中国知识分子的思想困境》自序，北京大学出版社 2011 年版，第 4 页。

② 许纪霖：《另一种启蒙》，花城出版社 1999 年版，第 218 页。

③ 朱厚泽：《向太阳、向光明：朱厚泽文存（1949—2010）》，朱厚泽家人及朋友整理，上海世界图书出版公司 2014 年版，第 406—407 页。

群中的大多数？或者说，它是否代表了当今中国的核心价值？这一点值得商榷，也正如传播学家赵月枝教授所批评的：

> 这些话语有意无意地把一种单一的、既定的"中国国家利益"与"中国文化"作为他们立论的前提，却缺乏对"中国文化"内涵的讨论，尤其缺少对其确切的含义是什么，谁是其代表等诸多问题的分析。这里，政府组织、市场驱动的文化产业被假定为"中国文化"的当然代表，而社会底层的文化实践与非商业性的民间文化生产活动则有意无意地被排斥在外。①

电视节庆在"核心"问题上有两个维度需要考虑，首先，谁是话语的核心主体？换言之，电视节庆该主张何种意识形态？其次，电视节庆所表现出的文化，其价值核心又在哪里？就第一个问题而言，电视节庆代表谁的诉求？我们面对的事实可能正如许纪霖所形容的，"你的意义不是我的意义，我的'好'也不是你的'好'，甚至各有各的民意。价值失去了超越世界的基础，失去了客观性和普世性……如今'制造'和'想象'大为流行，'制造中国''想象共同体'等，这些都是超越世界崩盘之后世俗社会的特征"②。电视节庆没有很好地还原真实的生活和事实，将服务对象的核心主体定位于执政党的意识形态，或者说，他们心中想着要统合大多数国民，但使用的是少数人的话语方式。"如果说在这个个体的世界上存在着共同体的话，那它只可能是（而且必须是）一个用相互的、共同的关心编织起来的共同体；只可能是一个由做人的平等权利，和对根据这一权利行动的平等

---

① 赵月枝：《传播与社会：政治经济与文化分析》，中国传媒大学出版社 2011 年版，第 230 页。
② 许纪霖：《启蒙如何起死回生：现代中国知识分子的思想困境》，北京大学出版社 2011 年版，第 327—328 页。

能力的关注与责任编织起来的共同体。"① 电视节庆应该适度矫正过去以"民族—国家"的单一宏大叙事，转向承认不同利益的主体和多元化意识，承认冲突与妥协、尊重差异，而不是假装天下太平。正如习近平总书记系列讲话所言，要"突破利益固化樊篱"，"让改革成果更多更公平惠及全体人民"，"让人民群众有更多获得感。"

此外，电视节庆的第二个问题，文化的价值核心在哪里？核心与外围的边界在哪里？"核心价值观念有两部分，一个是关于劳动的价值理解，另一个是关于社会地位的价值理解，这两种价值观念居价值体系的核心之处，为外围的价值观念提供价值解释，使价值体系处于稳定的状态之中。"② 笔者以为，当前社会的"仇官"现象直指我们的政治基础，"仇富"现象直指我们的经济基础，"仇制"现象直指我们的文化基础。当前电视节庆只是一再言说社会主义的"核心话语"，而没有照顾到外围的话语，即忽略了民族国家话语与共同体成员的话语之间可能存在不一致的情形，将国家的意识形态等同于党的意识形态，而在论说国家意识形态时，只是一种"乌托邦"式的理想之维的抽象言说，使得接收终端出现认同偏差。笔者以为，从"乌托邦"到"好社会"的嬗变，或许能成为电视节庆话语走向的有益尝试："'好社会'不可能是整齐划一的，最多只是多样性的统一（unity of diversity）。'好社会'应兼顾、平衡、协调社会整合（共同体的追求）和个人的自由与尊严。"③

社会主义核心价值观在马克思主义的中国化研究中经过了一个持

---

① ［英］齐格蒙特·鲍曼：《共同体：在一个不确定的世界中寻找安全》，欧阳景根译，江苏人民出版社 2003 年版，第 186 页。

② 兰久富：《社会转型时期的价值观念》，北京师范大学出版社 1999 年版，第 216 页。

③ 王小章：《"自由"和"共同体"之间——从西方社会理论看社会建设的价值取向和实践层面》，《浙江社会科学》2011 年第 11 期。

续论证的过程。2014 年 2 月 12 日国家公布了 24 字社会主义核心价值观，从国家层面看，是"富强、民主、文明、和谐"；从社会层面看，是"自由、平等、公正、法治"；从公民个人层面看，是"爱国、敬业、诚信、友善"，这是覆盖全国各方面意见、反映现阶段全国人民最大公约数的价值观表述。由于对"党媒姓党"的功能过分强调，媒体的社会公器意识较为淡薄，对核心价值观的引导只是反复宣讲，国家层面和个人层面的东西说得多，而社会层面的"自由、平等、公正、法治"说得少，监督得少，这也体现了中国当前"强政府、弱社会"的现实状态，在一定程度上消解了媒介话语。人民要有信仰，国家才有力量，但一个国家的价值内核、一个社会的共同理想、亿万国民的精神家园，并不是通过反复宣教就能达成的。清华大学国学研究院陈来教授认为：东西方的价值观要素不一定非要不同，一些要素可以兼容，重在两者的结构和序列的不同。因此，儒家价值里面可以包容民主自由价值，只不过自由民主在我们的价值体系里位阶不一定是最高的。①

当前，表现在电视节庆上主要是以新儒家为文化特色，如"家国天下""美善相兼""生生之德""心性文化"等，而道家和释家说得很少（在现实生活中其实老庄、禅修文化很有影响）。而即使是在"新儒学"的媒介话语中，与社会主义核心价值观之间的黏合度解读得很不够，如经过 2000 多年的发展，中华文明形成的价值偏好"举其大者有四：责任先于权利，义务先于自由，社群高于个人，和谐高于冲突"。② 儒家强调生活共同的善、社会责任、有益公益的美德，中华文明的"社群""责任"与西方的"个人""权利"反映着不同的

---

① 参见陈来《当代儒学复兴与中国价值观构建》，《社会观察》2013 年第 7 期。
② 陈来：《中华文明的核心价值：国学流变与传统价值观》，生活·读书·新知三联书店，第 57 页。

伦理学立场。儒家文化中讲"仁爱"，历来是建立在家族血缘关系上的，这种"血亲人伦"的道德观使国人的"仁爱"通常局限于直系亲属的福祉。所谓"修身齐家"，而对他人的苦难较为自私、淡漠，已成为阻碍中国社会向前发展的一大因素。因此，电视节庆应号召"仁爱"要建立在一个理性的社会基础之上，将"仁者爱人"变为"以人为本"，号召社会诚信与责任感的回归，个体应该不只是为了个人，而且应该是为社会的福祉去进行富有成效的生活，对国家和社会承担应有的责任和义务。又如，中华文明的"礼"是以"敬让他人"为精神，以"温良恭俭让"为态度的，媒体虽然注意到社会道德滑坡是影响认同的重要原因，但在电视话语系统的表达中，只强调"礼仪"是关于"私民"而非"公民"之间的礼仪，并不是在承认"陌生人社会"的基础上，倡导尊重个体不同的价值观和生活方式，宽容他人的不同意见。表现在电视节庆中，只谈传统，竭力回忆"熟人社会"的美好；不是提倡自由、平等、有尊严、有权力的公共生活，而是向往有着共同宗教、信念、情感的"机械整合"的传统社会，这种"向后看"的理念与时代潮流相背离。如"和文化"是传统文化的精髓理念，对国家统一、民族团结、经济发展、社会安定、文明风尚、政风淳化均有现实意义，"和气生财""和和美美""家和万事兴"等用语经常出现在电视节庆中，以 2016 年央视春晚赵薇演唱的《六尺巷》为例："……争来争去争的是理/斗来斗去斗的是气/三丈高墙两尺厚/一个理字谦中藏/我家两堵墙/前后百米长/德义中间走/礼让站两旁/我家一条巷/相隔六尺宽/包容无限大/和谐诗中藏/一纸书来只为墙/让他三尺又何妨/长城万里今犹在/不见当年秦始皇。""礼之用，和为贵"的"和"原为"和睦"之意，熟人社会中邻里间"让他三尺又何妨"的老理儿固然要讲、要唱，但更应该强调法制社会基础之上的"文明和谐",而不是国人"保有面子"基础上的"一团和气",也不是等级制度下的虚假和谐,因此,要将儒家治理观的"人治模式"转为"法制模式",强调"和谐"是以马克思主义为指导的、以民主法治制度为保障的、体现最广大人民根本利益的和谐。又如,"中国梦"的提出体现了与"人"有关的共鸣,但不少人觉得跟自己没多大关系,许多人在"国家梦"和"个人梦"之间体会到的是断裂感而非共振感,中国梦怎样才能真正体现中国人的理想,才不只被理解为大国梦、政府梦、精英梦、资本梦,甚而"一出门,真不和谐,回家一打开电视机,真和谐"的"对抗式解读"。对此张旭东教授说:

> "中国梦"不可能也不应该是一个暴发户的梦,而只能是一个新的劳动者主体长期的、坚韧的、富有自我牺牲精神的梦,因为这个梦一头连着一个有待实现的未来,另一头连着一个遥远的过去,实在是任重道远……一个文明大国的基本标准,正是看它在追求自己利益的同时能否"为人类做出较大贡献",也就是说为所有人、为人的根本定义带来持久的意义。最后这一点才是"中国梦"的终极意义。①

2014 年央视春晚,香港歌手张明敏演唱了《我的中国梦》:"……转眼间半世纪奔波/双脚走遍了山河/风风雨雨共同经历过/血脉连接每一个我/四海通,五洲同/华夏儿女让世界歌颂/心与共,爱相融/中华一家同圆一个梦/我的中国梦,永远在我心中/任岁月匆匆带不走初衷/我的中国梦,把握每一分钟/国家的兴旺是我的光荣。"

---

① 张旭东:《中国梦:终于到了谈梦想的时刻》,《社会观察》2013 年第 7 期。

歌词内容比较僵硬，再难达到当年《我的中国心》那样的认同。也是在这次舞台上，成龙抱拳祝贺与传统规矩"男左女右"手势刚好相反，被媒体吐槽说"左右手弄反，那可是哀拳，报丧、求饶"，反而不吉利。还是在这次舞台上，15 岁的小彩旗以四个多小时不停旋转来寓意时间的流逝，这一仪式行为引发网民热议，有人赞赏她的旋转功力，她自己也将旋转当成"修行"，但多数网民表示反感，作家北村在新浪微博评论说："没有人能让她转四小时，也不会让她转四小时，除了春晚。这种高度类似苏菲舞的准宗教迷狂，正是春晚作为时代麻醉剂的高度隐喻"，还有人将这种行为上升到价值观的变态、唯 GDP 主义投射的高度。试想，如果电视节庆说人话、接地气、唱平实、讲关怀，哪怕少些精致，是不是能避免认同接受中的很多问题？

二 电视节庆传播的"身份建构"问题

电视节庆是特定历史、国情、文化等因素综合之下的必然结果，它走过了一条自我完善、自我发展、自我优化、自我复制的漫漫路途，体现了转型期电视身份的不断转移。1997 年电视直播年之后，电视节庆在表现力上有晚会、展演、商演等诸多形式，其中有不少原创的电视节目类型。但目前而言，中国电视节庆多为政治性主题，拘囿于单一的民族话语，而在娱乐性、平实性、人文性、人性化的功用上有所忽略，最终与受众共鸣不够而大打折扣。

（一）节庆传播的电视媒介身份建构

电视媒介并不是节庆传播的唯一中介，任何媒介都可以搭乘这一过渡仪式，如报纸的专版专栏，期刊的封面故事，广播的特别报道，网站的新闻专题等，但电视是节庆传播的主战场已达成共识。2005 年 2 月 23 日，时任国家主席的胡锦涛在接见中央电视台 2005 年春晚剧组主创人员时说，"……今年搞成这个水平很不容易，上了一个大台阶。向导演组表示祝贺！"[①] 2006 年 2 月 12 日，时任中宣部部长刘云山在接见 2006 年春晚主创人员时指出，"今年春节联欢晚会社会各界都比较满意，今后就不要再讨论办不办了，每年都要办，因为亿万人民群众离不开春节晚会，尤其是海外华人华侨更加关注春节晚会"[②]。由此可见，国家对节庆的媒介传播较为看重。2014 年央视春晚由过去的"台长工程"上升至"国家项目"，最大的创新是总导演外聘。电视媒介已成为节庆传播的翘楚，但并不意味着就已尽善尽美。赵月枝教授曾就影响电视的复杂因素有过整体描述：

> 在中国相互缠绕的各种制度和行为逻辑中，国内和国际的市场力量对主宰中国电视的条件不断讨价还价；其他的社会力量则继续在当前的控制体制中互相争夺。在中国电视业内部，具有社会良心的专业工作者继续为更加自主的表达开拓新的制度和象征空间；在电视行业外部，为更多的政治、经济和文化权利而抗争的社会力量则继续声称自己的电视权利，因为中国电视仍然以"为社会主义服务，为人民服务"的名义运作。[③]

前文已经论及，基于社会关系的电视节庆有三类话语：节庆文化的传统话语、和谐社会的制度话语、主题生活的行业话语。三种类型

---

①　中国广播电视年鉴编辑委员会：《中国广播电视年鉴 2005》，中国广播电视年鉴社 2006 年版，第 467 页。

②　同上书，第 507 页。

③　赵月枝、郭镇之：《中国电视：历史、政治经济与话语》，赵月枝《传播与社会：政治经济与文化分析》，中国传媒大学出版社 2011 年版，第 190 页。

对电视机构的角色规定要求不同，但就受众而言，有一些共通之处，如：与他人分享经验形成共鸣、参与历史事件、经历美善的事物、相信奇迹与神迹、排空不良情绪、找到模仿对象、肯定道德精神与文化价值、感受权威人物的显赫地位、认识世界上的强制规则等。但少有人追问：电视机构对于传统节庆助益何在？如何处理其中的不协调因子？电视机构在政策节庆上是否用力过猛，以致拉开了与现实生活的距离？电视主题节庆是否受制于收视率，在文化产业的统筹设计上定位不清？在政经文化、社会情感等多重因素的作用下，怎样表达电视节庆才最有效？

电视节庆是一种对传统的"屏幕化"过程，一些传统节庆习俗在当代文化生活中渐行渐远，却不一定是民间自然淘汰的结果，有可能跟某一阶段的国家导向有关，需要媒体将它们从历史中打捞出来；另一些传统可能有其负面作用，需要媒体做有选择性的"遗产化"。台湾学者林毓生在 70 年代为推行中国传统开出了"创造性转化"（creative transformation）的策略，他表述为："使用多元的思想模式将一些（而非全部）中国传统中的符号、思想、价值与行为模式加以重组与/或改造（有的重组以后需加以改造，有的只需重组，有的不必重组而需彻底改造），使经过重组与/或改造的符号、思想、价值与行为模式变成有利于变革的资源，同时在变革中得以继续保持文化的认同。"①而李泽厚将林毓生的"创造性转化"改为"转化性创造"，李泽厚认为"转化性创造"是改良性创造，也正是"西体中用"，林毓生教授的"创造性转化"，实际上仍是全盘西化，它排除了中国可以走一条

---

① 林毓生：《热烈与冷静》，上海文艺出版社 1998 年版，第 26 页。

自己的路的可能性。① 笔者以为，不论何种表述，应当承认"转化"对电视节庆生产具有方向性意义，电视节庆的重组或改造必然受到外来文化的影响，也不一定都要提升到"文化殖民"的高度，而有可能是文化开放后民众自然选择的结果。电视节庆要达成传统认同，就要进入现代民族国家的"历史"，对其进行创化与发明。如多年来春晚仪式的形式变化并不太触及价值内容的转化，认同度反而下降，因此传统节庆的创化要仔细论证。陈来认为，中华民族价值观的构建过程中要重点关注几个传统价值："仁爱、礼性、社群、责任。"② 如"仁爱"与"礼性"在电视传统节庆中体现较多；而是否以"责任"之心关注"社群"，是否在家国设计上导向现代文明，是否关注群体的整体利益，这是电视节庆过去做得比较少的——比如电视成人礼是对责任与社群的关注，但都集中在较为狭小的范围内，并没有在央视这样的国家级媒体有所体现。一种新的思路是，对传统节庆的表征对象、收视人群进行分类，从而研发出在责任、社群上（公共利益）有新内涵的电视节庆。

如果说传统节庆是价值的塑造者，那么政治、政策节庆则是意识形态的倡导者、社会格局的组织者。为什么国家只提倡某些仪式而不是另外一些？从这些仪式中，国家得到了什么？相当一部分电视节庆是由政治力量来主导的，民族主义因此是一种"政治民族主义"而非"文化民族主义"，这种集体政治性融入人的思维方式、行为情感以及生活方式中，经过多次重复，便成为一种强调主导性、思想性、政治性、崇高性的仪式，而与现实生活拉开了距离。

---

① 李泽厚、刘再复：《告别革命：回望二十世纪中国》，香港天地图书有限公司 2004 年版，第 266 页。

② 参阅陈来《当代儒学复兴与中国价值观构建》，《社会观察》2013 年第 7 期。

当然，将民族主义完全归还为"文化民族主义"是一种天真的、不切实际的想法，但适度表现出文化民族主义意义上的和睦，从而使传统记忆不断更新，这是电视节庆仪式的意义与价值所在，人们只有在仪式中以一种适当的、和谐的形式分享快乐和悲伤，政治认同才能奏效。

主题节庆在电视仪式上表现出更多世俗特征，它们更富个性色彩，多以市场为取向，体现了电视机构在生存竞争中的一份努力。央视春晚既是国家的春晚、公共的春晚，也是商业的春晚、媒体的春晚，不仅关心大众的认同感和归宿感，也关心经济交换，并努力培养公众的意志。体现现代社会的多元文化因素，回归对人心、人道和对于人本身的尊重，应该是电视主题节庆在身份建构上的一种文化自觉，而当前好大喜功的、取悦权力的、空洞浮华的节庆较多。2014年央视春晚开场有一个春晚先导片《春晚是什么》，将春晚导演的内心思考直接搬到了台前，是春晚自我身份的一种追问，如："春晚啊有它不多没它不少，其实，就是老百姓年夜的一个伴随吧""说到春晚啊，我就觉得刚开始那些个年啊，俩字，亲切。往后呢，还是俩字，场面""春晚，从来不看，俗气""对春晚的批评就意味着对春晚的关注。一边挑着毛病，一边还看着，这恰恰说明它的重要性""要在同一时间娱乐所有的人，这事有点难""春晚不能仅仅是娱乐，还要有教育意义……受受教育有什么不好""春晚就是得面面俱到，都得照顾着""看春晚？您知道我最大的乐趣是什么？吐槽啊！"这些具有代表性的观点能够用在短片中，也说明了春晚在身份建构上的困难所在。正如冯小刚坦言，他对春晚的改变，远不如春晚对他的改变多。

(二) 电视节庆的文化公民身份建构

公民意识和公民伦理是现代国家重要的构成要素，西方从希腊城邦时代就有了"公民"及"公民共同体"的实践经验与理论建构，但由于在现代性进程中，个人不断向私人生活靠拢，最终导致美国社会哲学家理查德·桑内特（Richard Sennett）所说的"公共人的衰落"。但中国不存在"公共人的衰落"，而是根本就没有出现过"公共人的时代"。台湾人类学专家陈其南说，"中国自古是个'超级民族主义'所支撑的国家，中国人向来只知道血缘及民族意识，却完全没有'公民'（citizen）的概念"①。著名人类学家阎云翔基于长达 15 年中国田野的跟踪调查与乡村民族志研究，得出一个犀利的结论：他将世俗社会中涌现出来的个人称为"自我中心与无公德的个人"，并认为社会主义国家是促使这些"无公德的个人"崛起的主要推动者——国家摧毁了传统的家族、地域的共同体关系，推行的"家庭革命"导致了私人社会的转型，而社会的公共领域尚未开放时，人们在私人领域就获得了前所未有的自由，开始强调自己的权利而无视对公众或他人的义务与责任。②

当前的问题是，电视节庆的制作方只是将观众作为文化产品的消费者，将老百姓当作子民（甚至是顺民），用电视节庆去娱民（甚至是"愚"民），较少考虑电视节庆的公民身份建构问题，在文化选择、话语表达上有较大缺失。在距离 2016 年猴年春晚不

---

① 江宜桦：《自由主义、民族主义与国家认同》，扬智文化事业股份有限公司 1998 年版，第 162 页。
② 参与阎云翔《私人生活的变革：一个中国村庄里的爱情、家庭与亲密关系》，龚小夏译，上海书店出版社 2006 年版，第 250—261 页。

到半个月时，民间对春晚最大一次抗议出现了：话题源于美猴王的扮演者"六小龄童"被春晚拒绝，此事件有营销说、误会说，但不管事件的起点如何，其结果是互联网生生演了一把替美猴王抱不平的戏码，"猴年春晚竟没有'美猴王'太意外"，不少网友表示"不懂央视"。有网友称："多想一到零点时，金门大开，六小龄童穿着战甲，戴着雉毛翎，耍着金箍棒大喊一声：俺老孙来也！想想就能泪奔。"央视导演吕逸涛微博被"黑"、被轰炸到无法辩解，似乎是央视的傲慢，忽略了一夜之间互联网的民意，无法理解新媒体穿墙凿壁的能量对传统媒体议程设置的倒逼，表达权伪装成娱乐的方式来宣泄，在此，每一个段子手化身为民主的鼓手。当六小龄童晒出一张央视戏曲春晚录制前的定妆照，就有24万人哭着（表情包）转发，84万点赞，忽略掉网络水军、炒作和营销的因素，这也是一个庞大的群体在吁请，最终六小龄童参加的2016年春晚有：2016年2月4日山东卫视春晚（腊月二十六）、2016年2月6日辽宁卫视春晚（腊月二十八）、2016年2月8日北京卫视春晚（大年初一晚）、2016年2月10日央视戏曲晚会（大年初三）。在辽宁卫视春晚上，六小龄童进行了2分38秒的表演，让很多网友看哭了，称"满分不需要理由"，但这些舞台都比不上央视春晚之宏大。央视春晚的仪式承载了从"40后"到"00后"跨代际的集体记忆，并由此建构起一个有情感基础的共同体。电视剧《西游记》也是一部仪式化的作品，自1982年开始建组，只有一台摄像机和一台特技机，到1986年正式播出的25集电视连续剧《西游记》，其中的故事广为赞誉，每年当老版《西游记》和《还珠格格》联袂出场时，就是国民暑假的到来。央视导演低估了六小龄童的跨代影响力，那些拼命鼓与呼的网民，借助新媒体让六小龄童挤入传统媒体，重享荧屏荣光，但他们又有几人一年看几回电视、看几眼春晚和《西游记》呢？电视剧里的孙悟空其实是个脸谱化的扁平人物设置，但六小龄童几乎等同于《西游记》美猴王本尊，无论后来人如何颠覆解构重演，都赶不上六小龄童炯炯有神的精湛表演。其实，央视春晚在节目审定上也有难处，《西游记》的角色也不止一次进入央视春晚，每逢猴年春晚，六小龄童几乎都要露面：1992 年猴年春晚，六小龄童和六龄童表演真假悟空；2004 年猴年春晚，六小龄童带着众小猴表演戏曲《金猴闹春》；2016 年春晚筹备时，也曾经曝出过 86 版《西游记》剧组要在春晚重聚纪念开播 30 周年的消息。但悖论在于，当它进入荧屏时，并不会获得国民的青眼有加，而当它缺场时，却被当作传统媒体没有情怀的一种罪责，网络舆论的呼声，不过是借"美猴王"这一仪式象征物向逝去的童真与集体记忆致敬，这是怀旧社会学的一部分。在此，春晚这一宏大的"美学的共同体"体现了媒介逻辑与文化逻辑的断裂，央视坚持"春晚标准"，坚持不想被网络话语（乌合之众）所绑架，主流话语必然遭到民生话语的痛击。这一接近于网络暴力的轰炸表明传统媒体还被在乎、被善待，但如果将这一"爱之深责之切"的问责搁置起来，那么春晚只是一台赋型仪式空壳的年节晚会，因失去了灵魂内核而被抛弃。或许，为民意而打破一次惯例，不该视为一件可怕的事情？精确中的唯美比不过亲民的出错。

传统社会与礼仪密切相关，公民社会也应该是一个有礼仪的社会，公民要素和族裔要素是同时存在的，但二者之间存在差别，在学者徐贲看来，"礼仪以它的宽容和社会信任为不同利益的竞争以及'在陌生人中建立一种非弱肉强食性的关系'提供了

图6－4　六小龄童参加2016年辽宁卫视春晚

可能"①。公民社会的和谐首先表现在对每个个体的最根本的承认，"康德的苛刻要求，永不拿别人当手段，一下子便触及了公民社会问题的核心"②。而中华传统文明是强调"社群"重于"个体"的。因此，包括电视节庆在内的其他电视节目，都应该在现代自由民主社会的基础上，寻找信念的共同体。"自由主义的这一信念共同体，与主张'共同善'的共和主义不同的是，它不期望在好的问题上寻找整合，而只是在正当的问题上达成一致。"③ 因此，媒体不能一味谴责"道德沙尘暴"、仁义礼智信的失落，而应该强调超越传统封建的民族血缘与地方地缘关系之上的"公民意识"，在承认社会有"不公"的前提下，呼吁国家、社会制度的合理设计，呼吁公平、民主地分配社会的资源、协调个人之间的利益，才能使得正义原则内化为公民的自

① 徐贲：《在傻子和英雄之间：群众社会的两张面孔》，花城出版社2010年版，第156页。

② 同上书，第157页。

③ 许纪霖：《启蒙如何起死回生：现代中国知识分子的思想困境》，北京大学出版社2011年版，第243页。

觉品德。

英国学者尼克·史蒂文森（Nick Stevenson）认为，作为一个跨学科的新概念，"文化公民身份"同承认与尊重、责任与快乐、可见性与边缘性等多种问题相关。① 笔者以为，电视节庆应当考虑将"文化公民身份"作为一种新文化建制，并不是简单的强调将"力的世界"转换为"礼的世界"，"礼"不只是传统的"礼仪"，更是创造性转化之后的"公民社会的礼仪"。电视节庆要在国家话语之中整合民间话语的合理性，毕竟，"国家公民的概念是一个既要考虑到'国家'属性又要考虑'个人'属性的辩证概念"②。唯其如此，电视节庆传播才能更好促进主体间性的交流，从而提升节目水准，并指向人的全面发展。

本章小结

中国在 20 世纪末迎来文化融合的时代，文化的整体性与纯粹性被打破，在激荡变革的社会时代，电视节庆文化认同的压力甚于以往。加之电视技术共同体、美学共同体上存在的悖论，认同的建构与拆解是其"先天自带系统"。电视节庆的认同隔膜还来自于话语惯性：在一个"小时代"到来时，还坚持使用宏大话语和展演权力，将民族话语圈定于血统、地缘范畴之内，这些因素大大降低了文化与国族认

<hr>

① 参见［英］尼克·史蒂文森《文化公民身份：全球一体的问题》前言，王晓燕等译，北京大学出版社 2011 年版，第 2 页。
② 荣耀军：《当代中国电视文化研究：多维话语系统的竞争与共生》，学林出版社 2009 年版，第 190 页。

同。加之社会主义核心价值缺乏明确可信的内涵，电视节庆在价值选择上重在展示富强而非文明，重在国计而非民生，使公共仪式呈现出艺术性与商业性的悖论、政治性与人文性的两难，服从于消费社会的商品逻辑，成为被抽空意义的空洞能指。

在一个日益以业绩、GDP 为导向的社会中，GDP 之于国家，正如收视率之于电视，我们正在形成一种对数据的崇拜，试图让统计数字说明它们不能说明的东西。对于电视节庆而言，成本高昂而认同未定，注意力的聚合并不等同于凝聚力的聚合，其深层原因业界和学界都反思得不够彻底。从受众的认同现状出发反观电视内容的生产制作，我们发现，如果建构秩序的表意系统与现实世界不相洽，电视节庆中的"说法"与人们现实的"活法"脱节，会招致传播的低效、交流的无奈。因此有必要重塑电视节庆的媒介身份建构，以及对于文化公民身份的建构。在中国当下，"公民社会"远未到来，"公民身份"尚不能体现，"文化公民身份"的追问更有难度。虽说媒体应该成为"培养公民身份和在陌生人中建立一种团结感的具有关键意义的中心"①，但目前电视节庆并不能走出这么远，毕竟这一问题已经逸出了传播学的边界，而跟政治学、社会学、文化学有着深刻关联，使得文化认同不单是一个文化问题，更是一个政治问题、一个文化政治的问题，其复杂之处也已超出了这本书的论述范围。

---

① ［英］尼克·史蒂文森：《文化公民身份：全球一体的问题》，王晓燕等译，北京大学出版社 2011 年版，第 122 页。

第七章 结论及余论

电视节庆是一年年呈现中国形象、自我回望的一个窗口，对于维系社会关系、实现社会整合、文化认同起着重要作用。本书以电视类型学、"仪式传播"、建构主义为学术路径，对电视节庆的中国经验、仪式功能机制、仪式情感情境、文化认同、仪式效果与文化困境进行多维检视之后，得出如下结论。

一　电视节庆仪式：生存焦虑下节庆与电视的仪式对接

"文化焦虑"作为一个问题提出来是近代之事，本质是"现代化进程中的文化焦虑"，是传统帝国遭遇欧洲文化之后产生的震荡、冲突，是"七宝楼台碎拆不成片段"之后的重建难题。葛兆光认为，1895 年以后，大清帝国从"天下"走出来，进入"万国"，原来动辄可以"定之方中"（《诗经》）、自信"允执厥中"（《古文尚书》语）的天朝，便被整编进了"无处非中""亦中亦西"的世界，便不得不面对"亚洲""中国""世界"这样一些观念的冲击。[①] 而当民族独立的大计完成之后，"世界"的影响具化为器物、制度、文化等层面的

---

① 朱厚泽：参阅葛兆光《宅兹中国：重建有关"中国"的历史论述》，中华书局 2011 年版。

区隔与挑战，作为应对之策，也开始了艰难的探索与适应——器物层面的改变容易，制度改变困难，思想观念走向现代文明更难。在近代以来，文化焦虑心理是中西方多重文明浓缩叠加影响下民族心理上的反应，"它是与在人类文明演化中，中国近代发展与世界历史进程在时段上明显地滞后，在路径选择上之偏离主流，从而形成的时、空双向的深层间距和强烈反差有关。这是历史的与现实的、地区的与全球的、经济的与政治的、制度的与文化的、利益的与价值的、理性的与感情的，多维空间中的多重差距与对立"①。文化焦虑与文明传播大有关系，因此不难理解作为主流意识形态载体的仪式典礼与电视仪式的对接关系。新时期电视节庆仪式化传播的现状，是生存焦虑下节庆与电视的双向互渗，是"焦虑的节庆"与"焦虑的电视"在各自发展中的突围之路，前者指向"焦虑的传统文化"，后者指向"焦虑的媒介身份"，两种焦虑均源于共同的现代性语境。

事实上，传统文化的焦虑并不是在社会转型期突然出现的，而与"五四"时期倡导的文化启蒙及中国文化的现代性重建相关。学者秦晖认为，五四新文化运动以降，"对'中国传统'的事实判断（中国传统究竟是什么）和价值判断（否定还是肯定传统，以及全盘否定和全盘肯定之间的各种'保守'与'激进'立场）一直是中国思想界的主题"②。打压传统与复兴传统均有其深刻的历史与思想根源，在传统面临断裂崩散、外来节庆不断浸润的社会大变迁年代，传统节庆的"焦虑"是理所当然的，节日仪式面临着严峻的传播危机。当然，在现代性进程中，视觉文化时代的现代性是强调仪式性的，但强调的是

---

① 朱厚泽：《向太阳、向光明：朱厚泽文存（1949—2010）》，朱厚泽家人及朋友整理，世界图书出版公司北京公司2013年版，第444页。

② 秦晖：《传统十论——本土社会的制度、文化及其变革》，复旦大学出版社2003年版，第62页。

"现代性仪式"而非传统，传统成为现代的一种征用。"现代化一方面是城市化，另一方面是公共化和工业化。公共化是和仪式性相联系的。"① 仪式的现代性演进使其在文化行为和价值观念上都有变化，仪式的传布越来越倚重于媒体产业与政策机构。

使用象征是人类生活的一个显著特点，各个国家均有其节日、节庆安排，都有一些约定俗成的形式积淀，"传统节日以习俗的力量让民众自动在同一个时间经历相同的活动，在相同的仪式中体验相同的价值，一个共同的社会就这么让人们高兴地延续下来。这就是传统节日最经济、最有效的生活文化再生产功能"②。但在后宗教时代，神的伟力消失了，圣的贤能被搁置了，封闭性的场景被打破后，传统的血缘共同体、地缘共同体逐渐失去影响力，节庆及其仪式遭遇到巨大冲击，必然要寻找新的媒介形态、表意形式以维持精神共同体的存在，从而实现身份认同。2003 年 10 月 17 日，联合国教科文组织第 32 届大会通过了《保护无形文化遗产公约》，仪式礼仪、节日庆典等都在其列。而怎样的表意形式能够承载这些内容？焦虑的节庆正寻找它的传播宿主，而电视传媒的仪式性正契合了这一需要，成为传统节庆的替代和利用。

"电视的焦虑"是新媒体生态环境下电视对于注意力争夺的焦虑，当前，电视发展在政策约束、资源能力层面存在"不对称"，在竞争格局、市场发展层面存在"不均衡"，新媒体的冲击使电视存在"不稳定"的特征，无论电视人情感上接受与否，电视正从"分享"的大众传媒转向"选择"的分众传媒，观众转换为用户，集体性、仪式性

---

① 胡志毅：《国家的仪式：中国革命戏剧的文化透视》，广西师范大学出版社 2008 年版，第 142 页。

② 王霄冰、邱国珍主编：《传统的复兴与发明》，知识产权出版社 2011 年版，第 56 页。

收视的情境已走入历史。电视节庆竭力发挥影像优势，研发"人无我有、人有我优"的节目类型，仪式活动的象征化、媒介化、简约化、视像化等，促发新的文化生产与电视仪式，这在一定程度上能够化解节庆的焦虑，又能化解电视的焦虑，是仪式转型与电视发展的双重需要。

在非物质文化遗产保护的文化语境下，如何继承、发掘、回归、创新传统节庆，是文化建设的迫切问题，电视传播成为非遗影像的重要一支，因此出现"节日的电视化"与"电视的节日化"。节庆文化是电视传播的核心竞争力与议题首选，电视节庆包括两层含义：一是节庆的仪式传播；二是电视的仪式传播。是电视与节庆的双赢——中国电视帮了节日一个大忙，节日也帮中国电视一个大忙，电视对于节庆的借用不只停留在媒介经营层面，更是电视文艺的重要取向，其仪式形态、仪式内核也在被不断拓展与重塑，节庆仪式与电视仪式实现了内容与形式上的双向借位，二者有着显在的家族相似性，都具备"节庆（真实）再现"与"再造节庆（真实）"的能力，节庆的媒介再造有助于传统价值的维护与张扬，也使电视节庆成为世俗仪式的重要表征。

二 主体兼备客体：电视节庆的仪式定制以及社会价值

相较其他电视节目而言，电视节庆能够发挥热点、焦点效应，将频道影响力放至最大，因此更具仪式性：其一，电视节庆这一过渡仪式是对日常生活的拦截与阻击，是有选择性的将某一特定时刻放大的过程。其二，有电视机构的预先组织与仪式动员；其三，有脚本与内容上的重组与意义再生产；其四，数量上最广大的受众拿出专门时间与精神投入，形成仪式性的收视景观。电视节庆往往是电视事件，而电视事件的外延大于电视节庆。电视节庆不是一个自治的表意领域，至少包括三个层面：作为内容的"节庆文化"，作为方法的"传播工具"，作为媒介的"电视仪式"，三者之间存在互动。

电视节庆的仪式定制有其现实指向与社会价值——可分为节庆需要与电视需要，"电视需要"的主体是电视机构，"节庆需要"的主体则不那么明确，可能包含着国家政经需要、文化需要等。黄旦教授认为，"在目前我国的传播研究中，'社会需要'已经固化为几个抽象的概念，最普遍的就是三分法：政治、经济、文化。可我们始终没有看到有人对此做出描述或者解释，更不清楚三者是一种什么关系，尤其是在研究者所要解决的问题上，三者究竟是同时一起平均起作用，还是其中某一因素更为突出？"[①] 电视节庆的社会需要同样存在这一问题，"仪式制定"在框架上为主题先行的主观建构，那么，电视节庆是谁的仪式定制？定制什么？它要达成怎样的仪式指向？希望实现怎样的社会价值？本书对电视节庆进行"主题"与"主体"分类后认为，电视节庆是国家的定制（包括国家层面的政治经济文化层面）、媒体的定制（以媒介的政治导向、媒介经济、媒介文化为主）、社会组织的定制（以行业文化、经济盈利为主），三者并非平均发力，国家层面的需要是电视机构无法选择的，必须配合"国家工程"并取得较大的仪式效应；"媒介定制"需要则受制于社会影响以及主管部门的要求，如限娱令、节俭令等；如果是行业性的仪式定制，电视媒体有很大的选择性，电视机构能否从中受益（社会效益与经济效益）是其考虑重心。三种不同的定制影响到电视机构在电视节庆传播中的组织身份，近年来呈现出由"工具客体"到"行为主体"的深刻变化。

---

① 黄旦：《由功能主义向建构主义转化》，《新闻大学》2008 年第 2 期。

　　电视节庆的国家定制对于电视生存有重大影响，因此电视节庆远未到终结之时，国家的文化主导权尚需凭借电视节庆营造社会共识，是文化政治的策略之一。国家定制体现了电视机构的国有性质，是电视仪式产生重大影响力的根本原因，也关系到民族文化认同、制度认同、国家形象的跨文化传播。如果说"认同建构"是对现代性不良后果的一种防御机制，那么电视节庆仪式的国家定制则是一条重要的文化防线、政治防线。一部分电视节庆是因为电视媒介的经营要求，另一部分是在理解了国家的文化意图、政策之后的主动迎合，二者的利害关系常常规约着节庆的生产与呈现，广电部门的限娱令、节俭令让电视综艺传播小心翼翼，虽然"娱乐至死"已被说滥，但笔者认为国内电视媒体"一放就乱"的情形并未真正出现，相反，在电视受众流向互联网的现实下，"一管就死"的风险随时都在，而对于电视节庆的回归因为"政治正确""娱乐合法"反而相对安全，如电视成人礼、电视七夕节、电视清明节都是近年的事情，这是电视在文化上守土有责的表现，也是电视生存自救的一种途径。社会组织、行业的仪式定制是市场经济体制下的必然结果，美国未来学家约翰·奈斯比特在阿尔文·托夫勒"体验市场"的基础上提出了"体验经济"的概念，电视节庆也有体验经济的功用：电视服务成为舞台，文化商品成为道具，节庆仪式活动将受众带入其中，在体验感的驱动下积极完成消费，但其中也有权力的影子。电视节庆的仪式传播指向中老年受众的文化需要、娱憩需要，电视节庆可以检视个体对于客体的依附，即人们对于节庆的需要。在我族—他族、本土—异邦、传统—现代、民族—世界等范畴分野又融合的时代，电视通过加强仪式与传统的联系，赋予观众一种文化连续感，文化认同因而奏效。

三 三种机制合力：仪式超构、情感超验及其情境返魅

电视节庆仪式的作用机制可从三方面理解：电视机制、节庆机制、仪式机制，此三者都有通向认同的功能。本书提出，电视节庆仪式传播的作用机制为"超构—超验—返魅"，电视技术手段是超构的，节庆内容是超验的，仪式效果是返魅的，质言之，电视节庆仪式传播之中蕴含着电视机制的最大特征即"超构"、蕴含着节庆文化的最大特征即"超验"、蕴含着仪式发布的核心指向即"返魅"，它们之间是手段—内容—旨归的关系，三者的集结便成为以电视为唯一特质的电视超构、电视超验、电视返魅。电视节庆对特定时空的规定性是一种超构；电视节庆对神圣时空、神圣世界的形塑要动用超构手段；一些传统仪式由于面世的频率太低而几乎被遗忘，对它们的电视展演也是一种超构。"超构"是为了达成观仪者情感上的超验性，以期导向情境上的"返魅"，即达到认同的情境。

在电视节庆的仪式传播中，修辞是认同的重要手段，视觉修辞和声音修辞成为人们邂逅超现实、获得情感超验的必要条件。电视节庆带领人们在演播室和僻远地带之间往来穿梭，将离散群体聚焦于一个事件源发地，以跨越感、透视感和典型瞬间实现异地共享，主持人成为联结意义的核心，重情、抒情、煽情、动情是其情绪特质。电视节庆的文化总体性是乐感的、崇高的、神圣的、庄重的、高飘的，但不同于西方式狂欢，"情境的压力"这回事一定是存在的，尤其在这个内敛的民族中。应该明确的是，电视节庆导向文化认同的中间路径是"集体记忆"，特定的重大时间、特定空间（记忆之所）、象征器物、仪式的制度化，都在同一文化圈层中发挥着"文化记忆"的作用，是迷思的"储存器"，与隐含意义之间形成能指与所指的关系。而且，

这些因素所导向的对神圣世界的返魅体验，是其他电视仪式难以企及的。当电视节庆与传统民俗或新习俗相结合时，仪式奇观就成了对社会记忆的温习，随着电视节庆的周期性意义放大，"记忆的社会框架"也就自然形成了。

四　三种意义范式：电视节庆仪式的认同及其建构方式

一切文本都具有意识形态性，英国社会学家迈克尔·曼（Mann. M）认为，在社会学传统中，意义（meaning）、规范（norms）、审美或仪式惯例（aesthetic/ritual practices）是意识形态权力的三个来源。① 大众传播媒介及其背后的制度，形构了意义世界以及人们观察世界的新方法。英国传播学者尼克·寇德瑞在《媒介仪式：批判取径》一书中指出了与媒介相关的两个神话："中心的神话"（the myth of the centre）与"媒介化中心的神话"（the myth of the mediated centre），媒介有能力和特权为"中心的神话"言说，提供信仰或假设，使得人们生活的中心位置被作为一种合法性来接受。② 电视节庆的符号建构不仅使节庆本身成为中心，更能凸显媒介化中心的神话。

电视节庆是一个意义多发的含混体，新时期的传播工业与国家、市场之间形成互动，出现"国家行为的市场化"与"市场行为的国家化""国家行为的媒介化"与"媒介行为的国家化"，以及"市场行为的媒介化"与"媒介行为的市场化"等多重因素。政治和经

---

① 参阅［英］迈克尔·曼《社会权力的来源》第 1 卷，刘北成译，上海人民出版社 2002 年版，第 30 页。

② Couldry, N., *Media rituals: A Critical Approach*, London: Routledge, 2003, pp. 37–53.

济影响到电视格局，管制者、广告商和受众都是电视要考虑的对象，从而制约其内容生产，内部存在着多重意识形态话语复调的意义争夺。电视节庆是政经体制、文化信仰、伦理道德等内隐因素的外在化的典型文本，其话语生产建立在自上而下的权力结构中，以动员、说服、感召的方式为受众提供"国家主人"的身份镜像，完成主导话语对社会整合的要求。就传统节庆而言，电视担当着民族共同体建构的诉求，以及传统文化现代性重构的历史使命；就政策节庆而言，主要是制度影响、政治共同体建构的诉求，电视担当着党与政府舆论宣教的作用；就主题节庆而言，主要是生活方式、不同圈子的认同，电视定位多受制于电视经营与多元文化的影响。这三个层面通常是融会的，但也可能突出某一层面，再辅之以其他层面的支持。在话语喧哗的背后，一成不变的是国族共同体与政治共同体的结盟，以及对生活共同体进行化约与主导，这是一种整体与部分的逻辑关系。不论策办的初衷何在，电视节庆都遵循以民族—国家为中心的表征模式，而从传统礼俗社会当中调动遗产（或假遗产）的"向后看"，是中国电视节庆的极重要策略。"过去共享荣耀，现在和衷共济，这是聚合群体的要件。"① 但描述出共同生活的蓝图、意愿和计划的"向前看"也是其重要策略，"在拥有一个共同的历史之前，国家必须创造出一种共同的生活；而在这样一种共同的生活产生之前，国家必须预先梦想、渴求、计划这样的生活。对于一个国家的存在来说，拥有一个未来的蓝图就已经足够了，哪怕这个蓝图根本就实现不了……"② 电视节庆带领大家展望未来，

---

① 转引自江宜桦《自由主义、民族主义与国家认同》，扬智文化事业股份有限公司1998 年版，第18 页。
② ［西］奥尔特加·加塞特：《大众的反叛》中译者引言，刘训练等译，吉林人民出版社 2004 年版，第 15 页。

使人们暂时忘掉不幸与时艰，想象"中华民族的伟大复兴"以及"中国梦"，在记忆与遗忘之间、在过去与未来之间的调和之道，是国家认同形成的有效策略。

五 分享却难信仰：电视节庆仪式传播的文化认同困局

疗治的前提是诊断。在微型叙事时代，想要仅靠几个电视节庆就能持续凝聚主流价值观的做法已成神话。电视节庆的接收端存在着分享而不认同、虚假认同甚至认异的现象，这是电视传播效应的重要障碍。电视节庆的认同是各种关系的平衡：就文化层面而言，有文化之间的交流冲撞，有文化内部的多元与分歧；就电视内部而言，有技术共同体、美学共同体方面的悖论；就受众而言，触媒习惯与审美收受是多层次的；就社会思潮而言，多重意识形态影响到转型期的社会共识；就电视话语而言，由于长期受到文艺政治化、政治美学化的影响，过度强调地缘、血缘民族主义话语又使认同停留在较低层次。因此，影响到电视节庆认同难题的，不只是电视机构自身的决断力。林毓生论述中国近代社会为"中国意义的危机"，这一情形今天依然存在，信仰危机连带出意义危机、文化危机、社会认同危机，"主义代宗教"未能拯救当下的信仰问题，并引发对"马列主义"的质疑，由于信仰问题是认同的根本性问题，不解决信仰问题，任何形式的言说都会被视为纯粹的修辞。但在现阶段，电视节庆的复现即为不断为官方言说，不断地自我重复。

哈佛大学政治学者裴宜理认为，对革命传统的不断动员是中国共产党的独特能力。她将获得国家权力前后的文化动员进行了区分，认为中国共产党在革命过程中使用的文化动员手段是"文化置入"（或曰文化置换 cultural positioning），而新中国成立之后共产党对宣传部、文化部等国家资源的利用，是"文化支持"（或曰文化操控 cultural patronage），意思是自上而下动员，但是为了支持国家力量。[①] 电视机构肩负着社会整合、传统引导、集体记忆的重任，一些重大电视节庆被视为"国家项目"，导演组、主持人、表演者都处于紧张状态，电视节庆挥之不去的崇高情结源自高压的政治需求，不得已羼杂过多应景政治官方话语。电视节庆急于、也必须配合主流意识形态，而最能体现政治合法性的，一是不断重复民族—国家独立过程中的革命合法性（通过革命把尊严还给中国人民和这个国家），二是不断言说当下的国家富强（有选择性的放大一部分富强），但忽略了"革命"的另一重含义是民主、自由与人的尊严，只将其视作西方的价值取向而忽略其普世性，虽然写进社会主义核心价值观却不做强调与解读。因此，电视节庆止步于仅仅展示"富强"，至于究竟该怎样展示"文明"、展示怎样的"文明"并不十分明晰，而一味地"向后看"（传统）会导致与现代社会的隔膜。以"中国梦"的话语传播为例举，"民族复兴中国梦"是中央领导集体提出的重大战略思想，认同"中国梦"，人民群众不是以一种理论思维，而是以某种价值满足的状态去完成的。因此，"中国梦"务必涵盖"个人梦""民生梦"之内涵，并采取有效措施去实现，但当这一切还不能实现时，无论节庆主持人的"中国梦"叙事如何温婉接地气，都不能很好地达成认同，因此，电视节庆文化关于"中国梦"的表达更需要个人与民生维度，其言说方式要坚持说理与叙事、理性与情感、学理与通俗相结合，使"中国梦"可观、可感、可体验。

---

① 参阅于建嵘、裴宜理《红色文化与中国革命传统》，2013 - 11 - 25 访问，http: // www. aisixiang. com/data/41491. html。

传统本身是流动的，需要吐故纳新，文化也不是轮流坐庄，它总是从"文化高地"流向"文化洼地"，周有光先生认为，"目前每个国家都生活在传统文化和国际现代文化并存的'双文化'时代"①。中华文化的传统要不断地处于现代性重构、创造性转化的过程中，才能得到更广泛的认同。在市场体制中，电视节庆受到政府、中介机制和现代赞助的多重掣肘，电视节庆属于文化工业范围之内，所耗人力、物力、资金数额惊人，尽管电视棚内的硬件越来越出彩，但仪式的表演意义往往大于实际意义，形式上的仪式使认同流于形式。

六　从实然到应然：电视节庆仪式传播的话语体系建构

面向未来的电视媒介是否真的像麦克卢汉所言，是一种"艺术品"？"艺术品"的说法并不能缓解电视媒介节节败退的、生存环境日渐逼仄的生存现状，电视机构也不能光贩卖情怀，毕竟机构生存是第一位的。商业社会中，注意力是困扰各个企业的稀缺资源，对电视节庆的管理同样需要动用这一思维。节庆传播如何从"实然"到"应然"，如何建构认同，如何呈现、体现仪式的内涵，是对"注意力"进行管理的问题，也是电视节庆仪式的核心价值所在，在此本书提出如下观点。

首先，在文化顶层设计上，处理好主流意识形态与大小传统的价值关系。

国际现代文化是世界各国共创、共有、共享的文化，多元文化语境对于国家主流意识形态有一定冲击，因此，抱持一种承认现实与宽

①　周有光：《朝闻道集》，世界图书出版公司北京公司2010年版，第94页。

容的态度更为适宜。当下情形是，国家对传统文化的流失、主流文化的疏离、外来文化的进入存在一种紧张感，因此不断强化主流文化、民族主义的言说，但认同效力并不明显。其原因在于，文化是"融合"模式而非"零和"模式，不是这个存在，那个就不能有了，"社会变迁，作为世界历史特征修辞，十分清楚地表明，意识形态是可以争论、可以商议的，不仅仅是强迫的，设定的"①。正如恩格斯提出关于历史发展的"力的平行四边形"理论，我国的现代社会生活中也存在无数意志和力量，蕴含无数个"力的平行四边形"，表现在电视节庆中，这些力的平行四边形要统一于热爱祖国、热爱人民的主流思想情感，才有其存在的合理性。国家的节庆文化产业重点要抓的是"大传统"，一些作为"小传统"的节庆民俗，不如交给百姓自己去过，生存或湮灭，都有其自己的理由。小传统若是跟商业和市场结合起来，会越来越繁荣，如这些年日益红火的庙会；中国人过洋节，是一种文化开放，作为消费和娱乐，如果能借此获得愉悦，不必冠之以文化殖民的过度阐释，文化就是要"引进来""走出去"，坚壁清野和唯我独尊都不是文化自信。就拿汉族的中元节和西方的万圣节做比，在文化上都与"鬼魂"相关，很多年轻人将万圣节过成假面舞会、狂欢节，而另一些人对此表示忧惧。没有必要以中元节的凄冷来比万圣节的喧闹，并借此哀叹传统文化之衰微：一方面中元节并不凄冷，中国家家户户为亡灵烧香烧纸，节日内涵和清明一样，国人参与度极高，祭奠先人这一传统并未失落；另一方面，万圣节也并非完全是西方元素，如土家族的茅古斯和苗家的赶秋节都接近万圣节，以稻草装扮，歌之舞之，都是为了驱灾避祸、五谷丰登。

①　[美]詹姆斯·罗尔：《媒介、传播、文化：一个全球性的途径》，董洪川译，周宪、许钧主编，商务印书馆2005年版，第82页。

因此，电视节庆作为精品电视节目，讲究卓越主义、开放主义、合作主义，对外来文化的开放宽容、对传统价值的积极扶持、对社会问题的理性认知，是很有必要的。电视节庆应确保主流意识形态的文化领导权，同时要以人为本，与现代社会文化生活相关联，使多元文化、大小传统各安其位。因此，对于节庆的小传统，要"民间的事民间办"，离生活越近，传统才越活，媒体只负责对小传统做出梳理、分类，因此并不一定要用一台晚会，或者用一周的公益广告就能达成效果。而对于大传统，电视机构要配合国家的文化记忆工程、文化产业建设，不让中秋、端午、春节、清明、元宵、重阳这些大传统丢失，在"节日电视"上做出一些主体设计，电视的"言说"和老百姓的"活法"不能脱节太远。将权力进行人格化处理，将遥远的传统拉近，使陌生文化变得可以理解等。

其次，在电视文化设计上，国家应适度交还电视节庆场的相对自主性。

中国媒介的命运、责任、压力与挑战，都应和着国家的今昔变迁。政治权力是艺术传播中无可回避的话题，其中政治逻辑（国家）、市场逻辑（社会）、文化逻辑（民族）、艺术逻辑（节庆）、传媒逻辑（电视）之间呈现一种咬合状态，如何使各因素协调发展，是文化建设与传媒发展面临的全新课题。朱泽厚认为，中国的改革历程当是"从国家回归社会，从官方回到民间"：

> 这一历程可否表达为：从一切以国家为主，转到以社会为本；从一切由政府包办、主要考虑国家，转而重新回到民间，以民为本，诉诸民众，依靠民力，让人民受益。……我想从马克思经典理论来看，核心问题是：不要使国家从"社会的公仆"，变为"社会的主宰"；或者反过来讲，就是要使已经成为"社会主

宰"的国家,重新回到"社会公仆"的地位上去。①

电视媒介中所表现的泛政治更多为一种文化政治,文化生产场在权力场中处于被统治的地位,不只是简单地反映出政治、资本利益,还要遵循文化艺术自身的发展规律和"相对自主性"。电视节庆应该努力揭示节庆对我们精神心灵生活的意义,只有让人们真正享受到传统的可贵,才能真正在人心里长留传统。大大小小的节庆文化,其旨归大致在变化的时代中凝聚民气,集聚民意,因此要优先考虑国家最优秀的文化遗产的表达和延续,电视节庆对于审美的、伦理的、理性的和专业的高标准,使其拉开了与一般性娱乐节目的距离。但在当前,电视节庆主要体现国家意志、民族意志,个人意志最为次要,如国庆节、建军节、建党日、青年节的电视节庆都有较大难度,弄不好老百姓不买账,管理层也不满意,节目容易做得生硬。又以春晚为例,近年来落入窠臼,节目认同度有所下降,不是文艺人才创意不够,而是政治掣肘太多。春晚被批笑点不够,效果出不来,是因为电视导演、主持人与演职人员都压力太大:严格的节目遴选制度、彩排制度、领导审查制度,大部分人上去后幽默感没有了,主持人重复着宏大叙事,说话要掐到秒,轻松自然是装出来的;主持人不够幽默是业务问题,而说错一句话就是政治问题;因此,政治要适度退出跟传统、民俗有关的电视节庆,将节目的自主权适度交还电视。

再次,在仪式象征设置上,系统研发电视节庆的仪式内涵。

"仪式性"是电视节庆的最显著优势,好的电视仪式被不断强化,才有持续的品牌效应。如果仪式象征与观仪者无关,只是单纯的国家

---

① 朱厚泽:《向太阳、向光明:朱厚泽文存(1949—2010)》,朱厚泽家人及朋友整理,上海世界图书出版公司2014年版,第368—372页。

象征，将存在很大的认同隔膜。因此，电视节庆中主干仪式、象征符号、呈现方式的设置都要进行论证、研发。我国传统节日是有机系统，电视节庆的系统开发受制于"社会主义节日和仪式体系"的论证与开发，当前在仪式内涵的建构上是不明确的，电视节庆的仪式内涵建构不能离开本土性、地方性、传统性、历史性的内容，这是文化认同的基础，但同时又要与当下性、现代性、政治性联系起来，尤其具体到节日仪式符号的创建上，需要小心论证，因为仪式符号一旦确定下来就不好轻易改动。郭讲用认为，当前的节日文化传播没有创造出"把人们吸引到一起"的"仪式化场域"。[①] 如电视七夕节、重阳节等节庆的仪式核心是什么，还有待研发。在漂泊的社会场景中，更应注重节庆的社会调节功能。如中秋节是举国上下都看重的节日，南中国与北中国，各有传统，涉及个性和共性的关系，法定假期只有一天，纯粹意义上的回家团圆很难做到，因而注重团圆内涵中的"家园感"就显得特别重要。"我们的符号体系，经过这么长的历史时期，有非常多的变化。那么现在沉淀下来的这些传统，它和过去在不同的历史时代，有什么样的关系？比方说月亮，过去我们曾经称之为蟾宫，后来又有了另外一种象征，所谓玉兔。像类似这样的符号，它本身具有深层的意义，其中发展演变的关系需要厘清。"[②] 中国的节庆内涵，是要固定标识还是还节于民，在学术界还存在争议。中国艺术研究院音乐研究所所长田青说："某个电视台在介绍腊八节的起源时，根本不讲它跟佛家的关系，只说腊八节是劳动人民把各种粮食放在一块儿熬粥，把这个节日的精神内涵和来源完全模糊了。讲到这个传统节日的

---

① 郭讲用：《传播仪式观中传统节日文化的传播》，《新闻爱好者》2010 年第 12 期。
② 高昌、刘茜：《符号与仪式：弘扬节日文化的关键》，《中国文化报》2011 年 2 月 2 日第 3 版。

符号和仪式的问题，我觉得须强调标识的概念，是个民族的标识，就是 logo，提到中国人就应该想到这些标识。但至于怎么提炼，这件事情也不必由我们去做，或者强化什么。让老百姓自己按照传统去做。"① 中国传媒大学的周文认为，由于媒介仪式与节目仪式混淆的结果，往往以媒介仪式代替节目仪式，从而大大影响了节日文化的传承，因此呼吁创建节日电视的节目仪式。② 周文还认为，各节日要开发一些富有民族特色的标志性符号与图案，如清明标志、端午标志、中秋标志、春节标志等，还可遴选出清明歌、端午歌、中秋歌、春节歌等节歌。③ 比如，春节最大的表象符号是"十二生肖"，使用十二生肖纪年是民间的惯习，是不是该有权威性的机构组织联合设计认定和发布十二生肖农历年吉祥标志，都值得论证。建构新的节日文化需要时间，对于电视节庆而言，一些得到认同的仪式内容就不要轻易放弃，如央视春晚的零点钟声等。

目前，电视机构在节庆的研发上处于一种偶发、松散的状态，缺乏一种前瞻与自觉意识，如何将传统人文节庆打造成主题节庆，既扩大节日期间的收视总量，又提升电视频道与品牌的影响力，是"限娱令"背景下的重要思考。如湖南卫视电视成人礼与五四青年节的对接，电视中秋节与西方情人节的对接等，这是一种仪式意识。电视节庆研发的制度化、专业化、组织化工作是一个系统工程，光停留在电视机构内部是不够的，还要将文化部门、民俗专家纳入这个体系之中，要坚持政府统筹、社会参与、官民并举与市场运作相结合，对节

① 高昌、刘茜：《符号与仪式：弘扬节日文化的关键》，《中国文化报》2011 年 2 月 2 日第 3 版。

② 参见周文《传统节日：文化、仪式与电视传播》，《中国地质大学学报》（社会科学版）2010 年第 5 期。

③ 参阅周文、周兰《传统节日国家传播的仪式体系构建》，《现代传播》2012 年第 7 期。

庆电视品牌进行统合安排。

复次，在与节庆的关系上，电视机构要把握好参与/退出的适度性。

节庆文化是电视节庆的依托物，节庆决定了电视的复现。节庆兴，电视兴；节庆淡，电视淡。电视要顺应国家对节庆的宏观政策管理，还要顺应文化记忆的逻辑、艺术传播等多方要求，有必要对节庆遗产进行适当的改良与创新，电视节庆应该从"跑马圈地"进入"精耕细作"时代。但当前，在电视节庆与传统节庆之间有着自在的不协调：传统节庆寄望于电视对节庆的弘扬、兴盛与延续；政治节庆持续表现政治合法性与制度认同；而主题节庆着力表现现代社会的生活共同体，强调对节庆的消费。而电视更擅长娱乐表达，"提供给异化现实中的人们一种自由和快乐的假象，用来掩盖这些事物在现实中的真正缺失"①。

国家政策对电视节庆产生显著影响，如 2013 年国务院法制办公布《教育法律一揽子修订草案（征求意见稿）》，对教育法、高等教育法、教师法和民办教育促进法 4 部法律相关条款进行修订，其中涉及将教师节定在 9 月 28 日的征求意见稿，不论最终如何，其意义在于，将现代的政策节庆与传统的祭孔大典相结合，有促成良序美俗之效。2014 年 3 月，国家通过了将 9 月 3 日确定为中国人民抗日战争胜利纪念日的决定，并设立每年 12 月 13 日为南京大屠杀死难者国家公祭日，笔者以为，这些事关民族记忆、身份认同又能提升政府形象的节或日，应成为电视深度参与的内容。2014 年清明节，由中央电视台科教频道组织，首次与东南卫视、台湾中天电视台、陕西广播电视

---

① 罗钢：《探索消费的斯芬克斯之谜》，罗钢、王中忱主编《消费文化读本》，中国社会科学出版社 2003 年版，第 18 页。

台，江苏省广播电视总台合作策划，用五台四网三屏模式联手推出大型电视直播节目《2014清明中国》，加入了"南京大屠杀"死难同胞清明祭的活动，此次并机直播意义非凡。

当下，很难简单地用"多了"还是"少了"来形容电视节庆的仪式传播，但笔者以为，一些应该深入开发的节庆还没有得到重视，比如，事关对传统文化的延续，成人礼仪式开始在地方上慢热，但如果不将它与某一节庆相对接，它在电视上永不出现，或者出现在电视上的任何一天，仪式感与认同感就大大降低，介于"成年"与"青年"之间的相关性，五四青年节是一个绝好的时间点，电视成人礼仪式不应该只局限于地方卫视，应该在更高的电视平台上研发与呈现，遗憾的是，由于限娱令的颁布，2014年起湖南卫视电视成人礼停办，但之前历年的电视成人礼已经在社会上形成了很大反响，2014年5月4日，地方上的成人礼仪式明显多于往年。再如，电视机构在清明节的主题上选取中华"家风"的叙事指向是较为明智的，元宵、端午、中秋都可以开掘类似于"家风""国风"的传统，只有深入文化内涵，才能更好地唤醒全社会对传统文化的集体记忆。

而哪些电视节庆应该适度退出呢？这要从受众的认同效力以及节目成本上进行筛选，一些政治节庆如建党日、建军节，可以按照五年一个周期来进行；至于电视春晚已成为春节新民俗景观，已不再是一个晚会那么简单，也不存在办与不办的纠缠，更倾向于继续保留并创新，"把除夕夜还给中国家庭"是不契合国人心理与实际生活的，但春晚与当前老百姓的需求有出入，而这个出入正是收视率提升的切入点，电视春晚还可以做一些大胆设想，进一步"拆门办春晚"，如将央视春晚变成各卫视联合主办的春晚，可以按地域、按区域为联合领衔，将地区的文化精髓、民俗大美展演出来，真正体现祖国文化的多元性。

目前节日方的创意管理还比较松弛，电视节庆在形式、样态、文化、话语上都较为单一，模式僵死固化，节日的电视化并没有让观众"使用与满足"。电视的焦虑不是资金和技术，而缺少对节庆文化内涵的规划与组织。在电视节庆的编排上，要规划好电视节庆的时、效、度，除了晚会的单一形式，还可以是特别节目、特辑、整体编排、公益广告等仪式化编播，但都要扣紧社会文化生活。电视不仅是人们的一种节日陪伴，同时又有责任引导他们暂离电视，投身真实的节日活动领域，而不是守着各种视频端过着一种"二手生活"。此外，在融媒、智媒时代，电视节庆如果不探索创意为王、终端制胜，将很难胜出——电视节庆如何走向互联网，成为"在线的节庆"，电视节庆的库存化、数字化、博物馆化建设，变"大传播"为"微传播"，"电视仪式"牵手"线上仪式"，也是全媒体语境下注意力管理的重要策略。"电视无处不在"的计划，应该成为国内广电媒体的融合发展之路，扎实推进传统广电媒体与新兴媒体融合发展，减少有线电视用户流失。总之，在电视节庆是深度参与还是适度退出的文化管理上，根本的原则是要有精品意识、受众意识，减少"推"（push）的节庆，着力打造"拉"（pull）的节庆，否则，再完美的媒介技术都不会对认同有所增益。

最后，在话语体系建构上，尝试电视传播话语的整体转向。

作为高成本、高影响的大型电视节庆活动，电视机构总是极力争取更大范围的全国收视率，不断扩展其潜在受众群。作为主导文化和精英文化的典范之作，电视节庆成为中国电视文化经验积累的一大特色，经验较多，但其文化惯性也大，很难改变。朱羽君教授认为，在媒介属性与艺术属性之间存在着的矛盾和对立，是电视艺术美学应予解决的问题："如电视摄影在客观化镜头与主观化镜头的运用上。电视剪辑在'纪实'与'表现'的关系处理上，电视语言在口语化和文学化的关系处理上，电视表演在'演'与'不演'的对立上，电视音乐音响中在自然与创造的处理上……"① 更重要的是，不仅仅要改变电视节庆本身的话语，还要尝试电视话语传播的整体转向。当前，包括电视节庆在内的电视艺术传播的最大特征是宏大的"盛世叙事"，对应着我们提升"文化软实力"、建设"文化强国"，以及用"国学热"去影响世界的美好愿望，其效力被明显夸大。学者葛剑雄的说法较有代表性：

> 什么叫"影响世界"？如果把它理解为是要改变人家，很多外国人是有宗教信仰的，你能通过传播中国文化让他们放弃自己的信仰吗？这显然是不可能的。那么，能用中国文化拯救世界吗？在我们看来，有些国家的人，有着"不可理喻"的观念，我们要改变他们的观念吗？他们好像也没有这样的要求。这里有一个问题：中国文化博大精深，但是能否因此就说它比其他文化更优秀呢？精神文明各有千秋，不能说中国文化比其他文化更优秀。②

人民论坛问卷调查中心从关注度、活跃度与影响力三个主要指标，对"社会思潮动态"进行监测，认为2013年最值得关注的前十大思潮分别为：新自由主义、历史虚无主义、民族主义、创新马克思

---

① 北京广播学院电视系学术委员会、《中国应用电视学》编辑委员会：《中国应用电视学》，北京师范大学出版社1993年版，第130页。
② 葛剑雄：《拿什么样的中国文化走向世界》，《光明日报》2013年11月8日第12版。

主义、普世价值论、宪政思潮、民粹主义、新左派、新儒家、伪科学。[①] 能够看出，社会民意对以上思潮存在着很大争议，一些思潮中既存在西方模式的话语陷阱，但如果对此简单否认也并不高明，在引导上应该引起高度重视。媒体人应该明晰，在强化社会主义核心价值观的同时，在全面建成小康社会的目标奋进中，如何实现一种既不脱离世界的主流价值又具有中国特色的文明道路，是当下文化建设的核心问题。作为电视节庆，能做的就是不断探索，讲好中国故事，电视传媒整个话语传播的口气都要降低，尝试一种更为平实的语态与叙述方式。

回到问题的起点：一台晚会、一个节庆的仪式化传播，它最终要表达什么？其诉求是什么？如何"吃透两头"——在节庆的内在感情与上方的宣教中如何保持平衡？是观众去适应电视节庆，还是电视节庆要适应时代与观众？电视节庆要认清自身的"能与不能"：电视节庆能够做到尊重传统、以人为本、为其可为，但并不能包治政治认同、文化认同、国族认同的百病。低水平的重复与复现，只会不断败坏观众的胃口，因此，电视节庆要认真处理好传统"复归"与"转化"两者之间的关系，虽然大国崛起已成为大国传媒诞生的重要背景，但大国崛起，除了富强的层面，还要文明崛起与价值观的输出。正如陈龙所言，"媒介文化核心价值体系的建立，首先体现为如何弘扬民族精神、时代精神，既包含了传统价值观众的礼义廉耻，温良恭俭让等，也包含了西方价值观众的合理成分如重个人价值的相关表述，同时更凸显了当代社会主流价值观众的民主、公正、公平、和谐、进取等。现代文化核心价值体系的凝练，只有转化到传媒活动的

---

① 参阅人民论坛问卷调查中心.《〈人民论坛〉：2013 值得关注的十大思潮》，ht-tp：//www.21ccom.net/articles/sxwh/shsc/article_2014020599978.html。

自觉行动中才能彻底改变当下媒介中价值观念混乱的局面"①。

　　综上所述，电视节庆是复现的类型节目，电视媒体也是示现、复现媒体，唯有不断重复，才能形成风格与类型；而唯有创新与演进，节目才有进步。当重复形成演进，这种演进的重复才有意义。但总体而言，重复是恒常的，创新是重复之上的赓续与质变，而"缺乏变化的重复，是单调的，奴性的重复，无推进方向的，回声式的重复，坏唱片式的机械的，被动的重复。思想上的贫乏，使人们的想象和议论只能重复。"② ——收笔之时，看到赵毅衡关于符号的这段论说，笔者深深感觉，这寥寥数语，对于意识形态主管部门、电视管理层、电视主办者、电视文艺编导而言，不啻为极重要的提醒。

---

① 陈龙：《媒介文化通论》，江苏教育出版社 2011 年版，第 5 页。
② 赵毅衡：《形式之谜》，复旦大学出版社 2016 年版，第 83 页。

参考文献

一 外文文献

1. E. Rothenbuhler, W. *Ritual communication: from everyday conversation to mediated ceremony*, Sage Publications, 1998.

2. Ronald L. Grimes. *Beginnings in Ritual Studies*, University Press of America, 1982.

3. MonaOzouf, *Festivals and the French revolution*, Cambridge: Harvard University Press, 1988.

4. A. R. Radcliffe – Brown, *Structure and function in primitive society: Essays and addresses*, The Free Press, 1965.

5. C. Bell, *Ritural Theory, Ritual Practice*, Oxford University Press, 1992.

6. G. E. Marcus & M. J. Fisher, *Anthropology as Cultural Critique*, Chicago: University of Chicago Press, 1986.

7. G. T. Goethals, *The TV Ritual: Worship at the Video Altar*, Boston: Beacon Press, 1981.

8. NickCouldry. *Media rituals: A Critical Approach*, London: Routledge, 2003.

9. RaymondWilliams, *Television: Technology and cultural form*, New

York：Schochen Books，1975.

10. Felicia Hughes – Freeland，*Ritual*，*Performance*，*Media*，London：Routledge，1997.

11. NickCouldry，Andreas Hepp，Friedrich Krotz，*Media Events in a Global Age*，London：Routledge，2009.

12. Pamela R. Frese，*Celebrations of identity*：*Multiple voices in American ritual performance*，Greenwood Publishing Group，1993.

13. Roger T. Ames，Felicia Hughes – Freeland，Mary M. Crain，*Recasting Ritual*：*Performance*，*Media*，*Identity*，London：Routledge，1998.

14. Catherine Bell，*Ritual*：*Perspectives and Dimensions*，New York：Oxford University Press，1997.

15. Maurice Bloch，*Ritual*，*History and Power*. The Athlone Press，1989.

16. David I. Kertzer，*Ritual*，*politics and power*. Yale University Press，1988.

17. Christel Lane，*The rites of rulers*：*Ritual in industrial society*：*the Soviet case*. Cambridge University Press，1981.

18. William M. Johnston，*Celebrations*：*The cult of anniversaries in Europe and the United States today*. New Brunswich：Transaction Press，1991.

19. John Mac Aloon. （Ed.），*Rite*，*Drama*，*Festival*，*Spectacle*，Phiadelphia：ASHI Press，1984.

20. J. R. Gillis（Ed.），*Commemorations*：*The Politics of national identity*. Princeton University Press，1994.

21. F. E. Manning（Ed.），*The celebration of society*：*Perspectives on contemporary cultural performance.* Bowling Green，OH：Bowling Green University Popular Press，1983.

22. James Carey，"Political Ritual on Television"，in T. Liebes and J. Curran（eds.），*Media Ritual and Identity.* London：Routledge，1998.

23. Philip Elliott，"Press Performance as Political Ritual"，in H. Christian（ed.），*The Sociology of Journalism and the Press.* University of Keele，1980.

24. Stewart Hoover，"Television, Myth and Ritual：the Role of Substantive Meaning and Spatiality"，in J. Carey（Ed.），*Media Myths and Narratives.* Newbury Park：Sage，1988.

25. Robert Wuthnow，"Ritual and Moral Order"，in Meaning and Moral Order. Berkeley：University of Califorrnia Press，1987.

26. Zohar Kadmon Sella，"The Journey of Ritual Communication"，*Studies in Communication Sciences*，Vol. 7，No. 1，June 2007.

27. R. Silverstone，"Television myth and culture"，in J. W. Carey（Ed.），*Media*，*myths and Narratiues*：*Televison and the press*，Beverly Hill：Sage，1988.

二 译著

1. ［美］维克多·特纳等编：《庆典》，方永德等译，上海文艺出版社 1993 年版。

2. ［美］维克多·特纳：《仪式过程：结构与反结构》，黄剑波译，中国人民大学出版社 2006 年版。

3. ［美］维克多·特纳：《戏剧、场景及隐喻：人类社会的象征性行为》，刘珩等译，民族出版社 2007 年版。

4. ［英］E. 霍布斯鲍姆、T. 兰格：《传统的发明》，顾杭等译，译林出版社 2004 年版。

5. ［美］爱德华·希尔斯：《论传统》，傅铿等译，上海人民出版社 1991 年版。

6. ［法］爱弥尔·涂尔干：《宗教生活的基本形式》，渠东等译，上海人民出版社 1999 年版。

7. ［德］约瑟夫·皮珀：《节庆、休闲与文化》，黄薇译，生活·读书·新知三联书店 1991 年版。

8. ［法］阿诺尔德·范热内普：《过渡礼仪》，张举文译，商务印书馆 2010 年版。

9. ［美］兰德尔·柯林斯：《互动仪式链》，林聚任等译，商务印书馆 2009 年版。

10. ［英］简·艾伦·哈里森：《古代艺术与仪式》，刘宗迪译，生活·读书·新知三联书店 2008 年版。

11. ［意］马里奥·佩尔尼奥拉：《仪式思维》，吕捷译，商务印书馆 2006 年版。

12. ［英］马林诺夫斯基：《文化论》，费孝通译，华夏出版社 2001 年版。

13. ［美］克利福德·格尔茨：《文化的解释》，韩莉译，译林出版社 1999 年版。

14. ［英］齐格蒙特·鲍曼：《全球化——人类的后果》，郭国良译，商务印书馆 2001 年版。

15. ［英］齐格蒙特·鲍曼：《共同体：在一个不确定的世界中寻

找安全》，欧阳景根译，江苏人民出版社 1991 年版。

16. ［德］斐迪南·滕尼斯：《共同体与社会——纯粹社会学的基本概念》，林荣远译，北京大学出版社 2010 年版。

17. ［美］本尼迪克特·安德森：《想象的共同体——民族主义的起源与散布》，吴叡人译，上海人民出版社 2003 年版。

18. ［法］莫里斯·哈布瓦赫：《论集体记忆》，毕然等译，上海人民出版社 2002 年版。

19. ［德］H. G. 伽达默尔：《美的现实性——作为游戏、象征、节日的艺术》，张志扬等译，生活·读书·新知三联书店 1991 年版。

20. ［英］斯图亚特·霍尔：《表征——文化表象与意指实践》，徐亮等译，商务印书馆 2003 年版。

21. ［英］斯图亚特·霍尔：《编码·解码：文化研究读本》，王广州译，中国社会科学出版社 2000 年版。

22. ［英］尼古拉斯·加汉姆：《解放·传媒·现代性——关于传媒和社会理论的讨论》，李岚译，新华出版社 2005 年版。

23. ［法］罗兰·巴特：《神话——大众文化诠释》，许蔷蔷等译，上海人民出版社 1999 年版。

24. ［美］保罗·康纳顿：《社会如何记忆》，纳日碧力戈译，上海人民出版社 2000 年版。

25. ［美］曼纽尔·卡斯特：《认同的力量》，夏铸九等译，社会科学文献出版社 2003 年版。

26. ［美］乔纳森·弗里德曼：《文化认同与全球性过程》，郭建如译，商务印书馆 2003 年版。

27. ［英］贝拉·迪克斯：《被展示的文化：当代"可参观性"

的生产》，冯悦译，北京大学出版社 2012 年版。

28. ［德］恩斯特·卡西尔：《国家的神话》，范进等译，华夏出版社 1990 年版。

29. ［英］约翰·B. 汤普森：《意识形态与现代文化》，高铦等译，译林出版社 2005 年版。

30. ［俄］谢·卡拉 - 穆尔扎：《论意识操纵》，徐昌翰等译，社会科学文献出版社 2004 年版。

31. ［加］文森特·莫斯可：《传播政治经济学》，胡正荣主译，华夏出版社 2000 年版。

32. ［英］约翰·费斯克编撰：《关键概念：传播与文化研究辞典》，李彬译注，新华出版社 2004 年版。

33. ［法］居伊·德波：《景观社会》，王昭风译，南京大学出版社 2007 年版。

34. ［美］詹姆斯·凯瑞：《作为文化的传播："媒介与社会"论文集》，丁未译，华夏出版社 2005 年版。

35. ［英］吉姆·麦克盖根：《文化民粹主义》，桂万先译，南京大学出版社 2001 年版。

36. ［美］苏珊·朗格：《情感与形式》，刘大基等译，中国社会科学出版社 1986 年版。

37. ［法］西尔维娅·阿加辛斯基：《时间的摆渡者：现代与怀旧》，吴云凤译，中信出版社 2003 年版。

38. ［美］斯维特兰娜·博伊姆：《怀旧的未来》，杨德友译，译林出版社 2010 年版。

39. ［法］克里斯蒂安·麦茨、吉尔·德勒兹：《凝视的快感：电影文本的精神分析》，吴琼主编，中国人民大学出版社

2005 年版。

40. ［荷］约翰·赫伊津哈：《游戏的人》，多人译，中国美术学院出版社 1996 年版。

41. ［美］杰弗瑞·戈比：《你生命中的休闲》，康筝译，云南人民出版社 2000 年版。

42. ［美］约翰·凯利：《走向自由：休闲社会学新论》，赵冉译，云南人民出版社 2000 年版。

43. ［德］康德：《论优美感和崇高感》，何兆武译，商务印书馆 2001 年版。

44. ［德］康德：《判断力批判》（上卷），宗白华译，商务印书馆 1964 年版。

45. ［英］艾蒙德·柏克：《崇高与美之源起》，林盛彬译，台北典藏艺术家庭股份有限公司 2011 年版。

46. ［古希腊］朗基努斯、［古希腊］亚里士多德、［古罗马］贺拉斯：《美学三论：论崇高、论诗学、论诗艺》，马文婷等译，光明日报出版社 2009 年版。

47. ［美］约翰·R. 霍尔、玛丽·乔·尼兹：《文化：社会学的视野》，周晓虹等译，商务印书馆 2002 年版。

48. ［法］让－吕克·南希：《解构的共通体》，郭建玲等译，上海世纪出版集团 2007 年版。

49. ［美］克利福德·格尔兹：《尼加拉：十九世纪巴厘剧场国家》，赵丙祥译，上海人民出版社 1999 年版。

50. ［德］沃尔夫冈·韦尔施：《重构美学》，陆扬等译，上海译文出版社 2002 年版。

51. ［美］弗雷德里克·詹姆逊：《文化转向》，胡亚敏等译，中国社会科学出版社 2000 年版。

52. ［苏］海通：《图腾崇拜》，何星亮译，广西师范大学出版社 2004 年版。

53. ［英］A. N. 怀特海：《宗教的形成：符号的意义及效果》，贵州人民出版社 2007 年版。

54. ［德］马克斯·韦伯：《支配社会学》，康乐等译，台北远流出版事业股份有限公司 1993 年版。

55. ［英］乔治·拉雷恩：《意识形态与文化身份：现代性和第三世界的在场》，戴从容译，上海教育出版社 2005 年版。

56. ［美］拉里·A. 萨默尔等：《跨文化传播》，中国人民大学出版社 2004 年版。

57. ［英］戴维·莫利、凯文·罗宾斯：《认同的空间——全球媒介、电子世界景观和文化边界》，司艳译，南京大学出版社 2001 年版。

58. ［美］约书亚·梅罗维茨：《消失的地域：电子媒介对社会行为的影响》，肖志军译，清华大学出版社 2002 年版。

59. ［美］丹尼尔·戴扬、伊莱休·卡茨：《媒介事件——历史的现场直播》，麻争旗译，北京广播学院出版社 2000 年版。

60. ［法］皮埃尔·布尔迪厄：《关于电视》，许钧译，辽宁教育出版社 2000 年版。

61. ［美］道格拉斯·凯尔纳：《媒体奇观：当代美国社会文化透视》，史安斌译，清华大学出版社 2003 年版。

62. ［美］詹姆斯·罗尔：《媒介、传播、文化：一个全球性的途径》，董洪川译，商务印书馆 2011 年版。

63. ［美］罗伯特·C. 艾伦：《重组话语频道：电视与当代批

评》，麦永雄等译，中国社会科学出版社 2000 年版。

64. ［美］弗雷德里克·詹姆逊：《政治无意识——作为社会象征行为的叙事》，王逢振等译，中国社会科学出版社 1999 年版。

65. ［英］罗杰·西尔弗斯通：《电视与日常生活》，陶庆梅译，江苏人民出版社 2004 年版。

66. ［美］丹尼斯·K. 姆贝：《组织中的传播和权力：话语、意识形态和统治》，陈德民等译，中国社会科学出版社 2000 年版。

67. ［英］格雷姆·伯顿：《媒体与社会：批判的视角》，史安斌主译，清华大学出版社 2007 年版。

68. ［法］加布里埃尔·塔尔德：《模仿律》，何道宽译，中国人民大学出版社 2008 年版。

69. ［美］弗雷德里克·詹姆逊：《快感：文化与政治》，王逢振等译，中国社会科学出版社 1998 年版。

70. ［加］朗·伯内特：《视觉文化：图像、媒介与想象力》，赵毅等译，山东文艺出版社 2008 年版。

71. ［法］雅克·拉康、让·鲍德里亚等：《视觉文化的奇观：视觉文化总论》，吴琼译，中国人民大学出版社 2005 年版。

72. ［美］约翰·菲斯克：《传播研究导论：过程与符号》，许静译，北京大学出版社 2008 年版。

73. ［美］沃纳·赛佛林，小詹姆斯·坦卡德：《传播理论：起源、方法与应用》，郭镇之等译，华夏出版社 1999 年版。

74. ［荷］丹尼斯·麦奎尔：《麦奎尔大众传播理论（第五版）》，崔保国等译，清华大学出版社 2010 年版。

75. 丹尼斯·K. 戴维斯、史丹利·J. 巴朗：《大众传播与日常生活——理论和效果的透视》，苏蘅译，台北远流出版事业股份有限公司1993年版。

76. ［斯洛文尼亚］阿莱斯·艾尔雅维茨：《图像时代》，胡菊兰等译，吉林人民出版社2003年版。

77. ［美］鲁道夫·阿恩海姆：《视觉思维——审美直觉心理学》，滕守尧译，光明日报出版社1987年版。

78. ［美］R. M. 基辛：《文化·社会·个人》，甘华鸣等译，辽宁人民出版社1988年版。

79. ［英］罗杰·西尔弗斯通：《电视与日常生活》，陶庆梅译，江苏人民出版社2004年版。

80. ［英］索尼娅·利文斯通：《理解电视——受众解读的心理学》，龙耘译，新华出版社2006年版。

81. ［英］大卫·麦克奎恩：《理解电视——电视节目类型的概念与变迁》，苗棣等译，华夏出版社2003年版。

82. ［英］戴维·莫利：《电视、受众与文化研究》，史安斌译，新华出版社2005年版。

83. ［英］罗杰·迪金森等编著：《受众研究读本》，华夏出版社2006年版。

84. ［美］J. 赫伯特·阿特休尔：《权力的媒介》，黄煜等译，华夏出版社1988年版。

85. ［英］斯蒂夫·芬顿：《族性》，劳焕强等译，中央民族大学出版社2009年版。

86. ［英］安东尼·D. 史密斯：《全球化时代的民族与民族主义》；龚维斌等译，中央编译出版社2002年版。

87. ［美］约瑟夫·列文森：《儒教中国及其现代命运》，郑大华等译，广西师范大学出版社 2009 年版。

88. ［美］詹姆斯·罗尔：《传播时代的文化》，邱进福等译，韦伯文化国际出版有限公司 2005 年版。

89. ［美］爱德华·S. 赫尔曼、乔姆斯基：《制造共识：大众传媒的政治经济学》，邵红松译，北京大学出版社 2011 年版。

90. ［英］克里斯托弗·胡德：《国家的艺术：文化、修辞与公共管理》，彭勃等译，上海人民出版社 2004 年版。

91. ［日］小野寺史郎：《国旗·国歌·国庆：近代中国的国族主义与国家象征》，周俊宇译，社会科学文献出版社 2014 年版。

92. ［美］乔治·瑞泽尔：《赋魅于一个祛魅的世界：消费圣殿的传承与变迁》，罗建平译，社会科学文献出版社 2015 年版。

93. ［美］特里·K. 甘布尔、迈克尔·甘布尔：《有效传播》，熊婷婷译，清华大学出版社 2005 年版。

94. ［美］约翰·达勒姆·彼得斯：《交流的无奈：传播思想史》，何道宽译，华夏出版社 2003 年版。

三　国内专著

1. 费孝通：《中华民族多元一体格局》，中央民族学院出版社 1989 年版。

2. 王霄冰、邱国珍：《传统的复兴与发明》，知识产权出版社 2011 年版。

3. 王霄冰：《仪式与信仰：当代文化人类学新视野》，民族出版社 2008 年版。

4. 彭兆荣：《人类学仪式的理论与实践》，民族出版社 2007 年版。

5. 王宁：《全球化与文化：西方与中国》，北京大学出版社 2002 年版。

6. 陶东风：《文化研究：西方与中国》，北京师范大学出版社 2002 年版。

7. 徐贲：《文化批评往何处去：八十年代末后的中国文化讨论》，吉林出版集团有限责任公司 2011 年版。

8. 《向太阳　向光明：朱厚泽文存（1949—2010）》，朱厚泽家人及朋友整理，世界图书出版公司 2014 年版。

9. 杨河等：《当代中国意识形态研究》，北京大学出版社 2015 年版。

10. 李向平：《信仰但不认同——当代中国信仰的社会学诠释》，社会科学文献出版社 2010 年版。

11. 孙立平：《传统与变迁：国外现代化及中国现代化研究》，黑龙江人民出版社 1992 年版。

12. 李泽厚、刘再复：《告别革命：回望二十世纪中国》，香港天地图书有限公司 2004 年版。

13. 郑永年：《再塑意识形态》，东方出版社 2016 年版。

14. 郑永年：《重建中国社会》，东方出版社 2016 年版。

15. 郑永年：《中国模式》，中信出版社 2016 年版。

16. 杨金华：《历史虚无主义的生成机理及其克服》，中国社会科学出版社 2015 年版。

17. 钱穆：《民族与文化》，九州出版社 2011 年版。

18. 张岱年：《文化与价值》，新华出版社 2004 年版。

19. 许纪霖：《启蒙如何起死回生》，北京大学出版社 2011 年版。

20. 许纪霖、罗岗等：《启蒙的自我瓦解：1990 年代以来中国思想文化界重大论争研究》，吉林出版集团有限责任公司 2007年版。

21. 葛兆光：《宅兹中国：重建有关"中国"的历史论述》，中华书局 2011 年版。

22. 金元浦、陶东风：《阐释中国的焦虑——转型时期的文化解读》，中国国际广播出版社 1999 年版。

23. 孟繁华：《传媒与文化领导权——当代中国的文化生产和文化认同》，山东教育出版社 2003 年版。

24. 王岳川：《中国镜像——90 年代文化研究》，中央编译出版社 2001 年版。

25. 石元康：《从中国文化到现代性：典范转移?》，生活·读书·新知三联书店 2000 年版。

26. 赵毅衡：《形式之谜》，复旦大学出版社 2016 年版。

27. 赵毅衡：《符号学原理与推演》，南京大学出版社 2011 年版。

28. 江宜桦：《自由主义、民族主义与国家认同》，台湾扬智文化事业股份有限公司 1998 年版。

29. 乐山主编：《潜流——对狭隘民族主义的批判与反思》，华东师范大学出版社 2004 年版。

30. 居阅时、瞿明安：《中国象征文化》，上海人民出版社 2001 年版。

31. 胡智锋：《电视美学大纲》，北京广播学院 2002 年版。

32. 陈念祖：《节目晚会编导手册》，上海音乐出版社 2006 年版。

33. 贾振鑫：《文艺晚会艺术原理与策划实施》，中国社会科学出版社 2011 年版。

34. 欧阳宏生：《电视文艺学》，陕西师范大学出版社 2012 年版。

35. 张兵娟：《全球化时代：传播、现代性与认同》，中国广播电视出版社 2010 年版。

36. 翟杉：《仪式的传播力：电视媒介仪式研究》，中国传媒大学出版社 2014 年版。

37. 闫伊默：《仪式传播与认同研究》，知识产权出版社 2014 年版。

38. 崔文华：《全能语言的文化时代：电视文化研究》，北京师范大学出版社 1998 年版。

39. 张海潮：《中国电视节目分类体系》，中国传媒大学出版社 2007 年版。

40. 徐舫州、徐帆：《电视节目类型学》，浙江大学出版社 2006 年版。

41. 张健：《当代电视节目类型教程》，复旦大学出版社 2011 年版。

42. 赵牧：《"后革命"作为一种类型叙事》，上海大学出版社 2012 年版。

43. 廖冬梅：《节日沉浮问——节日的定义、结构和功能》，广西师范大学出版社 2007 年版。

44. 胡志毅：《现代传播艺术———一种日常生活的仪式》，浙江大学出版社 1997 年版。

45. 耿文婷：《中国的狂欢节：春节联欢晚会审美文化透视》，文化艺术出版社 2002 年版。

46. 李洁：《传播技术建构共同体？——从英尼斯到麦克卢汉》，暨南大学出版社 2009 年版。

47. 刘燕：《媒介认同论：传播科技与社会影响互动研究》，北京广播学院出版社 2010 年版。

48. 郑晓云：《文化认同与文化变迁》，中国社会科学出版社 1992 年版。

49. 包亚明：《文化资本与社会炼金术》，上海人民出版社 1997 年版。

50. 王海洲：《合法性的争夺——政治记忆的多重刻写》，江苏人民出版社 2008 年版。

51. 王明珂：《华夏边缘：历史记忆与族群认同》，台北允晨文化出版公司 1997 年版。

52. 郑世明：《权力的影像——权力视野中的中国电视媒介研究》，中国传媒大学出版社 2006 年版。

53. 曾庆香：《大众传播符号：幻象与巫术》，中国广播电视出版社 2012 年版。

54. 胡春阳：《话语分析：传播研究的新路径》，上海人民出版社 2007 年版。

55. 王玉玮：《民族主义话语与中国电视文化》，中国社会科学出版社 2011 年版。

56. 晏青：《神话：理解中国传统文化的媒介化生存》，中国社会科学出版社 2015 年版。

57. 王青亦：《真实电视：电视仪式与审美幻象》，中国传媒大学出版社 2012 年版。

58. 隋岩：《当代中国电视文化格局》，群言出版社 2004 年版。

59. 刘连喜：《文化年夜饭——网话央视春节晚会》，中华书局 2003 年版。

60. 郭于华：《仪式与社会变迁》，社会科学文献出版社 2000 年版。

61. 中国民俗学会：《节日文化论文集》，学苑出版社 2006 年版。

62. 仲富兰：《中国民俗文化学导论》，浙江人民出版社 1998 年版。

63. 赵东玉：《中国传统节庆文化研究》，人民出版社 2002 年版。

64. 高丙中：《民俗文化与民俗生活》，中国社会科学出版社 1994 年版。

65. 高占祥：《论节日文化》，文化艺术出版社 1991 年版。

66. 兰久富：《社会转型时期的价值观念》，北京师范大学出版社 1999 年版。

67. 周星：《新世纪中国电视文艺研究》，北京师范大学出版社 2004 年版。

68. 张颐武：《中国改革开放 30 年文化发展史》，上海大学出版社 2008 年版。

69. 高小康：《狂欢世纪——娱乐文化与当代生活方法》，河南人民出版社 1998 年版。

70. 蒋原伦：《传统的界限：符号、话语与民族文化》，北京师范大学出版社 1998 年版。

71. 李松、张士闪：《节日研究》（第一辑），山东大学出版社 2010 年版。

四　期刊及其他

1. ［以］唐·汉德尔曼：《仪式——壮观场面》，仕琦译，《国际社会科学杂志》（中文版）1998 年第 3 期。

2. ［德］沃尔夫冈·卡舒巴：《记忆文化的全球化？——记忆政治的视觉偶像、原教旨主义策略及宗教象征》，彭牧译，《民俗研究》2012 年第 1 期。

3. ［美］贾森·米特尔：《电视类型理论的文化研究》，黄新萍译，《世界电影》2005 年第 2 期。

4. ［美］布莱恩·罗斯：《电视类型研究》，吉晓倩译，《世界电影》2005 年第 2 期。

5. 张法、张颐武、王岳川：《从"现代性"到"中华性"——新知识型的探寻》，《文艺争鸣》1994 年第 2 期。

6. 彭文斌、郭建勋：《人类学视野下的仪式分类》，《民族学刊》2011 年第 1 期。

7. 吕新雨：《仪式、电视与国家意识形态》，《读书》2006 年第 8 期。

8. 石义彬、熊慧：《媒介仪式，空间与文化认同：符号权力的批判性观照与诠释》，《湖北社会科学》2008 年第 2 期。

9. 曾一果：《媒介仪式与国家认同——"国庆 60 周年庆典"央视电视直播的节目分析》，《电视研究》2009 年第 12 期。

10. 高丙中：《中国节假日制度的现代问题及其改进方略》，《开放时代》2005 年第 1 期。

11. 甘世安、魏水利：《中美节庆文化的表征与内涵分析及其启示》，《西北大学学报》（哲学社会科学版）2007 年第 1 期。

12. 郭讲用：《仪式传播：信仰共享与文化转换——中韩端午节仪式传播比较》，《当代传播》2011 年第 4 期。

13. 邵静：《媒介仪式：媒介事件的界定与仪式化表述——以我国的春节联欢晚会为范本》，《浙江传媒学院学报》2009 年第 4 期。

14. 张兵娟：《媒介仪式与文化传播——文化人类学视域中的电视研究》，《现代传播》2007 年第 6 期。

15. 荀洁：《昨日重现的悖论——当下大众传媒传播传统文化的反思》，《新闻知识》2016 年第 1 期。

16. 张媛：《从"仪式"走向"神话"：电视晚会的文化价值分析》，《新闻知识》2016 年第 7 期。

17. 王清清：《电视仪式：电视研究的新路向》，《浙江传媒学院学报》2009 年第 6 期。

18. 董金权、徐柳凡：《传统节日文化的内涵回归与外延伸展》，《中国国情国力》2008 年第 7 期。

19. 高丙中：《民间的仪式与国家的在场》，《北京大学学报》（哲学社会科学版）2001 年第 1 期。

20. 邵培仁、范红霞：《传播仪式与中国文化认同的重塑》，《当代传播》2010 年第 3 期。

21. 周文、周兰：《传统节日国家传播的仪式体系构建》，《现代传播》2012 年第 7 期。

22. 王霄冰：《文化记忆、传统创新与节日遗产保护》，《中国人民大学学报》2007 年第 1 期。

23. 苗棣：《无法实现的突破——电视晚会的尴尬与对策》，《当代电影》1998 年第 1 期。

24. 陈元贵：《仪式与审美尺度问题》，博士学位论文，复旦大学，2006 年。

25. 王列军：《关系视角下的权力实践：21 年春节联欢晚会的社会学解析》，硕士学位论文，北京大学，2003 年。

后　记

　　这本小书是我 2011—2014 年在羊城广州求学的一个最终印记。博士论文完成已经好几年了，拖延至今被迫重拾，那三年的思考研习、整理记录、写写停停的种种场景，依然叫人感慨万端。相对于今天智媒时代那些炙手可热的新鲜话题，电视收视及其研究双双遇冷，因此这本小书的选题显得老旧过时，若要指望有几多读者愿意翻上一翻，怕是一个奢望。但也可以说，没有旧了的选题，只有空乏的视角。在文末写下一些絮语作结，也是对三年时光的珍存与致敬。

　　感谢我的学术引路人简德彬先生。将时光推得更远一些，2000 年我从地方电视台转至高校执教，从媒体人到媒体的观察者，电视职业经历直接锚定了后续的研究旨趣。硕士求学于吉首大学简德彬教授门下，这位学识精深、达观睿智的美学教授常常提醒我考据、义理、辞章三者缺一不可；但他又是宽厚仁慈的，大概目睹一位电视编导到高校执教的转型不易，考虑到我的教研工作、为学态度还算端正，不忍对我的学识浅陋"痛下狠手"，而更多勉励我："你学术入门是晚一些，但你有更多别的长处，传媒实践丰富，也是其他老师羡慕的……""焦虑是不必要的，生活就是慢慢走，欣赏啊……"人是历史的综合，也是环境的囚徒，我生性拙笨加之偏安湘西一隅，不免视野局促而难以奋发。我在简先生身上学到的，更多的是为人处世之情怀与智慧。师恩难忘，永生铭记。

感谢我的博导董天策教授。2011年9月，我考入暨南大学新闻与传播学院，这是一段特别宝贵的求学经历。董教授在学科认知、选题方向上对我有关键性的指导，我从中得到的最大教益是逻辑思维的训练及对浮躁之气的剔除。董教授治学严谨、言辞不多、内敛律己，但句句实在、一针见血，时时告诫跨学科的我要转变研究方法，要努力克服短板，不要"迷恋概念"，表述要"明白晓畅"。在求学期间，我有幸结识了诸多良师益友，他们或在课业上给予我指导启迪，或在论文思路上给我中肯建议。我身边还有一群死磕梦想的师兄师姐、同窗挚友，在孤灯孑影中我们互为镜像，克服时艰，砥砺前行。这些为数众多的学友、同道，撑起了暨南大学新闻与传播学院的荣光。过程哲学的创始人怀特海在评论威廉·詹姆斯的实用主义时说"为的是惊起许多兔子让人们去追赶"，在那些欢乐又紧张的课堂上，导师们惊起一只只"学术兔子"，师生们的互动就成了一次次"智力围猎"，但这并不是对"学术GDP"的围猎，而是一群读书人、一个学术共同体对中国本土学术的一份真诚担当，容我不嫌词费，再次感谢暨南园对我的三年收留。

还要致谢写作过程中我参阅过的所有中外文献的主人，在精神交往上我已一厢情愿地把他们当成了朋友，他们的学术成果带给我思想灵动的火花。感谢中国社会科学出版社的郭晓鸿博士和其他老师为书稿校编付出的辛勤劳动，他们的严谨细致让我感佩。自然，书里所有的纰谬也都归咎于我。我的家人至今没弄明白我具体在研究些什么、意义又在哪里，但他们总是挥一挥手将我赶进书房，任我做"乱室家人"……因了上述这些师生情、学缘情、友情、亲情，虽然我至今两手空空，却因觉出生命的丰盈而感激这诸多的遇见。

近年来，新媒体技术使得视觉传播场域的内部发生重大分化，但即使在后电视时代，内容生产仍是传播新业态的核心质素。"华夏传播"一直不乏关注者，但关乎具体社会情境的深描式研究还不算多。我的电视情结转化为对一些老问题连绵不断的追问，并最终形成这本小书的框架，试图对特定时代语境（社会转型期）的特定对象（电视节庆）进行特定维度（重复仪式）、特定问题（文化认同）的研究——在电视综艺晚会常规研究的视角之外，对中华文化传播的影响力及其文化折扣问题做出一定思考，是本书的"初心"所在。电视对于节庆传播的"复现"，表面上是"重复的艺术"，本质上是"差别重复"的互文性文本，这"复现"中的一小部分是事实叙事，而绝大部分更倾向于偏好叙事、认同叙事，这对于社群意识、国族认同的建构尤为重要，但传播学界对"复现"及其效果、内含的"迷思"还重视不够，这是引导我思考问题的逻辑起点。但当写到文末，发现"传播学的想象力"与自我预设之间存在较大落差，不免对自己大失所望。我抱持"凡是能说的，你说清楚，凡你不能说清楚的，留给沉默"的原则，关乎电视节庆、传统文化、国族认同之间张力关系的思考，是一个明知不可为而为之的选题，我早已没有多大信心。它原本试图有一些理论上的穿越，但最终只击穿了言不及义的事实：我没能发现终极真理，或许提出了一些小疑问，但我也没能很好地解答这些问题，书中的局限一览无遗。好在生活是流动的，节庆节俗会复现；问题是敞开的，未来的思考也一直在路上。收笔之时想起多年前胡适先生所言，"怕什么真理无穷，进一寸有一寸的欢喜"。未来，我将在湘西这一文化边陲继续沉潜，迟留、听风、揽山、悟水，唯愿常常这样心生欢喜。

陈文敏

2017 年 5 月 17 日

湘西边城·吉首大学